KB241345

한국근대사의 탐구

유 영 렬

景仁文化社

A Study on Modern History of Korea

by

Young Nyol Yoo, Ph.D.

Soongsil University

Kyongin Publishing Co.

책을 내면서

5년 전에 제자들이 나의 사양에도 불구하고 나의 『회갑기념논총』을 만들겠다고 30여 편의 글을 모은 적이 있다. 나는 고맙기도 하고 미안했지만 필자들에게 되돌려주도록 했다. 지난 겨울에는 제자들이 나의 『정년기념논총』을 만들겠다고 찾아 왔다. 나는 간곡히 만류하고 그 대신 내가 이제까지 쓴 글들을 모아 두 세 권의 책을 만들겠다고 했다. 그래서 나의 관심사인 한국근대사관계의 책, 한일관계의 책, 그리고 숭실대학관계의 책을 펴내기로 했다. 그 일환으로 이 책이 만들어지게 된 것이다.

본서는 4부로 구성되어 있다. 먼저 제1부는 필자의 한국근대사 연구역정을 돌아보고 학계의 한국근대사 연구동향을 살펴본 것이다. 제2부는 한국근대사에 이정표를 세운 독립협회운동과 독립협회사상을 고찰한 것이다. 제3부는 한말에 항일의병운동과 더불어 민족운동의 쌍벽을 이룬 애국계몽운동과 애국계몽사상을 고찰한 것이다. 제4부는 한국개화기의 민주주의정치운동과 한국근대에 있어 공화정체의 채용과정을 고찰한 것이다. 그리고 개화지식인의 민주주의 정치의식에 대한 이해를 돕기 위하여 보론으로 「윤치호의 민주정치의식에 관한 연구」를 실었다.

본서는 대체로 저자가 1997년에 『대한제국기의 민족운동』을 저술한 이후에 쓴 한국근대사 관계의 글들을 약간 손질하여 엮은 것이다. 이 글들은 원래 저서로 기획된 것이 아니므로 내용이 중복되는 경우도 있다. 그러므로 모든 글들을 각기 독립된 논문으로 간주하기 바란다.

본서의 연대는 양력으로 통일하였다. 그런데 중・고등학교 역사 교과서는 1896년 1월 1일(음력 1895년 11월 17일)을 기준으로 하여 그 이전까지는 음력을 사용하고 그 이후부터는 양력을 사용하므로 참고삼아 부록으로 高・純宗時代(1864～1910)의 음양대조표를 실었다.

끝으로 본서의 원고 정리와 교정에 수고한 숭실대학교 강사 황민호 선생, 윤정란 선생, 김권정 선생, 표영수 선생 그리고 한국기독교박물관의 한명근 선생에게 감사의 뜻을 표한다. 그리고 본서의 출판을 기꺼이 맡아주신 경인문화사 한정희 사장님과 신학태 편집장을 비롯하여 편집부 여러분께 깊이 감사를 드린다.

2006년 2월

유 영 렬

목 차

제1부

한국근대사를 어떻게 보는가?

제1장 한국근대사를 보는 하나의 시각
제2장 한국근대사의 연구동향

제1장

한국근대사를 보는 하나의 시각

머리말 — 한국근대사 연구의 중요성

나는 한국근대사, 정확히 말하면 1860년대 고종의 등장에서 1910년 국권피탈에 이르는 한국개화기의 역사를 연구해 왔다. 그 중에서도 독립협회와 애국계몽운동을 주로 연구해 왔다. 내가 한국근대사에 관심을 갖게 된 데에는 약간의 이유가 있다.

고등학생 때에 역사와 정치에 관심을 가지고 있었고, "정치를 알려면 역사를 알아야 한다"는 당시 영국 수상 윈스턴 처칠의 말에 공감하여 더욱 역사에 관심을 가지게 되었다. 그리고 정치와 밀접한 오늘의 현실을 이해하기 위해서는 그 앞 단계인 근대의 역사를 알아야 한다고 생각했다. 이것이 내가 근대사에 관심을 가지게 된 소박한 이유였다. 또한 내가 한국근대사에 관심을 갖게 된 데에는 항일 운동가이고 숭실대학교 은사인 김양선 교수님의 영향이 컸다.

한편 내가 대학 3학년이던 1964년, 박정희 정권은 일본으로부터 경제적 지원을 받기 위하여, 민족의 정서와 국민의 의사를 무시하며 굴욕적으로 韓日會談을 강행했다. 당시 학생들은 굴욕적인 한일회담 반대에서 출발하여 군사독재 퇴진을 주장하며 4·19를 방불케 하는 격렬한 6·3시위를 벌였다. 그리하여 서울 일원에 계엄령이 선포되었다. 나는 데모 주동자의 한 사람으로서 內亂罪目으로 군사재판에 회부되어 3개월에 걸친 서대문 형무소 생활을 하게 되었다. 나중에 선고유예로 풀려났지만 학생 신분으로서 '내란죄목'으로 기소되었을 때는 "총칼로 정권을 잡은 군인들이 무슨 일인들 못하겠는가" 하는 두려운 생각이 들기도 했다. 6·3시위와 형무소 생활의 체험을 계기로 민족의 존재와 자유의 귀중함을 새삼 깨달은 나는 '한일관계' 그리고 '민권과 민주주의'에 깊은 관심을 가지게 되었다.[1] 그리고 한국의 민주주의와 한일문제의 단서가 개화기에 있다고 보아, 개화기의 역사에 깊은 관심을 가지게 되었다.

사실상 근대사는 많은 부분에서 현대사를 규정짓기 마련이다. 한국 개화기에 있어 일본의 침략과 자주적 근대화의 실패는 일본의 한국 지배를 가져왔고, 연합국에 의해 일본의 지배가 해체되는 과정에서 우리 민족은 남북으로 분단되었다. 그러므로 한국 개화기에 있어서 근대화의 실패는 한국 현대에 있어 민족분단에까지 영향을 끼쳤다고 할 수 있다. 따라서 나는 한국의 현실을 이해하기 위해서는 한국 개화기 연구가 어느 시기의 연구보다 중요하다고 여겨왔다. 그리고 한국 개화기의 역사를 어떠한 시각에서 보는가 하는 것은 대단히 중요한 문제라고 생각해 왔다.

---

1) 柳永烈, 1995, 「6·3학생운동의 전개와 역사적 의의」 『한국사연구』 88, 한국사연구회 ; 6·3동지회, 2001, 『6·3학생운동사』, 역사비평사 참조. 4·19혁명이 부정선거 반대운동에서 시작하여 이승만 정권을 퇴진시킨 문민독재에 저항한 민주화운동이었다면, 6·3학생운동은 굴욕적인 한일회담 반대운동에서 시작한 민족자존운동이었고, 박정희 정권의 퇴진을 주장하며 군사독재에 최초로 저항한 민주화운동이었다.

Ⅰ. 독립협회의 민권운동과 그 사상에 관한 연구

내가 대학에 입학했던 1960년을 전후한 시기에 한국사학계의 한국근대사에 대한 연구는 일본의 침략에 대한 저항운동, 특히 동학운동에 대한 연구가 두드러졌다.[2)]

내가 국사편찬위원회에서 근무하기 시작한 1970년을 전후한 시기에는 일제시대의 독립운동에 대한 심층적인 연구가 시작되었으며, 특히 1969년 3·1운동 50주년을 계기로 하여 3·1운동과 대한민국 임시정부에 대한 연구가 활성화되었다.[3)] 한편 개화운동에 관한 연구가 활발해지고, 위정척사론에 대한 연구도 심화되고 있었다.[4)]

이 시기에 한국근대사 연구는 주로 민족운동의 관점에서 진행되고 있었다. 그리고 개화기의 민족운동을 주도한 사상은 위정척사사상, 동학사상, 개화사상으로 정리되고, 이 시기의 민족운동을 주

---

2) 金庠基, 1959, 「甲午東學運動의 역사적 의의」『韓國思想』 1·2 ; 金容燮, 1958, 「全琫準供招의 분석」『사학연구』 2, 한국사학회 ; 金龍德, 1964, 「東學思想研究」『중앙대논문집』 9 ; 韓㳓劤, 1964, 「東學亂起因에 관한 研究」『아세아연구』 15·16, 고대 아세아문제연구소 참조.

3) 尹炳奭, 1969, 「參議·正義·新民府의 성립과정」『백산학보』 7 ; 『동아일보』가 72편의 연구논문을 모아 편찬한 『3·1運動 50周年 紀念論集』(1969)은 3·1운동 연구에 하나의 이정표를 세웠다. 秋憲樹, 1973, 「大韓民國臨時政府의 외교에 관한 고찰」『延世論叢』 10 ; 申載洪, 1973, 「대한민국 임시정부의 외교활동」『사학연구』 22 참조.

4) 李光麟, 1969, 『韓國開化史研究』, 일조각 ; 金泳鎬, 1972, 「實學과 開化思想의 연관문제」『한국사연구』 8, 한국사연구회 ; 洪淳昶, 1970, 「韓末 衛正斥邪論에 관한 연구」『동아문화』 11 ; 崔昌圭, 1975, 「斥邪論과 그 性格」『한국사』 16, 국사편찬위원회 참조.

도한 세력은 위정척사파, 동학파, 개화파라는 시각이 형성되었다. 1970년대 초의 한국근대사 연구자들은 각기 위의 3개 사상과 3개 파 중의 하나를 내세워 개화기의 올바른 방향을 제시한 사상 또는 세력으로 간주했다.

나는 衛正斥邪思想에는 강렬한 반침략 의식이 있으나 중국을 상국으로 인정하고 있어 '국가평등'에 기초한 진정한 의미의 자주 의식은 결여되어 있으며, 근대성과 민주성이 보이지 않는다고 생각했다. 그리고 東學思想에는 강력한 반봉건·반침략 의식이 있지만, 민주성과 근대화의 청사진이 결여되어 있다고 보았다. 그러므로 나는 국가의 자주, 국민의 권리, 사회의 개혁을 추구한 開化思想이야말로 개화기에 우리 민족이 나아갈 올바른 방향을 제시한 사상이라고 생각했다.

그리고 근대사회가 민족주의, 민주주의, 자본주의 이념에 기초한 사회라고 한다면, 한국근대사 또는 한국 개화기의 역사도 민족주의, 민주주의, 자본주의의 관점에서 연구할 필요가 있다고 생각했다. 왜냐 하면 서구적 근대사회는 개화기의 한국인들이 추구해 가야할 모델이 되는 사회라고 여겨졌기 때문이다. 특히 민주주의는 인간의 행복을 위한 인류의 보편적 가치라고 생각했기 때문이다. 그런데 당시 한국근대사 연구자들은 대외적 민족운동 연구에만 초점을 맞추어, 개화기에 한국인들이 자유민권의 민주주의를 추구한 측면을 거의 다루고 있지 않았다. 따라서 나는 민주주의의 핵심이 되는 民權思想에 관심을 가지게 되었고, 우리 나라에서 최초로 민권운동을 전개한 독립협회를 연구 대상으로 삼게 되었다. 그리하여 1972에 나의 최초의 논문이고, 고려대학교 석사논문으로서 「독립협회의 민권사상」이 나오게 되었다.[5)]

---

5) 위의 논문은 방대하여 1973, 「獨立協會의 民權運動展開過程」 『史叢』

당시 내가 「독립협회의 민권사상」이란 제목으로 석사논문을 쓰려는 계획을 국사편찬위원회의 선배와 동료들에게 상의했을 때, '민권사상' 운운하는 것은 정치학 논문은 몰라도 역사학 논문으로는 적절하지 않다는 의견이 지배적이었다. 이처럼 이 시기에는 한국사학계에서 '민권사상'은 생소한 것이었다. 그러나 나는 지도교수인 강만길 교수님께서 좋다고 하여 그대로 제목을 정했고, 논문 작성과정에서 당시 윤병석 조사실장님으로부터 많은 격려를 받았다.

독립협회와 관련하여 오늘날에도 민권문제가 논란의 대상이 되고 있다. 그 중의 하나는 독립협회가 "민권의 강화를 추구했는가", "황제권의 강화를 추구했는가" 하는 논란이다. 1898년 10월 관민공동회의 헌의6조 중에 "외국인에게 의부치 말고 관민이 동심 합력하여 전제 황권을 공고케 할 사"[6]라 했고, 『독립신문』에도 "무식한 세계에서는 군주국이 도리어 민주국보다 견고함은 고금 사기와 구미의 정형을 보아도 알지라"[7]든가, "우리 나라는 구미각국 중에 인민공화정치니 민주정치 한다는 나라의 정형과는 대단히 다르니 우리들은 전제정치 하시는 대황제 폐하를 만세 무강하시도록 갈충보호하자"[8]는 등 전제정치를 지지하는 듯한 기사가 두세 군데 나온다. 그러나 이러한 표현은 독립협회의 의회설립운동에 의구심을 가진 고종황제와 보수세력에게 탄압의 빌미를 주기 않기 위해서, 또는 민권운동 탄압에 앞장섰던 어용단체인 황국협회가 독립협회에 대항하여 내세운 하원설립이 시기상조임을 주장하는 표현으로

17·18, 고대 사학회와 1973, 「獨立協會의 民權思想 硏究」『사학연구』 22, 한국사학회에 분리하여 게재하였다.

6) 『독립신문』 1898년 11월 1일 「관민공동회 사실」; 독립협회 발행의 전단 「헌의6조」 참조.

7) 『독립신문』 1898년 7월 27일 「하의원은 급(하)지 않다」 참조.

8) 『독립신문』 1898년 10월 29일 별보 「대공동회」 참조.

보아야 할 것이다. 또한 독립협회의 전제 황권 강화의 표현은 민권에 대치되는 황제권이 아니고, 국권의 상징으로서의 황제권을 의미하는 것으로 보아야 할 것이다. 당시 독립협회의 최고 지도자인 徐載弼과 尹致昊는 분명히 민주주의사상을 가진 인물이었고,[9] 독립협회의 기본적인 주장과 『독립신문』의 전체적인 논조는 황제권의 제약과 민권의 신장에 있었던 것이 분명하다고 판단된다.

독립협회의 민권사상연구를 통하여 나는 독립협회를 주도한 민권파가 국민평등권 · 국민자유권 · 국민주권 · 국민참정권 등 자유민권사상을 가지고, 여론정치 · 입헌정치 · 정당정치를 포괄하는 민주주의정치의 실현을 위한 입헌군주정체를 구상하여 의회설립운동을 전개하는 등 한국 최초의 민주주의 정치운동을 전개한 점을 높이 평가했다.[10]

독립협회의 연구에 있어서 사료 문제가 나온다. 연구자는 먼저 연구 주제에 대한 기본사료를 철저하게 검토하여 전체적인 윤곽을 파악해야 하는데, 어떤 연구자는 기본사료를 제대로 보지도 않고 거두절미하고 자기의 논리 전개에 필요한 부분만을 취하는 경우도 있다. 그러면 결국 역사의 진실에서 벗어나게 되기가 쉽다. 당시 전제정치 체제 하에서 독립협회 지도자들이 자유민권과 민주주의를 직설적으로 표현하면 역적으로 몰리게 될 것은 분명한 것이다.

---

9) 갑신정변의 망명자로서 11년 동안 미국의 민주사회를 체험한 서재필은 조국에 돌아와서 인민에게 '자유사상과 민주주의적 지식'을 불어넣어 자각된 국민의 힘으로 '자주독립의 완전한 국가'를 만들기 위하여 『독립신문』을 창간했다고 한다(金道泰, 1948, 『徐載弼博士 自敍傳』, 首善社), 198·215쪽 참조) 윤치호는 이미 1893년 미국유학 시절에 "Yet no one will deny that the democracy of America is after all the best form of government in spite of it defects."라 하여 민주주의 신봉자임을 보여 주었다(『윤치호일기』 1893년 9월 24일조 참조).

10) 유영렬, 1973, 「獨立協會의 民權思想」 『사학연구』 22, 76~77쪽 참조.

그러므로 독립협회 지도자들은 그들의 주장을 간접적으로 완곡하게 표현할 수밖에 없었고, 소장파와 군중심리에서 나올 수 있는 과격한 주장도 견제할 수밖에 없었던 것이다. 따라서 독립협회를 이해하기 위해서는 적어도 그 대변지인 『독립신문』을 정독해야 하고, 비교적 솔직하게 표현된 『독립신문』의 영문판 *The Independent*도 읽어서 독립협회가 지향하는 큰 방향을 먼저 파악하는 것이 중요하다고 생각한다.

Ⅱ. 개화기의 윤치호에 관한 연구

나의 석사학위 논문 「독립협회의 민권사상 연구」는 그 내용이 『동아일보』에 크게 소개되고, 학계의 평가가 좋아 첫 논문으로서는 성공작이었다고 생각되었다. 그러나 나로서는 그 논문이 흡족하지가 않았다. 그 이유는 나의 논문의 주된 자료가 독립협회의 기관지인 『독립신문』이었는데, 전술한 바와 같이 언론의 자유가 없던 전제군주 체제 하에서 『독립신문』의 논설이나 기사가 독립협회의 민권사상을 제대로 반영시킬 수 없었다고 생각했기 때문이다. 그러므로 독립협회의 민권사상을 심층적으로 파악하기 위해서는 독립협회 지도자들의 내면적인 민권의식을 파악해야 한다고 생각했다.

그래서 나는 독립협회가 본격적으로 민권운동을 전개했을 때의 회장이었던 윤치호를 주목하게 되었다. 마침 그 때 내가 근무하고 있던 국사편찬위원회에서는 『윤치호일기』를 사료총서로 간행하고 있었다. 국사편찬위원회는 1970년대에 윤치호의 개화기 일기를 6권으로 간행했다. 그 중 국한문으로 된 제1권을 제외하고, 영문으로

된 나머지 다섯 권 중 제2권과 제3권은 나와 동료들이 공동으로 편찬했고, 제4권, 제5권, 제6권은 내가 단독으로 편찬하여 출간했다.

이처럼 귀중한 자료를 전부 정독할 기회를 가진 나는 1979년부터 1984년까지 「윤치호의 전통관과 국가상」, 「윤치호의 근대변혁방법론」, 「개화초기의 윤치호」, 「중미유학기의 윤치호」, 「청일전쟁・갑오개혁과 윤치호」, 「한말 애국계몽운동과 윤치호」, 「윤치호의 친일협력의 논리」 등의 논문을 계속 발표했다.[11] 이런 논문들이 보완되고 재편성되어 『개화기의 윤치호연구』(1884)라는 제목으로 고려대학교 박사학위 논문이 되었다. 이 학위논문이 책으로 나오자[12] 각 신문에 소개되고, 그해 제8회 「오늘의 책」에 선정되기도 했다. 참고로 그 목차를 보면 다음과 같다.

서 론
제1편 윤치호의 사상형성과 개화사상
제1장 일본유학과 갑신정변기
제2장 중・미유학과 갑오개혁기
제3장 독립협회운동기
제4장 한말 애국계몽운동기
제2편 윤치호의 근대변혁사상과 그 방법론
제1장 근대변혁사상
제2장 근대변혁방법론

---

11) 유영렬, 1979, 「윤치호의 傳統觀과 國家像」 『사학연구』 29 ; 1981, 「윤치호의 근대변혁 방법론」 『사학연구』 32 ; 1983, 「開化初期의 윤치호」 『숭실사학』 1 ; 1984, 「淸日戰爭・甲午改革과 윤치호」 『鄭在覺博士古稀論叢』 ; 1984, 「中・美留學期의 윤치호」 『숭실사학』 2 ; 1984, 「한말 애국계몽운동과 윤치호」 『사학연구」 38 ; 1984, 「開化期 知識人의 親日化過程」 『오늘의 책』 4 참조.

12) 유영렬, 1985, 『開化期의 尹致昊研究』, 한길사 참조.

제3장 친일협력의 논리
결 론

『개화기의 윤치호연구』는 윤치호의 개인 전기가 아니고, 개화기의 대표적 근대 지식인 윤치호를 통해 본 우리나라의 개화운동과 개화사상에 관한 연구서라 할 수 있다. 나는 이와 같은 윤치호에 대한 연구를 바탕으로 하여 「독립협회의 성격」이라는 논문을 작성하게 되었다.[13] 여기에서 나는 독립협회의 운동이 근대 개혁을 목표로 한 한국 최초의 근대 민중운동이었고, 의회민주정치를 구현하여 근대 국민국가를 건설하려는 한국 최초의 민주주의운동이었으며, 민주역량을 가진 온 국민의 힘으로 자주독립의 완전한 주권국가를 만들고자 하는 근대 민족주의운동의 효시였다고 인식했다.[14]

『개화기의 윤치호연구』를 학위논문으로 제출하는 과정에서 몇 가지 느낀 점이 있었다. 내가 윤치호 연구를 박사학위 논문의 테마로 정했을 때, "이미 평가가 끝난 인물을 연구해서 뭘 하겠는가"라는 부정적인 시각도 있었다. 그러나 적어도 개화기에 국한시켜 볼 때 윤치호의 역할은 무시할 수 없고, 특히 독립협회의 최고 지도자로서 그의 역할은 대단히 중요하다고 생각되었다. 윤치호는 일제시대에 친일 협력의 오점을 남겼지만, 그의 일기에 의하면, 조선총독부를 '계모정부(stepmother government)'라 지칭하고 일제의 조선인에 대한 차별정책과 탄압정책을 비판했으며 항상 조선인의 향상을 위해 나름대로 노력했음을 알 수 있었다.[15] 당시 나는, 예컨대

13) 유영렬, 1991, 「獨立協會의 性格」 『한국사연구』 73 ; 1999, 「독립협회의 기본사상」 『한국사』 41, 국사편찬위원회 참조. 독립협회에 대한 종합적인 연구서로는 愼鏞廈, 1976, 『獨立協會研究』, 일조각 참조.
14) 위의 「독협협회의 성격」, 77~79쪽 참조.

일생을 가정과 사회에 해를 끼치며 살던 노름꾼이 일본 형사를 죽였다고 독립운동가로 인정받고, 일생을 동포에 대한 애정을 가지고 민족에 기여하다가 말년에 어쩔 수 없이 일제에 협력했다 하여 민족반역자로 지탄받는 그러한 평가가 과연 올바른 것인가 하는 문제로 고민했다. 어떻든 윤치호를 박사학위 논문의 테마로 정하고 연구하는 데는 유영익 교수님의 많은 격려가 있었다.

학위논문 제목은 『개화기의 윤치호연구』였지만, 전체 7장 중 마지막 한 장은 「윤치호의 친일협력의 논리」를 다루었다. 논문을 쓰고 있던 중, 어느 날 은사인 고려대학교 김성식 교수님을 만나 "일제시대의 윤치호를 어떻게 보십니까?" 하고 물었다. 교수님은 잠깐 생각하시더니 "민족주의자이지"라고 말씀하셨다. 민주화운동가이시며 깐깐한 성격을 지니신 김 교수님의 말씀에 나는 깜짝 놀랐고 느낀 바가 컸다. 일제 시대에 국내에서 민족운동을 한 저명인사 대부분은 1931년 만주사변과 1937년 중일전쟁을 계기로 일제에 의한 견딜 수 없는 강압에 의하여 거의 절개를 꺾고 말았다. 윤치호도 그런 사람들 중의 하나였다.

일제시대의 친일 협력자를 모두 같은 범주에 넣어 민족 반역자처럼 보아야 할 것인가? 그렇다면 국내에 활동한 저명 인사로서 흠이 없는 민족 지도자는 몇 명이나 될까? 조만식과 한용운 그리고 누가 있을까? 한용운은 사실상 은둔 생활을 했으니 별도로 하고, 또 어떤 사람은 학병 권유서에 조만식의 이름도 있다고 문제삼고 있으니, 국내에서 활동한 흠이 없는 저명한 민족 지도자는 한 사람도 없다는 말인가? 나는 고민 끝에 "민족 지도자와 민족 반역자는 그가 속한 그룹으로서 구분해야 한다"고 생각했다. 예컨대 "A라는 사람이 우리가 상식적으로 민족 지도자로 인정하는 이상재 또는

15) 『尹致昊日記』 1929년 12월 31일조, 1943년 2월 27일조 참조.

조만식 등의 그룹이었던가? 아니면 골수 친일파인 이완용 또는 민원식 등의 그룹이었던가? 흠이 다소 있다고 해도 앞의 그룹에 속하면 민족 지도자의 범주에 넣고, 뒤의 그룹에 속하면 민족 반역자의 범주에 넣어야 한다"고 생각했다.

또한 윤치호 연구에 있어 자료로서 일기의 문제가 있다. 『윤치호일기』는 윤치호 자신의 사생활보다 국가 사회의 현상을 기술한 개화기와 일제시대를 연구하는데 있어 귀중한 사료이다. 그런데 일기에는 숨김없이 감정을 표현하게 되므로 일기를 쓸 당시의 감정에 따라 전후가 모순되는 내용이 담길 수가 있다. 따라서 『윤치호일기』도 그 전체의 맥락을 통하여 그의 기본적인 사상을 이해하고 모순되는 표현을 해석해야 한다고 생각했다.

Ⅲ. 한말의 애국계몽운동과 그 사상에 관한 연구

1980년대 후반기에 들어 나는 독립협회와 윤치호에 대한 연구에 이어서, 독립협회운동을 계승한 애국계몽운동에 눈을 돌리게 되었다. 먼저 애국계몽단체 중 가장 대표적인 단체이며 윤치호가 초대 회장을 맡은 大韓自强會의 애국계몽운동과 그 사상을 살펴보았다.[16] 대한자강회 회원들의 성향을 파악하기 위하여 그들의 '신구학절충론'도 살펴보았다.[17] 그리고 합법단체인 대한자강회와 비밀

16) 유영렬, 1987, 「大韓自强會의 愛國啓蒙運動」『韓國民族主義 運動史研究』, 역사학회 참조.
17) 유영렬, 1987, 「大韓自强會의 新舊學折衷論」『최영희선생회갑논총』 참조.

결사인 新民會의 애국계몽운동을 비교하여 살펴보기도 했다.[18] 그리고 대한자강회의 후신인 大韓協會의 애국계몽사상과 그 支會에 대해서도 고찰해 보았다.[19] 이를 통하여 대한자강회, 대한협회, 신민회, 그리고 西北學會는 항일에 있어 강온의 차이는 있지만 국권회복을 위한 실력양성이라는 지향점이 동일했음을 확인할 수 있었다.

한편 나는 애국계몽운동을 연구하는 과정에서, 한말의 국권회복운동에 있어 쌍벽을 이루는 애국계몽파와 항일의병의 국권회복을 위한 사상과 방법론을 비교하기 위하여, 「열강의 동북아정략과 한국의 국권회복운동」이라는 논문을 쓰게 되었다. 그리고 당시 국왕은 어떠한 자세를 취했는가를 살펴보기 위하여 「일본의 한국지배정략과 고종의 국권수호운동」이라는 논문을 썼다.[20] 나는 이상과 같은 독립협회운동기와 애국계몽운동기의 민족운동에 관한 연구결과를 묶어서 『대한제국기의 민족운동』(1997)이라는 책을 펴내게 되었다.[21] 참고로 그 목차를 보면 다음과 같다.

제1편 독립협회의 민족운동

독립협회의 민권운동 전개과정

독립협회의 민권사상

독립협회의 민족운동적 성격

제2편 대한자강회·신민회의 민족운동

18) 유영렬, 1987, 「대한자강회와 신민회의 민족운동」 『한민족독립운동사』 1, 국사편찬위원회 참조.

19) 유영렬, 1990, 「大韓協會의 愛國啓蒙思想」 『이재룡박사회갑논총』 ; 1998, 「大韓協會支會硏究」 『국사관논총』, 국사편찬위원회 참조.

20) 유영렬, 1992, 「열강의 동북아정략과 한국의 국권회복운동」 『한민족독립운동사』 11, 국사편찬위원회 ; 1992, 「일본의 한국지배정략과 고종의 국권수호운동」 『숭실사학』 7 참조.

21) 유영렬, 1997, 『大韓帝國期의 民族運動』, 일조각 참조.

이어서 나는 대한자강회, 신민회, 대한협회 등 대표적인 애국계몽단체에 대한 연구를 바탕으로, 국사편찬위원회에서 간행한『한국사』43(1999)에「애국계몽사상」과「애국계몽운동의 전개」부분을 집필하였다.[22] 이러한 연구들을 통하여 나는 한말의 애국계몽운동이 국권회복과 동시에 국민국가 수립을 목표로 하여 민족운동의 올바른 이념을 제시한 점, 실력양성론과 독립전쟁론을 결합하여 민족운동의 올바른 방략을 제시한 점, 근대교육과 독립군기지 건설 등을 통하여 민족운동의 장기적인 기반을 조성한 점을 높이 평가했다.[23]

당시 대한자강회 연구에서 신경이 쓰인 점은 고문 오카키 다이부(大垣丈夫)에 관한 문제였다. 일본인이 대한자강회의 고문이 되고 사실상 창립에도 큰 역할을 했는데, 대한자강회의 성격을 어떻

22) 유영렬, 1999,「애국계몽사상」『한국사』43, 국사편찬위원회 ; 1999,「애국계몽운동의 전개」『한국사』43, 국사편찬위원회 참조.
23) 유영렬, 2000,「21세기의 한국사학 : 개화기」『한국사론』30, 국사편찬위원회, 229쪽 참조.

게 보아야 할 것인가 하는 문제였다. 결국 나는 일제의 보호국이라는 특수한 상황에서, 그리고 당시 일본인들이 한국병합론을 주장하는 상황에서, 적어도 표면적으로나마 한국의 문명부강과 자주독립에 의한 동양삼국의 鼎足平和論을 주장하는 오카키 다이부(大垣丈夫)를 대한자강회 지도자들이 우군으로 생각했던 것은 충분히 있을 수 있는 일로 보았다.[24)]

대한자강회의 후신인 대한협회에 대해서는 애국계몽단체로 보는 견해도 있고 친일매국단체로 보는 견해도 있다.[25)] 대한협회가 적극적인 항일 자세를 취하지 못했고, 일제의 억압이 극심해 갔던 1909년에는 일진회와 제휴하려 했던 사실을 들어 친일단체로 분류하는 견해도 있다. 그러나 대한자강회의 주요 간부 대부분이 대한협회에 참여했고, 서북학회의 회장단과 평의원 등 핵심 멤버 20여 명이 대한협회에 참여했으며, 신민회 주도 회원 36명이 대한협회에 참여했다.[26)] 곧 대한자강회, 대한협회, 서북학회, 신민회의 주도 멤버는 동일 그룹이었다. 그리고 당시 대한협회 지도자들은 ① 이완용 내각을 타도하여 국민의 참상을 구제하고, ② 전국민적 단결에 의하여 국가의 위기를 극복하며, ③ 일본인들의 과격한 한일합방론을 배격하기 위해서는 일진회와의 정치적 공조가 필요했다고 주장했다.[27)] 한편 당시 일제 측도 대한협회를 배일단체로 분류했다. 따라서 대한협회를 애국계몽단체로 보는 것이 타당하리라고

---

24) 유영렬, 1997, 「大韓自强會의 애국계몽사상과 그 운동」『大韓帝國期의 民族運動』, 106쪽 참조.

25) 李鉉淙, 1970, 「大韓協會에 관한 연구」『아세아연구』 8-3, 34~37쪽 참조.

26) 유영렬, 「大韓協會의 愛國啓蒙思想」『大韓帝國期의 民族運動』, 213~221쪽 참조.

27) 尹孝定, 「兩會聯結의 主旨」『大韓民報』 1909년 10월 26일 별보 ; 『大韓民報』 1909년 10월 10일 회보 「韓會指名」 ; 韓明根, 2002, 『韓末 韓日合邦論 研究』, 국학자료원, 163~166쪽 참조.

생각한다.

나는 어느 단체의 성격은 어떤 부류의 사람에 의해 구성되었는가를 보아야 한다고 생각한다. 전술한 바와 같이 인적 구성으로 보아 대한협회는 대한자강회, 신민회, 서북학회와 같은 부류이고 일진회와는 다른 부류로 파악된다. 또한 을사조약 이후 일제의 對韓政略에는 당분간 보호정책을 유지하려는 현상유지론과 속히 한국을 병탄하려는 한일합방론이 있었다. 당시에 一進會도 대한협회 등 애국계몽단체처럼 '애국'과 '문명화'를 주장했다. 그러나 일진회는 친일을 통한 문명화를 국가의 존립보다 중시한 반면, 애국계몽단체는 문명화보다 국가의 독립을 중요시했다는 점에서 명백한 차이가 있다. 곧 '애국'과 '문명화'를 위하여 합방까지 찬성했는가? 끝까지 합방을 반대했는가? 여기에서 친일매국단체와 애국계몽단체가 구분된다고 생각된다.

이상과 같이 나의 한국근대사 연구는 개화자강계열의 민족운동에 초점이 맞추어져 있고, 시기적으로는 독립협회에서 한말에 이르는 大韓帝國期에 집중되어 있다.

Ⅳ. 한국근대사에 대한 앞으로의 연구 과제

첫째로 나는 한국 근대의 역사를 민주주의 정치운동과 그 사상의 측면에서 정리하는 것을 앞으로의 연구 과제로 삼고 있다.

독립협회운동과 애국계몽운동을 연구하는 과정에서 나는 독립협회운동기에 자유민권의 민주주의 운동이 시작되고 민주주의 사상이 형성되며, 애국계몽운동기에 민주주의 운동은 위축되지만 민주주의 사상은 확대되어 가는 사실에 주목하여 한국 개화기의 역사를 민주주의적 측면에서 살펴볼 필요가 있다고 느꼈다. 그래서 「개화기의 민주주의정치운동」이란 논문을 쓴 바가 있다.[28] 이 논문은 독립협회운동기의 민주주의 정치운동과 그 사상을 집중적으로 분석한 것이며, 그 전 단계로서 갑신정변·갑오개혁기의 민권사상과 근대적 개혁을, 그 후 단계로서 애국계몽운동기의 민주주의 정치운동과 그 사상을 간략하게 살펴본 것이다.

그 내용은 한국에서 민주주의의 핵심인 민권의식은 정약용 같은 실학자들이 처음으로 가지게 되었고, 이것이 개항 후 개화파에 의하여 사회사상으로 표출되었다는 것, 그리하여 甲申政變 당시 3일 천하의 개화당 정부가 "인민평등권을 제정할 사"라고 했듯이, 급진적인 개화인사들 사이에 자유민권사상이 퍼져갔고, 甲午改革에 의하여 인민평등권이 법제화되기에 이르렀다는 것, 그리고 갑신정변기의 개화파에 의하여 시도된 내각중심 정치에 의한 입헌군주제 움직임이 갑오개혁에 의하여 관선 입법부 설립을 구상하는 단계로 진전되고, 이러한 바탕에서 獨立協會가 의회설립에 의한 입헌군주제 운동을 전개했다는 것, 나아가 애국계몽운동기에는 근대 지식인 사이에 입헌군주제가 일반화되고, 비밀결사인 신민회는 공화제까지를 구상하게 되었다는 것이다.

흔히 한국의 민주주의는 해방 이후 미국이 가져다 준 선물이라고 생각하는 경향이 있지만, 개화기의 근대 지식인들은 국권수호를 위한 노력을 기울이면서, 한편 민주주의 사회의 형성을 위한 의지를 지속적으로 가지고 있었다. 이러한 맥락에서 3·1운동 이후에

---

28) 유영렬, 1993, 「開化期의 民主主義政治運動」『韓國史上의 政治形態』, 일조각, 참조.

나타난 실체가 없는 5개의 임시정부를 포함하여 8개의 임시정부가 모두 공화제를 표방하게 되었다고 생각했다. 이런 사실을 밝히기 위하여 나는 「한국에 있어서 근대적 政体論의 변화과정」이란 제목의 논문을 쓰게 되었다.[29]

우리 나라 역사학계나 정치사학계에 개화기의 역사를 민주주의 운동 또는 민주주의사상에 초점을 둔 연구는 드문 편이다. 나는 앞으로 이러한 관점에서의 심층적인 연구가 많이 나와야 한다고 생각하고, 나 역시 이것을 앞으로의 연구과제로 삼고자 한다.

둘째로 나는 역사교과서와 한일관계의 연구를 또 하나의 연구과제로 삼고 있다.

나는 1990년과 1996년 국정 교과서인 『고등학교 국사』의 개화기편을 집필했다.[30] 그리고 2002년 검인정 고등학교 교과서인 『한국근현대사』의 개화기편을 집필했다.[31] 그런데 1996년 일본 중학교 역사교과서에 일본군 위안부의 내용이 기술되어 일본 우익세력의 반발이 일어나자, 나도 자연히 한일관계와 일본 교과서에 관심을 가지게 되었다.

한편 1996년부터 정치, 경제, 사회, 문화, 역사 등 7개 분에 걸쳐 한일 양국 학자들의 공동연구가 행하여졌다. 나는 한국학자 5명과 일본학자 5명으로 구성된 역사 2부 곧 근대사부의 일원으로서 3년 동안 「근대에 있어서 한일 양국의 상호인식」 문제를 주제로 하는 공동연구에 참여했다. 이때 나는 『황성신문』과 『대한매일신보』의 일본 관계 기사를 분석하여 「한말 애국계몽언론의 일본인식」이라는 논문을 썼다.[32]

---

29) 유영렬, 2003, 「한국에 있어서 근대적 政体論의 변화과정」 『국사관논총』 103, 국사편찬위원회, 참조.

30) 유영렬 외, 1990·1996, 『고등학교 국사』 下, 교육부 참조.

31) 유영렬 외, 2002, 『한국근·현대사』, 두산 참조.

그리고 1998년 1년간 일본에서 연구년을 보내면서 8종류의 일본 고등학교 역사교과서 에서 한국관계 기사를 추출하여 「일본 역사 교과서 근대편의 한국인식」을 살펴보았다. 그리고 한국의 국정 고등학교 국사 교과서에서 일본관계의 기사를 추출하여 「한국 국사 교과서 근대편의 일본인식」을 살펴보기도 하였다.[33] 귀국한 뒤에는 한일관계의 논문과 논설을 엮어 『한일관계의 미래지향적 인식』이라는 책을 韓日對照로 펴냈다.[34] 참고로 그 목차의 대강을 보면 다음과 같다.

제1장 한국인은 일본을 어떻게 보고 있는가?
제2장 한말 애국계몽언론의 일본인식
제3장 한국 역사교과서 <근대편>의 일본인식
제4장 일본 역사교과서 <근대편>의 한국인식
제5장 근대한일관계의 미래지향적 인식
제6장 21세기 한일관계의 새로운 모색

그리고 2001년에 일본 역사교과서 파동이 일어났을 때, 문제의 일본 우익교과서인 『새 역사교과서』의 내용과 문제점을 정리하고, 한일간의 역사인식의 공유를 위한 글을 한국과 일본에서 발표하기도 했다.[35]

---

32) 유영렬, 1999, 「韓末 愛國啓蒙言論의 日本認識」 『亞細亞硏究』 41-1, 고대 아세아문제연구소. 이와 관련하여 2001, 「개화기 윤치호의 일본인식」 『한국민족운동사연구』 27, 한국민족운동사학회 참조.

33) 유영렬, 2000, 「일본역사교과서<근대편>의 한국인식」 『한국민족운동사연구』 24 ; 2000, 「韓國國史教科書の日本認識」 『日韓の歷史教科書を讀に直す』, 日本キリスト教學校同盟 참조.

34) 유영렬, 2000, 『한일관계의 미래지향적 인식』, 국학자료원 참조.

35) 유영렬, 2001, 「교과서파동을 통해본 일본 읽기」 『6·3학생운동 37주년

한일관계에 대한 나의 기본적인 시각은 다음과 같다.

첫째로 한국과 일본은 숙명적인 이웃으로서 반목 질시하기보다는 공존 협력하는 것이 서로에게 유익하다는 것, 둘째로 한국인이 반일감정을 가지고 일본을 악의 집단으로 보는 한 일본인 역시 강한 혐한감정을 갖게 되어 반목질시의 악순환이 계속된다는 것, 셋째로 일본교과서의 한국사 왜곡문제나 일본의 독도영유권 주장 등과 관련하여 일본 국민과 일본 우익을 분리해야 보아야 한다는 것, 넷째로 한일 양 국민은 민족감정을 억누르고 인류애, 인간애를 가지고 인류적 차원에서 한일의 역사에 대한 인식을 공유해야 한다는 것이다. 이러한 관점이 미래지향적인 한일관계를 정립해 가는 길이라고 생각한다.

맺음말 — 민중·지도층·외세에 대한 인식

이제 한국 개화기의 역사를 연구함에 있어 민중운동에 대한 시각 문제, 개화자강계열 지도층의 한계성 문제, 그리고 개화기의 외세에 대한 인식 문제에 대하여 약간의 견해를 피력하는 것으로 끝을 맺고자 한다.

첫째로 민중운동에 대한 시각 문제이다. 민중이 역사의 주체가 되어야 한다는 데에는 이론의 여지가 없다. 그러나 민중을 역사의 주체로 설정하고, 민중이 과거부터 현재까지 역사를 주도해 온 것

세미나집』, 6·3동지회 ; 2001, 「日韓兩國の歷史認識問題」『20世紀の北東アジアにおける歷史認識』, 環日本海國際學術交流協會 國際シンポジウム ; 2001, 「日韓兩國民は思考の一大轉換を 一 信賴回復のための摸索」『世界』別冊 696, 岩波書店 참조.

처럼 보는 것은 문제가 있다고 생각된다. 사실상 근대 이전의 민중은 역사의 주체가 되지 못했고 역사의 객체로 존재했다. 근현대에 이르러서야 민중이 '주권을 가진 국민'으로서 자유와 민권을 향유하게 되었던 것이 사실이다.

역사상 민중해방을 위한 투쟁은 소중한 것이다. 그러나 민중운동이라 해서 모두가 긍정적으로 평가될 수는 없을 것이다. 어떠한 청사진에 의하여 지도되는 민중운동인가의 문제가 중요한 것이다. 올바른 이념과 방향성이 없는 민중운동은 역사발전을 가로막을 수도 있기 때문이다. 그런 의미에서 민중운동의 이념과 방향을 제시하고 민중운동을 이끌어가는 지도층 곧 지식층의 역할은 시공을 초월하여 중요하다고 생각된다.

우리나라 개화기의 민중운동은 크게 세 갈래로 전개되었다. 위정척사계열의 민중은 전통적 구지식층의 지도아래, 당시 유교사회에서 유교질서를 수호하려는 의병운동에 동참했기 때문에 가장 보편적이고 광범위했다. 그러나 그들은 반개화운동 곧 근대화에 역행하는 운동을 담당했다. 동학계열의 민중은 현실 비판적인 지방지식층의 지도아래 하층농민들을 중심으로, 정부에 저항하는 亂에 참여했기 때문에 당시에는 불순분자로 취급되었다. 그러나 그들은 반침략·반봉건운동을 담당했다. 한편 개화자강계열의 민중은 근대 지식층의 지도아래 도시민들을 중심으로, 자주국권운동·자유민권운동·근대개혁운동에 참여하여 역사의 발전 방향에 부합되는 운동을 담당했다.

이처럼 개화기의 민중운동은 서로 다른 지식층의 지도 방향에 따라 서로 다른 성격의 운동으로 전개되었다. 그러므로 민중운동은 그 방향성이 중요하며, 그 운동의 이념과 방향을 제시하는 지식층의 책임이 막중하다고 생각된다.

둘째로 개화자강계열 지도층의 한계성 문제이다. 일반적으로 갑신정변・갑오개혁・독립협회운동・애국계몽운동으로 이어지는 개화자강운동의 지도층의 문제점으로 그들의 愚民觀과 계급적 한계성이 지적된다.

먼저 개화자강운동의 지도층은 우민관을 가지고 민중을 멸시하여 민중의 참정능력을 부정했다는 것이다.[36] 개화자강운동의 지도층이 당시의 민중은 "국권이 무엇인지, 민권이 무엇인지"도 모르는 우매한 상태에 있다고 본 것은 사실이다. 그러나 당시 민중이 근대지식에 우매했다는 그들의 판단이 잘못된 것은 아니었다고 본다. 더구나 그들이 민중을 멸시한 것은 아니었고, 민중을 계몽의 대상으로만 본 것도 아니었다.

민중을 멸시하고 동반자로 생각하지 않았다면, 개화자강운동의 지도층이 민중계몽운동과 교육진흥운동을 전개할 필요가 없었을 것이다. 민중을 계몽의 대상으로만 보았다면, 독립협회가 만민공동회를 열어 민중과 함께 국권・민권운동을 전개할 필요도 없었을 것이다. 개화자강운동의 지도층은 국민을 주권자로 인식하고, 그들을 근대지식으로 교육하여 참정능력을 배양하려 했다. 그리고 제한된 범위에서나마 民選을 규정한 의회식 중추원 관제를 만드는 데까지 이르렀던 것을 상기할 필요가 있다고 본다.[37]

다음으로 흔히 개화자강운동의 지도층은 지주층으로서 민중의 이익을 대변할 수 없는 계급적 한계성을 지녔다고 한다. 당시 농업경제 사회에서 개화자강계열의 지도층 대다수가 지주층인 것은 사

36) 姜萬吉, 1978, 「대한제국의 성격」『분단시대의 역사인식』, 창작과비평사 135～139쪽 ; 김도형, 1986, 「韓末啓蒙運動의 政治論研究」『한국사연구』 54, 95～96쪽 참조.

37) 유영렬, 앞의 「개화기의 민주주의정치운동」『韓國史上의 政治形態』, 309～310쪽 참조.

실이다. 그렇다고 해서 그들이 계급적 한계성 때문에 민중의 이익을 대변할 수 없었다는 논리는 수긍하기 어렵다. 김옥균과 박영효 등이 계급적 한계성에 얽매였다면, 양반제도의 폐지를 주장할 필요도, 갑신정변을 일으킬 필요도 없었을 것이다. 개화기에 있어 개화자강운동의 주도층은 선각자들이었다. 선각적인 개혁운동가들은 자신의 계급적 이해관계를 초월하기 마련이다. 일제시대에 있어 민중에 매몰된 공산주의운동가들도 대다수가 지주나 자산가 집안의 출신이었던 것을 상기할 필요가 있다. 그러므로 민족운동 지도층의 출신 성분만을 분석하여 그들의 한계성을 지적하는 것은 역사적 사실과 부합되지 않을 수가 있다고 생각된다.

셋째로 개화기의 외세에 대한 인식 문제이다. 우리나라 개화기의 역사는 대외관계를 중심으로 보면, 열강의 침략과 이에 대한 한민족의 저항의 역사였다고 할 수 있다. 결국 우리나라가 열강의 침략을 극복하지 못하고 일제의 식민지지배를 받게 되었기 때문에, 해방 이후 대외적인 자주성을 강조하고, 강력한 배외운동을 높이 평가하는 것은 당연하기도 하다. 그러나 강력한 배외운동이 자주독립을 보장하는 최선의 방책이었던가는 재고해 볼 필요가 있다. 역사상 근대적 구미열강의 침략에 전근대적 무력으로 맞서 이를 극복하고 자주독립을 유지한 예는 찾아보기 힘들다. 서구화 곧 근대화에 매진하여 서구 열강과 동등한 힘을 갖게 된 나라만이 자주독립을 유지하고 근대발전을 이룰 수 있었다고 본다.

우리나라 개화기에 있어 서구적 열강의 존재는 배격해야 할 '침략'을 의미하는 것이었으나, 침략과 동시에 우리가 수용해야 할 '근대'를 의미하기도 했다. 청국과 조선은 문호개방기에 수구세력이 강했기 때문에, 중화자존 의식에 의해 서구의 물결에 배격 위주로 대응하여, 결국 외세도 극복하지 못하고 근대화도 제대로 추진하지 못했다. 그러나 일본은 문호개방기에 혁신세력이 주도권을 잡고 서구 물결을 적극 수용하여 서구적 힘을 가지게 됨으로써 자주독립도 유지하고 근대발전도 이루게 되었다. 이런 점에서 보면, 강력한 배외운동이 독립유지의 유일한 방도가 아니었고, 오히려 서구적 선진문물을 적극 수용하여 강력한 실력을 양성하는 것이 독립유지와 근대발전의 길이었다고 볼 수 있다. 따라서 개화기에 자주국권의 민족주의, 자유민권의 민주주의, 그리고 자강개혁의 근대주의를 추구한 개화자강계열의 민족운동노선이 올바른 민족운동의 방향이었다고 생각된다.

ㅁ 추서

위의 글은 2002년 6월 한국사학회와 국사편찬위원회가 공동 주최한 국제학술회에서 내 자신의 학문역정을 발표한 것으로 발표에 대한 논평과 답변을 부기한다.

※ 논평과 답변

1. 윤병석 교수의 논평 내용

30년에 걸쳐 한국근대사 연구에 정진해온 유영렬 교수의 학문적 열정과 그 연구 결과에 먼저 경의를 표한다. 유 교수의 연구는 첫째 독립협회의 민권운동이고, 둘째 윤치호 연구, 셋째 애국계몽운동으로 대별하여 볼 수 있으며, 그 시각은 그의 글대로 "개화기(근대사)에 자주국권의 민족주의와 자유민권의 민주주의 그리고 자강개혁의 근대주의를 추구한 개화자강계열의 민족운동노선이 올바른 민족운동의 방향이었다"라는 시각에 맞추어져 있다.

이 중 '독립협회의 민권운동'에 관한 업적은 유 교수의 그후 학문적 여러 업적의 초석을 다진 것으로 그 의미가 큰 것으로 여겨진다. 그를 이은 '애국계몽운동의 연구'도 그 과제에 대한 개척적 의미뿐만 아니라 복잡다단하게 전개된 애국계몽운동을 체계적으로 정리 이해한 데에 보다 큰 의미가 있을 것이다. 그리고 개화사상과 개화운동의 대표적 인물인 윤치호에 관한 연구도 방대한 『윤치호일기』와 『독립신문』 등을 정독하고 분석 연구한 결과물인 것이다.

논평자는 이와 같은 유 교수의 연구업적을 동조하면서도 다음과 같은 몇 가지 소견을 제시하여 논평과 질의에 대신하고자 하는 것이다.

첫째, "위정척사사상이 근대성과 민주성이 결여되었고 … 중국을 상국으로 인정하여 진정한 의미의 자주의식이 부족했다고 생각하였다. 그리고 동학사상에는 반봉건 반침략의식은 강했지만 민주성과 근대화의 청사진이 결여되었다"고 강조한 대목은 아무래도 그 두 사상이 당시의 사회사상으로서의 걸맞는 위상과 역할을 지나치게 폄하한 측면은 없겠는가 하고 반문하고 싶다. 왜냐 하면 이 두 사상의 대두와 그로 말미암은 위정척사의병운동과 동학농민운동의 격화 양상은 그 배경이 개화사상 내지 개화운동의 미숙성과 외세의존적 경향에서 연유한 요인을 간과할 수 없기 때문이다. 또한 개화사상과 개화운동이 그대로 자주적으로 국권을 수호하려는 민족운동 내지 근대를 지향하는 민주주의 신장으로 연결되지 않았던 역사적 사실을 직시할 필요도 있다고 생각된다.

둘째, 애국계몽운동에서 주목되는 대한자강회와 대한협회, 그리고 서북학회와 신민회 등의 계몽운동단체들의 성격 규정에서 '항일의지의 강온'은 주목하였지만, 시대변천과 외세확대에 따른 구국적 성격의 변화는 상대적으로 간과된 해석이 도출된 견해가 아닌가 하고도 여겨진다. 특히 '동양삼국의 鼎足平和論'을 내세우며 애국계몽운동에 끼여든 일본인 오카키 다이부(大垣丈夫)의 행적과 영향은 재검할 필요성이 있을 것 같다. 이토 히로부미(伊藤博文)도 그가 죽을 때까지 '한국병합'은 일체 표면으로 내세우지 않고 '동양평화'를 앞세워 한국병탄을 서둘렀던 것이다. 더욱이 대한협회 말기의 협회지도층의 위상은 하부조직 내지 지방조직의 성격과는 유리되어 외세의존적 친일세력의 팽배로 보는 견해도 있다.

셋째, '윤치호 연구'에서 『윤치호일기』의 사료적 위상과 세밀한 분석은 윤치호의 행적과 사상연구에서 주목되는 것이지만, 그의 '친일협력의 논리'는 납득하기 어려운 대목이 산견된다. 더욱이 일제시대에도 윤치호가 민족주의자로 규정되는 평가나 친일과 민족주의의 구분을 "민족지도자와 민족반역자의 속한 그룹"으로 구분하는 견해를 제시하여 자칫하면 일제하 모든 지식인 내지 지도급 인물을 친일로 몰아버리는 결함을 내포하고 있다. 더구나 윤치호와 같이 지도급 인물의 친일 행적과 그 영향은 일제의 한국인 동화정책과 상응하는 내용이 포함된 것이므로 정밀한 재검이 있어야 될 것 같다.

요컨대 유 교수가 서두에서 주장한 "사실상 근대사는 많은 부분에서 현대사를 규정짓기 마련이다. 한국개화기에 있어 일본의 침략과 자주적 근대화의 실패는 일본의 한국지배를 가져왔고 연합국에 의해 일본지배가 해체되는 과정에서 우리 민족은 남북으로 분단되었다"라는 근대사 이해의 관점은 얼른 보기에는 일단 올바른 것이라고 할 수 있다. 그러나 이런 관점 속에는 보기에 따라서는 매우 중요한 관점이 소홀히 취급되어 은폐된 진실을 찾지 못하는 것이 아닌가 하고도 염려된다. 그것은 무엇보다 개화사상과 개화운동 이외에 위정척사론에서 연유한 강인하고도 처절한 20여 년에 걸친 의병항쟁과 그와 선후한 동학사상에 뿌리를 둔 동학농민운동의 반근대성 반민주성 반자주성 등의 일방적·통속적인 평가는 개화기의 시대상과 일제침략과 그를 이은 식민지지배 하에서 우리 민족이 '미증유의 민족수난의 극복'이라는 자주적인 사실의 희석을 의미하는 것이기도 하기 때문이다. 더욱이 윤치호의 예에서도 볼 수 있듯이 개화사상·개화파·개화운동 뒤에 잠복한 반자주적 반민족적 반국가적 반시대적 성향의 분석과 해석이 뒤따라야 될 것 같다. 끝으로 유 교수가 제시한 앞으로의 연구과제 등의 제 문제는 유 교수의 앞으로의 연구성과를 크게 기대하게 하는 것이다.

2. 유영렬 교수의 답변 내용

먼저 평소 많은 가르침을 주시는 윤 교수님의 교시에 감사하면서 논평에 간단히 답변하고자 한다.

인간은 누구나 안심하고 행복하게 살기를 원한다. 그러기 위해서는 개인의 자유와 집단의 안전이 필요하다. 근대사회는 국민의 자유와 평등을 추구하는 민주주의, 국가의 자주와 평등을 추구하는 민족주의, 국민과 국가의 경제발전을 추구하는 자본주의를 축으로 하여 전개되었다. 이러한 근대사회에서 개인의 자유와 집단의 안전이 비교적 잘 보장될 수 있다고 보기 때문에, 근대사회는 일반 민중의 입장에서 보면, 그 이전의 사회보다 행복을 추구하는데 있어 바람직한 사회라고 할 수 있다. 그리고 민족주의가 하나의 민족과 그 구성원의 행복과 발전을 추구하는 개념으로 본다면, 진정한 민족주의는 안으로는 민주성과 근대성을 포괄해야 하며, 밖으로는 자주성을 강조하면서도 타국 타민족과의 평화 공존을 전제로 해야한다고 생각한다. 나는 이러한 시각을 가지고 우리 나라의 근대사를 보고자 하는 것이다.

그러므로 나는 "우리 나라 근대 전기에 해당하는 개화기에 있어 자주국권의 민족주의와 자유민권의 민주주의 그리고 자강개혁의 근대주의를 추구한 개화자강계열의 민족운동노선이 올바른 민족운동의 방향이었다"는 기본시각을 가지고 있다. 따라서 나는 우리나라 개화기의 민족운동 중 개화자강계열의 민족운동을 높이 평가하다 보니까, 윤 교수께서 첫 번째로 지적하신 대로 위정척사계열과 동학농민계열의 민족운동을 상대적으로, 특히 그 사상면에서 낮게 평가하는 면이 있음을 부인할 수 없다.

개화기에 衛正斥邪派가 지닌 국권수호의식을 결코 부정하는 것은 아니다. 그러나 개화기에 있어서 위정척사파가 지키고자 한 주된 내용은 '주자학적 중화문화'였고, 국가는 '중화문화를 담는 그릇'이었다고 본다면(조동걸, 1989, 『한국민족주의의 성립과 독립운동사연구』, 지식산업사, 55쪽 참조) 위정척사운동의 반침략성은 국가평등의식을 전제로 하는 진정한 자주의식과는 일정한 거리가 있다고 생각된다. 또한 위정척사파가 조선 사회의 전제적 정치체제, 지주 중심의 경제체제, 양반 중심의 신분체제, 성리학적 유일사상체제를 지키고자 했다면, 개화기에 있어 그 사상과 그 민족운동의 방향을 긍정적으로 평가하기는 어려울 것으로 생각된다.

한편 전봉준, 손화중, 김개남 등 東學農民運動의 지도자들은 서양・일본・청국 등 모든 외세로부터 국가를 지키려는 자주의식을 가지고, 내적으로는 개혁의식과 평등사상도 보였으나, 그들이 근대사상과 민주주의의식을 지녔다고 할 수는 없을 것이다. 그렇다면, 동학농민운동의 근대지향성을 인정한다 하더라도, 그 운동이 바로 근대화운동 또는 민주화운동이었다고 볼 수는 없을 것으로 여겨진다. 동학은 한말에 이르러서야 개화・개혁을 추구했고, 1907년에 천도교 간부들이 대한협회에 대거 가담하여 개화세력과 함께 애국계몽운동을 전개했던 것이다.

윤 교수께서는 "개화사상과 개화운동이 그대로 자주적으로 국권을 수호하려는 민족운동 내지 근대를 지향하는 민주주의 신장으로 연결되지 않은 역사적 사실을 직시할 필요가 있다"고 지적했다. 그러나 독립협회운동의 맥을 이은 애국계몽계열의 독립전쟁론과 공화정체론이 합방이후 독립군기지 건설운동과 3·1운동, 그리고 공화제에 입각한 대한민국임시정부의 수립으로 연결되었다고 볼 때, 개화사상과 개화운동은 국권의 수호와 민주주의 신장으로 연결되었다고 볼 수 있을 것이다.

두 번째로 지적하신 애국계몽단체의 성격과 관련하여 말씀드리고자 한다. 소위 일본의 보호국체제와 일본군의 강점 하에서 전개된 애국계몽운동은 처음부터 커다란 한계성을 지닐 수밖에 없었다. 그리고 대한자강회와 대한협회의 일본인 고문인 오카키 다이부(大垣丈夫)의 '동양삼국의 정족평화론'이나 이토 히로부미(伊藤博文)의 '동양평화론'은 점진적인 '한국병합론'에 불과했다고 본다. 그러나 당시 다수의 애국계몽인사들도 그들의 내면적 의도를 간파했을 것으로 여겨진다(『윤치호일기』 1906년 5월 6일조 참조). 다만 애국계몽인사들은 어쩔 수 없는 상황에서 당장의 한일합방론에 현상유지론으로 대응했고, 일본인들의 한국병탄을 숨긴 동양평화론을 한국독립을 위한 동양평화론으로 활용하려 했던 것으로 생각된다.

대한협회가 말기에 일진회와 제휴코자 하여 그 지도층과 하부조직 내지 지방조직과의 유리현상이 있었던 것은 사실이다. 그러나 일진회의 합방지지 선언 이후에는 대한협회 지도층이 일진회와의 제휴를 포기하고 합방반대에 나섬으로써 이런 유리현상은 해소된 것으로 여겨진다. 대한협회 중앙 지도부의 일진회와의 제휴를 친일행각으로만 보는 것은 표면적인 관찰일 수가 있다. 당시 총독부 당국이 대한협회를 배일단체로 분류한 것을 상기할 필요가 있다고 생각한다. 1909년 8월 30일 『일본외교문서』를 보면 "대한협회는 항상 배일사상을 고취하는 감이 있는데 輓近에 至해서는 한인에게는 배일사상을 주입하나 표면으로는 친일적 태도를 갖는 것 같다." 고 하고 있다(『日本外交文書』 제42권 1책 한국관계잡록 184쪽, 明治42년 8월 30일 참조).

세 번째로 지적하신 일제시대의 윤치호 등 친일협력자에 대한 평가문제와 관련하여 말씀드리고자 한다. 오늘날 일제시대의 친일협력자들을 무조건 반민족적 인물로 보는 시각도 있다. 친일협력자 중에는 반민족적 골수 친일분자도 있고, 마지못하여 친일협력한 사람도 있었다. 그들이 "속한 그룹에 의하여 민족지도자와 민족반역자를 구분"하자는 나의 견해는 결코 일제하 모든 지식인 내지 지도급 인물들을 친일로 몰자는 것이 아니다. 오히려 마지못하여 친일협력한 사람, 곧 마지못하여 친일협력을 하면서도 종교, 교육, 언론, 사회 활동을 통하여 우리 민족에 긍정적인 활동을 한 사람을 골수 친일파와 구분하여 보아야 한다는 것이다.

끝으로 조국이 멸망 직전에 처한 한말에 목숨을 바쳐 처절한 항쟁을 벌인 항일의병의 정신은 그 사상과 관계없이 고귀한 것이라고 생각한다. 또한 한말에 동학이 천도교로 개칭하고 개화운동에 합류하여 애국계몽운동을 전개한 것도 그 후의 민족운동에 큰 의미가 있다고 본다. 다만 그 사상의 문제점을 지적하는 것은 그 운동을 폄하하려는 데 있는 것이 아니고, 반침략 자주화와 반봉건 근대화, 곧 자주독립의 유지와 근대 국민국가의 수립 및 근대적 경제의 건설이라는 한국 개화기의 역사적 과제에 비추어 한국민족운동을 고찰한 데 따른 것이다. 근대적 힘을 갖추지 않고는 근대적 침략을 막을 수 없기 때문이다.

제2장

한국근대사의 연구동향

머리말

19세기 중엽 조선사회는 전통체제가 붕괴되어 가는 과정에서, 밖으로는 청국과 일본의 문호를 개방시킨 서구열강으로부터 도전을 받게 되었으며, 안으로는 홍경래의 난 이래 지속적으로 민란을 일으킨 민중세계의 도전을 받게 되었다. 당시 서구열강의 도전은 시민혁명을 통하여 국민국가를 형성하고, 산업혁명을 통하여 자본주의 경제를 성장시킨 강력한 근대체제의 도전이었으며, 민중세계의 도전은 지방관의 압제와 수탈에 항거하는 수준을 넘어 봉건정부에 저항하는 체제변혁적 성격도 띤 도전이었다.

당시 조선사회의 당면과제는 외세침략을 저지하여 자주독립을 확고히 하고, 근대문명을 수용하여 사회변혁을 추진하며, 자유민권을 신장하여 국민국가를 형성하는 것이었다고 하겠다. 이러한 개화기의 당면과제에 대응하여, 전통체제를 강화하면서 외세의 침략을 막으려는 위정척사계열의 운동과, 내부의 봉건세력과 외부의 침략세력에 저항한 동학농민계열의 운동, 그리고 자주국권과 자유민권 및 근대개혁을 지향한 개화자강계열의 운동으로 전개되었다. 위정척사운동과 개화운동, 동학농민운동과 갑오개혁, 광무정권시정과 독립협회운동, 항일의병운동과 애국계몽운동이 그 대표적인 것이다.

필자는 이상의 역사적 사실에 대하여 이제까지의 연구 성과와 쟁점을 살펴보고, 그것에 대한 간단한 소견을 피력하고자 한다.

Ⅰ. 위정척사운동과 개화운동

위정척사사상과 개화사상은 개항 전후의 한국사회에 주어진 대내외적 도전을 극복하기 위한 방법론으로 대두하여, 개화기 전반에 걸쳐 민족운동의 큰 바탕을 이루었다.

衛正斥邪란 正學과 正道를 지키고 邪學과 異端을 물리친다는 의미로, 주자학을 정통사상·유일사상으로 신봉했던 조선사회에서, 위정이란 정학인 주자학을 수호하는 것이고, 척사란 주자학 이외의 모든 종교·사상을 배격하는 것이었다.

조선 후기 천주교 전래 이후에 위정척사론의 주된 배격의 대상은 이질적인 서양문화였고, 수호의 대상은 주자학을 중핵으로 하는 中華文化였다. 1860년대 서양의 충격이 종교적 차원에서 군사적 차원으로 전환된 병인·신미양요기에 위정척사론의 배격의 대상은 서양 침략국가였고, 수호의 대상은 중화문화의 보루로서의 조선왕조였다. 1870년대 개항 전후기에는 倭洋一体論에 의거하여 일본이 배격의 주요 대상이 되었고, 1880년대의 초기 개화운동기에는 개화파도 배격의 대상이 되었다.

이와 같은 위정척사론의 수호·배격 대상의 변화에 대하여, 최창규는 위정척사론이 서구적 이질문화를 배격하고 주자학적 정통문화를 수호하려는 단계로부터, 서구의 침략세력을 배격하고 한민족의 주체성과 민족적 가치를 수호하려는 단계로 진전되었다고 보았으며,[1] 윤병석은 위정척사론이 개항 전후기에 이르러, 종래의 內修外攘論으로부터 민족자존을 위한 민족의식으로 발전하고, 물질문명의 침략에 따른 민족주의적 경제이론으로 전개되었다고 보았다.[2] 홍순창은 위정척사상이 외세의 위협하에서 민족의 자존의식으로, 나아가 민족자주의식으로 발전하여 민족주의사상으로 성장했다고 보았다.[3]

이와는 달리 이이화는 위정척사사상이 수호의 대상으로 삼았던 것은 민족과 국가가 아니고, 구래의 봉건질서와 중화주의적 가치관일 뿐이라고 보았으며,[4] 진덕규도 위정척사론이 민족 전체의 당위보다는 왕조적 전통체제의 유지에 더 큰 강조를 두어 근대적 의미의 민족주의로 볼 수 없다는 했다.[5]

조동걸이 위적척사파가 수호화려는 내용은 주자학이고 조선은 그것을 담고 있는 그릇이라고 표현했듯이,[6] 위정척사론의 수호의 대상이 국가·민족으로서의 조선은 부차적인 것이었고, 본질적으

1) 崔昌圭, 1975, 「斥邪論의 性格」『한국사』 16, 국사편찬위원회, 333~334쪽.
2) 尹炳奭, 1996, 「開港과 衛正斥邪運動」『近代韓國 民族運動의 思潮』, 집문당, 20~23쪽.
3) 洪淳昶, 1975, 『韓末의 民族思想』, 탐구당, 54쪽.
4) 李離和, 1977, 「斥邪衛正論의 비판적 검토」『한국사연구』 18, 한국사연구회, 628~630쪽.
5) 陳德奎, 1978, 「척사위정론의 민족주의적 비판인식」『한국문화연구논총』 31, 254쪽.
6) 趙東杰, 1989, 『韓國民族主義의 成立과 獨立運動史硏究』, 지식산업사, 55쪽.

로는 주자학적 중화문화의 보루로서의 조선이었다고 한다면, 위정척사론은 근대적 의미의 민족주의 사상과는 구별되어야 할 것이다.

위정척사론의 당면 문제에 대한 현실적 대응책은, 밖으로는 서양의 종교와 상품, 침략과 개화의 물결을 막기 위해, 서양 세력을 물리치고 서양과 일체의 관계를 단절해야 한다는 양이쇄국책이었고, 안으로는 서양의 도전을 극복하기 위해 '內修'하여 '結人心'해야 한다는 논리, 곧 주자학적인 전통체제를 강화하여 국가기강을 바로잡아 민심을 결속시켜야 한다는 체제강화책이었다.

양이쇄국책에 대하여, 최창규는 서세동점의 위기사황에 대한 민족의식의 발동이며, 열강의 경제적 팽창에 대한 민족적 자기보존책으로 보았고,[7] 이이화는 새로운 사조와 사상을 거부하여 시대진운에 역행한 보수반동책으로 보았다.[8] 한편 체제강화책에 대하여, 內修가 척사의 방편으로 서양의 기술도입을 용인하려는 採西의 논리적 기반'이 되었다는 최창규 등의 긍정적 시각이 있고[9] 소위 '내수개혁'은 어디까지나 기존의 사회체제와 구조를 재정비 강화하는 범위 내에서의 개혁에 불과했다는 신용하 등의 부정적 시각도 있다.[10]

위정척사운동은 1860년대에는 통상반대운동으로 전개되었고, 1870년대에는 개항반대운동으로 전개되다가, 1880년에는 개혁반대운동으로 전개되었으며, 1890년대 이후로는 의병운동으로 전개되었다.

이와 같은 위정척사사상과 그 운동의 성격에 대하여 상반되는

---

7) 최창규, 앞의 「척사론과 그 성격」, 334~335쪽.
8) 李離和, 앞의 「척사위정론의 비판적 검토」, 140쪽.
9) 최창규, 앞의 「척사론과 그 성격」, 336~337쪽.
10) 愼鏞廈, 1980, 「韓國近代의 社會發展」 『韓國 近代社會와 社會變動』, 문학과 지성사, 19쪽.

평가가 있다. 먼저 위정척사사상은 이질문화의 도전으로부터 민족의 전통문화와 전통질서를 유지하려는 민족전통 유지사상이었고, 그 운동은 민족의 자존·자주의식에 바탕을 두고 민족의 생존과 주체를 보존하려는 민족주체 보존운동이었으며, 후일 일제의 침략에 적극적으로 저항하여 항일 민족운동의 연원을 이룬 근대 민족주의운동이었다는 긍정적인 평가가 있다.11)

한편 위정척사사상은 서구적 근대의 본질을 파악하지 못하고 주자학적 중화문화를 고수하려는 전근대적 사상이었고, 그 운동은 근대적 개혁과 민중세계의 변혁요구를 방해하고 전통체제의 강화를 추구하여 시대에 역행하는 보수반동운동이었으며, 국가와 민족보다는 조선왕조 정치체제의 보위에 역점을 둔 전제체제 유지운동으로써 근대 민족주의운동으로 볼 수 없다는 부정적인 평가가 있다.12)

요컨대 위정척사사상은 서구열강의 침략에는 반침략사상의 성격을 나타냈지만, 청국의 침략간섭에는 반대하지 않았고 오히려 청국과의 종속관계를 당연시했으므로, 국가평등의식을 전제로 하는 근대적 자주국권사상은 아니었다. 또한 위정척사사상은 신분차별을 부정하지 않고 오히려 전통적 신분질서를 유지하려 했으므로, 국민평등의식을 전제로 하는 근대적 국민국가사상을 내포하지 못하였다. 따라서 위정척사사상은 근대적인 민족주의사상과는 구별되는 사상이고, 그 운동도 근대적 의미의 민족주의운동으로 볼

---

11) 李澤徽, 1999, 「위정척사사상의 영향과 의의」『한국사』38, 국사편찬위원회, 255～259쪽 ; 洪淳昶, 앞의 「한말 민족주의의 형성」, 96·100쪽 ; 崔昌圭, 앞의 「척사론과 그 성격」, 331～341쪽 ; 尹炳奭, 앞의 「개항과 위정척사운동」, 20～23쪽.

12) 愼鏞廈, 앞의, 「韓國近代의 社會發展」, 18～19쪽 ; 陳德奎, 앞의 「斥邪衛正論의 民族主義的 비판인식」, 254～255쪽.

수 없다고 생각된다.

개화사상과 개화파의 형성문제에 대하여 다양한 연구 시각이 있다. 개화사상이 양반출신 朴珪壽와 중인출신 吳慶錫·劉鴻基 등을 중심으로 하여, 실학사상 특히 북학사상을 모태로 하고, 청국의 양무론자들과 서양에 관한 새로운 서적의 영향을 받아서 형성된 사상이라는 견해는 오늘날 통설로 되어 있다.[13] 또한 김옥균·박영효 등의 변법적 개화사상이 후쿠자와 유키치(福澤諭吉) 등 일본 문명개화론자들의 일정한 영향을 받아 형성되었다는 견해도 인정되고 있다.[14]

개화사상의 형성시기에 대하여, 신용하는 1853～1860년대설을 제기했다. 곧 오경석은 그가 북경에 네 차례 왕래하던 1850년대에, 박규수는 제1차로 북경에 사행을 다녀온 1861년부터, 그리고 유홍기는 1960년대까지에 개화사상이 형성되었다는 것이다.[15] 박종근 등은 박규수와 유홍기의 개화사상 형성에 초점을 맞추어 1860년대설을 주장했다.[16] 이광린과 강재언은 박규수가 제2차로 청국에 사행을 다녀온 시기를 주목하여 1870년대 전반기설을 주장했다.[17] 그러나 최근에 이광린은 申櫶이『海國圖志』를 참고하여 수뢰포를 제작한 1860년대 후반을 개화사상의 등장기로 고쳐보고 있다.[18]

---

13) 柳永烈, 1987,「斥邪運動과 開化運動」『한국사연구입문』, 한국사연구회, 415쪽.

14) 青木功一, 1970,「朝鮮開化思想と福澤諭吉の研究」『朝鮮學報』52, 90～91쪽.

15) 愼鏞廈, 1999,「개요 : 개화와 수구의 갈등」『한국사』38, 국사편찬위원회, 3～4쪽 ; 1985,「吳慶錫의 開化思想과 開化活動」『역사학보』107, 역사학회, 147·186～187쪽.

16) 朴宗根, 1983,「조선에 있어서 근대적 개혁의 추이」『甲申甲午改革期의 近代變革과 民族運動』, 청아출판사, 141～142쪽

17) 姜在彦, 1981,『韓國의 開化思想』, 비봉출판사, 131쪽 ; 李光麟, 1969,『韓國開化史研究』, 일조각, 16～18쪽, 31쪽.

이제까지의 연구성과를 고려할 때, 박규수·오경석·유홍기 등 상당수의 개화 선각자들이 개화사상을 갖게 된 1860년대를 한국 개화사상의 형성기로 보는 것이 적절할 것으로 생각된다.

한편 개화사상의 형성시기를 김옥균·박영효 등이 일본에 다녀온 1882년 이후로 보는 견해도 있는데,[19] 이것은 급진개화파의 문명개화론 곧 변법개화론의 형성을 의미하는 것이다.

개화파의 형성시기에 대해서는 박종근과 북한학자들은 1870년대 초기설을, 신용하와 오세창 등은 1874년설을 주장했다.[20] 강재언은 개화파가 1874년부터 박규수 지도 하에 사상적 결사로 성립되었고, 1879년부터 유홍기 지도 하에 정치적 결사로 전환되었다고 보았다.[21] 그리고 이광린은 급진개화파 곧 개화당이 1879년에 조직되었다고 보았다.[22] 현재로서는 1870년대 개항 전후기에 개화파가 하나의 정치적 구룹으로 형성되었다고 볼 수 있다.

개화파는 1870년대에 정치세력으로 형성되었고, 1880년대부터는 정계에 진출하여 본격적으로 개혁운동을 전개하였다. 문명개화와 부국강병을 목표로 했던 초기 개화파는, 1882년 임오군란을 계기로 하여, 군란의 처리방식과 對淸 관계 그리고 개화방법론을 달리하는 金玉均·朴泳孝 등의 급진개화파와 金允植·魚允中 등의 온건개화파로 분열되었다.

급진개화파는 청국과의 종속관계를 단절하여 조선의 자주독립권을 확립하고, 일본의 메이지 유신(明治維新)을 모델로 하여 서양

---

18) 李光麟, 1989, 「初期의 開化思想」『韓國史 市民講座』 4, 91쪽.

19) 주진오, 1993, 「개화파의 성립과정과 정치사상적 동향」『1894년 농민전쟁연구』 3, 역사비평사, 171·205쪽.

20) 柳永烈, 앞의 「斥邪運動과 開化運動」, 416쪽.

21) 姜在彦, 1981, 「開化派의 형성과 개화운동」『韓國의 開化思想』, 비봉문화사, 198쪽.

22) 李光麟, 1981, 「開化黨의 形成」『開化黨研究』, 일조각, 14～15쪽.

과학기술의 수용은 물론, 조선의 정치・사회체제를 근대적으로 변혁하려는 변법론적・급진적 개혁을 추구했으며, 온건개화파는 청국과의 사대적인 종속관계를 인정하고, 전통적 유교문화와 전제군주체제를 유지하면서, 청국의 洋務運動을 모델로 하여 東道西器論的・점진적 개량을 추구했다는 것이 학계의 일반적인 견해이다.[23)]

변법개화파 곧 급진개화파에 비하여, 온건개화파는 개량적 개화파・양무개화파・시무개화파 등으로 불리는데, 최근에는 김윤식・어윤중 등 온건개화파가 동양의 정치체제와 문화를 유지한 채, 서양의 근대 기술문명만을 받아들이려 했다고 하여 동도서기론자로 분류하고, 이들을 개화파의 범주에서 제외하려는 견해도 있다. 그러나 온건개화파도 개혁을 지향한 것은 분명하고, 갑오개혁을 주도한 세력이므로 개화파의 범주에서 제외하는 데에는 문제가 있을 것이다.[24)]

초기 개화운동의 절정을 이룬 1884년의 갑신정변에 대하여, 정변 주도세력의 기본사상, 정변의 동기와 방법론, 그리고 그 결과와 의의에 대하여 다양한 견해가 있다.

갑신정변 주도세력의 기본사상에 대해서는, ① 정변 주도세력의 개화사상은 실학사상을 기반으로 하여 형성된 자주독립사상이고, 민주・민권사상에 기초한 근대국가 수립사상이었다는 이광린・신용하・이현희 등의 긍정적인 견해가 있으며,[25)] ② 정변 주도자들이 확고한 근대의식이나 근대국가 수립사상을 가진 것이 아니고,

---

23) 愼鏞廈, 1999, 「개화파의 형성과 활동」『한국사』 38, 국사편찬위원회, 33～37쪽.

24) 서영희, 1996, 「개화와 척사」『한국역사입문』 3, 풀빛, 48～50쪽.

25) 李光麟, 1973, 「甲申政變에 대한 考察」『開化黨 硏究』, 일조각, 168～169쪽 ; 愼鏞廈, 앞의 「韓國近代의 社會發展」, 24～27쪽 ; 李炫熙, 「19세기 후반의 韓國開化運動考」『성신여대논문집』 7, 170쪽.

그 사상은 일본의 '침략적 이데올로기'에 불과했다는 신국주·백종기 등의 부정적인 견해가 있다.[26] ③ 한편 정변 주도자들이 근대국가 수립사상은 가졌으나, 국가관과 민권의식 등 그들의 사상에는 일정한 한계성이 있다는 조일문·주진오 등의 중립적인 평가가 있다.[27]

갑신정변의 동기와 방법론에 대해서는, ① 정변의 목적은 근대국가의 건설에 있었고, 당시 국내외적 상황에서 '위로부터의 근대화'는 불가피했으며, 따라서 개화당의 일본세력과의 결탁이나 민중 지지기반의 결여는 크게 문제될 것이 없다는 신용하·박종근 등의 긍정적 평가가 있으며,[28] ② 정변의 목적은 정권탈취에 있었고, 일본의 침략정책에 편승하여 민중이 성숙치 못한 상태에서 성급하게 추진된 외세의존적인 무모한 변란이었다는 백종기·신국주·김달중 등의 부정적인 평가가 있다.[29] ③ 한편 정변의 목적은 근대국가의 건설에 있었으나, 당시 상황적 위기의식에서 정권쟁탈적 성격도 갖게 되었다고 보고, 일본과의 결탁 및 민중지지기반의 결여를 비판하는 이선근·배성동·이광린 등의 중립적인 평가가 있다.[30]

---

26) 申國柱, 1965,『近代朝鮮外交史』, 통문관, 247～268쪽 ; 白鍾基, 1962,「甲申政變에 관한 一考察」『성균관대학교 논문집』, 68쪽.

27) 趙一文, 1976,「政治思想으로서 開化思想考」『건대학술지』20, 137～188쪽 ; 주진오, 앞의「개화파의 성립과정과 정치사상적 동향」, 183～184쪽. 주진오는 갑신정변 주도세력의 근대국가 수립 지향은 인정하지만, 그들의 입헌군주제 지향, 자유민권사상, 자주적 개혁운동에는 부정적이다.

28) 愼鏞廈, 앞의「韓國近代의 社會發展」, 24～25쪽 ; 朴宗根, 앞의「조선에 있어서 근대적 개혁의 추이」, 149～150쪽.

29) 강지원, 1950,『朝鮮政治思想史』, 대학생활사, 194쪽 ; 白鍾基, 앞의「甲申政變에 관한 一考察」, 83쪽 ; 金達中, 앞의「1880년대 韓國 國內政治와 외교정책」, 246쪽.

갑신정변의 결과와 의의에 대해서는, ① 한국의 자주독립을 추구한 민족주의운동, 인민평등권을 확립하려는 민주주의운동, 사회발전을 추구한 근대화운동의 선구로서 개화기 한국사회의 나아갈 방향을 올바르게 명시했다는 이광린・신용하・강재언 등의 긍정적 평가가 있으며,[31] ② 정변의 실패로 보수세력의 장기집권을 가능케 하고, 청국의 직접적인 내정간섭을 초래했으며, 고종의 개화의지를 좌절시키고, 개화운동의 脈을 단절케 하여 근대화운동에 치명적 결과를 초래했다는 최영호・신국주・주진오 등의 부정적인 평가가 있다.[32] ③ 한편 정변 실패에 따른 부정적 측면을 인정하면서도, 한국 역사상 國民主權主義를 지향한 최초의 정치개혁운동이며, 부르조아적 정치운동의 시발점이었다는 강만길 등의 중립적인 평가가 있다.[33]

갑오개혁은 청국으로부터의 자주독립을 추구했으나 결국 청국의 예속을 강화시켰고, 개화자강을 추구했으나 결국 보수세력의 장기집권을 초래하여, 조선의 점진적 근대화에 심한 타격을 준 것이 사실이다. 그러나 갑신정변은 3일 천하로 끝났지만 우리 나라에 최초의 개화정권을 탄생시켰고, 근대적 의미의 자주의식과 민권의식 그리고 개혁의식을 싹틔운 귀중한 혁명적 근대개혁운동이었다.

---

30) 李瑄根, 앞의 『韓國史-最近世史篇』, 663～665쪽 ; 배성동, 1976, 「조선말기의 정치체제」『한국정치학회보』 10, 66～68쪽 ; 이광린, 1975, 「甲申政變의 재평가」『韓國史의 再照明』, 독서신문사, 515쪽.

31) 李光麟, 앞의 「開化黨에 대한 一考察」, 182쪽 ; 강재언, 앞의 「개화당・개화파・갑신정변」, 116～119쪽 ; 신용하, 1999, 「갑신정변의 영향과 의의」『한국사』 38, 국사편찬위원회, 433～435쪽.

32) 崔永浩, 1990, 「甲申政變論」,『韓國史 市民講座』 7, 일조각, 65～75쪽 ; 申國柱, 앞의 『近代朝鮮外交史』, 244쪽 ; 주진오, 앞의 「개화파의 성립과정과 정치・사상적 동향」, 184～185쪽.

33) 강만길, 1994, 『고쳐쓴 한국근대사』, 창작과 비평사, 190쪽

역사상 혁명적 근대개혁운동의 실패는 보수반동의 시대를 초래하기 마련이다. 그러나 개혁과 반동이 거듭하면서 역사는 진보해 왔다. 따라서 갑신정변은 무엇보다도 한국사회가 나아갈 올바른 근대 개혁방향을 제시한 점과 그것이 갑오개혁에서 실현된 점에서 높이 평가되어야 할 것이다.

Ⅱ. 동학농민운동과 갑오개혁

해방 이후의 연구성과에 의하여 동학농민운동은 반봉건·반침략운동으로 규정지워졌다. 그러나 동학과 농민운동과의 관련 문제, 동학농민운동의 주체 문제, 동학농민운동의 성격 문제 등에는 많은 견해 차이가 있다.

동학과 농민운동과의 관련 문제에 대해서는 세 가지의 시각이 있다. 첫째로는 동학 중심의 시각으로, 동학사상은 혁명의 원리이고, 동학교단은 혁명운동의 조직이며, 동학의 전제 없이는 동학농민운동은 발생될 수 없었다는 김용덕·이현희 등의 '동학혁명설'이 있다.[34] 둘째로는 농민운동 중심의 시각으로, 동학과 농민운동과의 관계를 기본적으로 차단하고, 농민전쟁은 홍경래난 이래 민란의 연장선상에서 농민이 주도했으며, 농민전쟁의 이념은 농민층의 계급적 이익에서 창출된 것이라는 김용섭·박종근 등의 '농민전쟁설'이 있고, 동학사상과 동학교단의 역할을 인정하면서도 농민운동의 혁명성에 비중을 두는 신용하 등의 '농민혁명운동설'이

34) 金龍德, 1987, 「동학군의 대일항전」『한민족독립운동사』 1, 국사편찬위원회, 274~276쪽 ; 李炫熙, 1984, 「東學革命인가, 東學運動인가」『東學思想과 東學革命』, 청아출판사, 61~68쪽.

있다.[35] 셋째로는 동학과 농민운동의 유기적 시각으로, 동학사상 자체가 혁명의 원리는 아니지만 혁명사상이 내재되어 있으며, 동학 교단은 농민전쟁의 추진력이 되었다는 박경식 · 강재언 등의 '동학 농민전쟁설'[36]과 김창수 · 박맹수 등의 '동학농민혁명설'[37]이 있다.

동학농민운동이 조선 후기 민란의 맥을 이어서 일어났으며, 동학의 평등사상과 반침략사상 그리고 종교집회가 농민들의 의식계발에 깊은 영향을 주었고, 결국 동학 조직을 중심으로 농민들이 대규모로 봉기했던 사실을 부인할 수는 없다. 그리고 그 봉기가 전쟁의 형태를 띠었고, 혁명적 성격을 띠었던 것도 사실이다. 그렇다면 1894년의 동학과 연계된 농민봉기를 '동학농민운동'이라는 가치 중립적인 용어로 표현하는 것이 적절할 것이라고 생각된다.

연구자들에 따라 동학농민운동의 주체세력은 지도세력과 주도세력(양상현), 지도세력과 기본동력(우윤), 주도층과 주력층 및 동조층(정창렬)으로 다양하게 분류된다.[38] 그런데 같은 용어를 서로 다른 의미로 사용하는 용어의 혼란 문제가 있다. 동학농민운동에 핵심 지도층과 중간 지도층, 주된 참가층과 종된 참가층이 있다고 볼 때, 운동을 주도한 지도층과 주된 참가층을 주체세력으로 보고,

---

35) 金容燮, 1958, 「全琫準供草의 分析」『史學硏究』 2, 한국사학회, 6쪽 ; 朴宗根, 1962, 「東學と1894年(甲午)の農民戰爭について」『歷史學硏究』 269, 25쪽 ; 愼鏞廈, 1980, 「韓國近代의 社會發展」『韓國近代史와 社會變動』, 문학과지성사, 35쪽의 주 1) ; 1993, 「甲午農民戰爭의 社會的 歷史的 性格」『東學과 甲午農民戰爭硏究』, 一潮閣, 388쪽.

36) 양상현, 1989, 「1894년 농민전쟁과 항일의병전쟁」『남북한역사인식비교강의』, 일송정, 125쪽.

37) 金昌洙, 1995, 『韓國民族運動史硏究』, 범우사, 38~42쪽 ; 박맹수, 1993, 「동학농민혁명에 있어서 동학의 역할」『동학농민혁명과 사회변동』, 한울, 64~65쪽.

38) 우윤, 1995, 「고종조 농민항쟁, 갑오농민전쟁에 대한 연구성과와 과제」『韓國史論』 25, 국사편찬위원회, 219쪽.

주도층은 지도층과 같은 의미로 보는 것이 적절하다고 생각된다.

종래 동학농민운동의 주체와 관련하여 흔히 잔반주도론, 부농주도론, 빈농주도론이 거론되어 왔는데, 잔반주도론은 핵심 지도층을 염두에 둔 주장이고, 부농주도론은 지도층 전반을 염두에 둔 주장이며, 빈농주도론은 주된 참가층을 염두에 둔 주장으로 볼 수 있다.[39]

구체적으로 한우근은 잔반주도론을 주장하여 몰락양반을 핵심 지도층으로 보았으며,[40] 박찬승은 하층양반과 서얼층으로서 유교적 소양을 지닌 동학의 접주층과 변혁지향적 지식층을 지도부로 인식했다.[41] 신용하는 신분적으로는 양인과 천인층, 사회계급적으로는 소작농을 중심으로 하는 빈농층을 주체세력 곧 주된 참가층으로 설정했다. 정창렬은 동학의 남접 접주들을 제1차 농민전쟁의 주도층 곧 지도층으로, 소농·빈농·반무산층을 주력층 곧 주된 참가층으로, 부농·중농을 동조층 곧 종된 참가층으로 파악하였다. 우윤은 전봉준·김개남·손화중 등 진보적인 지식인을 지도세력으로 보고, 주로 소농·빈농과 천민계층을 기본세력 곧 주된 참가층으로 보았다.[42]

이러한 연구성과를 참작해 보면, 동학농민운동을 주도한 지도층은 동학 간부를 비롯한 현실 비판적인 농촌 지식인들이었고, 주된 참가층은 주로 소농·빈농으로 현실에 불만을 가진 동학농민들이었다고 보는 것이 타당하다고 생각된다.

---

39) 高錫珪, 1996, 「1894년 농민전쟁」『한국역사입문』 3, 한국역사연구회, 207~209쪽.

40) 韓㳓劤, 1970, 「東學의 리더쉽」『白山學報』 8, 白山學會, 500~502쪽.

41) 박찬승, 1997, 「1894년 농민전쟁의 주체와 농민군의 지향」『1894년 농민전쟁연구』 5, 역사비평사, 150쪽.

42) 우윤, 앞의 「고종조 농민항쟁, 갑오농민전쟁에 대한 연구성과와 과제」, 219~221쪽.

흔히 동학농민운동의 지향이 반봉건 근대화와 반침략 자주화의 실현, 그리고 근대 민족국가의 수립에 있다고 본다.43) 여기에서 반침략 자주화의 실현에 대해서는 별 다른 이론이 없을 것이다. 그러나 '근대화'라는 용어를 일반적으로 민족주의와 민주주의 및 자본주의를 추구하는 개념으로 이해한다면, 동학농민운동의 반봉건이 바로 근대화를 의미하는 것일까? 동학농민운동을 주도한 지도층이 진실로 근대의식 또는 근대 민족의식을 가지고, 근대 민족국가를 수립하고자 했을까?에 대해서는 의문의 여지가 있다.

동학농민군의 경제적 지향은 첫째로 전통적 수취체제의 모순을 제거하여 농민층의 부담을 경감하는 것이고, 둘째로 농촌 소상인에 대한 봉건적 수탈과 외국 상인의 침탈을 제거하고 상권을 수호하여 상업자본을 축적하는 것이며, 셋째로 토지를 평균분작하여 토지문제를 해결하는 것으로 분석되고 있다.44)

집강소 활동기에 제기된 '토지의 평균분작'의 해석에는, 지주-전호제의 폐지에 의한 농민적 토지소유 곧 토지의 균등분배를 의미하는 것으로 보는 견해와, 농민의 안정적인 경작권의 확보를 위한 토지의 균등경작을 의미하는 것으로 보는 견해가 있다.45) 당시 동학농민들이 양반 지배층의 토지를 몰수하여 똑같이 나누어 갖고자 하는 의식을 가졌을까? 더욱이 전주화약 이후 집강소 활동기는 官과 협조하여 개혁을 추구하는 분위기였음을 감안하면 '농민적 토지소유론'에는 회의적인 생각이 든다.

동학농민운동 당시에 자본주의 국가의 경제적 침략이 심화되는

---

43) 高錫珪, 앞의 「1894년의 농민전쟁」, 210쪽.

44) 朴贊勝, 1985, 「동학농민전쟁의 사회 · 경제적 지향」『한국민족주의론』 Ⅲ, 창작과비평사, 75쪽.

45) 鄭昌烈, 1999, 「집강소의 폐정개혁」『한국사』 39, 국사편찬위원회, 412~413쪽의 주 162).

상황에서, 그리고 개화파 세력이 서구의 방식에 따라 자본주의적 경제발전을 추구하는 상황에서, 동학농민의 경제적 지향도 자본주의 방향으로의 개혁이었는지에도 의문의 여지가 있다.

한편 동학농민군의 사회적 지향은 첫째로 양반 지배층으로부터 평민과 천민의 신분적 해방을 추구하는 것이고, 둘째로 양반중심의 지배체제의 개선을 추구하는 것이며, 셋째로 향촌사회와 전국 단위의 지배권력을 장악하여 변혁사업을 추진하는 것으로 분석되고 있다.[46)]

그러나 폐정개혁의 조항을 보면, 동학농민군들이 노비문서를 소각한다고 했지만, "七般賤人의 대우를 개선한다"던가, "불량한 양반의 무리를 징벌한다"고 하여, 차별적 양반 신분제도의 완전한 철폐를 주장한 것은 아니었다. 결국 동학농민군의 지도층이 국왕과 양반 중심의 봉건제도 자체를 근본적으로 부정한 것은 아니었고, 근대사회의 청사진을 제시하지도 못하였다.

최근 이희근은 동학농민군의 핵심지도자 중, 전봉준 등은 조선왕조 질서 내에서의 개혁을 통하여 보국안민을 실현하려 했으며, 김개남 등은 역성혁명을 통하여 새 왕조를 건설하려 했다는 연구를 발표했다.[47)] 역시 동학농민운동의 반봉건성과 혁명성은 바로 근대성으로 직결되는 것은 아니었고, 전통체제 내에서의 개혁을 의미한다고 생각된다.

갑오개혁에 대해서는 개혁의 자율성과 타율성의 문제, 동학농민운동과의 연관성 문제, 개혁내용의 평가 문제 등이 쟁점이 되고 있다.

---

46) 朴贊勝, 앞의 「동학농민전쟁의 사회・경제적 지향」, 75쪽.

47) 李熙根, 1998, 「1894년 동학지도자들의 시국인식과 정국구상」『한국근현대사연구』 8, 한국근현대사연구회, 96~97쪽.

갑오개혁은 대체로 군국기무처가 개혁을 주도한 1894년 7월 27일에서 같은 해 12월 17일까지를 제1기, 박영효가 개혁을 주도한 1894년 12월 17일부터 1895년 7월 6일까지를 제2기, 박영효가 일본에 망명한 이후 1895년 7월 6일부터 1896년 2월 11일까지를 제3기로 나눌 수 있다.

갑오개혁은 일본 정부가 제시한 개혁안에 의해 일본 공사와 일본 고문관들의 지도와 간섭 하에서 이루어진 근대개혁이었으나, 조선의 개혁추진 능력의 결여로 실패로 끝났다는 타율적 개혁론의 시각이 해방 이전부터 1960년대까지 지속되었다.[48]

1970년대부터는 갑오개혁에 대한 연구가 활발해지고, 연구 시각도 다양화되었으나, 크게 두 가지의 상반된 기본시각이 있다.

먼저 갑오개혁을 한국사회의 내재적 발전의 입장에서 자율적 개혁으로 보는 긍정적인 시각이 있다. 유영익은 청일전쟁 당시 일본의 대한정책의 핵심이 조선의 내정개혁에 있지 않았고 조선의 침략에 있었다는 점, 1894년 군국기무처 시기의 개혁과 1895년 박영효집권 시기의 개혁은 사실상 조선의 개화관료에 의하여 추진되었다는 점, 특히 갑오개혁 중 신분철폐를 포함한 사회제도의 개혁에 일본이 전혀 개입되지 않았다는 점 등에 비추어, 갑오개혁은 갑신정변 이래로 근대화 정책을 추진해 온 개화파 관료들의 자율적인 개혁이라고 하여, 개화사상과 개화운동의 연장선상에서 갑오개혁의 내재적 발전론을 폈다.[49] 도면회도 갑오개혁의 담당정권은 일본의 간섭에 의해 형성되었지만, 그 추진세력은 조선정부의 개화정책 수행과정에서 양성된 실무관료들이었으며, 갑신정변 이래 개

48) 鄭昌烈, 앞의 「甲午農民戰爭과 甲午改革」, 440쪽.
49) 柳永益, 1990, 『甲午更張研究』, 一潮閣, 194～219쪽 ; 1992, 「갑오・을미년간(1895～1896) 박영효의 개혁활동」 『國史館論叢』 36, 국사편찬위원회, 28～30쪽.

화파의 개혁구상과 동학농민군의 폐정개혁안을 수용하고, 일본의 근대화를 모델로 하여 개혁을 추진한 것이라 하여, 갑오개혁을 내재적 발전론의 입장에서 보고 있다.[50]

한편 갑오개혁을 외세의존적인 면과 관련하여 타율적으로 보는 부정적인 시각이 있다. 주진오는 갑오개혁의 추진 세력이 스스로 정치세력을 이루었던 것이 아니고, 외세에 의존하여 정권을 획득했고, 외세 의존적인 정권의 성격으로 인하여 갑오개혁은 일본의 한국 침략의 발판을 제공하게 되었다고 보았다.[51] 이이화는 군국기무처가 조선 개화파정권의 구상과 의지에 따른 것이 아니고, 일본 군사력의 강압에 의해 괴뢰정부의 기구로 발족된 것이므로, 군국기무처를 통한 개혁은 일본의 조선침략 정책과 연결되는 내용을 수용하게 되어 주체적인 개혁이 될 수 없다고 주장했다.[52] 김영모는 갑오개혁이 조선말기의 각 분야에 걸친 획기적인 제도개혁으로, 조선인 관료에 의해 추진되었다 해도, 식민지화를 목적으로 한 일본의 군사적 위협과 일본공사의 강력한 요구에 의해 이루어진 타율성이 강한 개혁이었다고 보았다.[53]

갑오개혁이 일본의 정치적 군사적 압력 하에서 그들의 개혁 요구에 의하여 추진된 것이 사실이므로, 갑오개혁에 타율적인 측면이 있는 것을 부정할 수는 없을 것이다. 그러나 조선의 개화관료들이 근대적 개혁의지를 가지고 실제로 개혁을 추진한 것도 사실이

---

50) 도면회, 1993, 「근대=자본주의사회 기점으로서의 갑오개혁」『역사와 현실』 9, 역사비평사, 169～170쪽.

51) 朱鎭五, 1995, 『19세기 후반 開化 改革論의 構造와 展開』, 연세대 박사학위 논문, 62～79쪽.

52) 李離和, 1993, 「폐정개혁과 갑오개혁의 연관성 규명」『동학농민혁명과 사회변동』, 한울, 175·177쪽.

53) 김영모, 1990, 「갑오개혁의 법제적 양상과 일제의 간섭」『한국의 사회와 문화』 13, 정신문화연구원, 97～100쪽.

므로, 제한된 의미에서 갑오개혁의 자율성을 인정하는 것이 타당할 것이다.

갑오개혁과 동학농민운동과의 상호 관련성에 대해서도 상반된 시각이 있다. 신용하는 동학농민운동에 의하여 봉건 구체제가 붕괴되는 토대 위에서 개화파가 세계사와 보조를 같이 하는 부르조아 개혁을 단행하게 되었다고 하여 동학농민운동과 갑오개혁의 연관성을 강조했으며,[54] 강만길 역시 농학농민군의 노비제도 폐지, 무명잡세 근절 등의 폐정개혁 요구가 갑오개혁시에 상당히 실현되었다고 하여, 갑오개혁과 동학농민운동과의 연관성을 인정하고 있다.[55]

한편 이이화는 갑오개혁과 동학농민운동을 주도한 지도층의 성분과 현실 인식, 개혁의 방향과 방법이 달랐기 때문에, 개화정권의 갑오개혁과 동학농민군의 폐정개혁은 그 내용의 상통성에도 불구하고 직접적 관련성이 전혀 없다고 보았다.[56] 주진오도 갑오정권과 농민군은 민씨정권 반대에는 일치했지만, 개혁의 동기와 방법에 현저한 차이가 있으며, 그들의 비슷한 개혁안도 지향과 상관없이 일치했을 뿐, 양자의 외세에 대한 인식의 합일은 근본적으로 불가능했고, 갑오정권이 민족내부의 개혁 방해세력보다는 민족외부의 개혁 지지세력에 친근감을 느꼈을 것이라 하여 양자의 상호 연관성을 부인하고 있다.[57]

동학농민운동에 의해 개혁이 절실해진 분위기에서 갑오개혁이

54) 愼鏞廈, 1985, 「東學農民戰爭의 主体勢力과 社會身分」 『한국사연구』 50·51합집, 273쪽.
55) 강만길, 1995, 『고쳐쓴 한국근대사』, 창작과비평사, 195·219쪽.
56) 이이화, 1993, 「폐정개혁과 갑오개혁의 연관성 규명」 『동학농민혁명과 사회변동』, 한울, 175～178쪽.
57) 주진오, 1994, 「갑오개혁의 새로운 이해」 『역사비평』 26, 역사비평사, 50～51쪽.

추진되었다고 볼 때, 양자의 연관성이 전혀 없다고 부정할 수는 없을 것이다. 그러나 동학농민운동과 갑오개혁은 그 추진세력의 성분과 현실 인식의 차이, 개혁의 방향과 방법의 차이, 그리고 실제적인 갈등과 대립관계로 볼 때, 양자의 상호 연관성를 강조하는 것은 무리라고 생각된다.

갑오개혁의 지향과 개혁 내용에 대해서도 다른 시각이 있다. 유영익은 갑오개혁이 정치면에서 대외적으로 자주독립을 선양하고, 대내적으로 내각중심의 입헌군주제를 지향한 점, 경제면에서 외자도입에 의한 장기적 경제개발 계획을 추진하고, 사회면에서 능력본위의 평등사회 실현을 추구한 점, 그리고 문화면에서 합리적·실용적인 교육제도의 수립을 추진한 점에서, 여러 한계성에도 불구하고, 갑오개화파 관료들의 민족주의·민주주의·평등주의는 근대지향적인 것이었고, 갑오개혁은 한국 근대화의 이정표였다고 평가했다.[58] 유영렬도 갑오개혁파가 미약하나마 민주주의적 정치의식을 가지고, 입헌군주제를 이상적인 정치체제로 생각했으며, 실제로 내각제도의 창설, 관선입법부 설치의 추진, 지방의회 설립의 시도, 근대적 관리임용제도의 채용 등 근대적 정치제도의 확립을 추구했다고 평가했다.[59] 도면회 역시 갑오개혁의 내용은 일본의 침략정책에 부응하는 면이 있지만, 조선의 독자적 의지가 강하게 작용한 것으로, 근대 국민국가로의 자립에 필요한 제반 조치를 망라한 것이라고 평가했다.[60]

한편 왕현종은 갑오개화파가 근대국가의 정치체제를 추구했으나, 그들이 구상한 '군민공치론'의 '民'은 개화관료 집단을 의미할

58) 柳永益, 1990,『甲午更張研究』, 一潮閣, 204～222쪽.
59) 柳永烈, 1993,「開化期의 民主主義 政治運動」『韓國史上의 政治形態』, 一潮閣, 255～259쪽.
60) 도면회, 앞의「근대=자본주의사회 기점으로서의 갑오개혁」, 170～173쪽.

뿐 民意와 관계가 없는 것이며, 따라서 갑오개혁이 입헌군주제 이념에 기초한 것이 아니었다고 주장했다.[61] 주진오도 갑오개혁 주도세력이 군주제를 유지하는 가운데 군국기무처를 통하여 개화파 관료들의 권한 확대에 관심을 기울였으며, 인민주권론을 부정하고 의회제도의 설치를 수용하지 않은 한계를 지적했다.[62]

갑오개혁이 일제의 침략에 유리한 결과를 초래한 측면도 있지만, 정치・경제・사회 각 분야에 걸쳐 근대적 제도를 확립한 것은 사실이다. 더욱이 갑오개혁이 봉건적 신분제도를 철폐하여 평등사회의 실현을 추진했고, 압제적 통치체제를 폐지하여 근대적 정치체제의 확립을 시도함으로써, 우리 나라 근대화의 기초를 닦았으므로 그 개혁 방향은 높이 평가되어야 할 것이다.

Ⅲ. 광무정권시정과 독립협회운동

대한제국기의 근대개혁과 관련하여 광무정권과 독립협회에 대한 연구가 1970년대부터 활발하게 진전되었으며, 대한제국 초기에 있어서 개혁운동의 주도세력과 그 성격에 대한 시각 차이로 논쟁이 일게 되었다. 이른바 광무개혁 논쟁의 핵심은, 광무년간의 시정을 '광무개혁'이라 하고 독립협회의 개혁운동을 과소 평가하는 주장과, '광무개혁'이란 허구라 하고 독립협회의 개혁운동을 높이 평가하는 주장이다.

쟁점의 첫째는 대한제국 초기의 개혁운동의 주체 문제이다. 김

61) 왕현종, 1996, 「甲午改革期 官制改革과 官僚制度의 변화」『國史館論叢』 68, 국사편찬위원회, 283쪽.
62) 朱鎭五, 앞의 「19세기 후반 開化改革論의 構造와 展開」, 67～78쪽.

용섭은 19세기의 개혁운동이 제도적으로 마무리되는 것은 대한제국기에 수행된 "지배층 중심의 광무개혁"이었다고 하고,[63] 강만길도 '정부가 실시한 광무개혁의 역사성'을 강조했으며, 송병기 역시 광무개혁은 국왕과 보수파 정부 각료들을 중심으로 추진되었다고 하여,[64] 대한제국 초기의 개혁 주체를 집권층으로 보는 '집권층 중심의 개혁론'을 폈다.

한편 신용하와 유영렬은 대한제국 초기의 집권층을 러시아에 의지하여 개혁운동을 탄압한 친러수구파라 간주하고, 당시 개혁운동의 주류를 독립협회 · 만민공동회운동으로 보았으며,[65] 진덕규 역시 대한제국기의 정치과정은 시대에 반동적인 집권 친러보수파와 근대개혁을 추구하는 독립협회 중심의 개화세력 간의 대결구도였다고 하여,[66] '독립협회 중심의 개혁운동론'을 폈다. '개혁'과 '수구'는 고정된 개념이 아니고, 비교의 개념이라 할 수 있다. 어느 시기에 더 개혁적인 세력과 덜 개혁적인 세력이 공존 · 협력의 관계에 있을 때는, 양자를 굳이 개혁파 · 수구파로 구분할 필요가 없을 것이다. 그러나 덜 개혁적인 세력이 더 개혁적인 세력의 개혁을 반대하고 탄압할 때는, 이를 수구파로 지칭하는 것이 마땅할 것이다. 이런 관점에서 볼 때, 대한제국 초기에 독립협회의 개혁운동을 탄

63) 金容燮, 1976, 「書評 : 『獨立協會研究』」 『한국사연구』 12, 한국사연구회, 150쪽.

64) 姜萬吉, 1978, 「大韓帝國의 성격」 『分斷時代의 歷史認識』, 창작과비평사, 125쪽 ; 宋炳基, 1976, 「光武改革研究」 『史學志』 10, 단국대 사학회, 98쪽.

65) 愼鏞廈, 1980, 「光武改革論의 문제점」 『韓國近代史와 社會變動』, 문학과지성사, 104~110쪽 ; 柳永烈, 1993, 「開化期의 民主主義政治運動」 『韓國史上의 政治形態』, 일조각, 260쪽.

66) 陳德奎, 1983, 「大韓帝國의 權力構造에 관한 政治史的 분석(1)」 『大韓帝國研究』 1, 이화여대 한국문화연구원, 20쪽.

압한 광무정권을 개혁세력으로 보기는 어려울 것이다.

쟁점의 둘째는 소위 '광무개혁'의 이념과 성격 문제이다. 김용섭은 광무개혁의 이념을 구법과 신법을 절충한 '舊本新參'으로 보았고, 강만길은 구본심참이란 中體西用的인 이론이라 하고, 광무개혁은 실제로 괄목할 만하며, 이전의 개혁보다 주체적인 것으로 파악했다.[67] 송병기도 구본신참을 이념으로 한 광무개혁은 복고주의적 경향이 있지만, 국가의 완전한 자주독립과 근대화를 지향했으며, 비교적 자주적 측면이 강했다고 보았다.[68] 곧 개혁이념으로서의 '구본신참 긍정론'이라 할 수 있다.

이에 대하여 신용하는 '중체서용'이란 자기 문화를 주체로 하고 서양의 과학기술을 채용한다는 문화적 차원의 의미이며, '구본신참'이란 갑오경장 이전의 구법을 근본으로 하고 그 이후의 신법을 참작한다는 개혁의 정도를 의미하는 것으로, 결국 구본신참의 이념은 개혁의 후퇴를 의미하며, 소위 광무개혁의 개혁성을 스스로 부정하는 것이라고 주장했다.[69] 이윤상도 구본신참에서의 구본은 전제군주권의 확립을 위한 것이었고, 구본에 입각한 근대적 개혁사업은 제대로 추진될 수 없는 것이었다고 주장했다.[70] 곧 개혁이념으로서의 '구본신참 부정론'이다.

광무정권의 시정 이념인 '구본신참'은 문자 그대로 갑오개혁 이전의 제도를 본으로 하는 '구제도 지향'의 의미로 해석하는 것이 타당하다고 생각된다. 실제로 광무정권의 실력자들은 친러 수구적 성격을 지닌 것이 사실이기 때문이다. 따라서 '구본신참'은 광무정

67) 姜萬吉, 앞의 「大韓帝國의 성격」, 121·138쪽.
68) 宋炳基, 앞의 「光武改革 硏究」, 88·106쪽.
69) 愼鏞廈, 앞의 「光武改革論의 문제점」, 120~121쪽.
70) 이윤상, 1996, 「대한제국기 황제주도의 재정운영」 『역사와 현실』 19, 역사비평사, 130쪽.

권의 자주성을 나타낸 용어라기 보다는, 그 수구성을 나타낸 용어로 보는 것이 타당할 것이다.

쟁점의 셋째는 광무개혁의 내용 문제이다. 김용섭은 광무정권이 실시한 量田·地契사업을 근대적 토지소유권을 확립하려는 '농업개혁' 또는 '토지개혁'으로 높이 평가했으며,[71] 강만길도 광무정권이 실시한 상공업 분야에서의 근대적 개혁정책과 각종 근대시설의 확충 및 근대적 회사와 교육기관의 설립 등을 개혁의 성과로 높이 평가하고 있다.[72]

이에 대하여 신용하는 광무정권의 양전·지계사업은 사실상 조세증가정책에 불과한 것이었고, 각종 근대시설의 확충은 열강에 빼앗긴 이권이며, 근대적 회사와 교육기관의 설립을 주도한 것은 오히려 독립협회와 만민공동회 관계자들이었다고 주장하고 있다.[73]

정치부문에 있어서는 광무개혁 부정론자들은 물론, 광무개혁 긍정론자들도 갑오개혁시의 내각제도가 광무년간에 의정부로 복구된 점, 광무정권이 재야 개혁파의 의회설립운동을 탄압한 점, 그리고 大韓國國制를 반포하여 전제황권을 제도적으로 강화한 점 등에서 광무정권의 반동성을 인정하고 있다.

강만길은 광무개혁은 경제적·사회적·문화적 측면의 개혁에 한정되었고, 정치면에서는 오히려 황제권을 강화하는 反歷史的인 방향으로 나아갔다고 보았고,[74] 진덕규도 광무정권이 갑오개혁에서 보여준 근대적 국가체제로의 지향을 전통적 절대군주체제로 환

71) 金容燮, 1968, 「光武年間의 量田事業에 관한 一研究」『亞細亞研究』 31, 高大 아세아문제연구소, 196～203쪽.
72) 姜萬吉, 앞의 「大韓帝國의 성격」, 121～132쪽.
73) 신용하, 앞의 「한국근대사회와 사회변동」, 114～119·162～165쪽.
74) 강만길, 앞의 「大韓帝國의 성격」, 138쪽.

원시킨 보수반동적인 권력구조라고 보았다.[75] 이민원 역시 광무정권의 시정이 근대화의 방향과 부합되는 부분도 있었지만, 입헌군주제를 지향한 독립협회의 개혁운동과 비교할 때, 황권의 전제화를 지향한 광무정권은 수구적이고 고식적이었음을 지적했다.[76]

요컨대 광무정권은 경제·교육·각종 시설 면에서 근대적 사업을 추진한 면이 있으나, 전통적 유교질서와 전제군주제의 강화 및 황실재정의 확충을 추구했고, 독립협회와 만민공동회의 자주국권·자유민권·근대개혁운동을 탄압한 점으로 보아 개혁정권으로 보기는 어려울 것이다.

독립협회에 대한 쟁점의 하나는 황제권 강화 문제이다. 강만길은 독립협회가 철저한 국민주권 아래서의 민권을 주장한 것이 아니고, 독립협회 중심의 근대적 정치세력과 황제권이 결합하여 새로운 권력구조를 형성하려 했다고 하여, 독립협회의 정치사상을 제한적인 의미로 해석했다.[77] 최덕수는 독립협회가 황권강화를 추구한 것은 개혁정책에 반대하는 수구관료파를 제압할 필요성과 왕권을 중심으로 개혁정책을 수행하려는 의도에서였다고 보았다.[78] 주진오도 당시 관민공동회에서 채택한 헌의6조 중 '전제황권' 강화의 조항과 관련하여, 독립협회는 황제권 중심의 정치체제를 구상했으며, 그들이 전제황권 강화를 주장한 이유는 황제권을 국권과 근대화의 상징으로, 국민적 통합의 구심점으로 생각했기 때문이라고 했다.[79]

---

75) 陳德奎, 앞의 「大韓帝國의 權力構造에 관한 政治史的 認識(1)」, 19~20쪽.

76) 李玟源, 1994, 「大韓帝國의 改革과 그 實態」 『한국민족운동사연구』 9, 한국민족운동사연구회, 23쪽.

77) 姜萬吉, 앞의 「大韓帝國의 성격」, 132~137쪽.

78) 崔德壽, 1978, 「獨立協會의 政體論과 外交論 연구」 『民族文化硏究』 13, 高大민족문화연구소, 207쪽.

한편 강재언과 신용하는 헌의6조의 전반적인 문맥으로 보아, "외국인에게 依附하지 아니하고 官民이 동심합력하여 전제황권을 공고케 할 것"이라는 '전제황권' 강화의 조항은, 대내적으로 민권과 상충되는 전제군주권의 강화를 의미하는 것이 아니고, 대외적인 국권의 상징으로서 황권의 강화 곧 자주국권의 강화를 의미하는 것으로 보았다.[80] 이민원도 '전제황권' 강화의 표현은 대외적 국권강화의 표현으로 보고, 전체 문맥으로 보아 헌의6조는 대내적으로 황제권 견제를 의도한 것이며, 독립협회가 정부의 탄압으로 해산된 결정적 이유도 황제권 견제에 이었다고 보았다.[81]

독립협회의 황제권 강화의 표현은 대외적으로는 국권의 강화를 상징적으로 표현한 것이고, 대내적으로는 수구세력의 견제를 위한 의도로 볼 수 있으나, 민권과 대립되는 황제권의 강화를 의미하는 것은 아니었다고 본다. 당시 관민공동회 회장 윤치호가 증언하고 있듯이, 관민공동회의 목표는 황제권 강화가 아니었고 의회식 중추원의 개설에 의한 입헌정치의 실시였던 것이다.[82]

독립협회의 정체론에 대해서도 서로 다른 시각이 있다. 최덕수는 독립협회가 의회개설을 주장하면서도 전제황권의 강화를 주장하는 모순을 지녔다 하고, 독립협회가 군주권의 절대성과 실질적 강화를 주장하고, 국민의 정권담당 능력을 부인한 점에 비추어, 군주가 실제로 군림하여 강력한 통치권을 행사하는 外見的 입헌주의

79) 朱鎭五, 1995,『19세기 후반 開化 改革論의 構造와 展開』, 연세대학 박사학위논문, 233쪽.

80) 姜在彦, 1973,「獨立新聞・獨立協會・萬民共同會」『近代朝鮮の變革思想』, 日本評論社, 190쪽 ; 신용하, 앞의『독립협회연구』, 395쪽.

81) 李玟源, 앞의「大韓帝國의 改革과 그 實態」, 19～23쪽.

82) 柳永烈, 1993,「開化期의 民主主義政治運動」『韓國史上의 政治形態』, 일조각, 288쪽 ; 1999,「獨立協會의 基本思想」『한국사』41, 국사편찬위원회, 275쪽.

제 곧 프러시아형의 입헌군주제를 지향했다고 보았다.[83]

한편 신용하는 독립협회가 공화정을 이상적인 정치체제로 파악하면서도, 현실적으로는 군주를 오직 국가의 상징으로 두는 입헌대의제 곧 영국형의 입헌군주제를 추구했다고 보았다.[84] 유영렬도 독립협회가 실천을 강조한 '新法'과 '洪範'은 입헌주의적 법률과 헌법으로서 지극히 미흡한 것이었고, 독립협회가 당시 구상한 의회식 중추원은 근대의회로서 지극히 미흡한 것이었으나, 그 정치적 지향은 불철저하나마 입헌대의제 곧 영국형의 입헌군주제였다고 보았다.[85]

독립협회 핵심지도부는 자유민권의 신장을 위해 민의가 반영되는 의회를 설립하여 영국형의 입헌군주제를 실현하려는 이상을 가졌다고 생각된다. 그러나 전제황권을 추구하는 수구집권층의 반대에 부딪쳐 현실적으로는 프러시아형의 입헌군주제에도 미치지 못했다. 그렇다고 그들이 군주의 대권을 인정하는 프러시아형의 입헌군주제를 지향한 것은 아니었다고 생각된다.

독립협회의 대외자주성과 중립외교론에 대해서도 다른 시각이 있다. 김용섭은 독립협회를 친미적 단체로 보고, 열강의 이권침탈에 대한 독립협회의 반대는 모든 침략자에 대한 것이 아니었으며, 그 自主는 주로 반러적 자주라고 이해했다.[86] 최덕수도 독립협회는 러시아의 남하정책를 경계하고 미국·영국·일본에 우호적 입장을 보여 제국주의 열강에 정당한 인식을 가진 것은 아니었고, 결국 그 외교노선의 기조는 防俄政策이었다고 했다.[87] 주진오 역시

---

83) 최덕수, 1985, 「독립협회의 정체론 및 외교론 연구」『한국근대정치사연구』, 사계절, 307～336쪽.
84) 신용하, 앞의 『독립협회연구』, 147～148·214～215쪽.
85) 柳永烈, 앞의 「開化期의 民主主義政治運動」, 287～293쪽.
86) 金容燮, 앞의 「書評 : 獨立協會硏究」『한국사연구』 12, 154쪽.

독립협회가 열강간의 세력균형을 유지하기 위해 중립외교론을 주장했지만, 反러 親美·英·日의 노선을 취함으로써 일본세력을 다시 강화시키는 결과를 가져왔다고 보았다.[88]

한편 신용하는 독립협회가 열강의 치열한 침략경쟁 속에서 대외적으로 열강의 세력균형을 유지시키고, 그 동안에 대내적으로는 국정을 개혁하여 자강을 실현함으로써, 열강의 세력균형이 깨어진 뒤에도 자주독립을 지키기 위하여 '자주중립외교'를 전개했다고 보았다.[89] 독립협회가 특정국가에 대한 편향적 외교를 비판하고 자주적·중립적 선린외교를 기본노선으로 삼았던 것은 사실이다.[90] 그러나 아관파천 이후 조선의 자주독립을 위협하는 직접적인 침략세력은 러시아와 일본이었고, 특히 러시아가 제1의 침략세력이었다. 그러므로 독립협회의 자주국권운동은 당연히 반러적 성향을 띠게 되었지만, 반러자주에 국한된 것은 아니었던 것으로 보인다.

독립협회의 우민관과 하의원 설립 반대론도 연구의 쟁점이 되어왔다. 강만길은 독립협회가 민중을 무시하고 민중의 참정능력을 부인한 결과, 황국협회의 下院개설 주장을 반대하게 되었고, 군주주권을 인정하는 입장에서 上院을 두어 어느 정도 군주권을 제한하려 했으며, 철저한 국민주권의식이 없는 계몽주의사상에 의하여 국민혁명을 반대하는 입장에 섰다고 보았다.[91] 최덕수도 독립협회가 민중을 주권의 실체로가 아니라 계몽의 대상으로 인식한 결과, 민중의 정치참여의 능력과 정치기반으로서의 가능성을 부인하게

87) 崔德壽, 앞의 「獨立協會의 政體論 및 外交論 硏究」『民族文化硏究』 13, 226~231쪽.
88) 주진오, 앞의 『박사학위논문』, 176~178쪽.
89) 신용하, 앞의 『독립협회연구』, 160쪽.
90) 柳永烈, 1997, 「獨立協會의 民族運動的 性格」『大韓帝國期의 民族運動』, 일조각, 75~76쪽.
91) 강만길, 앞의 「대한제국의 성격」, 135~139쪽.

되었으며, 따라서 입헌대의군주제나 시민혁명을 전망할 단계에 이르지 못했다고 보았다.[92] 주진오 역시 독립협회가 민중의 능력을 불신하여 하원의 설치를 반대했으며, 그들이 구상한 의회식 중추원은 인민주권에 입각한 대의기구가 아니었고, 황제권 하의 의결권과 행정권을 분립한 것에 불과한 것으로 보았다.[93]

한편 신용하는 독립협회가 국민주권론과 국민참정권론을 토대로 하여 중추원을 上院式의 근대적 의회로 개편코자 했으며, 下院의 설치를 반대한 이유는 '민중의 본래의 능력'을 무시해서가 아니고, 현실적으로 '민중의 개화 정도'를 고려한 때문이었으며, 특히 수구파의 행동대인 황국협회가 독립협회의 의회설립을 방해하기 위해 하원설립을 주장했기 때문이었다고 보았다.[94] 유영렬도 독립협회의 의회설립 의도는 민권보장과 인민참정이라는 민주주의 정치이념에서 나온 것이며, 그들이 의회식 중추원 설립안에서 민선의원을 당분간 독립협회가 담당토록 한 것은 民度가 낮아 民選이 시기상조라고 판단했기 때문이라고 보았다.[95]

독립협회운동은 의회설립을 시도한 우리나라 최초의 민주주의 운동이었다. 당시 일반국민이 근대적 국권과 민권의 개념도 알지 못하고, 수구세력이 관선과 민선을 결합한 의회식 중추원의 설립조차도 반대하는 조건 하에서, 당장 완전한 근대의회의 설립을 기도하는 것은 불가능한 일이었다. 상원식 중추원 관제도 독립협회의 투쟁의 산물이었으나, 결국 수구세력에 의하여 민선조항도 삭

92) 崔德壽, 앞의 「獨立協會의 政體論 및 外交論 연구」『民族文化研究』 13, 211～213쪽.
93) 주진오, 앞의 박사학위논문, 184～185쪽.
94) 愼鏞廈, 앞의 『獨立協會研究』, 204～212쪽 ; 앞의 『한국근대사와 사회변동』, 135쪽.
95) 柳永烈, 「獨立協會의 民權思想」, 앞의 『大韓帝國期의 民族運動』, 54쪽.

제되고 말았던 것이다. 개혁운동의 성과는 대체로 개혁주체의 사상보다 미달되는 것이 역사적 사실이므로, 의회식 중추원 관제의 미흡함을 들어 독립협회의 사상적 한계성을 강조하는 것은 무리라고 생각된다. 독립협회와 만민공동회의 노력에 의하여 의관의 반수이지만 민선을 규정한 중추원 관제가 반포된 사실은, 우리 역사상 최초의 의회규칙의 제정을 의미하는 것으로 높이 평가되어야 할 것이다.

Ⅳ. 항일의병운동과 애국계몽운동

러일전쟁과 을사조약 이후 대한제국이 일제의 반식민지 상태로 전락된 시기에, 한국민의 국권회복을 위한 민족운동은 항일의병운동과 애국계몽운동을 두 축으로 하여 전개되었다.

항일의병운동은 1960년대 이후 민족사관의 입장에서 활발히 연구되었고, 1980년대에는 소위 민중사학이 대두하여 민중 위주로 파악하려는 경향이 나타났다.

개화기 의병운동의 시기는 연구자의 관점에 따라 여러 가지로 구분되고 있다. 강재언이 구분한 (1) 초기의 단계(1895.10～1896.5), (2) 재기의 단계(1905.4～1907.7), (3) 고조의 난계(1907.8～1909.10), (4) 퇴조와 전환의 단계(1909.10～1914)의 4단계 구분이 일반적으로 통용되어 왔다.[96] 최근 조동걸은 제1기 전기의병(1894～1896), 제2기 중기의병(1904～1907), 제3기 후기의병(1907～1909), 제4기 전환기의병(1909～1915), 제5기 말기의병(1915～1918)으로 구분하고 있

96) 姜在彦, 1984, 「反日義兵運動의 역사적 展開」『韓國近代史硏究』, 한울, 364～365쪽.

다.[97] 한편 각 단계의 특별한 사건과 연관시켜, 을미사변과 단발령을 전후한 시기에 봉기한 의병을 제1기 을미의병, 러일전쟁과 을사조약을 전후하여 봉기한 의병을 제2기 을사의병, 정미조약과 군대해산을 전후하여 봉기한 의병을 제3기 정미의병, 그 이후의 의병을 제4기 합방전후기 의병이라 부르기도 한다.[98]

의병운동의 주체 문제와 관련하여 의병 지도부와 구성원을 단계적으로 살펴보면, 제1기 을미의병 시기에는 위정척사사상을 가진 양반유생을 지도부로 하고, 일반농민과 동학농민의 잔여세력을 주된 구성원으로 했으며, 제2기 을사의병 시기에도 역시 양반유생을 지도부로 하고 농민을 주된 구성원으로 했으나, 일부 평민의병장이 등장하기 시작했으며, 제3기 정미의병 시기에는 양반유생의병장의 수보다 농민・사병・포수 등 평민 의병장의 수가 더 많아졌다고 보는 것이 일반적이다.[99]

이러한 의병의 지도부와 구성원의 변화와 관련하여 의병운동의 지향과 성격에 대하여 다양한 견해가 있다. 특히 제3기 정미의병운동의 성격과 관련하여, 양반유생의병장 휘하의 의병운동은 반침략・반개화・근왕적 성격이 강했으나, 평민의병장 휘하의 의병운동은 반침략・반봉건・독립전쟁의 성격의 강하였다는 연구경향이 있다.

신석호와 박성수는 양반유생이 전 시기에 걸쳐 의병운동을 주도했으며, 그 지도이념은 위정척사사상이라고 보았다. 특히 박성수는 의병 지도부인 유생들은 수구사상에 기반을 두어 봉건주의 타도의

---

97) 趙東杰, 1989, 『韓國民族主義의 成立과 獨立運動史硏究』, 지식산업사, 49～50쪽.

98) 柳永烈, 1997, 「列强의 東北아시아戰略과 韓國의 國權恢復運動」 『大韓帝國期의 民族運動』, 일조각, 330～335쪽.

99) 姜在彦, 앞의 논문 같은 쪽 ; 柳永烈, 앞의 논문 같은 쪽.

식을 갖지 못했기 때문에, 의병전쟁을 반봉건적 계급투쟁으로 볼 수 없으며, 오히려 친봉건적 항일투쟁에 가깝다고 보았다.[100] 이이화도 한말 유생층은 반봉건의 과제에 대해서는 보수 반동적이었다고 하여, 의병운동의 반봉건성을 부정하는 입장에 있다.[101]

성대경은 초기의 의병은 친봉건적이었으나, 정미의병에 이르면 주동력층인 농민들의 반봉건적 요구가 강하게 드러났다고 보았다.[102] 김의환은 전체 의병항쟁 과정에서 유생의병이 시종일관 중추적 역할을 담당했다는 전제 아래, 전반기의 의병항전에는 유생들의 신분적 사상적 한계성에 따른 부정적 요소도 노출되었으나, 1908년 후반기 이후에는 개화된 젊은 유생의병장이 등장했고, 일제의 탄압에 대응하여 의병항전이 대중성을 띤 전 민족적 항전으로 발전하여, 민족주의적 민족전선의 성격을 띠었다고 보았다.[103]

한편 민중을 의병운동의 주체로 보는 김도형은, 의병의 지도이념 역시 제국주의의 침탈과 개화파 관료 지배 하의 국가 수탈에 대한 민중의 반봉건·반제 의식에 있다고 보았다. 홍순권도 척사파 유생들이 주도한 1895년 단계의 을미의병운동과는 달리, 1908·1909년의 의병전쟁은 을사조약에 의한 국권상실이라는 정치적인 동인과 일제의 경제침탈이라는 경제적 요인의 복합 작용으로 일어난 전국적인 민중봉기로서, 민중적 성격의 민족주의 운동이었다고

100) 신석호, 1955, 「韓末義兵의 概況」『史叢』 1, 고대 사학회, 3～16쪽 ; 朴成壽, 「韓末 義兵戰爭의 사회적 背景」『韓國의 社會와 文化』 13, 한국정신문화연구원, 187쪽.

101) 李離和, 1990, 「韓末 儒生層의 現狀認識과 義兵鬪爭」『國史館論叢』 15, 국사편찬위원회, 30쪽.

102) 성대경, 1994, 「정미의병의 역사적 성격」『대동문화연구』 29, 성균관대 대동문화연구소, 198～199쪽.

103) 金義煥, 1987, 「유생의진의 대일항전」『한민족독립운동사』 1, 국사편찬위원회, 388～389쪽.

파악하였다.104)

정미의병 시기에 평민의병장의 수가 양반유생 의병장의 수를 능가한 사실에 비추어, 이 시기의 의병운동을 양반·평민이 주도했다고 보는 데에 무리가 없다고 생각된다. 그러나 의병운동의 반봉건적 성격의 문제는 신중히 고려할 필요가 있다. 예컨대 당시 평민의병부대가 양반과 부호의 집을 공격하고 곡물을 약취한 사실은, 반봉건운동의 일환이었다고 보기보다는 절실히 필요한 군량미 확보책이었다고 보는 것이 사실에 더 가까울 것이다. 더욱이 평민의병장들이 위정척사사상을 극복하지 못했고, 반봉건 이념을 슬로건으로 내세우지 못했다면, 평민의병부대가 반봉건운동을 했다고 보기는 어려울 것이다. 또한 의병운동을 민족주의운동으로 보는 시각도 재고할 필요가 있다. 연구자에 따라 민족주의가 다양하게 설명되고 있지만, 대체로 근대적인 의미의 민족주의란 국민국가(nation-state)의 형성을 전제로 하는 국가의 자주독립을 추구하는 개념이라고 볼 때, 의병의 지도부인 양반의병장들은 물론 평민의병장들이 근대적 국민국가의식을 갖지 않았다면, 의병운동을 근대민족주의운동으로 보는 것은 무리일 것이다.

애국계몽운동에 대한 연구는 해방 이후 부진했으나, 1960년대 중반 이후로 활발히 연구되기 시작하여, 그 용어와 사상적 기반, 운동의 논리와 성과, 의병운동과의 관계 등에 대한 다양한 견해가 제기되었다.

애국계몽운동이란 러일전쟁과 을사조약을 계기로 전개된 실력양성에 의한 국권회복운동을 지칭하는 역사적 용어이다. 이 운동은

---

104) 김도형, 1985, 「한말 의병전쟁의 민중적 성격」『韓國民族主義論』3, 창작과비평사, 159～169쪽 ; 홍순권, 1994, 『한말 호남지역 의병운동사 연구』, 서울대 출판부, 364쪽.

계몽운동·구국계몽운동·애국문화(계몽)운동·자강운동 등 다양하게 명명되고 있으나, 그 목적으로서의 애국운동과 수단으로서의 계몽운동을 포괄하는 개념으로서 '애국계몽운동'이란 용어를 사용하는 것이 적절하다고 생각된다. 애국계몽운동의 기점을 과거에는 주로 을사조약에 두었으나, 러일전쟁과 을사조약을 계기로 국권의 자주와 근대국가의 건설을 목표로 하는 실력양성운동이 전개되었기 때문에, 러일전쟁과 을사조약을 포괄하는 시기를 기점으로 보는 것이 무방할 것으로 생각된다.[105)]

애국계몽운동의 사상적 기반의 하나인 사회진화론의 역할에 대하여 연구자 간에 이견이 있다.

애국계몽사상은 갑신정변·갑오개혁·독립협회운동 등 개화자강계열의 사상이 내재적으로 발전되어 형성되었고, 서양의 계몽사상과 사회진화론의 영향을 받았다는 견해는 학계의 통설로 되어 있다. 그런데 사회진화론이 가지는 '경쟁과 진보'의 양면성에 주목하여, 진보에 중점을 둘 경우에 근대주의에 빠져 제국주의적 침략을 용인하게 될 수 있다는 견해가 있다.[106)] 그러나 사회진화론과 사회계약론·민권론 등 서양계몽사상이 한말 애국계몽가들의 자강론과 국권회복론의 사상적 기초가 되었음을 상기할 필요가 있다.[107)]

또한 사회진화론은 제국주의 열강이 약소국가들을 식민지로 지배하는 것이 당연하다고 보는 논리로서, 한말에 사회진화론이 '강

105) 柳永烈, 1999, 「愛國啓蒙思想」『한국사』43, 국사편찬위원회, 236~239쪽.

106) 김도형, 1993, 「애국계몽운동의 연구동향과 과제」『한민족독립운동사』12, 국사편찬위원회, 80~81쪽.

107) 愼鏞廈, 1980, 「韓末 愛國啓蒙思想과 運動」『韓國史學 』1, 한국정신문화연구원, 277~278쪽.

자의 약자지배를 인정하는 논리'로 작용했다는 지적이 있다.[108] 그러나 당시 대다수의 애국계몽가들이 사회진화론을 '약자의 強者化를 위한 논리'로 활용하여, 국권회복을 위한 실력양성운동에 매진했다는 사실을 주목할 필요가 있다고 본다.[109]

애국계몽운동의 논리와 성과에 대해서도 긍정론과 부정론이 있다. 애국계몽운동이 국가멸망의 위기에서 총을 들지 않은 소극적인 운동이었다는 것은 널리 알려진 부정론이다. 박찬승은 애국계몽가들의 실력양성론은 '선실력양성 후독립'을 기조로 하여, 실력양성 이전까지는 일제의 한국지배를 당연한 것으로 받아들이는 논리가 되며, 결과적으로 일본 제국주의의 한국지배를 용인할 수밖에 없는 논리인 '선실력양성 후독립론'은 국권회복운동론으로서 성립될 수 없다고 보았다.[110] 주진오는 애국계몽운동이 민중의 계몽을 통해 애국심을 배양하기 위하여 교육·언론활동에 주력했지만, 그것은 현실의 급박함을 몰인식한 패배주의적, 나아가 투항주의적 발상이라고 지적했다.[111]

한편 일제의 보호국체제 하에서 실력양성에 의한 국권회복을 추구한 애국계몽운동이 당시로서는 최선의 구국운동이었다는 긍정론이 있다. 신용하는 애국계몽운동은 실력을 양성하여 궁극적으로 자기 민족의 배양된 실력에 의하여 국권을 회복하려는 운동으로, 단기간 내에 민족 역량을 증강시키는 큰 성과를 거두어, 국권을 잃은 최후의 4년이 '대각성의 시대'가 되고 '민족역량 증강의 시대'가 되게 했다고 평가했다.[112] 유영렬은 애국계몽운동이 국권회복

108) 강만길, 1994, 『고쳐쓴 한국근대사』, 창작과비평사, 238쪽.
109) 柳永烈, 앞의 「愛國啓蒙思想」, 245쪽.
110) 박찬승, 1992, 『한국근대정치사상연구』, 역사비평사, 64·370쪽.
111) 주진오, 1989, 「한국근대 집권관료세력의 민족문제인식과 대응」 『역사와 현실』 창간호, 49쪽.

과 동시에 국민국가 수립을 목표로 하여 민족운동의 올바른 이념을 제시한 점, 실력양성론과 독립전쟁론을 결합하여 민족운동의 올바른 방략을 제시한 점, 근대교육과 독립군기지 건설 등을 통하여 민족독립운동의 장기적 기반을 조성한 점을 높이 평가했다.[113)]

한국근대 민족운동은 단기적이 아니고 장기적으로 전개되었으므로, 당시의 성패도 중요하겠지만 그 방향성이 중요하다고 본다. 일제의 정치적·경제적·군사적 통제 하에서 전개된 한말의 민족운동은 더욱 그러하다. 그 운동 주체의 기본적인 사상과 운동의 궁극적인 목표가 역사와 민족의 발전방향에 부합하는가 하는 방향성이 중요하다고 본다. 이렇게 볼 때, 애국계몽가들이 제시한 근대 국민국가 건설을 전제로 한 국권회복론과, 특히 신민회가 채택한 공화정체론은 당시 민족운동상에 올바른 방향을 제시한 근대적 민족운동론이었다고 할 수 있을 것이다.[114)]

항일의병운동과 애국계몽운동과의 상관관계에 대해서도 긍정론과 부정론이 있다.

강재언은 반일의병운동과 애국계몽운동은 대외적으로 민족적 자주라는 공통의 입장에 서면서도 국권회복을 위한 투쟁방법이 상이하고, 대내적으로는 구질서를 고수하려는 위정척사사상과 근대적 개혁사상으로서의 개화사상 사이의 사상적 단층 때문에 일체화될 수 없다고 보았다.[115)] 이만형은 신민회의 대변지인 대한매일신

112) 愼鏞廈, 1987, 『韓國近代 社會思想史 연구』, 일지사, 349쪽 ; 1980, 『한국근대사와 사회변동』, 문학과지성사, 80쪽 ; 1986, 『韓國民族獨立運動史研究』, 을유문화사, 15쪽.

113) 柳永烈, 1997, 「大韓自强會와 新民會의 民族運動」 『大韓帝國期의 民族運動』, 일조각, 207～209쪽.

114) 柳永烈, 「愛國啓蒙派의 民族運動論」, 앞의 『大韓帝國期의 民族運動』 99～100쪽 ; 앞의 「愛國啓蒙思想」, 273～277쪽.

115) 姜在彦, 앞의 「反日義兵運動의 歷史的 展開」, 358～363쪽.

보가 의병운동을 적극 지지하고 대변했다는 주장은 맞지 않으며, 의병운동과 애국계몽운동은 '병행'되었다고 보았다.[116] 김도형은 애국계몽운동과 의병운동은 근본적으로 개혁 이념과 개혁 주체의 설정에 차이가 존재하여 서로 적대적일 수밖에 없으며, 애국계몽가들의 철저한 우민관과 민중불신관이 의병을 적대적으로 인식케 했다고 보았다. 그러나 애국계몽단체의 일부 지회가 의병 활동과 연관을 맺었음을 지적하기도 했다.[117] 여기에는 이견이 있을 수 있다. 애국계몽가들이 우민관과 민중불신관을 가졌다면, 그것은 민중의 근대지식과 주권행사 능력에 대한 현상적 판단일 뿐, 민중을 멸시하고 무시하는 의식은 아니었다고 본다. 그러므로 그들은 민중에게 근대적 지식과 정치참여 능력을 갖추게 하기 위하여 민중계몽에 앞장섰던 것이다. 그리고 그들의 의병운동에 대한 비판은 우민관과 민중불신관에 기인했다기 보다는 민족운동 방법론상의 차이에서 나온 것으로 보아야 할 것이다.

이와는 달리, 신용하는 의병운동과 애국계몽운동은 방법과 형태만 달랐지, 국권회복이라는 목표가 완전히 합일되었기 때문에, 구조적으로 양 운동은 상호 보완적이라고 보았다. 곧 의병의 치열한 무장투쟁으로 일제의 한국병합이 늦어졌고, 이로 말미암아 애국계몽운동이 뿌리를 내리게 되었으며, 애국계몽가들에 의해 근대교육을 받은 중견 간부들이 공급되어 의병전이 장기적인 독립항전으로 발전되었다는 것이다.[118] 조동걸은 1907년 8월의 후기의병에서 한

116) 이만형, 1983, 「구한말 애국계몽운동의 의병관」『해사 논문집』 18, 해군사관학교, 23～24쪽.

117) 김도형, 1988, 「한말 계몽운동의 지방지회」『손보기박사정년기념논총』, 지식산업사, 820～822쪽 ; 1986, 「韓末啓蒙運動의 政治論 硏究」『韓國史硏究』 54, 한국사학회, 95～96쪽.

118) 愼鏞廈, 1980, 「韓末 愛國啓蒙思想과 運動」『韓國史學』 1, 정신문화연구원, 270쪽 ; 1986, 『韓國民族獨立運動史硏究』, 을유문화사, 14쪽.

말계몽주의와 의병전쟁이 구국운동의 차원에서 통합되어 간 사례에 주목했고,[119] 채취수도 강화지역의 의병운동을 통하여 양 운동이 상호 보완적임을 주장했다.[120]

요컨대 항일의병운동과 애국계몽운동을 전반적으로 또는 현상적으로 보면, 그 주체세력의 사상적 배경과 운동방법의 차이 등으로 인하여 상호 비판적 대립적 관계에 있었던 것은 사실이다. 그러나 부분적으로 또는 결과적으로 보면, 양자간에 상호 보완적인 측면이 있었던 것도 사실이다. 곧 항일의병 노선과 애국계몽 노선은 주권피탈 이후 실력양성과 무력투쟁을 결합한 민족운동 노선으로 합일되어 갔던 것이다.[121]

맺음말

우리는 이제까지 위정척사운동과 개화운동, 동학농민운동과 갑오개혁, 광무정권시정과 독립협회운동, 그리고 항일의병운동과 애국계몽운동에 대하여, 그 쟁점을 중심으로 하여 개괄적으로 살펴보았다. 이제 민중운동에 대한 시각 문제와 개화자강계열 지도층의 한계성 문제, 그리고 개화기의 외세에 대한 인식 문제에 대하여 약간의 견해를 피력하는 것으로 맺음말에 대신하고자 한다.

첫째로 민중운동에 대한 시각 문제이다. 민중이 역사의 주체가 되어야 한다는 데에는 이론의 여지가 없다. 그러나 민중을 역사의

119) 趙東杰, 앞의 『韓國民族主義의 成立과 獨立運動史研究』, 62쪽.

120) 채취수, 1988, 「1910년 전후 강화지역 의병운동의 성격」 『한국민족독립운동사연구』 2, 한국민족운동사연구회, 84쪽.

121) 柳永烈, 「大韓自强會와 新民會의 民族運動」, 앞의 『大韓帝國期의 民族運動』, 208～209쪽.

주체로 설정하고, 민중이 과거부터 역사를 주도해 온 것처럼 보는 것은 문제가 있다고 생각된다. 사실상 근대 이전의 민중은 역사의 주체가 되지 못하였고 역사의 객체로 존재하였다. 근현대에 들어와 민중이 '주권을 가진 국민'으로서 자유와 민권을 향유하게 되었던 것이 사실이다.

역사상 민중의 자기해방을 위한 투쟁은 소중한 것이다. 그러나 민중운동이라 해서 모두가 긍정적으로 평가될 수는 없을 것이다. 올바른 방향성이 없는 민중운동은 역사발전을 가로막을 수 있기 때문이다. 그런 의미에서 민중운동의 이념과 방향을 제시하고 민중운동을 이끌어간 지식층의 역할이 중요하다고 생각된다.

우리 나라 개화기의 민중운동은 크게 세 갈래로 전개되었다. 위정척사계열의 민중은 전통적 구지식층의 지도아래, 당시 유교사회에서 유교질서를 수호하려는 의병운동에 동참했기에 가장 보편적이고 광범위했다. 그러나 그들은 반개화운동 곧 근대화에 역행하는 운동을 담당했다. 동학농민계열의 민중은 하층농민들을 중심으로, 동학과 연계된 현실 비판적인 지방 지식층의 지도아래, 당시 유교사회에서 이른바 '동학도의 난'에 참여했기 때문에 불순분자로 취급되었다. 그러나 그들은 반침략·반봉건운동을 담당했다. 한편 개화자강계열의 민중은 도시민들을 중심으로, 근대 지식층의 지도아래, 자주국권운동·자유민권운동·근대개혁운동에 참여하여, 역사의 발전 방향에 부합되는 운동을 담당했다.

이처럼 개화기의 민중운동은 지식층의 지도 방향에 따라 서로 다른 성격의 운동으로 전개되었다. 그러므로 민중운동에는 방향성이 중요하며, 그 운동의 이념과 방향을 제시하는 지식층의 책임이 막중하다고 생각된다.

둘째로 개화자강계열 지도층의 한계성 문제이다. 일반적으로 갑신정변·갑오개혁·독립협회운동·애국계몽운동으로 이어지는 개화자강운동 지도층의 문제점으로, 그들의 愚民觀과 계급적 한계성이 지적된다.

먼저 개화자강운동의 지도층은 우민관을 가지고 민중을 멸시하여 민중의 참정능력을 부정했다는 것이다. 개화자강운동의 지도층이 당시의 민중은 "국권이 무엇인지, 민권이 무엇인지"도 모르는 우매한 상태에 있다고 본 것은 사실이다. 그러나 당시 민중이 근대지식에 우매했다는 그들의 판단이 잘못된 것은 아니었다고 본다. 더구나 그들이 민중을 멸시한 것은 아니었고, 민중을 계몽의 대상으로만 본 것도 아니었다.

민중을 멸시하고 동반자로 생각하지 않았다면, 개화자강운동의 지도층이 국민계몽운동과 국민교육운동을 전개할 필요가 없었을 것이다. 민중을 계몽의 대상으로만 보았다면, 독립협회가 만민공동회를 열어 민중과 함께 국권·민권운동을 전개할 필요도 없었을 것이다. 개화자강운동의 지도층은 국민을 주권자로 인식하고, 그들을 근대지식으로 교육하여 참정능력을 배양하려 했다. 그리고 실제로 民選을 규정한 의회식 중추원 관제를 만드는데 까지 이르렀던 것을 상기할 필요가 있다고 본다.

다음으로 개화자강운동의 지도층은 지주층으로서 민중의 이익을 대변할 수 없는 계급적 한계성을 지녔다는 것이다. 개화자강운동의 지도층 대다수가 지주층인 것은 사실이다. 그러나 그들이 계급적 한계성 때문에 민중의 이익을 대변할 수 없었다는 논리는 수긍하기 어렵다. 김옥균과 박영효 등이 계급적 한계성에 얽매였다면, 양반제도의 폐지를 주장할 필요도, 갑신정변을 일으킬 필요도 없었을 것이다. 개화기에 있어 개화자강운동의 주도층은 선각자들이었다. 선각적인 개혁운동가들은 자신의 계급적 이해관계를 초월하기 마련이다. 일제시대에 있어 민중에 매몰된 공산주의운동가들도 대다수가 지주나 자산가 집안의 출신이었던 것을 상기할 필요가 있다. 그러므로 민족운동 지도층의 출신 성분만을 분석하여 그들의 한계성을 지적하는 것은 역사적 사실과 부합되지 않을 수가 있다고 생각된다.

셋째로 개화기의 외세에 대한 인식 문제이다. 우리나라 개화기의 역사는 대외관계를 중심으로 보면, 열강의 침략경쟁과 이에 대한 한민족의 저항의 역사였다고 할 수 있다. 결국 우리나라가 열강의 침략을 극복하지 못하고 일제의 식민지지배를 받게 되었기 때문에, 해방 이후 대외적인 자주성을 강조하고, 강력한 배외운동을 높이 평가하는 것은 당연하기도 하다. 그러나 강력한 배외운동이 자주독립을 보장하는 최선의 방책이었던가는 재고해 볼 필요가 있다. 근대의 역사에서 서구적 열강의 침략에 무력으로 맞서 이를 극복하고 자주독립을 유지한 예는 찾아보기 힘들다. 서구화 곧 근대화에 매진하여 서구 열강과 동등한 힘을 갖게 된 나라만이 자주독립을 유지하고 근대발전을 이룰 수 있었다고 본다.

우리나라 개화기에 있어 서구적 열강의 존재는 배격해야 할 '침략'을 의미하는 것이었다. 그러나 침략과 동시에 우리가 수용해야 할 '근대'를 의미하기도 했다. 청국과 조선은 문호개방기에 수구세력이 강했기 때문에, 중화자존 의식에 의해 서구의 물결에 배격 위주로 대응하여, 결국 외세도 극복하지 못하고, 근대화도 제대로 추진하지 못하였다. 그러나 일본은 문호개방기에 혁신세력이 주도권을 잡고 서구 물결을 적극 수용하여 서구적 힘을 가짐으로써 자주독립도 유지하고 근대발전도 이루게 되었다. 이런 점에서 보면, 강력한 배외운동만이 독립유지의 유일한 방도가 아니었고, 오히려 외국의 선진문물을 수용하여 강력한 실력을 양성하는 것이 독립유지와 근대발전의 길이었다고 볼 수 있다. 따라서 개화기에 자주국권의 민족주의와 자유민권의 민주주의, 그리고 자강개혁의 근대주의를 추구한 개화자강계열의 민족운동노선이 올바른 민족운동의 방향이었다고 생각된다.

제2부

독립협회운동과 독립협회사상

제1장

독립협회운동

머리말

독립협회는 1896년 7월에 창설되어 1898년 12월까지 2년 6개월 동안 활동하였다. 독립협회운동은 개화기의 갑신정변·갑오개혁 등 그 이전의 개화운동을 계승·발전시키고 한말의 애국계몽운동의 기초가 되었다.

독립협회는 민중계몽운동으로 시작되었다. 국민의 힘으로만이 진정한 조국의 개화·개혁을 이룰 수 있다고 믿었기 때문이다. 독립협회는 민중계몽에 의하여 우리 역사상 처음으로 근대민중운동을 출범시켰다. 독립협회는 민중집회를 배경으로 하여 자주국권의 민족주의운동과 자유민권의 민주주의운동을 전개하였다. 그리고 자강개혁을 위한 민주정치투쟁을 전개하였다.

우리는 이러한 독립협회운동 과정을 통하여 우리나라의 민족주의·민주주의·근대주의가 어떻게 생성되었는가를 살펴보고자 한다.

Ⅰ. 민중계몽운동의 전개

독립협회의 창설자 徐載弼은 그의 자서전에서 "나의 개혁하려던 것은 … 자주독립의 완전한 국가를 만들어 보려는 것이었다"[1] "독립이란 그 나라 국민 전체가 원하고 힘써서 세워놓지 않으면 진정한 독립이 될 수 없다"[2]고 하고, "나는 우리 나라의 독립은 오직 교육 특히 민중을 계발함에 달렸다는 것을 확신하였기 때문에 우선 신문 발간을 계획하고"[3] "신문만으로는 대중에게 자유주의 민주주의적 개혁사상을 고취하기가 곤란할 듯하여 여러 가지로 생각하다가, 무슨 정치적 당파를 하나 조직하여 여러 사람의 힘으로 그 사상을 널리 전파시켜야겠다고 『독립신문』을 창간한 지 7, 8삭 후, 우리 집에서 비로소 독립협회라는 것을 창설"[4]하였다고 피력하였다. 곧 그는 진정한 국가의 자주독립은 국민의 힘으로만 달성될 수 있는 것이므로 먼저 민중을 계발해야 한다고 생각했고, 그가 생각한 민중의 계발이란 자유주의·민주주의적 개혁사상의 고취를 의미하는 것이었다. 결국 서재필이 독립협회를 창립한 의도는 민중을 자유민주주의적 개혁사상으로 계발하여 민주적 국민을 육성하고, 민주역량을 가진 국민의 힘으로 진정한 자주독립국가를 만드는 데 있었다. 이전의 개화세력에 의한 갑신정변·갑오개혁이 民衆不在의 근대개혁의 시도였던 것과 달리, 독립협회는 민주적 개혁과 국가의 독립에 민중 에너지의 동원을 염두에 두고 창립된

1) 金道泰, 1972, 『徐載弼博士自敍傳』, 乙酉文化社, 230쪽.
2) 金道泰, 앞의 책, 235쪽.
3) 金道泰, 앞의 책, 241쪽.
4) 金道泰, 앞의 책, 247~248쪽.

것이다. 여기서 우리는 독립협회의 민중계몽과 민중운동의 단초를 엿볼 수 있다.

서재필의 민중계발→민주국민육성→자주독립국가 확립의 의도에 따라 독립협회는 무엇보다도 먼저 민중계몽에 착수하였다.

첫째로 독립협회는 창립사업 자체를 독립기념물 건립에 의한 민중계몽운동으로 시작하였다.

독립협회는 중국에 대한 사대의 상징인 迎恩門을 헐고 그 자리에 독립문을 세우고, 중국의 사신을 영접하던 모화관을 개수하여 독립관을 만들며, 그 일대를 시민의 휴식과 집회를 위한 독립공원으로 조성하려는 독립기념물 건립을 창립사업으로 추진하였다. 독립관 건립의 의도는 자주독립의 상징물을 세워 민중에게 독립의지를 고취하려는 것이었다.[5] 독립협회는 국민적 모금으로 독립문 건립을 추진하였다. 독립협회의 모금에는 관인층·시민층·지식층·학생·농민 등 아래로는 시정의 아녀자들로부터 위로는 왕실의 태자에 이르기까지 광범한 사회 계층이 참여하였다.[6] 이같은 거족적 성원 속에서, 독립협회는 1896년 11월에 5, 6천여 명의 내외 귀빈과 시민·학생들이 참석한 가운데 독립문 정초식을 성대하게 거행하였고, 1897년 5월에는 독립관 현판식을 거행하였으며, 같은해 11월에는 독립문을 완공하였다.[7]

독립문의 건립은 국민의 자발적인 독립의지의 표현이었다. 중국과의 전통적인 사대관계를 부인하고 조선이 자주독립국임을 명시한 일은 강화도조약을 비롯하여 외국과의 조약에서 몇 차례 있었

5) 『독립신문』 1896년 7월 4일 논설.
6) 『독립신문』 위와 같음 ; 愼鏞廈, 「獨立協會의 獨立門建立과 討論會의 啓蒙活動」 『獨立協會硏究』, 254쪽 참조.
7) 『독립신문』 1896년 11월 24일 「독립관 연회말」 ; 1897년 5월 25일 잡보 ; 愼鏞廈, 앞의 논문, 257쪽 참조.

고, 갑오개혁 기간에는 국왕이 직접 조선의 자주독립을 선포하기도 하였다. 이에 비하여 민간단체인 독립협회가 官民을 포함한 범국민적인 성금으로 독립문을 건립한 사실은 우리 역사상 처음 있는 국민적 합의에 의한 자주독립의 선포였다고 할 수 있다. 독립기념물 건립사업은 국민적 모금운동 과정에서 일반 민중의 마음속에 독립의지와 애국정신을 불러일으켰을 뿐만 아니라, 자주독립의 기치 아래 국민적 공감대를 형성함으로써 민중계몽에 크게 기여하였다.

둘째로 독립협회는 신문과 회보를 통하여 민중계몽에 힘썼다. 『독립신문』은 우리나라 최초의 민간신문이었으며 독립협회의 대변지였다. 『독립신문』은 "본사 신문은 본래 인민의 이목을 개명하고자 설시한 것이오",[8] "신문은 나라에 등잔불과 같은 것이오 인민의 선생이라"[9] 하여, 독립신문의 발간 의도가 민중의 개명·계몽에 있음을 천명하였다. 『독립신문』이 제 1권에 21편의 愛國詩歌를 수록한 사실, 제 2권에 16회에 걸쳐 생물학 강좌를 연재한 사실, 그리고 당시 민중의 문자인 한글을 전용한 사실 등은 『독립신문』의 계몽적 성격을 단적으로 나타내주고 있다.[10]

『독립협회회보』는 우리나라 최초의 정기간행 잡지였으며 독립협회의 기관지였다. 『독립협회회보』는 민간 사회단체의 기관지였으므로 '회보'라는 명칭을 썼으나, 그 지면의 대부분을 국민적 관심사에 할애하였고, '전국동포 有志君子'를 구독자와 기고자로 하는 대중성을 띠었으며, 따라서 계몽적 성격이 두드러졌다. 특히 근대문명과 과학지식에 관한 각종의 논설과 기사 및 外報는 국민 대중에게 근대적 지식과 사상을 보급하고 변화하는 국제정세를 알려

---

8) 『독립신문』 1898년 9월 5일 「신문갑 의론」.
9) 『독립신문』 1898년 4월 12일 논설.
10) 『독립신문』(甲乙出版社, 1981), 제1권에는 1896년도분이 수록되어 있고, 제2권에는 1897년도 분이 수록되어 있다.

주며, 자국의 발전 방향을 인식시키려는 계몽적 의도를 반영한 것이었다.[11)]

『독립신문』과 『독립협회회보』는 민중을 근대지식과 민족의식으로 계몽하여 독립협회의 민중적 기반을 마련하는데 크게 기여하였다.

셋째로 독립협회는 토론회와 연설을 통하여 민중을 계몽하고 스스로 민중적 단체화의 기반을 마련하였다.

초기의 독립협회는 官人들이 모여 한담하는 사교클럽과 같은 것이었는데, 서재필과 尹致昊가 독립협회를 일종의 학회로 개조하려는 구상 하에 협회에 토론회를 도입하였다.[12)] 1897년 8월에 시작된 독립협회 제1회 토론회에는 회원 76명이 참가했는데, 제 2회 토론회에는 방청인만 해도 200명이 넘었고 제 8회 토론회부터는 참가회원과 방청인이 500여 명에 달하는 성황을 이루었으며, 1898년 12월까지 34회에 걸쳐 토론회가 진행되었다.[13)] 독립협회 토론회는 1898년 2월 제 20회까지는 "조선의 급무는 인민의 교육", "나라를 부강케 하는 데는 상무가 제일", "국문을 한문보다 더 쓰는 것이 인민 교육을 성대케 하는 데 유조함", "공력과 증기력과 전기력을 인력보다 더 힘쓰는 것이 경제학상에 유조할 뿐더러 인민의 생애가 흥왕함" 등과 같은 당면의 사회문제에 대한 계몽적 주제가 선택되었다.[14)] 이같은 토론회는 독립협회의 구조에도 변화를 일으켰다. 일반회원들이 토론회에 참석하여 민중회원이 독립협회에 크게

---

11) 韓興壽, 「解題」『大朝鮮獨立協會會報』(亞細亞文化社, 1978), ⅳ ~ ⅴ쪽 참조.

12) 柳永烈, 1985, 『開化期의 尹致昊硏究』, 한길사, 107쪽 참조 .

13) 愼鏞廈, 앞의 「獨立協會의 獨立門建立과 討論會의 啓蒙活動」, 262~263쪽 참조.

14) 愼鏞廈, 앞의 논문, 269쪽 참조.

진출함으로써 독립협회를 민중적 단체로 변모시켜 갔다. 그리고 다수의 방청인들이 토론회에 계몽되어 독립협회에 동조 가입하여 독립협회의 세력을 급속히 신장시켰다.

한편 서재필과 윤치호 등 독립협회 지도부는 독립협회 주최 개국기념식에서의 연설, 독립문 정초식에서의 연설, 독립협회 토론회에서의 연설, 만민공동회에서의 연설, 기독교인 주최 고종탄일축하회에서의 연설, 대한제국 경축연회에서의 연설, 배재학당 토론회 지도, 정동예배당청년회 토론회 지도, 京城學堂 光武協會에서의 연설 등 각종 집회에서의 연설과 토론회 지도를 통하여 민중계몽에 힘쓰고 민중운동의 요원 양성에 크게 기여하였다.[15]

요컨대 독립협회는 독립기념물 건립, 신문과 회보의 간행, 그리고 토론회와 강연회의 개최 등을 통하여 근대지식과 민족의식으로 민중을 계몽하여 민중적 기반을 확보하고, 스스로 민중적 단체로 변모하여 근대민중운동을 전개하게 되었다.

Ⅱ. 근대민중운동의 전개

독립협회의 운동을 민중운동의 차원에서 보면 3기로 나눠볼 수 있다.

독립협회운동의 제 1기는 1896년 7월부터 1898년 2월까지 약 20개월 간으로 민중계몽기 또는 민중운동준비기라 할 수 있다. 이 시기에 독립협회는 독립문·독립관·독립공원 등 독립기념물 건립

15) 『尹致昊日記』 1897년 8월 13일, 8월 23일, 10월 3일, 10월 12일, 11월 11일, 11월 31일조 및 1898년 2월 13일 ; 『독립신문』 1897년 12월 31일, 1898년 1월 1일, 2월 12일, 2월 17일, 2월 19일 참조.

의 창립사업을 통하여 국민대중에게 독립의지와 애국정신을 고취하였고, 신문·잡지·강연회·토론회 등을 통하여 국민대중을 근대적 지식과 민권·국권사상으로 계몽하였다. 독립협회는 이처럼 민중계몽을 통하여 민중적 기반을 확립하고 민중운동의 준비를 갖추게 되었다.

독립협회의 창립사업에 대한 민중과 왕실의 호응에 따라, 독립협회는 관·민 사이에 거대한 세력을 형성하여 1898년 말에는 회원수가 2천 명을 돌파하게 되었다.[16] 이 시기에 독립협회의 간부진은 고문 서재필, 회장 安駉壽, 위원장 李完用, 위원 10명 내외, 간사원 15명 내외로 구성되었으며, 간부진의 핵심인 위원직은 주로 고급관료들이 차지하였다.[17] 그러나 1897년 8월에 토론회가 도입된 이래로 독립협회 내에 민중세력의 진출이 현저해졌고, 민중과 관련이 깊은 중견관료와 신지식인들이 간부로 진출하였다.[18] 한편 1897년 말기에는 러시아의 재정고문 고빙문제 등과 관련하여 독립협회가 정부의 외세의존적 자세를 비판하게 되자, 보수적인 관료들이 점차 독립협회에서 이탈해 갔고, 독립협회는 민중적 사회단체로 전환해 갔다.

독립협회운동의 제 2기는 1898년 2월부터 9월까지 약 7개월 간으로 민중운동기 또는 민중적 민권·국권운동기라 할 수 있다. 독립협회는 1898년 2월 21일의 구국운동선언과 3월 10일의 제 1 차 萬民共同會를 계기로 민중적 정치운동을 전개하였다. 이 시기에 독립협회는 만민공동회와 같은 민중의 힘을 배경으로 하여, 열강의 내정간섭, 이권요구, 토지조차요구에 반대하여 국권수호, 국익

16) 『독립신문』 1896년 12월 31일 논설 참조.

17) 『독립신문』 1896년 7월 4일 논설 ; 『大朝鮮獨立協會會報』 제1호, 10~11쪽 「獨立協會輪告」 참조.

18) 愼鏞廈, 「獨立協會의 創立과 組織」 『獨立協會硏究』, 92~95쪽 참조.

수호, 국토수호를 포괄하는 자주국권운동을 성공적으로 전개하였다. 그리고 관인층의 압제와 수탈로부터 국민의 신체와 재산권의 자유 등 인권·민권을 보장하고, 민권의 보장과 국권의 강화를 위하여 의회설립을 통한 국민의 참정을 실현하려는 자유민권운동을 전개하였다.[19]

이 시기의 독립협회 회원은 보수적인 관리들이 대거 물러가고 진보적 재야인사들과 민중이 주류를 형성하였으며, 그 지도부도 서재필·윤치호·李商在·南宮檍 등 민권파가 중심을 이루었다. 당시 독립협회 간부진은 고문 서재필, 회장 이완용(전라북도 관찰사로 임명되어 유고), 부회장 겸 회장대리 윤치호, 서기 남궁억, 회계 이상재·尹孝定, 提議 鄭喬·梁弘默·李建鎬, 사법위원 安寧洙·姜華錫·洪肯燮, 경찰위원 25명, 평의원 다수로 구성되었다.[20] 이 때에 독립협회는 평의원제도를 채택하여 평의원들이 회원들의 의견을 모아 의안을 만들어, 회중의 토론을 거쳐 운동의 과제를 결정하는 민주주의적 운영방식을 도입하였다. 또한 총대위원제를 채택하여 안건마다 총대위원을 선출하여 會衆의 결정 사항을 즉각 실행토록 하는 직접대표제의 민주적 운영방법을 도입하였다.[21]

이와 같은 민주적 상향식 운영 방식에 따라, 독립협회는 通常會(매주)·토론회(매주)·평의회 그리고 임시회·특별회·보고회 등 다양한 명칭의 집회를 통하여 민중운동의 방향과 방법을 결정하였다. 그리고 크고 작은 민중집회 특히 만민공동회 같은 대규모의 민중대회를 통하여, 동시에 국왕에 대한 상소와 정부대신이나 관리

19) 本書, 「獨立協會의 民權運動展開過程」 III 民衆運動期 참조.
20) 鄭喬, 1977, 『大韓季年史』 上, 國史編纂委員會, 183쪽.
21) 愼鏞廈, 앞의 논문. 96쪽 참조.

들에 대한 公翰 · 청원 · 담판 등을 통하여 민중운동을 추진하였다.

그런데 이 시기에 열린 만민공동회 등 민중집회는 10여 회에 지나지 않았고, 그 중 독립협회가 주최한 집회는 2회에 불과했으며 나머지는 독립협회를 지지하는 민중의 집회였다. 그리고 이 시기에 독립협회가 국왕에게 올린 상소의 회수는 3회였고, 정부대신과 관리들에게 보낸 공한의 회수는 35회를 상회하였다.[22] 결국 이 시기에 독립협회는 정부대신에 대한 공한 등 순리적 주장을 주된 방법으로 하고, 만민공동회 등 민중집회의 물리적 압력을 종된 방법으로 하여 민중적 정치운동을 추진하였다고 할 수 있다.

독립협회운동의 제 3기는 1898년 9월부터 12월까지 약 4개월 간으로 민중투쟁기 또는 민중적 참정 · 개혁운동기라 할 수 있다. 독립협회는 1898년 9월 11일의 金鴻陸毒茶事件과 9월 13일의 만민공동회를 계기로 하여, 보수내각을 퇴진시키고 진보적 내각의 수립에 성공하였으며, 언론 · 집회자유의 투쟁을 승리로 이끌었다. 그리고 만민공동회에 정부대신을 합석시킨 官民共同會를 개최하여 6개 조의 국정개혁강령을 마련하여 황제의 재가를 받게 하고, 근대식 의회의 기능을 가진 中樞院官制를 황제로 하여금 반포케 하여 국회의 설립을 눈앞에 두게 되었다. 이것은 민중운동의 일대 승리였다. 그러나 보수세력의 반동으로 독립협회가 혁파되고, 그 지도자 17명이 구속되었으며 의회식 중추원의 발족도 무산되고 말았다.

독립협회가 혁파된 뒤, 11월 5일 이후의 만민공동회는 수시로 개최되는 집회에서 일정한 조직을 갖춘 상설단체로 변모하여, 구속인사 석방운동과 독립협회 복설운동 및 참정 · 개혁운동을 격렬하

22) 이 시기의 民衆集會 · 上疏 · 公翰의 回數는 『독립신문』을 통하여 조사된 것임.

게 전개하였다.

이 시기에 독립협회는 회장에 윤치호, 부회장에 이상재, 서기에 박치훈·한만용, 회계에 이일상, 사법위원에 이채연·남궁억·정교 그리고 평의원 20명을 선출하여 명실상부한 민중대변체제를 갖추었다.[23] 그리고 독립협회는 전국 각 지방에 지회를 설치하고, 1898년 말기에는 회원수가 4천여 명에 달하는 거대한 단체가 되었으며, 자타가 공인하는 전국민의 대표단체가 되었다.[24]

독립협회운동 제 3기에는 정부대신들에게 보낸 公翰보다 국왕에게 보낸 상소가 투쟁수단으로 부각되었다. 독립협회는 1898년 9월 11일에서 11월 4일 사이에 5회의 공한을 발송했고, 만민공동회는 11월 5일에서 12월 25일 사이에 2회의 공한을 발송하여, 제 3기에 발송한 공한의 회수는 10회에 미달하였다.[25] 한편 독립협회는 9월 11일에서 11월 4일 사이에 5회의 상소를 올렸고, 만민공동회는 11월 5일에서 12월 25일 사이에 11회의 상소를 올려, 제 3기에 올린 상소의 회수는 16회에 달하였다.[26] 독립협회운동 제 2기에 발송한 공한의 회수가 35회나 되었고, 상소의 회수가 3회에 불과했던 점에 비하면, 제 3기에는 투쟁방법으로서 정부대신들에 대한 공한의 비중이 크게 줄었고 황제에 대한 상소의 비중이 크게 늘었음을 알 수 있다.

그러나 독립협회운동 제 3기에 있어서 주된 투쟁수단은 민중집회였다. 독립협회가 개최한 민중집회는 1898년 9월 13일에서 10월 2일 사이에 5일간의 만민공동회, 10월 6일부터 10월 12일까지 연속

---

23) 『독립신문』 1898년 8월 30일 잡보「협회임원」, 9월 6일 잡보「임원선정」; 愼鏞廈, 앞의 논문 98쪽 참조.

24) 鄭喬, 앞의 책, 364쪽 참조.

25) 『독립신문』 1898년 9월 11일에서 12월 25일까지 참조.

26) 앞과 같음.

7일간의 만민공동회, 10월 21일부터 10월 25일까지 연속 5일간의 만민공동회, 그리고 10월 28일부터 11월 2일까지 연속 6일간의 관민공동회가 열렸다. 곧 김홍륙독차사건이 발생된 1898년 9월 11일부터 독립협회가 일시 혁파된 11월 4일까지 55일 중에 23일 동안 민중집회가 열린 것이다.[27] 독립협회가 혁파된 뒤에 독립협회 회원과 민중들이 개최한 민중집회는 11월 5일에서 11월 23일까지 연속 19일간의 만민공동회, 11월 26일 皇帝親諭 때의 집회와 12월 1일의 萬民葬集會, 그리고 12월 6일부터 12월 23일까지 연속 18일간의 만민공동회가 열렸다. 곧 독립협회가 일시 혁파된 뒤 11월 5일부터 모든 民會 활동이 금지된 12월 25일까지 51일 중에 39일 동안 민중집회가 열린 것이다.[28] 결국 독립협회운동 제 3기 총 106일 중에 62일 동안 민중집회가 열린 셈이며, 독립협회운동 제 2기의 민중집회 회수 8회와는 엄청난 차이가 있다. 이처럼 독립협회운동 제 3기에는 상소나 공한에 의한 순리적 주장보다 만민공동회와 같은 대규모 민중집회에 의한 물리적 압력이 주된 투쟁수단이 되어, 민중대회 중심의 민중운동이 전개되었다.[29]

이상에서 살펴본 바와 같이, 독립협회운동은 수천·수만 명의 민중이 참가한 무수한 민중집회를 배경으로 또는 중심으로 하여 전개된 민중운동이었으며, 그 운동은 근대개혁이념을 가진 지도부의 지도하에 민권·국권운동과 참정·개혁운동으로 전개된 근대 민중운동이었다고 하겠다.

---

27) 『독립신문』 1898년 9월 11일부터 11월 4일까지 참조.

28) 『독립신문』 1898년 11월 5일부터 12월 25일까지 참조.

29) 앞의 『독립신문』에 의한 통계를 보면, 독립협회운동 제2기(1898.2.21∼9.10)의 對政府公翰 35회, 對高宗上疏 3회, 民衆集會 8회에 비하여, 독립협회운동 제3기(1898.9.11∼12.25)에는 공한 7회, 상소 16회, 민중집회 62회로 나타난다.

Ⅲ. 자주국권운동의 전개

독립협회는 1898년 2월 21일의 구국운동의 선언과 3월 10일의 만민공동회의 개최를 계기로 하여 근대적 정치운동 곧 민중적 자주국권운동을 전개하였다.

독립협회가 1896년 7월 창립 이래로 전개한 민중계몽운동은 괄목할 만한 성과를 거두어, 1898년 에 이르러 독립협회 내에 민중의 진출이 현저하여졌고, 그 지도부도 고급관료 중심에서 진보적인 재야인사 중심으로 전환되어 갔다. 한편 俄館播遷 이후 국왕이 러시아 공사관에 머물고 있던 관계로 러시아의 내정간섭이 점차 강화되었고, 러시아를 비롯한 열강의 이권침탈이 더욱 심하여졌다. 그런데 당시 조선의 집권층은 자주・자강에 힘쓰기보다는 러시아에 의존하여 정권을 유지하려는 친러적인 성향과, 개화・개혁에 힘쓰기보다는 오히려 갑오개혁 이전의 상태로 복고하려는 보수반동적인 성향을 띠고 있었다.[30] 이러한 상황 속에서 독립협회는 구국 민족운동을 전개한 것이다.

첫째로 독립협회는 국권수호운동을 전개하였다.

1898년 2월 7일, 독립협회의 최고지도자 서재필과 윤치호는 "독립협회가 중요한 정치문제에 대하여 高宗에게 상소할 것"에 합의하고, 2월 13일 독립협회 토론회에서는 "남에게 종이 되고 살기를 얻는 것은 하느님과 사람 사이에 죄를 얻음"이란 제목으로 토론하는 가운데, "황제는 어느 열강의 노예"라는 과격한 발언까지 나왔으며, 결국 국가의 안전과 국내의 失政 문제로 황제에게 상소할 것

---

30) 愼鏞廈, 1980, 『韓國近代化와 社會變動』, 文學과 知性社, 157쪽 참조.

을 50대 4로 가결하였다.[31]

1898년 2월 21일에는 독립협회 회원 135명이 독립관에 모여 결사적인 구국운동을 서약하고 다음과 같은 요지의 구국운동상소를 올렸다.

> 국가의 국가 됨은 둘이 있으니 自立하여 타국에 의뢰치 아니하고 自修하여 一國에 정법을 행하는 것입니다. 그런데 자립에 있어서는 재정권과 병권·인사권을 자주하지 못하고, 자수에 있어서는 典章과 법도가 행하여지지 않고 있으니, 국가가 이미 국가가 아닌즉, 원컨대 안으로는 定章을 실천하시고 밖으로는 타국에 의뢰함이 없게 하시어 우리의 황권을 자주하고 국권을 자립하소서.[32]

이 自立·自修의 구국상소는 대외적으로는 자주국권의 수호와 대내적으로는 자유민권의 보장을 목표로 한 국권·민권운동의 선언이었으며, 독립협회의 정치단체로의 출발을 선언한 것이기도 하였다. 『독립신문』은 이 구국운동선언에 대하여, "이백여 명의 맹서한 것은 나라에 힘있기가 철갑선이나 몇 여단 되는 군사에 비유할 일이 아닐러라"고 하여, 개국 500년에 처음 있는 획기적인 사실로 기록하였다.[33] 독립협회가 주장한 자주국권은 아관파천 이래로 한국의 재정권·군사권·인사권에 깊이 간섭하고 있던 러시아에 대한 자주국권이 당연히 제 1차적인 목표가 되었다.

1898년 3월 10일, 독립협회는 만여 명의 민중을 동원하여 종로 네거리에서 이른바 만민공동회를 개최하였다. 이날 열린 제 1차 만민공동회는 市廛商人 현덕호를 회장으로 선출하고, 玄公廉·洪正

31) 柳永烈, 『開化期의 尹致昊研究』, 110~111쪽 참조.

32) 『承政院日記』 光武 2년 (陽) 2월 22일조 「中樞院一等議官 安駉壽等疏」 참조.

33) 『독립신문』 1898년 2월 22일 잡보 참조.

厚・李承晩 등 배재학당과 경성학당의 學員들이 러시아의 침략정책을 비판하고, 한국의 자주독립을 역설하는 연설을 행한 뒤, "러시아의 군사교관과 재정고문을 즉시 돌려보내고 大韓의 자주독립권을 지키자"는 요지의 결의안을 채택하여 정부에 강력하게 건의하였다.[34] 서울의 정계와 외교계는 이같은 대규모의 민중집회가 질서 정연하게 성공한 사실에 놀라움을 금치 못하였다.[35] 독립협회가 주최한 이 만민공동회는 그때까지 개화운동과 유리된 '민중과 개화운동의 최초의 결합'을 의미하며, 우리나라에 있어서 근대적 민중운동, 민중적 정치운동의 효시였다고 하겠다.

독립협회의 정부에 대한 계속적인 건의와 민중집회의 압력에 의하여, 정부는 러시아와 교섭하여 군사교관과 재정고문을 철수시키게 되었다.[36] 이것은 우리나라의 근대적 민중운동, 민중적 정치운동의 최초의 승리였다. 서재필은 러시아의 군사교관과 재정고문의 철수 사실을 "民意의 승리"라고 표현했고,[37] 윤치호도 이 사실에 대하여 "이제 한국이 다시 한 번 독립이 된 것은 확실한 사실이다. 모든 것은 한국의 의사와 행동에 달려있다"[38]고 하여, 독립협회가 주도한 만민공동회가 성공하여 러시아의 침략적 간섭을 제거하고 자주독립의 기초를 닦아 놓은 것으로 평가하였다.

둘째로 독립협회는 국권수호운동과 더불어 국토수호운동을 전

---

34) 『독립신문』 1898년 3월 13일, 3월 15일 잡보.

35) *The Independent*, March 12, 1898, "People's Mass Meeting" & "Communications to the Secretary of State from U.S. Representatives in Korea ; H. N. Allen, No. 89, March 19, 1898, "Crisis in Korea" 참조.

36) 『舊韓國外交文書』 제17권 俄案 1002號, 1898년 3월 17일조 「露士官顧問官의 撤收 및 韓國大使特派를 拒絶하는 照覆」 참조.

37) Frederick A. Mackenzie, *Korea's Fight for Freedom* (Reprinted by Yonsei University Press, 1969) 70쪽 참조.

38) 『尹致昊日記』 1898년 3월 18일조.

개하였다.

러시아공사 '스페이어'가 석탄고의 설치를 위하여 부산의 절영도 조차를 요구한 데 대하여, 정부가 이를 허락했다는 사실이 알려졌다. 이에 독립협회는 1898년 2월 27일의 통상회에서, 129명의 회원과 수백 명의 방청객이 참석한 가운데, 러시아의 절영도석탄고기지의 조차 요구에 대한 격렬한 반대 성토를 하고, 총대위원을 선출하여 정부에 사실의 해명을 요구하는 공한을 발송하였다. 이 사실에 윤치호는 그의 일기에서 "민주주의의 물결이 한국의 정치에 작용하기 시작하였다"고 평가하였다.[39)]

독립협회는 정부로부터 과거 일본에 빌려준 선례에 따른 조치라는 회답을 받고, 3월 7일 다시 정부에 공한을 보내어, 토지 조차의 근원을 제거하기 위해서는 러시아의 요구를 거부함은 물론, 이미 허가해준 일본의 석탄고기지도 반환시켜야 한다고 주장하였다. 결국 독립협회의 집요한 요구와 만민공동회 등 민중집회의 압력에 의하여, 러시아는 절영도 조차요구를 철회했고, 일본도 할 수 없이 절영도 석탄고기지를 반환해 왔다.[40)]

1898년 5월 7일에는, 신임 러시아공사 '마튜닌'이 군사기지의 설치를 위하여 목포·증남포(=진남포) 해역의 28만 평방미터에 달하는 토지의 매도를 요구해 왔고, 정부는 두 항구의 10리 이내를 택하여 조차를 의론하자는 수정안을 제시하였다. 이에 독립협회는 정부에 여러 차례의 공한을 발송하여, "한치의 우리 강토도 남에게 넘겨줄 수 없다"고 강력히 반대 운동을 벌여 러시아의 토지매수 요구를 좌절시켰다.[41)]

---

39) 『尹致昊日記』 1898년 2월 2일조 참조.

40) 鄭喬, 『大韓季年史』 上, 176～183쪽 참조.

41) 『舊韓國外交文書』 제17권 1053호에서 1143호 사이의 관련 號 ; 鄭喬, 앞의 책, 191쪽 참조.

세째로 독립협회는 국토수호운동과 더불어 국익수호운동을 전개하였다.

러시아공사 '스페이어'는 1898년 3월 초, 서울에 한러은행을 설립하였다. 이 은행은 러시아에 본점을 두고 한국화폐 발행권과 국고출납권 및 각종 이권을 획득하려는 러시아의 포괄적인 경제침탈의 임무를 띠고 있었다. 독립협회는 3월 7일 특별회를 열고, 탁지부대신에게 공한을 보내어 "한로은행에 우리 국고금을 전관시키는 것은 전국 재정권을 외국인에게 양여하는 것"이라 하여, 한로은행의 철거를 요구하였다. 그러나 결말을 보지 못하다가 '스페이어' 공사가 군사교관과 재정고문의 철수 등 對韓政策의 실패로 본국에 송환됨으로써 한로은행도 곧 폐쇄되었다.[42]

1898년 5월 초에는 프랑스공사 '플랑시'가 정부에 공문을 보내어, 한국정부가 이미 약속한 평양 부근을 비롯한 3개처의 광산채굴지를 속히 확정해 줄 것을 요구해 왔다. 이에 독립협회는 "금·은·동·철 등의 각 광산은 우리 나라에 있는 토지이니 우리 인민이 채취하여 스스로 부강책을 기해야 한다"고 정부에 강력히 건의하여 프랑스의 요구를 좌절시켰다.[43]

나아가 독립협회는 독일과 미국이 차지하는 각종 이권에도 반대하게 되었다. 그리고 독립협회는 1898년 9월에는 1894년 이래로 열강에 양도한 이권의 내역을 조사하고, 열강의 이권침탈은 자주 독립의 침해이고 경제적인 수탈이라 하여 이를 즉각 중지시킬 것을 결의하고, 이권양도에 관련된 전임회장 이완용을 협회에서 제명 처분하였다.[44] 독립협회의 이같은 완강한 국익수호운동으로 열강

---

42) 鄭喬, 앞의 책, 176～182쪽 참조.
43)『독립신문』1898년 5월 26일 참조.
44) 鄭喬, 앞의 책, 228～230·207쪽 참조.

의 이권침탈은 일단 저지되었다.

이처럼 독립협회는 민중을 배경으로 하여 국권수호・국토수호・국익수호 등 자주국권의 민족주의운동을 성공적으로 전개하였다.

Ⅳ. 자유민권운동의 전개

독립협회는 1898년 2월 21일의 구국운동의 선언과 3월 10일의 만민공동회 개최를 계기로 하여, 민중적 자주국권운동을 전개하는 과정에서 자유민권운동도 전개하였다.

첫째로 독립협회의 자유민권운동은 인권・민권보장운동으로부터 시작되었다. 독립협회는 신체와 재산권의 자유를 인간의 가장 기본적 권리라 인식하고 국민의 자유권보장운동을 전개하였다.

1898년 3월 중순, 독립협회 회원인 李源兢・池錫永 등 4명이 구속된 사건이 발생하자, 독립협회는 경무사에게 총대를 파견하여 4인의 구속사유를 밝히라고 요구하였다. 그러나 이들 4명이 유언비어 유포죄로 재판도 없이 황제의 명령으로 10년 유배형에 처해지게 되자 독립협회는 법부대신에게 항의문을 발송하여, 국가의 표준은 법률에 있으므로 이들 4인의 죄상은 재판으로 저범하게 처결되어야 한다고 주장하였다. 결국 이들 4명은 독립협회와 민중세력이 확대되면서 6월 말에 특별 석방되었다.[45]

이해 5월에는 법부대신 겸 고등재판소 재판장 李裕寅이 판사 馬駿榮을 시켜 선비 洪在旭의 재산을 탈취하려는 사건이 발생하였

45) 柳永烈, 앞의 책, 118쪽 참조.

다. 이에 독립협회는 공개재판을 요구하여 재판을 방청하고, 재판의 편파성에 항의하여 판사 마준영을 고발하여 해임케 하였으며, 이유인도 재판장직을 물러나게 하였다.46)

이해 6월에는 경무사 申奭熙가 私鑄錢犯으로 투옥된 崔鶴來의 재산을 몰수한 사건이 발생하였다. 독립협회는 재산몰수의 법적 근거를 요구하고, 경무사가 사주전범의 재산몰수는 선례에 의한 것임을 해명해 오자, 내부대신에게 "신법으로 보장된 재산권이 구법에 의하여 침해될 수 없다"고 강경하게 항의하여, 최학래의 재산을 돌려주게 하였다.47)

이해 9월에는 러시아공사관 통역으로 정권을 농단하다가 독립협회의 지탄의 대상이 되어 결국 유배된 金鴻陸이, 하수인을 시켜 고종에게 독차를 올린 국왕독살미수사건이 발생하였다. 그런데 범인이 재판도 없이 종신유배에 처해지고, 그 관련자가 고문당했다는 사실이 밝혀졌다. 이에 독립협회는, 비록 김홍륙이라 할지라도 법률에 의해서만 처벌되어야 하고 관련자의 고문도 용납될 수 없다 하여, 관계 법관을 규탄하고 공개재판을 요구하였다. 한편 수구세력은 김홍륙사건이 일어난 것은 형벌이 너무 너그러운 까닭이라 하여, 갑오개혁 때 폐지된 孥戮法과 連坐法의 부활을 획책하였다. 이에 독립협회는 노륙법·연좌법은 신체의 자유권을 침해하는 악법이라 주장하고, 강력한 반대투쟁을 벌여 기어코 그 법의 부활을 저지시켰다.48)

둘째로 독립협회는 인권·민권보장운동에 이어 개혁내각 수립운동을 전개하였다. 독립협회 지도부는 국권수호와 민권보장의 근

---

46) 柳永烈, 앞의 책, 119쪽 참조.
47) 앞과 같음.
48) 앞의 책, 119～122쪽 참조.

본적인 방책은 개혁내각의 수립과 민선의회의 설립을 통하여, 국민참정을 실현하고 국정개혁을 단행하여 근대체제를 갖추는 것이라고 생각하였다. 그리하여 1898년 가을부터는 개혁내각의 수립과 의회식 중추원의 설치 운동을 본격화하였다.

독립협회는 1898년 9월 11일, 김홍륙에 의한 고종독살미수사건이 발생하자 지체 없이 만민공동회를 소집하여, 관계대신들의 책임 추궁에서 비롯하여 수구대신들의 부정·부패·무능을 규탄하고 수구내각 7大臣의 탄핵운동을 벌였다. 10월 초에 이르러, 독립협회는 皇國中央總商會와 수차에 걸친 합동상소를 올리고 합동연설회를 개최하여 수구내각 7대신의 퇴진을 요구했고, 여기에 수많은 시민과 학생들이 합세하여 밤낮으로 시위와 농성을 감행하였다.[49] 누차에 걸친 황제의 해산명령은 거부되었고, "일곱 신하가 백 날을 물러가지 아니하면 신등도 백 날을 물러가지 않겠다"는 독립협회와 민중들의 완강한 요구가 관철되어, 10월 12일까지 수구내각 7大臣이 모두 해임되고, 朴定陽 중심의 진보적 성향을 띤 내각이 수립되었다.[50] 이로써 독립협회의 개혁내각 수립운동은 일단 성공을 거두게 되었고, 독립협회와 민중의 자유민권운동은 크게 진전되어 갔다.

서울 주재 각국 외교관들은 한국의 민중운동에 의한 전면적인 내각 개편으로 개혁파 인사들이 집권하게 된 사실에 경탄을 표시했고, 미국공사 '알렌'은 이 사실을 '평화적 혁명'이라고 본국에 보고하였다.[51] 『독립신문』은 이 사실을 독립협회의 '승리' 또는 "압

49) 『독립신문』 1898년 9월 14일 「협회충군」; 10월 4일 「독립협회 고발사건」; 10월 9일·10일·11일·12일 「독립협회 상소」 참조.

50) 『독립신문』 1898년 10월 13일 「황상칙유」, 10월 14일 잡보; 『高宗實錄』 光武 2년 10월 11일·12일조 참조.

51) Communications to the Secretary of State from U.S. Representatives in Korea:

제적인 한국에서는 볼 수 없던 일"이라고 논평하고, 앞으로 독립협회의 운동방향은 의회설립에 의한 국민참정의 실현임을 천명하였다.[52)]

네째로 독립협회는 개혁내각의 수립에 성공한 뒤에, 본격적으로 의회설립에 의한 국민참정운동을 전개하였다.

독립협회는 이미 1898년 봄부터 토론회·상소·신문논설 등을 통하여 의회설립의 필요성을 역설했고, 계속 정부와 절충하여 7월 중순까지는 중추원의 의회식 개편으로 방향을 잡았다. 그러다가 진보적인 박정양내각이 들어선 직후, 10월 15일 정부에 총대위원을 파견하여, 각부 대신과 '官民協商'을 통하여 중추원의 의회식 개편을 적극 추진하였다.[53)]

한편 독립협회의 강력한 활동에 불안을 느낀 고종은 "국회도 할 수 없는 일을 민회가 남용한다" 하여 언론·집회를 통제하는 조칙을 발표하였다.[54)] 독립협회를 비롯한 민권단체와 시민·학생들은 이에 굴복하지 않고 상소와 민중집회를 통하여 "정부에 대한 탄핵·성토 및 언론·집회의 자유는 인민의 권리에 속한다"고 주장하면서, 4일 동안에 걸친 불철주야의 시위를 벌여 마침내 고종의 조칙을 번복시키고 언론자유의 투쟁을 승리로 이끌었다.[55)]

H.N. Allen, No. 152, October 13, 1898, "Change of Cabinet, Peaceful Revolution, Independence Club" & *The Independent*, October 13, 1898, "Local Items" 참조.

52) *The Independent*, October 13, 1898, "Victory", October, 18, 1898, "A Forward Movement" 참조.

53) 柳永烈, 앞의 책, 122～125쪽 ; The Independent, October 18, 1898, "A Forward Movement" 참조.

54) 『承政院日記』 光武 2년 (陽) 10월 20일조 「詔」 참조.

55) *The Independent*, October 27, 1898, "Fight for the Freedom of Speech" ; 鄭喬, 『大韓季年史』 上, 266～275쪽 참조.

독립협회는 언론자유투쟁의 성공 후, 정부측과 중추원의 의회식 개편안을 합의한 뒤, 10월 29일에는 종로에서 관민공동회를 개최하였다. 독립협회 부회장 이상재의 사회와 회장 윤치호의 주제연설로 진행된 이날의 관민공동회에는 박정양 이하 각부 대신들과 독립협회 등 여러 단체와 수많은 시민・학생들이 참가하였다. 관민공동회는 국가주권의 자주와, 국가이권의 수호, 국가재정의 일원화, 국민자유권의 보호, 인사행정의 공정화, 의회식 중추원의 실시 등을 골자로 하는 국정개혁안 곧 獻議六條를 채택, 참가 대신들의 서명을 받아 高宗皇帝의 재가를 요청하였다.[56]

고종은 헌의6조를 재가함과 동시에 서정쇄신을 다짐하는 조칙5조를 반포하였다. 그리고 11월 4일에는 관선 25명, 민선 25명의 의석을 규정한 근대의회의 성격을 지닌 중추원관제를 반포하였다.[57] 이 중추원관제는 독립협회의 중추원개편안을 거의 그대로 수용한 것이었다. 헌의6조의 재가와 의회식 중추원관제의 반포는, 황제와 정부가 민회와 민중의 요구를 받아들여 우리 역사상 처음으로 의회기구의 설립에 의한 국민참정권을 공인한 것이며, 독립협회가 추진한 국민참정운동의 거대한 승리를 의미하는 것이었다.

이상에서 살펴본 바와 같이, 독립협회는 민중을 배경으로 하여 인권・민권보장운동과 수구내각 탄핵에 의한 개혁내각 수립운동, 그리고 의회설립에 의한 국민참정운동 등 자유민권의 민주주의운동을 성공적으로 전개하였다.

---

56) 『독립신문』 1898년 11월 1일 「관민공동회사실」; 尹致昊, 「獨立協會의 活動」 『東光』 26(1931.10), 36쪽 참조.

57) *The Independent*, October 27, 1898, "The Privy Council" & November 10, 1898, "Molayo's Account of Recent Event in Seoul" 참조.

Ⅴ. 민주정치투쟁의 전개

독립협회는 박정양의 진보적 내각과 협력하여 의회식 중추원 관제를 성사시킨 뒤, 정부의 통고에 따라 1898년 11월 5일에 독립관에서 민선의관 25명을 선출하기로 결정하였다. 그러나 11월 4일 밤에 수구세력은 독립협회가 王政을 폐지하고 공화정을 수립코자 한다고 고종을 충동하여, 박정양의 진보적 내각을 붕괴시키고 趙秉式의 수구적 내각을 조직케 하는 한편, "이씨왕조는 天命이 다하여 民天共應하고 萬民共同하여 윤치호를 대통령으로 추대하리라"는 내용의 모략문서를 유포한 匿名書事件을 일으켰다.[58] 이로 인하여 독립협회 등 모든 민회가 혁파되고, 이상재·남궁억 등 독립협회 지도자 17명이 체포되었으며, 의회식 중추원의 발족도 무산되고 말았다.

독립협회가 혁파된 뒤에 만민공동회는 수시로 개최되는 집회에서 일종의 상설단체로 변모하여 11월 5일부터 50여일 동안 민주적 개혁정치의 실현을 위한 투쟁을 격렬하게 전개하였다. 이 시기의 만민공동회는 尹始炳·高永根 등 독립협회의 주도 회원이 회장직을 맡고, 독립협회를 지지하던 시민과 학생들을 배경으로 활동하였으며, 피신해 있던 독립협회 회장 윤치호도 배후에서 만민공동회의 투쟁을 지도하였다.[59]

---

58) 尹致昊, 1926.6, 「獨立協會의 始終」『新民』 14, 59～60쪽 ; 金永羲, 1934, 『佐翁 尹致昊先生略傳』, 基督教朝鮮監理會總理院, 121～122쪽 ; *The Independent*, November 10, 1898, "Molayo's Account of Recent Event in Seoul" 참조.

59) 1898년 11월 4일 밤, 독립협회가 혁파된 뒤, 처음에는 尹始炳이 萬民共同會 회장직을 맡았는데, 11월 중순 이후에는 高永根이 만민공동회 회

만민공동회의 첫 번째 투쟁목표는 구속된 독립협회 지도자 17인의 석방이었다. 11월 5일 윤치호의 지시를 받은 이승만·양홍묵 등 독립협회 회원들과 학생, 그리고 수천 명의 시민들이 경무청에 몰려가 17인과 함께 구속되기를 자원하고, 고등재판소에 나아가 공개재판을 요구하며 6일동안 불철주야로 농성을 벌여 구속된 17인을 전원 석방케 하였다.[60]

독립협회 지도자 17인의 석방에 성공한 뒤, 만민공동회는 윤치호와 고영근의 지도 아래 종로와 仁化門(덕수궁 서문) 앞에서 11월 11일부터 10여일 동안 5차에 걸친 상소와 민중대회를 통하여, ① 조병식 등 五凶의 처벌 ② 헌의6조의 실시 ③ 정부대신의 賢良擇用 ④ 독립협회의 복설 등을 요구하며 집요한 투쟁을 전개하였다.[61] 고종과 수구정권이 무마로도 위협으로도 만민공동회를 해산시키는 데 실패하자, 수구세력은 황국협회의 洪鐘宇·吉泳洙·朴有鎭이 지휘하는 2천여 명의 負商團을 동원하여 11월 21일 인화문 앞의 만민공동회를 공격케 하여 유혈충돌로 다수의 희생자를 내게 되었다.[62] 다음날 흥분한 민중들이 종로에 모여 수만 명 규모의 만민공동회를 열고 부상단과 대치하게 되자, 고종과 수구정권이 민중의 압력에 굴복하여 독립협회의 복설 등 민중의 요구를 수용키

징으로서 독립협회 회장 尹致昊와 함께 만민공동회 운동을 지도하였다.

60)『尹致昊日記』1898년 11월 5일조 ;『독립신문』1898년 11월 7일·8일·9일 잡보 ;『皇城新聞』1898년 11월 11일 別報「萬民共同會讀錄」;『독립신문』1898년 11월 12일「선고방청」참조.

61)『독립신문』1898년 11월 12일에서 23일까지 참조. 五凶이란 趙秉式·閔種默·兪箕煥·李基東·金禎根 등 守舊派 5인을 말하며, 익명서 사건의 장본인들로 지목되었다.

62)『독립신문』1898년 11월 22일「어저께 광경」; 11월 23일「병정의리」; 尹致昊,「獨立協會事件に就いて」『韓末を語る』(朝鮮研究社, 1930), 59쪽 참조.

로 약속함에 따라, 11월 5일부터 19일 동안 불철주야 계속된 만민공동회는 11월 23일에 2일간의 시한부로 일시 해산하였다.[63)]

그러나 정부로부터 5흉의 처벌, 부상의 혁파, 인재의 등용 등 민중의 요구조건을 실천하려는 성의 있는 태도가 보이지 않자, 1898년 11월 26일에는 수만 명의 민중들이 종로에 모여 대규모 만민공동회를 열고 다시 부상단과 대치하게 되었다. 이러한 긴박한 상황 속에서 고종은, 인화문 밖 塔前에 정부관원과 각국 외교사절이 배석한 가운데, 萬民 대표 200명과 負商 대표 200명을 불러 皇帝親諭를 행하였다.[64)] 고종은 친히 하교하여 ① 중추원의 실시 ② 독립협회의 복설 ③ 5흉의 처벌 ④ 부상의 혁파 ⑤ 11조의 실시 등 민중의 제반 요구사항의 실천을 약속하였다. 그리고 독립협회 회장 윤치호와 부회장 이상재 및 만민공동회 회장 고영근은 만민의 총대위원으로 고종 앞에 나아가, ① 5흉의 처벌 ② 민중이 신임하는 대신임용 ③ 헌의6조의 실시 등을 재다짐 받게 되어, 민중들은 만세를 부르고 산회하였다.[65)]

그러나 고종의 약속이 실천에 있어 민중의 기대에 부응치 못하여, 12월 6일 民會 지도부의 통제를 벗어난 만민공동회의 투쟁이 재연되었다. 민회 급진파 주도 하의 이 만민공동회는 상소를 통하여, "황제의 친유는 티끌만큼도 효험이 없다"고 통박하고, 민중의 요구사항을 즉각 실천하라고 촉구하였다.[66)] 민중의 정부에 대한

---

63) *The Independent*, November 24, 1898, "Molayo's reports" ; 『독립신문』 1898년 11월 25일 잡보 「잠시파회」 ; 『皇城新聞』 1898년 11월 25일 「會中運動」 참조.

64) 『독립신문』 1898년 11월 28일 「국태민안」 ; *Reports and Communications from the British Consuls in Seoul*, No. 114, November 28, 1898, "Confidential". 참조.

65) 위와 같음. *The Independent*, November 28, 1898, "Molayo's Reports" & Frederick A. Mackenzie, *Korea's Fight for Freedom* (Reprinted by Yonsei University Press, 1969), 72～73쪽 참조.

불만·불신은 이제 황제에 대한 불만·불신으로 변해갔다. 12월 12일부터 민중들은 정부 各部의 문전에 나아가, 고급관원들을 불러내어 민중의 요구사항을 즉각 실천하도록 강요하는 등 실력행사에 돌입하였다.[67] 12월 16일에는 새로 개원된 중추원회의에서 민회 계열의 의관들이 주동이 되어, 민중의 여망에 맞는 대신급 인물로서 고종이 꺼려하는 朴泳孝·徐載弼을 포함한 11명을 투표로 선출하여 정부에 택용하도록 추천했고, 만민공동회는 이를 즉각 지지하고 나섰다.[68] 이것은 사실상 개혁내각의 수립을 실현케 하려는 것이었다.

이처럼 민중의 격화일로의 행동방식과 중추원의 박영효 천거, 그리고 이에 대한 만민공동회의 추인 등 일련의 사태는, 고종과 수구세력에게 이를 반체제운동으로 단정케 할 구실을 주었다. 한편, 일반 민중은 장기화된 만민공동회 시위에 염증을 느껴 사회의 안정을 바라게 되었고, 민중지도자들 내부에도 정부의 개혁에 시간적 여유를 주도록 만민회측이 자중해야 한다는 여론도 대두되고 있었다. 더욱이 망명 반역죄인으로 낙인찍힌 박영효의 기용 요구는 단순히 충군애국이란 전통적 윤리관에서 민회활동을 지지했을 다수의 일반 민중의 행동력 곧 민회의 배후세력을 크게 약화시켰을 것이다.[69]

---

66) 『독립신문』 1898년 12월 8일·9일 「공동회상소」 ; *The Independent*, December 10, 1898, "Molayo's Report" 참조.

67) 『皇城新聞』 1898년 12월 13일 雜報 「共請部官」 ; 『駐韓日本公使館記錄』 「機密本省往信」 機密 第5號, 1899년 2월 17일조 「本官歸任後ニ於ケル政況具報ノ民會解散ノ件」 참조.

68) *The Independent*, December 20, 1898, "The Privy Counsil" ; 『皇城新聞』 1898년 12월 19일 「動議歸國」, 12월 20일 「請餘裁判」, 12월 21일 「委員改薦」 참조.

69) 柳永烈, 앞의 『開化期의 尹致昊研究』, 137쪽 참조.

결국 고종과 수구세력은 재경 외교사절의 양해 아래 12월 22일·23일에 병력을 동원하여 만민공동회를 강제로 해산시키고, 12월 25일을 기하여 11개조의 民會禁壓令을 발동하여, 독립협회와 만민공동회 등 모든 민회활동은 종말을 고하게 되었다.[70)]

이상과 같이 1898년 11월 4일 匿名書事件으로 독립협회가 혁파된 뒤, 만민공동회는 11월 5일 이후 50여일 동안, 독립협회 지도자의 석방과 독립협회의 복설 및 부상의 혁파 운동을 통하여 개혁세력의 강화를 추구하였고, 5흉의 처벌과 정부 대신급 인물의 천거 운동을 통하여 개혁내각의 수립을 기도하였으며, 헌의6조의 실시와 중추원의 개설 운동을 통하여 국정개혁과 의회정치의 구현을 시도하였다.

요컨대 만민공동회는 개혁세력의 강화, 개혁내각의 수립, 그리고 의회식 중추원의 개설 운동을 통하여, 독립협회와 민중이 추구한 민주적 정치개혁을 실현시키려는 투쟁을 전개했던 것이다.

맺음말

이제까지 우리는 독립협회의 운동을 살펴보았다. 그 내용을 다음과 같이 요약할 수 있다.

첫째로 독립협회운동은 근대개혁을 목표로 한 우리나라 최초의 근대민중운동이었다. 독립협회는 국권의 확립과 민권의 보장은 국민의 힘으로만이 가능하다는 생각에서, 신문과 잡지, 토론회와 강연회 등을 통하여 민중을 근대지식과 민족의식으로 계몽했고 스스

70) 『독립신문』 1898년 12월 27일 「황칙공록」; 『駐韓日本公使館記錄』 「機密本省往信」 發第 87號, 1898년 12월 27일조 「共同會ヘノ勅語」 참조.

로 민중적 단체로 변모하였다. 나아가 독립협회는 만민공동회와 같은 민중집회를 배경으로 국권·민권운동과 참정·개혁운동을 전개하였다. 독립협회운동은 근대개혁 이념을 가진 지도부와 민중이 결합된 진정한 의미의 근대민중운동이었다. 독립협회 이전의 개화운동은 민중과 유리된 운동이었고, 위정척사운동은 근대의식이 결여된 민중운동이었으며, 동학농민운동은 근대개혁의 청사진을 제시하지 못한 민중운동이었다. 그러므로 독립협회운동이야 말로 개화와 민중을 결합한 우리나라 최초의 근대민중운동이었다고 하겠다.

둘째로 독립협회운동은 우리나라 최초의 본격적인 민주주의운동이었다. 독립협회는 국민평등권과 국민자유권을 구현하기 위하여 실제로 신체의 자유, 재산권의 자유를 지키려는 민권보장운동을 전개하였다. 또한 국민주권과 국민참정권의 실현을 위하여 개혁내각을 수립케 하고 언론자유투쟁을 전개했으며 의회식 중추원 관제를 마련하는 등 국민참정운동을 전개하였다. 수구세력의 반동으로 의회설립운동이 무산된 뒤, 독립협회와 만민공동회는 민주적 정치개혁운동을 강력하게 전개하였다. 독립협회 이전의 위정척사운동과 동학농민운동은 물론 개화운동에서도 민주주의문제가 제기되지 않았으므로, 사실상 독립협회운동이야 말로 우리나라 최초의 근대민주주의운동이었다고 할 수 있다.

셋째로 독립협회운동은 우리나라 최초의 근대민족주의운동이었다. 독립협회는 국가평등권과 국가자주권 그리고 국가주권을 수호하려는 자주국권사상을 폈다. 그리고 독립협회는 열강의 내정간섭을 배격하려는 국권수호운동, 열강의 토지침탈을 저지하려는 국토수호운동, 열강의 이권요구를 물리치려는 국익수호운동 등 자주국권운동을 전개하였다. 독립협회의 자주국권운동은 민중집회를 배경으로 한 자유민권운동과 병행하여 전개되어, 민주주의를 내포한 진정한 근대민족주의운동이라 할 수 있다. 그리고 독립협회 이전의 어떠한 반침략운동도 자유민권의 민주주의운동을 포괄한 운동이 아니었으므로, 독립협회운동이야말로 우리나라 최초의 근대민족주의운동이었다고 하겠다.

넷째로 독립협회운동은 그 후의 민족운동에 심대한 영향을 주었다. 독립협회는 개화기의 당면문제인 근대화·자주화·민주화문제를 포괄적으로 해결하려는 사상을 실천운동으로 전개하여 민족운동의 올바른 방향을 제시했으며, 한말의 애국계몽운동에 커다란 영향을 주었던 것이다.

제2장

독립협회사상

머리말

독립협회의 기본사상의 하나는 自主國權의 민족주의사상이었다. 서재필이 독립협회를 창립한 근본 의도도 '자유주의 민주주의적 개혁사상'으로 '민중을 계발'하여, 민주역량을 가진 국민의 힘으로 '자주독립의 완전한 국가'를 만들고자 한 자주국권사상에서 나온 것이다.[1] 그러므로 독립협회의 국가평등권론, 국가자주권론, 이권양도반대론, 자주중립외교론, 자강개혁독립론 등을 통하여 그 자주국권의 민족주의사상을 살펴보기로 한다.

독립협회의 기본사상의 또 하나는 自由民權의 민주주의사상이었다. 서재필이 독립협회를 창립한 의도도 국민의 힘으로 자주독립의 완전한 국가를 만들기 위하여, 먼저 민중을 '자유주의 민주주의적 개혁사상'으로 계발하여 민주적 국민을 육성하려는 자유민권

1) 金道泰, 1972, 『徐載弼博士自敍傳』, 을유문화사, 235·241·247~248쪽 참조.

사상에 나온 것이었다.[2] 그러므로 독립협회의 국민평등권론, 국민자유권론, 국민주권론, 국민참정권론, 의회설립론 등을 통하여 그 자유민권의 민주주의사상을 살펴보기로 한다.

독립협회의 기본사상의 또 다른 하나는 自强改革의 근대주의사상이다. 그것은 열강의 세력균형 속에서 국가의 자주독립과 부강발전을 위하여 국가의 자강능력을 양성하려는 개혁, 곧 국가사회의 전 분야에 걸쳐 전통체제를 근대체제로 개혁을 단행하려는 근대화사상을 의미한다. 그러므로 독립협회의 입헌정체론, 상공업경제론, 평등사회론, 근대문화론, 자주국방론 등을 통하여 그 자강개혁의 근대화사상을 살펴보기로 한다.

Ⅰ. 자주국권의 민족주의사상

1. 국가평등권론

독립협회의 자주국권사상은 먼저 國家平等權論으로 제기되었다. 근대 이전에는 동서양을 막론하고 인간의 평등이 인정되지 못하고 신분의 차별이 당연한 것으로 여겨졌듯이, 인간의 집적인 국가의 차등도 당연한 것으로 여겨졌다. 유럽에서는 로마제국과 그 전통을 이은 나라가 황제의 국가로서 주변의 왕국, 제후국보다 높은 위치에 있었으며, 동아시아에서는 중국이 황제의 국가로서 주변의 왕국, 제후국 위에 군림하는 위치에 있었다. 곧 동아시아의 전통적 국제관계는 대국인 중국과 소국인 조선을 비롯한 그 주변

2) 金道泰, 앞의 『徐載弼博士自敍傳』, 235·241·147～248쪽 참조.

국가가 事大關係라는 불평등한 차등관계로 이어져 왔다.

근대사회는 인간의 평등과 인간의 집적인 국가의 평등을 전제로 하여 이루어졌다. 이미 조선 후기에 선진적인 실학자들은 중국중심의 華夷的 세계관을 부정하고 自國中心說에 의거 국가평등의식을 보여주었다. 조선의 문호를 개방한 강화도조약은 제1조에서 "조선은 자주국가이며, 일본과 평등권을 보유하고 있다"[3]고 규정하여, 적어도 표면적으로는 근대적인 국가평등의 국제질서를 명시하고 있다. 이와 같은 서구적 국가평등의식은 개화인사들에게 수용되어 일반화되어 갔다.

개화사상가 兪吉濬은 『西遊見聞』에서,

> 國上에 國이 更無하고 國下에 國이 亦無하야 一國의 國되는 권리는 彼此의 同然한 地位로 分毫의 差殊가 不在한지라"[4]

라고 하여, "나라 위에 나라 없고 나라 밑에 나라 없으며, 국권은 동등한 지위에 있다"는 국가평등권을 명백하게 천명하였다. 이처럼 개화인사들은 국가란 국제사회에서 동등한 지위와 권리를 가진다는 국가평등권사상을 가지고 있었던 것이다. 이러한 국가평등권사상은 근대 이전의 차등적 국제질서에 대한 전면 거부를 의미하는 것이다.

갑신정변을 통하여 수립된 개화당 정부는 개혁요강 제1항에서, "대원군을 불일 陪還할 것, 조공의 虛禮를 폐지할 것"[5]이라 하여, 무엇보다도 청국에 대한 조공을 폐지함으로써 불평등한 사대관계를 청산하고자 하였다. 서재필은 독립협회의 창립사업으로서, 국민

---

3) 『高宗實錄』 제13권 13년 丙子 2월 3일조 참조.
4) 兪吉濬, 『西遊見聞』(경인문화사, 1969 영인), 88쪽.
5) 趙一文(역주), 1977, 『甲申日錄』, 건국대학교 출판부, 148쪽.

의 성금으로 중국에 대한 事大의 상징인 영은문을 헐은 자리에 독립문을 세웠다. 그것은 국민의 가슴속에 국가의 자주와 평등의 상징을 심어주기 위한 것이었다.[6] 이처럼 독립협회 회원들은 국가평등권사상에 의거하여 종래의 사대관계에 의한 동아문화권의 차등적 국가관과 불평등한 국제 질서를 부정함과 동시에, 당시 평등을 가장한 근대적 국제 질서가 실제로는 불평등 관계임을 간파하였다.[7]

독립협회는 당시 조선이 스스로의 힘에 의한 것이 아닐지라도 엄연한 '세계 각국과 동등'한 국가인데, 실제로는 외국의 간섭을 받고 있음을 비판하였다.[8] 그러므로 독립협회 토론회에서는 "남에게 종이 되고 살기를 얻는 것은 하나님과 사람 사이에 죄를 얻음"이라는 제목으로 토론하는 중에, "황제는 어느 열강의 노예이다" 곧 황제가 러시아의 노예라는 과격한 발언까지 나왔고, 여기에서 윤치호는 "우리 나라와 우리 군주가 만국에 동등해야 하며 어느 나라에도 열등해서는 안된다"[9]고 주장하였다. 『독립신문』은

> 우리 대한 전국에 있는 일천 이백만 동포 형제가 다 一心一力으로 나라를 도와 우리 나라도 지금 구라파에 있는 상등국과 동등국이 기어이 되기를 바란다"[10]

는 기고문을 실어, 사회 일반에 국가평등 의식을 고취하였다.

나아가 독립협회 회원들은 국제 조약에는 유럽 국가 사이에 체

---

6) 『大朝鮮獨立協會會報』 제1호 1896년 11월 30일 「獨立協會輪告」 참조.
7) 『尹致昊日記』 1897년 11월 11일조 및 『獨立新聞』 1898년 7월 15일 「독립하는 상책」 참조.
8) 『독립신문』 1896년 9월 12일 논설 참조.
9) 『尹致昊日記』 1898년 2월 13일조.
10) 『독립신문』 1898년 8월 9일 「유지각한 친구의 편지」.

결된 완전한 대등조약과, 청국 · 일본간에 치외법권을 규정한 부대등조약이 있다고 하고, 우리 나라가 일본 · 청국 등 열강과 맺은 조약은 치외법권을 인정한 부대등조약 곧 불평등조약이므로 이를 개정해야 한다고 주장하였다.[11] 이와 같은 독립협회의 국가평등권 사상은 근대국가 의식의 출발점이 되는 것이다.

2. 국가자주권론

독립협회는 국가평등권론과 더불어 國家自主權論을 제기하였다. 독립협회의 활동시기는 1896년 2월 아관파천으로 김홍집 · 어윤중 등의 친일내각이 붕괴되고 이범진 · 이완용 등 친러내각이 성립되었으며, 국왕인 고종이 러시아 공사관의 보호를 받고 있었기 때문에 러시아가 한반도에 상당한 영향력을 행사하고 있었다. 그러므로 독립협회 회원들은 한반도를 둘러싼 러시아 · 일본 등 열강의 침략경쟁으로부터 국가의 자주독립을 지키는 것을 민족적 과제로 생각하였다. 따라서 서재필은 자주독립의 완전한 국가를 만들기 위한 목적으로 정치적 단체를 만드는데 있어 그 명칭을 '독립협회'라 명명했던 것이다.

독립협회는 "국가가 국가됨은 자립하여 다른 나라에 의뢰하지 않고, 재정권 · 兵權 · 인사권 등의 통치권을 스스로 전 국토에 행사해야 하는 것이다"[12]는 요지의 救國宣言을 통하여 국가자주권론을 강력하게 주장하였다. 그 국가자주권의 핵심은 외국의 간섭을 받지 않는 자주적 통치권을 확립하는 것이었다. 그러므로 러시

11) 『독립신문』 1898년 11월 2일 「유지각한 친구의 편지」 참조.
12) 『承政院日記』 1898년 2월 22일조 「中樞院一等議官安駉壽等疏」 참조.

아가 군사교관을 보내어 한국의 시위대를 조련하고 군통수권에 간섭했으며, 재정고문을 보내어 한국의 재정과 국고금을 관리하려고 했을 때, 『대조선독립협회회보』는

> 외국인 고문과 教師를 置하기를 好하고 자기가 實心으로 學하기를 厭하는 자는 곧 전체 정부를 타인에게 양여하는 것이라[13]

고 하여, 군사교관과 재정고문의 고빙문제가 국가자주권의 상실과 직결되는 문제라고 경고하였다. 독립협회는 萬民共同會를 개최하여 "러시아의 군사교관과 재정고문을 즉시 돌려보내고 대한의 자주독립권을 지키자"[14]는 요지의 결의안을 채택하여 정부에 강력히 건의함으로써, 러시아의 군사적 재정적 간섭을 배제하였다.

독립협회의 자주국권운동이 러시아에 치우쳤고, 독립협회가 친일·친미적 경향과 반러적 경향을 보인 것은 독립협회의 제국주의 열강에 대한 인식이 편파적이었고 불철저했기 때문이라는 지적도 있다.[15] 그러나 당시 미국의 외교관과 선교사들은 독립협회운동에 호의적이었고, 당시 한국의 자주권을 가장 위협한 나라는 러시아였으므로, 독립협회가 친미·반러적 성향을 띠었고, 그 자주국권운동의 제1 목표를 러시아에 둔 것은 너무도 당연한 것이었다. 그리고 당시 수구적 정치세력은 제국주의가 무엇인지조차 알지 못했고, 독립협회 지도자들은 제국주의의 본질과 속성을 충분히 이해하고 있었다.

---

13) 『大朝鮮獨立協會會報』 제7호 1897년 2월 28일 「東方各國이 西國工藝를 倣効하는 總說이라」.

14) 『尹致昊日記』 1897년 11월 9일조 ; 柳永烈, 『開化期의 尹致昊研究』(한길사, 1985), 114~115쪽 참조.

15) 崔德壽, 1973, 「獨立協會의 政體論 및 外交論 研究」 『民族文化研究』 13, 고려대 민족문화연구소, 228쪽 참조.

독립협회는 “독립이라 하는 것은 스스로 믿고 남에게 기대지 아니한다는 말이라”[16] 고 정의하고, 외세 의존에 대하여 다음과 같이 경고하였다.

> 슬프다 대한사람들은 남에게 의지하고 힘입으려는 마음을 끈을 진져. 청국에 의지 말라, 종이나 사환에 지나지 못하리로다. 일본에 의지 말라, 내종에는 내장을 잃으리로다. 露國에 의지 말라, 필경에는 몸뚱이까지 삼킴을 받으리라. 영국과 미국에 의지 말라, 청국과 일국과 노국에 원수를 맺으리라. 이 모든 나라에 의지하고 힘 입으려고는 아니할지언정 친밀치 아니치는 못하리라.[17]

독립협회는 독립이란 스스로 믿고 남에게 의지하는 것이 아닐 뿐만 아니라, 국가란 국민의 집합체이므로 국가의 자주독립은 모든 국민의 자주독립하는 마음과 행동에 달렸다고 하여[18] ‘民力에 의한 자주독립론’을 주장하였다. 『대조선독립협회회보』를 보면,

> 나라라고 하는 것은 한 사람 한사람의 集積이다. 곧 한 사람 한 사람이 모두 자유권리를 가진 연후에 미루어 능히 그 나라의 자유를 보전할 수 있다. 그러므로 건국의 一方은 반드시 자주를 바랄진대 그 國人의 자주의 기운을 양성해야 하며, 그 기운을 양성하는 길은 인심의 화합과 衆力의 단결만 같은 것이 없다.[19]

고 하여, 국가의 자주는 국민의 자유와 단합에 의하여 가능하다는 논리를 펴고 있다. 나아가 독립협회는 民力의 양성을 위해서는 민권의 보장이 필요하며, 민권의 보장을 위해서는 국민의 참정이 필요하다고 주장하였다.[20]

---

16) 『독립신문』 1898년 7월 15일 「독립하는 상책」.
17) 『獨立新聞』 1898년 1월 20일 「유지각한 사람의 말」.
18) 『독립신문』 1898년 7월 15일 「독립하는 상책」 참조.
19) 『大朝鮮獨立協會會報』 제7호 1897년 2월 28일 「獨立協會論」.

이러한 관점에서 독립협회는 민권보장과 국민참정이 가능한 근대 국민국가를 형성하여 국민이 국가와 일체감을 갖게 함으로써, 국민적 애국심에 기초한 官民의 합력으로 외세의 간섭을 막고 국가자주권을 지킬 수 있다는 '관민합력에 의한 자주독립론'을 폈다.[21] 이처럼 독립협회의 자주국권사상은 자유민권사상과 결합하여 민주주의를 내포한 근대 민족주의적 성격을 띠게 되는 것이다.

3. 이권양도반대론

독립협회는 국가자주권과 관련하여 열강에 대한 利權讓渡反對論을 제기하였다.

아관파천 이후 국왕이 러시아 공사관에 머물고 있던 관계로 러시아를 비롯하여 열강은 경쟁적으로 조선에 대하여 이권양도를 요구하였다. 당시 조선은 러시아·일본과 석탄고기지 조차문제, 러시아와 군사기지 매도문제, 러시아·미국·독일·영국·프랑스와 광산채굴권 양도문제, 미국·프랑스·일본과 철도부설권 양도문제, 러시아와 삼림채벌권 양도문제 등 열강으로부터 무수한 이권양도를 강요당하고 있었다. 당시 조선 정부는 열강과 다투기보다는 이권을 양도함으로써 정권의 안정을 보장받으려 했고, 왕실은 이권양도의 대가로 왕실의 재정 수입을 늘리고자 하였다.

독립협회는 국내의 산업개발 문제와 외국에 대한 정부의 이권양도 문제에 대하여,

---

20) 柳永烈, 1973, 「獨立協會의 民權思想研究」『史學研究』22, 한국사학회, 41～42·59쪽 참조.

21) 柳永烈, 위의 논문, 57～59쪽 ; 柳永烈, 1973, 「獨立協會의 民權運動展開過程」『史叢』17·18합집, 고려대학교 사학회, 367～368쪽 참조.

> 국내에 금 은 媒鑛 등이 有하면 의당히 自取하여 그 이익함을 得하리니, 하필 외국에 讓하여 窺視하고 流涎케 하여 점점 본국은 日로 빈천케 하고 타인으로 부강케 하리요. 고로 內地 철도 전선과 금 은 媒鑛 등을 타국인에 借與함은 곧 전국을 타인에게 방매함이요[22]

라고 경고하였다. 곧 독립협회 회원들은 국가의 자주독립은 자립경제에 의하여 뒷받침되는 것이며, 국가의 자립경제는 자원과 산업의 자주적 개발에 의하여 이루어지는 것이라 믿고, 국가의 자원과 경제적 이권을 타국에 양도하는 것은 국가자주권의 일부를 양도하는 것으로 간주했던 것이다. 그러므로 그들은 토론회 주제를 "대한국 토지는 선왕의 간신코 크신 업이요 일천이백만 인구의 사는 땅이니 한 자와 한 치라도 다른 나라 사람에게 빌려주면 이는 곧 선왕의 죄인이요 일천이백만 동포 형제의 원수임"[23]이라고 정하여 강력하게 이권양도반대론을 폈다.

나아가 러시아 공사가 석탄고 설치를 위해 부산의 절영도 조차를 요구해오고, 정부가 일본의 석탄고 설치의 선례에 따라 이를 허락했을 때, 독립협회는 정부에 강력한 반대 의견을 제시하고, 선례가 된 일본의 석탄고까지 철거토록 요구하여 이를 관철시켰다.[24] 또한 러시아 공사가 군사기지 설치를 위해 목포와 진남포 해역의 28만 평방미터에 달하는 토지의 매도를 요구해 오고, 정부는 두 항구의 10리 이내를 택하여 조차를 의논하자는 수정안을 제시하였다. 이에 독립협회는 "한 치의 우리 강토도 남에게 넘겨줄 수 없다"고 강력히 반대운동을 벌여 러시아의 토지매도 요구를 좌절시켰다.[25]

---

22) 『大朝鮮獨立協會會報』 제7호 1897년 2월 28일 「東方各國이 西國工藝를 倣効하는 總說이라」.

23) 『독립신문』 1898년 3월 12일 「잡보」.

24) 鄭喬, 1971, 『大韓季年史』 上, 탐구당, 176~178 참조.

25) 앞의 『大韓季年史』 上, 190~194쪽 ; 『독립신문』 1898년 5월 26・28일

한편 프랑스 공사가 한국 정부에서 이미 약속한 3개 처의 금광 채굴지를 속히 확정해줄 것을 요구해오자, 독립협회는 "금·은·동·철 등의 각 광산은 우리나라에 있는 토지이니 우리 인민이 채취하여 스스로 부강책을 기해야 한다"[26]고 정부에 강력히 건의하여 프랑스의 요구를 좌절시켰다.

나아가 독립협회는 미국·독일이 차지한 철도·광산·삼림의 이권에도 반대하는 입장에 서게 되었다. 독립협회의 강경파는 1896년부터 1898년 7월까지의 이권양도의 사실을 조사한 결과, 역대의 외교 관계자들이 뇌물을 받고 허락한 사실을 밝혀내어 특별회를 열고 전면적인 대책을 세우고자 하였다. 그러나 대외 관계의 악화를 우려한 지도부의 만류로 더 문제화되지는 않았다.[27]

독립협회 지도부는 이미 열강에 빼앗긴 이권도 외교 경로를 통하여 회수하여 국가의 이권을 지켜야 하지만, 일단 외국과 맺은 조약은 그것이 불평등조약이라도 지켜야 한다고 생각하였다. 그것은 불평등조약을 용인하자는 것이 아니고, 조약 개정에는 양측의 합의가 있어야 하는데, 한국은 힘이 미약하므로 조약 개정 전까지 그 조약을 지켜 신의를 획득함으로써 합의를 이끌어 내야 한다는 현실론에 입각한 것이었다. 독립협회는 당시 조선의 많은 이권이 열강에 양도된 것은 정상적인 외교 경로를 통한 조약에 의해서가 아니고, 국왕과 일부 권력가의 막후 교섭에 의한 것으로 파악하여, 비밀외교를 비판하고 공개외교를 통하여 이권의 상실을 막아야 한다는 주장을 펴기도 하였다.[28]

기사 ;『舊韓國外交文書』 제17권 1053호에서 1143호 사이의 관련 호 참조.

26)『독립신문』 1898년 5월 16일 1면.

27) 앞의『大韓季年史』上, 228～230쪽 참조.

28) 朴性根, 1969,「獨立協會의 思想的 硏究」『李弘稙博士華甲記念論叢』,

4. 자주중립외교론

독립협회는 국가의 자주독립을 유지하는 방안으로 自主獨立外交論을 제기하였다.

독립협회는 부국강병에 기초한 자주국방을 자주독립의 근본 방책으로 인식하였으나,[29] 사실상 당시 조선의 독립이 열강의 세력 균형에 의하여 유지되고 있고, 군사력의 급속한 증강은 현실적으로 불가능하다는 판단에서, 자주독립의 현실적인 방책으로 군사력의 양성보다 외교의 중요성을 강조하였다.[30]

> 조선은 세계 만국이 오늘날 독립국으로 승인하여 주어 조선 사람이 어떤 나라에게 조선을 차지하라고 빌지만 아니하면 차지할 나라가 없는지라. 그런고로 조선에서는 해・육군이 조금 있어 동학이나 의병 같은 토비나 평정시킬만 하면 넉넉한지라. 만일 어떤 나라가 조선을 침범하고자 하여도 조선 정부가 세상에 행세만 잘했을 것 같으면 조선을 다시 남의 나라 속국이 되게 가만이 둘 리가 없다."[31]

위의 『독립신문』 논설은 일부 연구자들이 독립협회의 외교치중론을 비판하는 논거가 되는 대표적인 글이다.[32] 그러나 위의 논설은 전후 문맥을 살펴보면 결코 자주국방을 무시한 외교치중론이 아님을 쉽게 알 수 있다. 위의 논설은 갑오개혁 당시 집권층이 일

新舊文化社, 455~456쪽 및 愼鏞廈, 『獨立協會硏究』 153·158쪽 참조.

29) 『독립신문』 1897년 2월 27일 「논설」 및 6월 1일 「논설」 참조.

30) 『독립신문』 1896년 12월 19일 「논설」 참조.

31) 『독립신문』 1897년 5월 25일 「논설」.

32) 朱鎭五, 1995, 「獨立協會의 對外認識의 構造와 展開」 『19세기 후반 開化改革論의 構造와 展開』, 연세대 박사학위논문과 崔德壽, 앞의 「獨立協會의 政體論 및 外交論」은 이런 시각을 보이는 대표적 논문이다.

본에 편벽된 외교를 하다가 러시아에 의해 정부가 붕괴되었는데, 아관파천 이후에는 집권층이 러시아에 편벽된 외교를 한다고 비판하고, 당시로서는 군사력의 약함보다 편향된 외교가 자주독립의 유지에 더욱 문제가 된다는 점을 강조하기 위한 글이었다.

그러면 독립협회 외교론의 핵심은 어디에 있었는가?

독립협회는 당시 한반도에 열강의 세력균형이 이루어진 상황에서 이 세력균형을 최대한 유지시켜 독립의 내실을 기해야 한다는 전제 하에서 외교의 중요성을 강조하였다.[33] 독립협회는 조선의 외교가 약소국의 입장에서, 침략경쟁을 벌이는 강대국들을 상대로 하는 만큼, 열강에 시비와 침략의 구실을 주지 않기 위해서는 신의 있는 선린외교를 펴야한다고 주장하였다.[34] 그러므로 처음부터 불리한 조약을 맺지 말아야 하며, 이미 불리한 조약을 맺은 경우에는 신의를 지키면서, 힘을 길러 잃은 권리를 되찾는 實利外交를 전개해야 한다고 주장하였다.[35]

또한 독립협회는 조선이 특정국가에 偏向外交를 취하면 불만을 가진 타 강국에 의하여 정부가 빈번히 전복되는 사태가 발생되고, 조선문제로 인하여 강대국간에 불화와 전쟁이 발생되어 조선이 멸망의 위기에 처하게 되리라는 생각에서, 특정국가 편향외교를 강력히 비판하고, 모든 국가를 "똑같이 친밀하게 대접하는" 공평한 외교 곧 일종의 중립적 선린외교를 주장하였다.[36]

한편 독립협회는 외교를 친밀히 한다고 하여 "남의 나라를 편벽

---

33) 『尹致昊日記』 1898년 3월 8일조 ; 愼鏞廈, 앞의 『獨立協會硏究』 158쪽 참조.

34) 『독립신문』 1898년 8월 6일 「외교관의 직분」 참조.

35) 『독립신문』 1898년 8월 24일 「실신 말지어다」 ; 1898년 8월 6일 「외교관의 직분」 참조.

36) 『독립신문』 1897년 5월 25일 「논설」 ; 8월 10일 「논설」 참조.

되게 믿고 의지하여" 하는 일은 국가를 크게 해친다고 하여 외세 의존적 외교를 배격하고, "조선 사람을 잘 가르쳐 그 사람들을 데리고 그 사람들을 믿고그 사람들을 의지하여 조선을 지탱"해야 한다고 하여 국민을 배경으로 한 자주외교를 역설하였다.[37] 이와 같이 독립협회는 국가의 자주독립을 위하여 자주적 중립적 선린외교론을 폈던 것이다.

5. 개화자강독립론

독립협회는 자주독립의 본질적인 방법으로 開化自强獨立論을 제기하였다.

문호개방 이후 조선의 개화인사들은 문명개화를 통하여 부국강병을 이루고 부국강병을 통하여 자주독립을 이루려는 노선을 견지하였다. 독립협회 회원들은 대한제국의 독립이 열강의 세력균형 속에서 이루어진 '명목상의 독립'이므로,[38] '자주독립의 主義'를 가지고 "萬世獨立을 보호할 방침에 힘쓸 것"을 촉구하였다. 그리고 그들은 자주독립의 방책으로 밖으로는 외교를 잘하여 열국과 선린관계를 유지하면서, 안으로는 "인민에게 實學實業을 연구케" 하고, '大朝鮮國의 문명'을 세계 수준으로 끌어올리며, 외국 침략에 대비하여 "군비를 확장"하는 등 개화자강을 실현하여 자주독립의 기초를 확립해야 한다는 개화자강독립론을 폈다.[39]

독립신문은 조선의 자주독립을 유지하는 방책과 관련해서 침략

37) 『독립신문』 1897년 5월 25일 「논설」 참조.
38) 『尹致昊日記』 1897년 11월 11일조 참조.
39) 『大朝鮮獨立協會會報』 제4호 1897년 1월 15일 「北米合衆國의 獨立史를 閱하다가 我大朝鮮國獨立을 論함이라」 참조.

국가를 도적에 비유하여 다음과 같이 논하였다.

> 남의 권리 뺏는 것을 좋아하는 사람도 많이 있고, 남의 나라 권리를 뺏기 좋아하는 나라도 많이 있는지라 … 도적의 당과 도적들이 가진 병장기의 힘을 헤아려 도적의 당보다 내가 당을 더 많이 만들고, 도적의 병장기보다 더 편리한 병장기를 준비하여 두어야, 설령 도적이 오더라도 방어를 할 터이오. 또 도적이 그 집에 이로운 병장기가 있고 사람이 많이 있는 줄 알면 가지를 아니할 터이라.[40]

이 논설을 통하여 독립협회 회원들은, 국가가 병력과 군비를 충실하게 갖추어야 외적의 침략을 방어할 수 있고, 외적의 침략을 예방할 수도 있다는 '군사적 자강독립론'을 주장한 것이다. 여기에서 앞서의 독립협회 회원들의 외교적 독립유지론이 군사적 자강을 도외시한 것이 아님을 알 수 있다.

한편 독립협회 회원들은, 국가의 독립은 전국 인민의 힘으로 되어야 하는데, 조선은 타력에 의하여 독립이 되어 이전 청국에 매어 있을 때보다 더 외국의 지휘를 받는다고 비판하고, "근일 소위 개화당이라 하는 사람들도 말로만 개화를 좋다고 하지 실상은 남에게 의지하는 것을 주선하는 사람들이라"[41]고 하여 비자주적인 독립과 개화를 비판하였다. 그리고 그들은 한국 인민이 학문과 지식이 없고 압제정치와 청국의 간섭으로 발전하지 못했고, 일본에 의하여 문명개화의 시초를 열었으나 인민의 깨우침 없이 무리하게 新法을 강행하여 개화에 역효과를 가져왔으며, 청국・일본・러시아를 의지하여 보았으나 개화와 독립에 효과가 없는 이유는 "대한 인민들이 주인이 되어 가지고 일을 아니한 연고라"고 하여, 국민이 주인이 된 개화와 독립 곧 '국민중심의 개화독립론'을 역설하였다.[42]

---

40) 『독립신문』 1897년 8월 12일 「논설」.
41) 『독립신문』 1897년 7월 27일 「논설」 참조.

독립협회 회원들은 이와 같은 국민적 개화독립을 위해서는 전국 인민 개개인이 자주독립의 정신을 가지고, 자립적 경제생활을 하는 데서 가능하다고 보았다.[43] 그러나 현실의 국민들은 권력자·친척·遊食家族에 뜯겨 근로의욕이 상실되고 의타심이 조장되어 경제적 자립이 불가능하며,[44] '백성의 권리'가 없어서 "나라 지체가 낮아져 오늘날 외국에 見侮를 하고 수치를 받으니", "자주독립하려면 먼저 백성의 권리부터 보호"해야 한다는 것이다.[45] 곧 독립협회 회원들은 국민을 계몽하고 민권을 보장하여 국민의 자주독립 정신과 경제적 자립능력을 배양함으로써 국가의 자주독립을 확보할 수 있다는 '국민적 개화자강독립론'을 주장한 것이다. 서두에서 언급한 것처럼 독립협회는 자유주의 민주주의적 개혁사상으로 민중을 계몽하여 민주역량을 가진 국민의 힘으로 자주독립의 완전한 국가를 만들기 위한 목적에서 창립된 것이었다.

Ⅱ. 자유민권의 민주주의사상

1. 국민평등권론

독립협회의 자유민권사상은 먼저 國民平等權論으로 제기되었다. 우리 나라에서의 국민평등권 개념은 조선 후기 실학자들에 의

42) 『독립신문』 1898년 3월 24일 「논설」 참조. 1897년 8월 7일 「논설」에서는 "우둔하나 무식하나 완고하나 조선 사람들이라야 조선 일을 제일같이" 하게 되는 것이라 하여, 국민에 의한 개화와 독립을 주장하고 있다.
43) 『독립신문』 1898년 7월 15일 「논설」 참조.
44) 『독립신문』 1896년 12월 8일 「논설」, 1896년 8월 13일 「논설」 참조.
45) 『독립신문』 1897년 3월 9일 「논설」 참조.

하여 사·농·공·상에 대한 四民平等 의식으로 발생되었고, 갑신정변 주도자들은 개혁요강에 '인민평등의 권리'를 명문화하였다. 개화사상가 유길준은 『西遊見聞』에서,

> 인간의 권리는 天授한 公道이니 … 사람 위에도 사람 없고 사람 밑에도 사람 없으니, 천자도 사람이요 필부도 사람이다.[46]

고 하여 天賦의 인간평등권을 명료하게 주장하였다. 독립협회 회원들도 "萬人은 전능하신 하나님 앞에 평등하게 태어났으며"[47] "누구나 하나님께서 받은 사람의 권리는 같은 것이다"[48]고 하여 천부인권론에 의해 인간평등권을 주장하고, 나아가 국가적 차원에서 국민평등권을 주장하였다.

독립협회의 국민평등권론은 무엇보다도 신분제도 철폐론으로 주장되었다.

갑신정변 당시 개화당 정부는 개혁요강에서 "문벌을 폐지하고 인민평등권을 제정할 것"이라 하여 차별적인 신분제도를 타파하려 하였다. 갑오개혁 추진자들은 개혁법안을 통하여, 문벌·班常 등급의 철폐, 公私奴婢法의 폐지, 인신매매의 금지, 귀천을 불문한 인재 등용, 평민에게 제한된 범위의 참정권 인정, 법 앞에서 모든 국민의 평등을 규정하여, 전통적 신분질서를 타파하려 하였다.[49]

독립협회 회원들은 "동포 형제간에 남녀를 팔고 사고하는 것은 의리상 대단히 불가"[50]하다든지 "사람의 목숨이 지극히 귀하나 남

---

46) 兪吉濬, 「人民의 權利」 『西遊見聞』 114쪽.
47) 『독립신문』 1897년 10월 16일 「논설」.
48) *The Independent*, December 5, 1896, "Editorial".
49) 柳永益, 1992, 「甲午更張과 社會制度 改革」 『韓國社會發展史論』, 일조각, 260~261·265·269·281·293~295쪽 참조.
50) 『독립신문』 1897년 11월 1일 「독립협회 토론회 제목」.

에게 종이 되고 살기는 지극히 귀한 인명을 천하게 대접하는 것이요 하느님과 사람 사이에 죄를 얻음"[51]이라는 제목의 토론회에서 인신매매와 인간차별을 죄악으로 비판하였다. 그리고 그들은 인간평등 사상에 기초하여, 이미 갑오개혁에 의하여 법률적으로 폐지된 반상제도와 노비제도 등 신분제도를 현실적으로 철폐할 것을 역설하였다.[52] 『독립신문』은 창간호 논설을 통하여 "상하 귀천을 달리 대접하지 아니하고 모두 조선 사람으로만 알고 조선만 위하여 공평히 인민에게 말할"[53] 것임을 천명한 바 있다. 그리고 다른 논설을 통하여, 법률이란 상하·귀천·빈부·세력의 유무를 불문하고 공평하다는 논리에 의거, 사람은 누구나 법적으로 동일한 처우를 받아야 한다는 법률적용의 평등성을 강력히 주장하였다.[54] 나아가 독립협회 회원들은 신분의 차별 없이 전국 인민에게 교육의 기회를 균등하게 하고, 능력에 따라 공무 담당을 균등하게 해야 한다고 하여,[55] 국민의 기회 균등을 주장하였다.

독립협회의 국민평등권론은 신분제도 철폐론과 동시에 남녀평등론으로도 주장되었다.

일찍이 갑신정변의 주도자인 박영효는 인권과 민권의 보장 조치로서 "班常·中庶의 등급 폐지"와 함께 "남녀 부부의 권리 균등"을 강조하고, 남성의 축첩 허용과 여성의 改嫁 금지의 잘못을 지적한 바 있다.[56] 갑오개혁으로 남녀 조혼의 금지, 과부 재혼의 허용,

---

51) 『독립신문』 1898년 2월 13일 「독립협회 토론회 제목」.

52) 班常制度에 대해서는 『독립신문』 1896년 6월 18일 「논설」과 1898년 3월 31일 「논설」 참조. 奴婢制度에 대해서는 『독립신문』 1897년 10월 16일 「논설」과 11월 1일 「토론회제목」 참조.

53) 『독립신문』 1896년 4월 7일 「논설」.

54) 『독립신문』 1896년 7월 11일 「논설」 참조.

55) 『독립신문』 1896년 12월 22일 「논설」 ; *The Independent*, December 22, 1896, "Editorial" 참조.

남편의 부인에 대한 강폭 금단 등 여성의 지위 향상을 위한 법안이 만들어지기도 했다.[57] 이러한 맥락에서 독립협회 회원들은 조선에서의 남녀차별과 남성의 여성 압제 풍속을 야만적이고 죄악적인 행위라고 규탄하고, 여성의 지위 특히 남성의 부속적 상태에 있는 부인의 지위와, 처첩을 인정하는 일부다처적인 혼인관계의 비윤리성을 비판하였다.[58] 그리고 그들은 유럽 각국이 몇 백년 전에 "남녀를 같은 학문으로 교육시키고, 남녀에 동등권"을 주었기 때문에 '國富民强'해졌으며, 하나님이 남녀를 동등하게 태어냈다는 논거를 들어, 조선도 마땅히 남녀에게 동등한 학문과 교육을 부여하여 남녀평등권을 실현해야 한다고 주장하였다.[59]

본래 평등의 원칙은 서구에서는 자유주의의 시대적 요청에 따라서 "특권계급의 철폐와 시민계급의 평등한 참정권과 법률적용의 평등을 그 내용으로 한 시민계급의 해방을 위한 정치적 이데올로기"였다.[60] 독립협회는 이러한 서구의 평등사상을 수용하고 천부인권론에 입각하여, 신분의 차별·남녀의 차별 등 전통적 차별 질서를 극복하고 국민평등권을 실현코자 하였다.

2. 국민자유권론

독립협회는 국민평등권론과 더불어 國民自由權論을 제기하였다. 국민의 자유권은 본래 "天賦不可讓의 자연권을 전제로 국가

56) 1965, 「朴泳孝 上疏文」『亞細亞學報』 1, 아세아학술연구소 중 '使民得當分之自由 以養元氣' 참조.
57) 柳永益, 앞의 「甲午更張과 社會制度 改革」, 281쪽 참조.
58) 『독립신문』 1896년 4월 21일 「논설」, 6월 6일, 6월 16일 「논설」 참조.
59) 『독립신문』 1898년 1월 4일 「논설」 참조.
60) 文鴻柱, 1970, 『韓國憲法』, 법문사, 177쪽.

권력으로부터 침범을 방지하자는 데 그 시초의 출발"이 있었다.[61] 갑신정변의 주도자들은 모든 사람은 태어나면서부터 동일하며, "생명·자유·행복 추구의 움직일 수 없는 권리를 가진다"는 천부의 자유권을 의식했고,[62] 갑오개혁의 추진자들은 洪範 14조에 "민법과 형법을 제정하여 인민의 생명과 재산을 보호할 것"을 규정하여 국민의 자유권 보장을 천명하였다.[63] 독립협회 회원들도 "사람은 누구나 생명·재산·자유 등 하늘이 부여한 양보할 수 없는 권리를 가진다"[64]는 천부불가양의 인권론에 근거하여 국민자유론을 주장하였다.

독립협회의 국민자유권론은 먼저 신체의 자유와 재산권의 자유로 주장되었다.

독립협회 회원들은 정부가 인민을 위하여 해야 할 제일의 목표는 그 생명과 재산을 보호하는 것이라 하고,[65] "법률이란 것은 인민의 목숨과 재산을 보호하는 일대 혈맥이라"[66] 하여, 법률에 의거 국민의 신체와 재산권의 자유를 보장하려 하였다. 그들은 국민의 신체와 재산권의 자유를 지배층의 압제와 수탈로부터 보호되어야 할 가장 기본적인 권리라고 인식했던 것이다.

따라서 독립협회는 국민을 재판에 의하지 않고 사사로이 형벌을 가하지 못하게 하는 처벌의 법률주의, 법관이 발부하는 영장 없이는 체포·구금할 수 없게 하는 영장제도, 재판에 의하여 유죄가 선

---

61) 文鴻柱, 앞의 『韓國憲法』 117쪽 참조.

62) 앞의 「朴泳孝上疏文」 중 '使民得當分之自由 以養元氣' 참조.

63) 李光麟, 1981, 『韓國史講座』 V -근대편-, 일조각, 338쪽 참조.

64) *The Independent*, May 19, 1898, "An Honest Confession"과 Channing Liem, *America's Finest Gift to Korea: The Life of Philip Jaison*, 1952, New York, The William Frederick Press, 51쪽 참조.

65) 『독립신문』 1898년 4월 10일 「논설」 참조.

66) 『독립신문』 1898년 10월 20일 잡보 「청원서」.

고되기 전에는 죄인으로 취급하지 못하게 하는 범죄용의자의 인신 보호, 피고인의 재판청구권과 신속한 공개재판, 피고인의 진술권과 변호인 조력권, 타인의 범죄에 의해 처벌받지 못하게 하는 형벌개별화 원칙 등에 입각하여, 私刑·고문·연좌법 등 전근대적인 인민 학대 요인을 제거하고, 추요의 자유권으로 인식한 신체의 자유를 법과 재판에 의하여 보장하고자 하였다.[67]

또한 독립협회는 자주정신과 경제적 자립생활을 하는 국민의 힘에 의해서 국가의 진정한 개화와 독립이 가능하다고 보았으므로, 조세 결정에 대한 인민의 동의권, 법률에 의해서만 세금을 받게 하는 조세법률주의, 국고의 손실과 국민의 재산 침해를 막으려는 재정체계의 일원화, 예산과 결산을 국민에게 알게 하는 재정의 공개주의, 인민 스스로의 재산권 방어 등에 의하여, 무명잡세와 重稅 그리고 관인 권세가로부터 불가침의 국민재산권을 보호하고자 하였다.[68]

한편 독립협회의 국민자유권론은 언론·출판과 집회·결사의 자유로 주장되었다.

독립협회 회원들은 "言權自由는 天生權利라" 하여 언론의 자유를 天賦의 권리라 보았으며, 언론의 자유가 없으면 公論이 없어지고 공론이 없어지면 정부 관인들이 인민의 생명·재산과 여러 권리들을 함부로 유린하여, 결국 국가 자체도 위태롭게 된다고 생각하였다.[69] 그리고 그들은 "개화한 나라일수록 시비하는 공론이 많고, 시비가 많을수록 개화가 점점 잘되며, … 정치도 반대당이 있어서 서로 견제하여야 발라간다"[70]고 하여, 언론의 자유를 개화와

---

67) 柳永烈, 1973, 「獨立協會의 民權思想 硏究」『史學硏究』 22, 한국사학회, 47~51쪽 참조.

68) 柳永烈, 앞의 「獨立協會의 民權思想 硏究」, 51~54쪽 참조.

69) 『독립신문』 1899년 1월 10일 「언권 자유」.

바른 정치의 중요 요소로 보았다. 이처럼 독립협회는 국민의 의사표현의 자유를 천부의 기본적 권리로, 국가 권력으로부터 민권 유린을 방지하는 방편으로, 그리고 민력에 의한 국가 중흥의 첩경으로 파악하였다.

이와 같이 근대적 의사표현의 자유의식을 지닌 독립협회 회원들은 언론·출판의 자유(Freedom of speech and press)의 내용인 연설·토론·신문·잡지 등 근대적 매스컴의 수단을 구사하여 그들의 사상을 전파하고 행동으로 표현했던 것이다. 당시에는 『독립신문』·『독립협회회보』·『매일신문』·『대한신보』·『경성신문』·『황성신문』·『제국신문』·『그리스도신문』 등 10여 종의 신문과 잡지가 발간되었다. 이러한 신문과 잡지는 한국의 근대화를 위한 계몽지 또는 政論紙로서 자유민권운동에 지대한 역할을 하였다.[71] 이같은 독립협회의 근대적 매스컴의 활용은 종래의 민중운동에 근대성을 가미하여, 우리나라 근대 민중운동의 신기원을 이루었으며, 민권운동의 단계적 성공에 결정적 요인의 하나가 되었다.

집회·결사의 자유(Freedom of assembly and association)도 언론·출판의 자유와 함께 민주국가에 있어서 사회적·정치적 활동에 불가결의 요소가 되는 것으로, 독립협회의 국민자유권 의식도 집회와 결사를 통하여 보다 구체화되었다. 당시의 정치·사회단체로는 독립협회와 전국에 걸친 지회·協成會·光武協會·皇國協會·皇國中央總商會·仁川博文會·贊襄會·保信社·保民協會·開進協會 등이 있었다. 어용단체인 황국협회 이외의 단체들은 독립협회와 더불어 민권단체의 성격을 띠고 있었다. 독립협회 회원들

---

70) 『독립신문』 1898년 11월 7일 논설「反對의 공력」.

71) 오주환, 1969,「계몽과 저항의 전위(1)－한말의 신문」『한국현대사』 2, 신구문화사, 235～246쪽 ; 白淳在,「계몽과 저항의 전위(2)－한말의 잡지」 앞의『한국현대사』 255～260쪽.

은 집회와 결사를 의사표현의 적극적인 방법으로 인식하고, 1898년 3월 초에서 그 해 10월 말까지 수천 수만 인이 참가한 대규모 집회만 해도 15·6차례나 개최하였다. 정부의 독립협회운동 탄압으로 그 지도자 17인이 투옥된 뒤, 만민공동회는 당시 정치·사회단체의 연합회적 성격을 띠고, 11월 초부터 12월 말까지 50여 일에 걸쳐 민중집회를 열었다. 기쿠치(菊池謙讓)와 다우치(田內 武)는 『近代朝鮮裏面史』에서 당시의 사정을 다음과 같이 표현하였다.

> 鐘路町의 만민회는 雨天順延 이외에는 거의 매일과 같이 개최되었다. … 종로정은 독립당의 상설의사당과 같고, 野會演壇은 帝國議事堂과 같이 포효를 계속하였다.[72]

곧 독립협회 회원들은 언론·출판과 집회·결사 등 정치적 자유권을 국민의 기본권임과 동시에 다른 기본권을 지키는 수단으로 인식하고 적극 활용했던 것이다.

이와 같이 독립협회는 신체 및 재산권의 자유와 언론·출판·집회·결사 등 국민의 자유권을 민주주의 사상의 요체로 생각하고, 이러한 국민의 자유권을 지키기 위하여 천부인권론에 근거한 근대법체계의 수립을 주장했으며, 전근대적인 악법의 부활을 저지하기도 했고, 언론·출판활동과 만민공동회 같은 민중집회를 조직해 내기도 하였다.

---

72) 菊池謙讓·田內 武, 1936, 『近代朝鮮裏面史』 全, 東京: 東亞拓植公論社, 341쪽.

3. 국민주권론

독립협회는 국민평등권과 국민자유권에 기초하여 國民主權論을 제기하였다.

독립협회 회원들은 나라라 하는 것은 "백성들이 모두 합심하여" "여러 사람이 의논하여" 만든 것이라 하고,[73] "님군과 정부와 백성이 동심협력하여 나라를 세웠나니"[74]라 하여 국가의 기원에 대한 계약설 또는 君民合力說을 주장하였다. 이것은 일종의 통치자와 피치자간의 국가계약설을 의미하는 것이다. 그들은 이와 같은 국가계약설에 근거하여 "당초에 나라 생긴 본의는 여러 사람이 의논하여 전국에 있는 인민을 위하여 각색 일을 마련한 것이요, 각색 관원도 백성을 위하여 만든 것이라",[75] "정부가 백성을 말미암아 된 것이오, 백성이 정부를 위하여 난 것은 아니라"[76]고 하여, 국가와 정부의 설립 목적이 국민을 위하는 데 있다고 인식하였다.

그리고 독립협회 회원들은 관민공동회 6차 상소에서, 역시 국가계약설에 근거하여,

> 대범 나라는 백성으로써 근본을 삼고 님군은 백성으로써 權을 세워 일백 관원을 베풀었은즉, … 무엇이 백성의 권이 방종하고 님군의 권이 작은 것이 있아오리까.[77]

라고 하여, 국민은 국가와 정부의 근원이며, 통치권 곧 주권은 국

---

73) 1897년 4월 17일 「논설」 참조.
74) 『독립신문』 1898년 12월 15일 「민권론」 참조.
75) 『독립신문』 1897년 4월 17일 「논설」
76) 『독립신문』 1898년 11월 26일 「유진률 서신」
77) 『독립신문』 1898년 11월 21일 「관민공동회 6차 상소」

민으로부터 나온다는 主權在民論을 주장하였다. 나아가 그들은 인민은 나라의 '주인'이고, 관인은 인민의 '使喚'이라 하여,[78] 종래 국민에 군림해온 정부 관인들을 국민의 고용인으로 위치 지우고, "정부에서 벼슬하는 사람은 님군의 신하요 백성의 종이라"[79] 하여, 국민이 군주에 비하여 상대적 우위에 있음을 천명하였다. 이것은 독립협회가 국민이 국가의 주인이며 국가의 주권자라는 국민주권론을 간접적으로 주장한 것이며, 국왕이 국가의 주인이라는 전통적인 '왕조국가' 의식을 탈피하여 국가를 국민과 동일시하는 근대적인 '국민국가' 의식을 드러낸 것이다.

독립협회 회원들은 국민주권론에 의하여 새로운 愛國觀을 가지게 되었다. 윤치호는 명치 일본의 놀라운 발전은 일본인의 강력한 애국심에 의한 것이며, 조선의 전통적인 충성이란 군주에 대한 절대적인 충성, 순절적인 충성을 의미하는 것으로, 이것은 진정한 의미의 애국심이 아니라고 보았다.[80] 독립협회 회원들은 애국심이란 일정한 토지 내에서 역사와 전통을 공유하는 국민의 일체감에서 발생되는 자연스런 감정이며, 따라서 '天賦之性'이라 하고, 애국이란 '국가의 공익'과 '동포의 권리'를 추구하는 것 곧 '국가와 국민을 위하는 것'이라고 간주하였다.[81] 이처럼 독립협회 회원들은 국왕에 대한 충성을 애국과 동일시하던 전통적인 충군=애국의 관념과 다른 차원에서 애국의 대상을 주권자인 국민과 직결시켜 애민=애국으로 인식하였다. 이것은 국민국가를 애국의 대상으로 삼는 서구 근대사회의 애국 개념과 동일한 것이었다.

---

78) 『독립신문』 1898년 11월 16일 「제손씨 편지」 참조.
79) 『독립신문』 1896년 11월 21일 「논설」.
80) 『尹致昊日記』 1894년 9월 27일조, 9월 18일조, 『독립신문』 1897년 8월 26일 「윤치호 연설」 참조.
81) 『독립신문』 1898년 12월 17일 「나라사랑하는 논」 참조.

독립협회는 새로운 국가관과 새로운 애국관에 의하여 국왕에 대한 새로운 忠誠觀을 가지게 되었다. 독립협회 회원들은 "임군과 정부는 백성을 잘 다스리는 것이 임무이며, 백성은 임군을 충성으로 섬기고, 정부 일을 시비 감독하고 도와주어야 한다"[82]고 전제하고,

> 군사라 하는 것은 … 정부보다도 백성을 위하여 만든 것이라, 그 백성을 위하려면 그 백성을 다스리는 님군을 위해야 할 터인즉, 군사의 직무는 백성을 위하려니까 님군께 충신들이 되어야 할 터이요.[83]

라고 하여, 국왕과 인민의 관계를 '善政에 대한 충성'이라는 쌍무적 관계로 파악하였다. 이것은 인민의 국왕에 대한 '절대적 충성'에서 '조건부 충성'으로의 충성 개념의 중대한 변화를 의미하며, 공직자는 국가의 주인인 국민에 대한 봉사가 최우선이고 국왕에 대한 충성은 그 수단이라는 엄청난 의식의 변화를 의미한다.

국민주권론에 의해 새로운 국가관·애국관·충성관을 가진 독립협회 회원들은 국민의 정치적 권리를 주장하였다. 독립협회 회원들은 정부가 "애국애민"하는지, 또는 "옳은 법령을 만드는 지"를 감독하는 것이 국민의 직무라 하여,[84] 국민의 國政監督權을 주장하였다. 그리고 그들은 민권보장과 정치개선을 위하여 인민에게 "두려움 없이 정부를 시시비비하는 권리를 주는 것이 급선무"[85]라고 하여, 국민의 자유로운 국정비판권을 주장하였다. 나아가 그들은 주권자인 국민의 기본적 권리를 스스로 지키기 위하여 국민이 직접 정치에 참여해야 한다는 생각에서[86] 국민의 國政參與權을

---

82) 『독립신문』 1897년 4월 17일 「논설」 참조.
83) 『독립신문』 1896년 7월 9일 「논설」.
84) 『독립신문』 1898년 1월 11일 「논설」, 3월 3일 「대한인민의 직무」 참조.
85) 『독립신문』 1898년 9월 7일 「실효가 있을는지」.
86) 『독립신문』 1898년 12월 17일 「나라 사랑하는 논」.

주장하였다. 이와 같이 독립협회는 국민이 주권을 가진 정치적 주체로 인식했던 것이다.

4. 국민참정권론

독립협회는 국민주권론에 근거하여 國民參政權論을 제기하였다.

독립신문은 그 논설에서 국민의 직무로 ① 정부가 애군 애민하는 정부인가의 여부를 감독하는 직무, ② 애군 애민하는 옳은 법령을 국민이 준행토록 권장하는 직무, ③ 정부가 애군 애민하지 않으면 애군 애민하는 정부로 만드는 직무 등 세 가지의 직무를 제시하였다.[87] 이와 같은 국민의 국정 감독의 직무와 준법 권장의 직무 및 정권 교체의 직무는 국민이 주권자로서 정치참여의 권리가 있다는 전제에서 제시될 수 있는 사항들이다.

독립협회는, 인민은 군주와 지배층에게 그 운명이 내맡겨진 단순한 통치의 대상이 아니고,[88] 국가의 '주인'으로서 주권을 가진 정치의 주체라고 인식하여 국민참정권을 주장하였다.

독립협회 회원들은 애국이란 '국가의 공익'과 '동포의 권리'를 강구하는 것이므로, "이 (애국하는) 마음을 바로 세우게 함은 이 백성을 정치 교육상에 몰아넣어 나라 정략상에 참여하는 권리를 주는 데 있다"고 하여[89] 국익의 증진과 민권의 보장을 위해 국가의 주인인 국민이 직접 정치에 참여해야 한다는 논리를 전개하였다. 한편 대한제국의 자주독립의 길은 개화자강에 있고[90] 진정한 문명

87)『독립신문』 1898년 3월 3일「대한인민의 직무」 참조.
88) *The Independent*, May 19, 1898, "An Honest Confession" 참조.
89)『독립신문』 1898년 12월 17일「나라 사랑하는 논」 참조.
90) 愼鏞廈, 앞의『獨立協會硏究』, 160~161쪽 참조.

개화는 국민이 주인이 되어 추진해야 가능하다[91]고 믿은 독립협회 회원들은 "문명은 세계의 대세"라 하고, "正理는 가장 뒤에 이기고 이로울 자이라 하니 대한 인민들은 … 정리를 방패와 창으로 삼고 나라 일을 담당하라"[92]고 하여, 국민이 주인이 된 문명개화의 실현과 국가자주권의 확립을 위하여 국민이 정치에 참여해야 한다는 논리를 전개하였다.

조선 후기의 실학자 丁若鏞은, 하늘 아래의 모든 인간을 수평적 관계로 인식하는 기반 위에서, 모든 통치자는 民意에 위해 선출되어야 하고 통치자가 민중을 위한 정치를 베풀지 못하면 민중에 의해 개선되어야 하며, 민중이 법률 제정에 참여해야 민중의 이익에 부합되는 법률이 제정된다고 하는 국민참정 의식을 보여주었다.[93] 개화기의 『漢城旬報』는 구미의 정치체제를 소개하는 가운데, 삼권분립과 입헌정체의 우월성을 강조하고 의회제도를 찬미하는가 하면, 구미 여러 나라의 민선에 의한 지방자치제를 선망하여 국민참정권 의식을 간접적으로 내세웠다.[94] 박영효도 상소를 통하여 縣會의 法을 세워 인민으로 하여금 인민의 일을 의논케 하여 公私 양쪽의 편리를 얻게 할 것"[95]을 건의하였다. 갑오개혁 추진자들은 민의가 반영되는 里會·면회·군회를 구성하고, 이장은 里民이, 면장은 면회에서 '圈選'하도록 하는 지방자치제안을 법제화하여 초보적인 민주주의정치제도의 실현을 시도하였다.[96] 이러한 맥락

---

91) 『독립신문』 1898년 3월 24일 「논설」; 1897년 8월 7일 「논설」 참조.

92) 『독립신문』 1898년 11월 11일 「문명은 세계 바람과 조수」 참조.

93) 趙珖, 1980, 「韓國近代文化의 實學的 基礎」 『韓國史學』 1, 정신문화연구원, 22~23쪽 참조.

94) 姜在彦, 1983, 「개화파에 있어서 자유민권사상의 형성」 『한국근대사상사 연구』, 91~93쪽 참조.

95) 앞의 「朴泳孝 上疏文」 중 '正政治使民國有定'條.

96) 宋炳基·朴容玉·朴漢卨 편, 1970, 『近代韓末法令集』 1, 대한민국 국

에서 독립협회의 인민참정권 사상이 정립되어 갔던 것이다.

독립협회는 집회활동을 통하여 국정에 대한 비판과 감독을 행동화함으로써 국민참정권을 부분적으로 실현코자 하였다.[97] 1898년 2월 27일 독립협회는 회원과 방청객 수백 명이 참석한 집회에서 러시아의 절영도 석탄고기지 조차요구를 격렬하게 성토하고, 총대위원을 선출하여 절영도 조차문제를 문의하는 公翰을 정부에 보내기로 결의하였다. 이 사실에 대하여 윤치호는 "민주주의의 물결이 한국의 정치에 작용하기 시작하였다"고 평가하였다.[98] 독립협회는 그 해 3월 10일 이래로, 한국 최초의 근대적 민중집회인 만민공동회를 배경으로 자유민권운동을 전개하여 국민참정권을 실현코자 하였다.

한편 독립협회는 국민의 참정권을 제도적으로 실현코자 하였다. 독립협회 회원들은 간도와 연해주의 한인 流移民들이 투표에 의해 직접선거로 자신들의 대표를 선출하여 한인지역에 자치를 시행하고 있음을 소개하고, 국내에서도 민선에 의해 지방관을 선출하면 지방민을 위한 지방행정이 이루어질 것이라 하여, 인민 투표에 의한 지방관 선거제도의 필요성을 강조하였다.[99] 국민참정의 요체는 국민이 그 대표를 선출하여 국회를 만들고, 국회에서 법률을 제정하고 정부를 감독하는 민선의회의 존재에 있다. 독립협회의 국민참정권 실현을 위한 노력도 문명국가의 선례에 따라 의회제도를 마련하는 데 집중되었다. 독립협회는 집요한 노력을 기울여 1898

회도서관, 600～604쪽 참조.

97) 愼鏞廈, 앞의『獨立協會硏究』, 201쪽 참조.

98)『尹致昊日記』1898년 2월 27일조 원문 참조. The waves of democracy are faintly beating on the rocky shores of Corean politics.

99)『독립신문』1897년 1월 16일 논설 참조 ; 愼鏞廈, 앞의『獨立協會硏究』, 203～204쪽 참조.

년 11월 초에 관선의석과 민선의석을 반반씩 규정한 의회식 中樞院官制를 제정케 하는데 성공하였다. 民選이 가미된 의회식 중추원관제의 반포는 제한적이나마 우리 역사상 국민참정권을 최초로 공인한 획기적인 사건이었다.

이처럼 독립협회는 민선 의회제도와 지방관 선거제도의 확립을 통하여 국민참정권을 실현코자 했는데, 의회설립운동은 그 국민참정운동의 핵심이었다.

5. 민주정치론

독립협회는 국민참정사상을 바탕으로 하여 근대 民主政治論을 제기하였다.

첫째로 독립협회는 다수자를 위한 정치를 구상하였다. 독립협회 회원들은 백성은 국가의 '주인'이고 "정부는 백성을 위하여 설립한 것"이라 하여,[100] 국가의 주인인 국민을 위한 정치 원칙을 천명하였다. 독립협회 회원들은 국가를 유지케 하는 납세자의 권익을 보호해야 한다는 의식을 가지고, 정책을 결정할 때는 "國中에 사람이 천만 명 있으면 적어도 팔백만 명에게는 유조한 일을 하여야, 그 정치가 국중에 효험이 있고 그 나라가 지탱하며 그 정책을 만든 정부가 부지하는 법이라"[101]고 하여, 정부가 다수 국민을 위한 정책을 입안하고 실시해야 한다는 '다수자를 위한 정치'를 주장하였다.

둘째로 독립협회는 다수자를 위한 정치와 더불어 公開政治를

---

100) 『독립신문』 1897년 5월 20일 「배재학당 김홍경의 시무론」; 1896년 11월 21일 「논설」 참조.

101) 『독립신문』 1898년 6월 9일 「논설」 참조.

주장하였다. 독립협회 회원들은 정부란 국민을 위해 설립되었다는 전제 아래, "일정한 규칙을 행할 때에 백성에게 크게 드러내어 믿게 하여야 그 백성들이 그 정부를 믿는 법이어늘, 만일 정부에서 백성들이 믿고 의탁할 수가 없게 일을 하면 그 나라가 될 수가 없을 터라"[102]고 하여, 공개원칙에 의하여 국민으로부터 신임 받는 정치, 국민에게 책임지는 정치론을 폈다. 그리고 그들은 국민의 살림살이인 "예산과 결산을 인민에게 공포해야 한다"는 재정 공개주의와, 국민의 권리를 최종적으로 보장하는 재판 공개주의를 주장하였다.[103] 뿐만 아니라 군사작전이나 외교 이외의 모든 國事를 공개적으로 처리해야 한다는 공개정치를 주장하였다.[104]

셋째로 독립협회는 공개주의에 입각한 與論政治를 주장하였다. 독립협회 회원들은, 공론하는 인민들이 있어야 정부 일이 잘되고, 시비하는 공론이 많을 수록 개화가 잘되며,[105] 공론이 없어지면 정치와 법률이 무너지고 정부관인들이 국민을 압제하여 국가가 위태롭게 된다[106]고 하여, 공론(=여론)은 국정을 바로잡고, 개화를 촉진하며, 민권을 보장하는 중요한 요소라고 간주하였다. 따라서 그들은 언론의 자유는 '天生權利'이며 '不可讓의 것'이라[107]는 서양의 천부인권론과, 국왕은 "衆意를 가지고", "衆民이 좋아하는 것을 좇아" 정사를 베풀어야 한다[108] 동양의 민본사상에 근거하여 여론

---

102) 『독립신문』 1897년 5월 20일 「배재학당 김홍경의 시무론」.

103) 『皇城新聞』 1898년 12월 28일 「논설」 ; 독립협회 발행의 전단 중 「獻議六條」 참조.

104) 『독립신문』 1896년 6월 30일 「논설」 참조.

105) 『독립신문』 1898년 2월 22일 「유지각한 사람의 말」 ; 1898년 11월 17일 「반대의 공력」 참조.

106) 『독립신문』 1899년 1월 10일 「언권자유」 ; 1898년 9월 7일 「실효가 있을는지」 참조.

107) *The Independent*, October 27, 1898, "Fight for the Freedom of Speech" ; 『독립신문』 1899년 1월 10일 「언권자유」 참조.

정치를 주장하였다.

넷째로 독립협회는 여론정치와 더불어 政黨政治를 주장하였다. 독립협회 회원들은 '반대'란 '진보'의 원리임을 내세워, 국민은 정부 시책을 주시하고 그 잘못을 과감히 반대해야 하며, "정치에도 반대당이 있어서 대소사를 살피고 시비하여야 점점 정치가 발라간다"고 하여, 정당정치의 필요성을 논하였다.[109] 그리고 그들은 정당이란 정강과 정책을 국민에게 알리고 이를 공개적으로 추진하는 私黨이 아닌 公黨이어야 한다고 하고,[110] 국민에게 신임을 묻는 정당 그리고 주의·주장을 일관성 있게 추진하는 정당이어야 하며, 반대당에 대한 정치적 보복을 하지 않고 정당간에 정치적 도의를 지키며 정책대결을 해야 한다고 강조하였다.[111] 사실상 독립협회는 "자유주의 민주주의적 개혁사상을 고취"하기 위한 '정치적 당파'를 목적으로 창립되었던 것이다.[112]

다섯째로 독립협회는 정당정치와 더불어 立憲政治를 주장하였다. 독립협회 회원들은, "성인도 허물이 있고 정부관인도 진선진미할 수 없다"[113]는 인간의 불완전성과 지도자에 대한 제한된 신뢰에 바탕을 두고 법치주의를 주장하였다. 그리고 그들은 "법률이란 것은 전국 인민의 목숨과 재산을 보호하는 일대 혈맥이라"[114] 하여, 죄형법정주의와 조세법률주의를 주장했고, 국왕도 법률을 준수

---

108) 『四書白話句解』 孟子白話句解 梁惠王章句, 下(臺灣瑞成書局), 15쪽 참조.

109) 『독립신문』 1898년 11월 7일 「반대의 공력」 참조.

110) 『독립신문』 1896년 8월 27일 「논설」 참조.

111) 『독립신문』 1896년 9월 1일 「논설」 ; *The Independent*, August 25, 1896, "Editorial" 참조.

112) 金道泰, 앞의 『徐載弼博士自敍傳』, 247~248쪽 참조.

113) 『독립신문』 1898년 11월 7일 「반대의 공력」 참조.

114) 『독립신문』 1898년 10월 20일 「청원서」.

해야 한다는 '법에 의한 지배' 곧 법치주의를 강조하였다.115) 나아가 그들은 법률과 장정의 실천을 역설하였고, 모든 "법과 令은 다 洪範을 준행"해야 한다고 주장하였다.116) 당시 독립협회 회원들은 홍범을 일종의 헌법으로 간주하였으므로 "홍범의 준행"은 입헌주의 곧 입헌정치를 주장한 것이다. 독립협회가 입헌정치를 추구한 사실은, 당시 "협회의 주장은 중추원을 부활하는 동시에 입헌정치를 하자는 것"117)이었다는 윤치호의 회고담에서도 확인된다.

여섯째로 독립협회는 입헌정치와 더불어 議會政治를 주장하였다. 의회정치란 국민이 선출한 대표로 구성된 의회에서 국가의 최고의사를 결정하는 정치방식을 의미하며, 민주정치의 핵심이기도 하다. 독립협회 회원들은 1898년 "의회원을 설립하는 것이 정치상에 제일 긴요함"이라는 제목의 토론회에서 의회설립운동을 표면화시켰다.118) 그들은 정부의 반대와 국민의 수준을 감안하여 우선 상원식의 중추원을 개설하여 과도적인 의회정치를 실시하려 하였다.119) 당시 독립협회는 ① 법령을 제정하고 개정하는 입법기관으로서 의회, ② 지역선거에 의한 것은 아니지만 실제에 있어서는 국민대표기관으로서의 의회, ③ 국정 전반에 걸쳐 정부 통제의 기능을 가지는 국정 최고기관으로서의 의회, ④ 정부가 내각의 형식을 취하고 내각이 의회식 중추원에 책임지게 하는 일종의 책임내각을 전제로 한 의회를 구상하여 대의정치를 실현코자 하였다.120)

이와 같이 독립협회는 다수 국민을 위한 정치원칙 아래, 공개정

---

115) 『독립신문』 1896년 9월 29일 「논설」; 1898년 8월 15일 「세받는 권리」 참조.
116) 『독립신문』 1898년 7월 13일 「협회재소」 참조.
117) 尹致昊, 1931.10, 「獨立協會의 活動」 『東光』 제26호, 36쪽.
118) 『독립신문』 1898년 4월 9일 「잡보」.
119) 柳永烈, 1985, 『開化期의 尹致昊研究』, 한길사, 124~125쪽 참조.
120) 柳永烈, 앞의 『開化期의 尹致昊研究』, 205~208쪽 참조.

치·여론정치·정당정치·입헌정치·의회정치 등을 내용으로 하는 근대 민주정치론을 펴고, 이의 실천운동을 전개하였다.

Ⅲ. 자강개혁의 근대화사상

1. 입헌정체론

독립협회는 정치면에 있어서 조선의 전통적인 전제군주제를 근대적인 입헌군주제로 개혁하려고 하였다.

민주주의정치론을 폈던 독립협회 회원들은 그들이 추구하는 정치체제에 대하여 구체적으로 논급하지는 않았다. 그런데 그들은 신문 논설을 통하여, 동양적 전제정치는 정부가 국가의 권리를 독단하고 민권을 유린하여, 국가 유사시에 인민의 협력을 얻을 수 없게 되어 국가를 빈번히 쇠망케 한다고 하여 전제군주제를 부정하였다.[121] 그리고 그들은 국가란 국민을 위하여 존재하는 것이며 국가의 자주·자강도 결국 국민의 힘에 위하여 달성되는 것이라 믿고, 인권·민권이 보장되는 민주적 정치체제를 추구하였다.[122]

독립협회의 최고 지도자였던 서재필과 윤치호는 원래 미국식 민주주의 정치를 선호하는 인물들이었다. 윤치호는 일찍이 미국 유학시절에, 세계에는 "영국의 입헌군주제로부터 조선의 지독한 독재정치"에 이르는 여러 형태의 정치체제가 있다고 전제하고, "어느 누구도 미국의 민주주의가 그 결함에도 불구하고, 결국 가장 좋은

121) 『독립협회』 1898년 12월 15일 「민권론」 참조.
122) 『독립신문』 1898년 7월 15일 「독립하는 상책」 ; 1897년 3월 9일 「논설」 참조.

정부형태임을 부인치 않을 것이다"고 하여, 미국식 정치체제 곧 공화정체가 최선의 정치체제라고 생각하였다.123) 1898년 10월 28일 관인과 인민의 국정개혁 협의를 위하여 마련한 官民共同會 첫날에, 독립협회 회장 윤치호가 정부와의 마찰을 피하기 위한 의도에서, 오늘은 "민주주의와 공화정치에 대한 주장은 용납되지 않는다"고 언명한 사실은, 독립협회의 급진소장파가 공화제를 선망하고 있었음을 반증하는 것이다.124)

그러나 독립협회 회원들은, 인민의 권리로 나라가 된다고 하지만 3천년 이래로 정부에 빼앗겼던 민권을 일시에 찾을 수 없다는 점을 지적하고,

> 창졸간에 백성의 권리를 모두 주어 나라 일을 하라 할 것도 아니오, 官民이 합심하여 정부와 백성의 권리가 相半된 후에야 대한이 만억년 부강할 줄로 아노라.

고 하여,125) 官・民의 권리가 조화를 이루는 官民共治・君民共治의 정치체제 곧 입헌군주제를 선호하였다. 독립협회 회원들은 "이탈리아에서 전제정치를 폐하고 입헌정치를 행하여, 인민에게 自由之權을 주었기에 이탈리아가 통일하였는지라"126)고 하여 '입헌군주제옹호론'을 폈다. 윤치호도 회고담에서, 당시 "협회의 주장은 중추원을 부활시키는 동시에 입헌정치를 하자는 것"127)이었다고 하여 독립협회의 입헌군주제 지향을 확인해주고 있다.

우리나라에서 입헌군주제에 대한 선호 의식은 이미 개화 초기부

---

123) 『尹致昊日記』 1893년 9월 23일조 참조.
124) *The Independent*, November 1, 1898, "An Assembly of All Castes" 참조.
125) 『독립신문』 1898년 12월 15일 「민권론」 참조.
126) 『독립신문』 1898년 12월 7일 「정치가론」.
127) 尹致昊, 1931.10, 「獨立協會의 活動」 『東光』 제26호, 36쪽.

터 나타났다. 『한성순보』는 입헌정체에는 '군민동치'와 '합중공화'가 있는데, 조선에는 군민동치의 입헌정체 곧 입헌군주제가 바람직하다는 논조를 보였다.128) 박영효는 상소에서, 우리나라에도 과거에 정부와 府縣이 각각 民望에 의해 선발된 山林·座首와 국사를 협의했던 '군민공치의 풍습'이 있다고 하여,129) 우리의 전통과 연결하여 군민공치정체 곧 입헌군주제를 건의하였다. 갑신정변 당시 개화당 정부는 개혁요강에 "대신과 참찬은 매일 閤門 안의 의정소에서 회의하고 정령을 논의 결정하여 집행할 것"130)이라 규정했고, 박영효는 상소에서 "국왕의 萬機親裁를 중지하고 각 각료에게 이를 위임할 것"131)을 건의했듯이, 갑신정변 주도자들은 군주전제정치를 내각중심정치로 전환시키고자 하였다. 갑오개혁의 이론가인 유길준은 『서유견문』에서, '군민공치정체'는 인민의 권리를 보호하고 인민의 진취적 기상을 발양하여, 국가를 부강케 하는 '最美의 정체'라 하고, 그 중 영국의 입헌군주제를 가장 이상적인 정치체제로 간주하였다.132) 그리고 갑오개혁 당시에는 내각제도와 근대적 관료제도가 도입되고 왕실과 국왕의 권한이 크게 축소되어 내각중심의 입헌군주제적 정치가 실시되었다.133) 갑오개혁 추진자들은 제1차 개혁에서는 군국기무처를 입법·자문기관인 '의회'(議事部)로 만들고자 하였고, 제2차 개혁에서는 중추원을 명실상부한 관선 입법부로 개편코자 하였다. 이러한 맥락에서 독립협회의 입헌정체론이 전개된 것이다.

---

128) 姜在彦, 앞의 「개화파에 있어서 자유민권사상의 형성」『한국근대사상사 연구』, 93쪽 참조.
129) 앞의 「朴泳孝上疏文」 중 '正政治使民國有定'條 참조.
130) 金玉均, 앞의 『甲申日錄』, 149쪽.
131) 앞의 「朴泳孝上疏文」 중 '正政治使民國有定'條 참조.
132) 兪吉濬, 「政府의 種類」『西遊見聞』 145, 148～151쪽 참조.
133) 柳永益, 앞의 『甲午更張硏究』, 158쪽 참조.

독립협회 회원들은, 법률이란 국민의 권리와 국가의 안전을 보장하는 근본이므로 준수되어야 하고, 법령은 일종의 헌법인 홍범을 준행해야 한다고 하여 입헌주의·입헌정치를 주장하였다.134) 그들은 입헌정체의 요체인 의회에 대해서는, 선진국가의 선례에 따라 국민의 의사를 대표하는 의회를 설립하여 입헌대의정치를 실시해야 한다고 주장하였다. 그들이 준수할 것을 강조한 新法과 헌법으로 간주한 홍범은 근대적인 법률과 헌법으로서 그 내용이 극히 미흡한 것은 사실이다. 그러나 신법과 홍범은 어느 정도 인권보장과 군주권 제약 및 법치주의 등 근대적 성격을 내포하고 있었으므로 시행만 되면 최소한의 민권보장과 정치개혁이 가능하다고 믿었던 것이다. 그러므로 근대적 성격을 지닌 홍범과 신법을 시행하여 아직도 적용되고 있던 反 입헌주의적인 구법을 청산시키고 근대적 법률의 지배를 실현코자 한 것이다. 또한 그들이 의회로 간주한 중추원은 관선 절반, 민선 절반으로 구성되고 민선은 독립협회 會衆에서 실시토록 하여 그 구성 형식에 있어 국민대표성이 극히 미흡하였다. 그러나 당시 독립협회는 국민을 대표하는 단체로 공인되어 있었으며, 독립협회 회원들의 중추원 설립도 근대 국가의 의회적 기능을 가진 국민의 대표기관을 목표로 구상된 것이었다. 이와 같은 입헌정체론은 사실상 전통적 군주국가를 근대적 국민국가로의 변혁을 추구한 것이었다.

2. 상공업경제론

독립협회는 경제면에 있어서 조선의 전통적인 농업중심의 경제

---

134) 柳永烈, 1973, 「獨立協會의 民權思想硏究」『史學硏究』 22, 한국사학회, 65～66 참조.

체제를 근대적인 상공업중심의 경제체제로 개혁하려고 하였다.

조선 후기에 농업생산력의 발전과 상업적 농업의 발달, 전국적인 장시의 발달과 공장제 수공업의 발생 등 자본주의의 맹아적 형태가 나타났다. 그러나 세도정치로 인한 정치적 혼란 속에서 국가경제의 기간인 田政·軍政·還穀의 삼정이 문란해져 농촌 경제가 파괴되고 농민 생활이 피폐해 갔다. 일찍이 실학자 柳馨遠·李瀷·丁若鏞 등은 경제문제의 해결책으로 농민의 균등한 토지소유를 이상으로 하는 均田制·限田制·閭田制 등의 토지개혁론을 구상하였으며, 실학자 중 徐有榘·李圭景 등 현실적 개혁론자들은 소작지의 균분에 의한 '均等耕作論'을 제기하였다.[135]

개화인사들은 대체로 실학자 중 현실적 개혁론자들의 '토지균등경작론'에 따라서 그리고 조세제도의 개혁을 통하여 경제문제를 해결코자 하였다.[136] 갑신정변 주도자들은 개혁요강 14조 중에 "地租法의 개혁"을 명문화하였고, 갑오개혁 추진자들도 홍범 14조 중에 "인민의 出稅는 모두 법령에 의해서 率을 정하고, 멋대로 명목을 붙이거나 함부로 징수하지 않는다"고 하여 조세제도의 개혁을 중요시하였다. 이러한 맥락에서 독립협회도 관민협상에서 정부에 제시한 건의안 중 제1조에서 "法律所定以外 濫加名目之雜稅 一切革罷事"[137]라 하였고, 관민공동회의 헌의6조 중에 "전국 재정은 無論某稅하고 탁지부로 句管하되 타부와 私會社는 無得干涉"할 것[138]을 규정하였다. 이것은 조세법률주의와 무명잡세의 금지 그

---

135) 金泳鎬, 1975, 「實學思想의 勃興」『한국사』14, 국사편찬위원회, 142~143쪽 참조.

136) 개화이론가 유길준은 실학자의 '均田之意'는 '仁政之本'이지만, 현실적으로 지주소유지의 박탈이 불가능하다는 점과, 토지의 균등분배는 농민의 요행심을 자극한다는 점에서, 소작제도의 개선과 세제의 개선을 통하여 농촌문제를 해결코자 하였다.

137) 鄭喬, 앞의『大韓季年史』上, 262쪽.

리고 조세관할기관의 일원화를 통하여 국가경제의 체제를 개선하여 민생을 보호하려는 조세제도개혁론이었다.

독립협회는 조세제도개혁론과 더불어 産業構造改編論을 제기하였다. 조선 사회는 전통적으로 농업을 중시하고 상공업을 末業으로 천시하여 그 산업 구조는 농업 일변도로 되어 있었다. 독립협회 회원들은 서양 각국이 발달된 제조업의 토대 위에서 생산된 제품을 판매하여 부강국이 되었음을 지적하고, 동방 각국도 서양의 방식을 모방하여 부강을 꾀해야 한다고 했듯이,[139] 조선의 산업구조도 상업 특히 공업의 발전 위에서 개편되기를 기대하였다. 그들은 공업에 기초한 상업 발전뿐만 아니라 농업 개량도 공업적인 방법을 적용해야 성공할 수 있다는 공업적 농업발전론을 제기하기도 하였다.[140] 이처럼 상공업을 축으로 하는 자본주의적 산업발전을 조선 경제발전의 모델로 삼은 독립협회 회원들은, 조선의 산업별 인구 비율도 농업 편중에서 벗어나 적어도 농업 50%, 상공업 30%, 기타 관직과 지식인 직종 20% 정도의 근대적인 산업구조로 개편어야 한다고 생각하였다.[141]

독립협회는 공업 발전을 위하여 근대적 工場制工業論을 제기하였다. 독립협회 회원들은 증기기관과 기계를 이용하면, 노동력과 생산시간이 절감되며, 제품의 품질이 향상되고 가격이 저렴하게 되어, 手工에 의한 것보다 훨씬 이익이 있다고 하여, 조선도 서양 각국처럼 수공업을 공장제 공업으로 전환할 것을 강조하였다.[142]

---

138) 『皇城新聞』 1898년 11월 1일, 독립협회 발행의 '獻議六條'.
139) 『大朝鮮獨立協會會報』 제10호 1897년 4월 15일 「紡織機械說」 참조.
140) 『大朝鮮獨立協會會報』 제7호 1897년 2월 28일 「東方各國이 西國工藝를 倣効하는 總說이라」 참조.
141) 『독립신문』 1897년 6월 1일 「논설」 참조.
142) 『大朝鮮獨立協會會報』 제7호 1897년 2월 28일 「格致論」 참조.

그들은 증기기관과 기계를 도입하여 방직공업, 철공업, 목재공업, 제지공업, 유리공업, 피혁공업 등을 육성하려 하였는데, 그 중 방직공업을 특히 중요시하였다. 그 이유는 방직공업은 당시 국내에서 가장 규모가 큰 업종이었는데, 영국과 일본의 면직물이 국내 시장을 장악하고 있었으므로, 기계제 방직공장을 건설하는 것이 급선무라고 생각했기 때문이며, 한편 영국의 산업혁명이 면방직공업을 중심으로 이루어졌으므로, 조선도 영국식의 산업혁명을 일으켜야 한다고 생각했기 때문이다.[143)]

독립협회는 국가경제의 발전에 있어 공장제공업론과 더불어 國際貿易擴大論을 제기하였다. 독립협회 회원들은 당시 조선에서 옷·기름·성냥·사기그릇 등 외제 생활필수품이 범람하고 있는 사실을 지적하고, 조선 인민들이 상품을 제조하고 상무에 힘쓰지 않으면 가난과 외국의 간섭을 면할 수 없다고 하여 '상공업부국론'을 폈다.[144)] 그리고 그들은 국내에 공업을 일으켜 수입품을 代替하고, 견직물·마직물·韓紙·인삼·목재·해산물 등의 품목을 개발하여 수출을 증대함으로써 무역 역조를 시정해야 한다는 '무역부국론'을 폈다.[145)]

나아가 독립협회 회원들은 조선의 근대적 경제 건설을 위하여 근대적 공장제공업론과 더불어 공업 원료로서 금·은·동·철·석탄 등 지하자원을 개발하여 國富의 원천으로 삼아야 한다는 '광산개발론'을 폈다.[146)] 그리고 그들은 근대적인 회사와 은행의 설립,[147)] 度量衡의 통일,[148)] 금은본위 화폐제도의 확립,[149)] 과학기술

143) 愼鏞廈, 앞의 『獨立協會硏究』 231쪽 참조.
144) 『독립신문』 1897년 8월 7일 「논설」 참조.
145) 愼鏞廈, 앞의 『獨立協會硏究』 240쪽 참조.
146) 『독립신문』 1898년 1월 29일 「잡보」, 1898년 5월 31일 「잡보」 참조.
147) 『尹致昊日記』 1897년 12월 14일조, 12월 20일조 ; 『독립신문』 1898년

의 연구와 교육,[150] 근대적 교통 시설의 마련[151] 등을 산업 발전에 있어 불가결의 요소라고 인식하였다.

이와 같은 독립협회의 경제발전론은 농업위주의 전통적 봉건경제체제를 상공업이 주도하는 근대적 자본주의 경제체제로 전환시키고자 한 것이었다.

3. 평등사회론

독립협회는 사회면에 있어서 차별적인 양반사회체제를 평등한 시민사회체제로 개혁하려고 하였다.

문호개방 이후, 조선사회는 열강의 침탈에 의하여 전통체제가 흔들리고 근대 사상이 전래되면서 새로운 사회를 건설하려는 움직임이 나타났다. 갑신정변 당시 개화당 정부는 14개조의 개혁정강에서, 문벌의 폐지와 인민평등권의 확립을 규정하여 평등사회를 향한 첫 발걸음을 내딛었다. 조선 후기 이래 민란의 연속선상에 선 동학농민군은 12개조의 폐정개혁안에서 노비문서의 소각, 신분제도의 타파, 토지의 평균분작 등을 내세우고 새로운 사회를 만들고

2월 17일 논설란 참조.

148) 『독립신문』 1896년 12월 10일 「논설」, 1898년 9월 16일 「승두척평」 참조.

149) 『독립신문』 1897년 10월 30일 「잡보」, 1898년 7월 12일 「동전으로 은전 몰아낸다」 참조.

150) 『大朝鮮獨立協會會報』 제7호 1897년 2월 28일 「東方各國이 西國工藝를 倣効하는 總說이라」 참조.

151) 『독립신문』 1896년 5월 9일 「논설」, 11월 7일 「논설」, 1897년 8월 31일 「논설」 ; 『大朝鮮獨立協會會報』 제16호 1897년 7월 15일 「創鐵道路宜先使民人咸知利益說」 참조.

자 하였다. 갑오개혁의 추진자들은 양반·평민계급의 타파, 백정·광대 등 일체 천민신분의 폐지, 공사노비제도의 혁파, 인신매매의 금지 등 봉건적인 요소를 제도적으로 타파하여 근대적 평등사회의 기틀을 마련하였다. 이러한 맥락에서 독립협회의 평등사회 지향의 논리가 전개되었다.

첫째로 독립협회는 신분제도의 폐지를 주장하였다. 당시 신분차별의 문제는 班常制度와 노비제도였다. 이 두 가지 제도는 이미 갑오개혁 때에 폐지되었으나 현실적으로는 여전히 잔존해 있었다. 따라서 독립협회 회원들은 이미 칙령으로 없애버린 양반과 상민의 차별을 현실적으로 폐지하고, "창자 속에 양반만 들어앉아 명분만 좋아하는"152) 이른바 양반 근성을 송두리째 뽑아버릴 것을 역설하였다. 그들은 "사람이 사람을 사고 팔고 할 권리가 없는 것은 천한 사람이나 귀한 사람이나 하나님께서 받은 사람의 권리는 같은 까닭이다"153)고 하여, 천부인권설에 의거해서 인신매매와 노예제도의 근절을 주장하였다. 또한 그들은 법률이란 상하·귀천·빈부와 세력의 유무를 불문하고 공평해야 한다고 하여,154) 누구나 법률적으로 동등한 대우를 받아야 한다는 법률적용의 평등성을 강조하였다. 이것은 신분차별 없는 평등사회의 추구를 의미하는 것이다.

둘째로 독립협회는 기회의 균등을 주장하였다. 일찍이 실학자들은 지방의 면 단위까지 학교를 세워 8세의 아동을 신분의 차등 없이 균등하게 교육을 시키고, 능력에 따라 순차적으로 상급학교에 진학시켜, 그중 유능한 인재를 천거하여 관리로 등용하는 公擧制度의 실시를 주장하였다.155) 이러한 교육과 관직의 기회균등 의식

---

152) 『독립신문』 1896년 6월 18일 「논설」, 1898년 3월 31일 「독립협회 회원 의견서」 참조.
153) 『독립신문』 1897면 10월 16일 「논설」.
154) 『독립신문』 1896년 7월 11일 「논설」 참조.

은 개화인사들에게 계승되었다. 독립협회 회원들은 신분제도의 폐지에서 한 걸음 나아가, 전국 인민이 신분차별 없이 실상학문을 배우도록 하여 필요한 인재를 길러야 한다는 교육의 기회균등을 주장했으며, 양반·상민의 차별없이 실력과 능력에 따라 공직을 분담해야 한다는 공무담당의 균등을 주장하였다.[156] 이것은 기회균등의 평등사회의 추구를 의미하는 것이다.

셋째로 독립협회는 지역의 평등화를 주장하였다. 조선시대에는 인간 차별뿐만 아니라, 지역 차별이 심하여 서북지방과 개성, 강화도 사람들은 억압당하고 정계의 진출이 막혔는데, 대원군은 지역 차별을 두지 않고 서북인과 개성인까지 등용하여 인재를 썼다.[157] 독립협회 당시에도 중앙과 지방의 차별이 심했고 특히 서북지방에 대한 차별은 대표적이었다. 『독립신문』은 창간호에서 "서울 백성만을 위할게 아니라 조선 전국 인민을 위하여 무슨 일이든지 代言하여 주려함"[158]이라 하여 지역 차별의 철폐를 선언하였다. 그리고 독립협회 회원들은 "정부에 들어오는 돈인즉 모두 시골 백성에게서 오는 것이로되 그 돈 쓰기는 서울 백성만 위하여 쓰는 모양"이라고 정부의 서울 중심 시책을 비판하고, 서울과 지방에 있어서 세금과 시설과 치안의 公平 등 지역의 평등화를 주장하였다.[159] 이것은 지역차별 없는 평등사회의 추구를 의미하는 것이다.

넷째로 독립협회는 남녀평등을 주장하였다. 갑신정변의 주도자

155) 金龍德, 1975, 「重商論과 技術學의 導入論」『한국사』 14, 국사편찬위원회, 268쪽 참조.
156) 『독립신문』 1896년 12월 22일 「논설」; *The Independent*, December 22, 1896, "The Editorial", & November 19, 1898, "Editorial" 참조.
157) 李瑄根, 1975, 「大院君의 政治」『한국사』 16, 국사편찬위원회, 60쪽 참조.
158) 『독립신문』 1897년 4월 7일 「논설」.
159) 『독립신문』 1896년 6월 9일 「논설」 참조.

박영효는 국왕에 보낸 상소문에서 '남녀 부부의 권리 균등'과 '남자의 娶妾 금지'를 건의하였다.[160] 갑오개혁 추진자들은 남녀 조혼의 금지, 과부 재혼의 허용, 남편의 아내에 대한 강폭 금단 등 여성의 지위 향상을 위한 법안을 만들었다.[161] 이러한 맥락에서 독립협회 회원들은 여성의 지위 특히 남자의 부속 상태에 있는 부인의 지위는 남성의 억압과 여성의 무교육에서 기인한다고 분석하고, 종래의 취첩을 인정하는 결혼제도의 비윤리성을 통렬히 비판하며 여권운동을 고무하였다.[162] 이에 고무되어 창립된 우리나라 최초의 근대적 여성단체인 贊襄會는 여성 스스로 남녀 평등을 선언하고, 여권의 신장 및 大韓의 문명국화와 타국과의 평등화를 위해 노력할 것을 다짐하고, 여성들의 사회운동에의 참여를 밝혔다.[163] 찬양회는 남녀평등의 실현을 위해 여학교 설립운동을 전개했을 뿐만 아니라, 독립협회가 주도하는 민권운동에도 참여하였다.[164] 이것은 남녀차별 없는 평등사회의 추구를 의미하는 것이다.

본래 평등의 원칙은 서구에서는 자유주의의 시대적 요청에 따라서 "특권계급의 철폐와 시민계급의 평등한 참정권과 법률적용의 평등을 그 내용으로 하는 시민계급의 해방을 위한 정치적 이데올로기"[165]였다. 독립협회 회원들은 이러한 서구의 평등사상을 수용하여 班常制度와 남존여비, 빈부귀천의 차별 등 전통적 신분질서

---

160) 앞의 「朴泳孝 上疏文」 중 '使民得當分之自由 以養元氣'條 참조.

161) 柳永益, 1992, 「甲午更張과 社會制度 改革」 『韓國社會發展史論』, 일조각, 280~281쪽 참조.

162) 『독립신문』 1896년 4월 21일 「논설」, 6월 6일 「논설」, 6월 16일 「논설」 참조.

163) 『독립신문』 1898년 9월 9일 「잡보」, 10월 13일 「부인상소」 참조.

164) 『독립신문』 1898년 9월 9일 · 13일 · 15일 · 26일 · 27일 · 28일, 10월 7일 · 8일 · 13일 · 29일 기사 참조.

165) 文鴻柱, 1970, 『韓國憲法』, 法文社, 177쪽 참조.

를 타파하고, 천부의 인간의 권리가 보장되는 평등사회를 구현코자 하였다. 이것은 신분본위의 전통적 특권사회를 능력본위의 근대적 평등사회로 전환시키려는 변혁논리였다.

4. 근대문화론

독립협회는 문화면에서는 조선시대의 형식적인 인문중심의 문화형태를 실용위주의 근대적 문화형태로 전환시키려 하였다.

문호개방 이후 서양의 근대문화를 접하게 된 조선 정부는 서구문화의 섭취를 위한 근대교육에 눈을 돌리게 되었으며, 제국주의 열강의 침략에 대처하기 위해 개화·개혁의 필요성을 절감한 민간인들도 근대교육운동을 폭넓게 추진하였다. 한편 조선에 진출한 기독교 선교단체들도 근대학교를 세웠다.[166] 조선의 근대교육은 개화운동의 일환으로 1880년대부터 시작되었다. 함경도 德源 주민들은 개화파 인사들의 권유에 의하여 元山學舍를 세웠고, 정부는 同文學이라는 영어강습소를 세웠으며, 육영공원을 세워 상류층 자제들에게 근대학문을 교육하였다. 개신교 선교사들도 배재학당과 이화학당을 세웠다. 1890년대에는 갑오개혁에 의해 근대적 교육제도가 마련되고, "국가의 부강은 국민의 교육에 있다"는 敎育立國 조서가 반포되어, 소학교·중학교·사범학교·외국어학교 등 각종 관립학교가 세워지면서 근대교육이 본격화되었다.

첫째로 독립협회는 자강개혁의 근대화를 이루는데 있어 국민에 대한 근대지식과 근대교육의 보급을 제1차적인 사업으로 제시하였다. 독립협회 회원들은 독립과 자강을 위하여 가장 중요한 것은

---

166) 姜萬吉, 1994, 『고쳐쓴 한국근대사』, 창작과비평사, 287쪽 참조.

"교육을 普施하여 인민이 實學實業에 연구케"[167]하는 것이라 하여, 제1회 토론회 주제도 "조선에 급선무는 인민의 교육임"으로 정하였으며, 정부도 "돈을 들여 첫째 학교를 설시하고, 둘째 각양 제조소를 설립"할 것[168]을 주장하였다. 그들은, 국민의 근대지식이 입헌정체를 마련하여 국민국가를 건설하는 데에도, 근대산업을 개발하여 부국강병을 이루는 데에도, 자유민권을 확립하여 시민사회를 만드는 데에도, 그리고 국민에 의한 전반적인 자강개혁을 추진하는 데에도 필수 불가결의 요소라고 생각했던 것이다.[169]

둘째로 독립협회는 우선적으로 어린이 교육과 여성교육을 강조하였다. 독립협회 회원들은 어릴 때의 교육이 가장 효과가 있으며, "전국 어린이들을 잘 가르쳐 놓으면 전국 인구가 다 교육될 터"이라 하여, 어린이 교육과 소학교 설립을 가장 시급한 것으로 생각했고, "어머니의 지식과 학문 유무가 자녀의 교육에 크게 관계가 되는 것"이며, 지식 있는 부인이 진정한 내조자가 된다고 하여, 남성교육과 똑같이 여성교육과 여학교설립이 중요하다고 역설하였다.[170] 이것은 양반 중심·남성 중심의 전통교육에서 남녀를 포함한 전국민에 대한 보통교육으로의 전환을 의미한다. 이들은 소학교와 여학교가 어느 정도 전국적으로 설립된 다음에는, 외국의 제도를 참작하여 중학교와 대학교를 설립해야 할 것이며,[171] 실업학교와 전문학교, 특히 공업기술학교의 설립과 농업학교의 설립은 시급한 것으로 생각하였다.[172]

---

167) 『大朝鮮獨立協會會報』 제4호 1897년 1월 15일 「北米合衆國의 獨立史를 閱하다가 我大朝鮮國獨立을 論함이라」 참조.
168) 『독립신문』 1897년 8월 29일 「논설」 참조.
169) 愼鏞廈, 앞의 『獨立協會研究』, 644쪽 참조.
170) 『독립신문』 1898년 9월 13일 「여인교육」 참조.
171) 『大朝鮮獨立協會會報』 제14호 1897년 6월 15일 「興新學說」; 『독립신문』 1897년 7월 6일 「논설」 참조.

셋째로 독립협회가 강조한 근대교육의 내용은 '실상학문' 또는 '실학'이었다. 독립협회 회원들은, 구지식은 경서·사서·시문·譜學·理氣哲學을 중심으로 이루어진 것으로 '虛學'에 불과하며, 신지식은 '利用厚生 富國强兵 實事求是'를 내용으로 하는 '실학'이라고 주장하였다.173) 그리고 그들은 서양 각국은 실학을 숭상하여 부강한 나라가 되었고, 대한제국은 허학만 숭상하여 빈약한 나라가 되었다고 판단하고, 정부에서 "허학을 없애고 실학을 숭상하여 인민의 공업을 흥황케 가르치는 것이 제일 방책"이라고 주장하였다.174) 이처럼 독립협회 회원들은 서양의 학문과 지식 곧 실상학문을 하여야 근대적인 강국이 될 수 있다고 주장하였다. 그들이 실상학문·근대교육으로 강조한 교과목은 정치학·경제학·법률학·兵學·의학·理財學·商務學·농학·산림학·공학·기계학·格致學·수학·화학·생물학·천문학·지리학·역사학(세계사, 국사)·국어학·외국어학·체육 등이었다.175) 여기에는 근대산업 발달과 관계되는 실업계통의 과목, 과학기술의 발달과 관계되는 이공계통의 과목, 그리고 근대국가의 경영과 관계되는 사회과학 계통의 과목이 망라되어 있고, 민족문화나 민족정신과 관계되는 한국학 계통의 과목도 포함되어 있다.

넷째로 독립협회 회원들은 국가의 자강독립을 위해서는 '세계와 時勢'를 알고 '자기'를 알아야 한다는 생각에서, '외국 학문'과 더불어 '조선의 일을 공부'해야 한다고 하여, 국사와 국어의 연구와 교육을 중시하였다.176) 그들은 역사란 "옛적 것만 史記라 하는 것

172) 『尹致昊日記』 1897년 2월 7일조, 8월 5일조 참조.
173) 『독립신문』 1897년 8월 17일 「윤치호 연설」, 1898년 3월 8일 「논설」; 『大朝鮮獨立協會會報』 제1호 1896년 11월 30일 「獨立協會序」 참조.
174) 『독립신문』 1898년 6월 14일 논설란 참조.
175) 愼鏞廈, 앞의 『獨立協會硏究』 226쪽 참조.

이 아니라 어저께 것도 사기요 아까 것도 사기라" 하고, "자기 나라 사기만 공부하는 것이 아니라 세계 각국 사기를 공부하여" 과거 일과 현재 일을 알고 미래 일을 전망하는 데에 역사 공부의 목적이 있다고 보았다.[177] 이처럼 독립협회 회원들은 세계사적 관련 속에서 국사를 연구할 것을 강조하면서도, "남의 나라의 史記도 알려니와 자기 나라 사기를 먼저 알아" 조국의 흥쇠를 파악하여 교훈으로 삼는 것이 애국의 길이라고 하여,[178] 국사의 연구를 통하여 민족의식을 가지고 국가의 현실 문제를 풀어갈 수 있다고 보았다. 한편 독립협회 회원들은 종래 '諺文'으로 천시되던 한글을 '국문'이라 칭하고, 근대적인 문법체계 면에서 볼 때 "조선 글자가 세계에서 제일 좋고 학문이 있는 글자"라고 하여 한글의 우수성을 강조하고,[179] 국문법을 연구 정리했으며, 한글 띄어쓰기를 시행하였다. 뿐만 아니라 그들은, 한문은 어려워 지식을 특수 계층에 독점케 하고, 한글은 쉬어서 모든 국민이 학문을 할 수 있게 한다는 이유를 들어 '국문전용'을 주장했고, 독립신문을 통하여 이를 실천하였다.[180]

이처럼 독립협회는 세계 각국의 실용적인 근대문화를 수용하여 국가의 자강을 실현하고, 우리의 역사 · 언어 · 문화를 합리적으로 발전시켜, 중국중심의 한자문화권에서 탈피하여 세계문화권 속에 새로운 한국문화권을 정립하려는 것이었다.

176) 『독립신문』 1896년 5월 30일 「논설」 참조.
177) 『독립신문』 1898년 4월 2일 「논설」 참조.
178) 『독립신문』 1896년 9월 22일 「논설」 참조.
179) 『독립신문』 1897년 4월 22일 「주상호씨 국문론」 참조.
180) 『독립신문』 1896년 4월 7일 「논설」, 1897년 8월 5일 「논설」 참조.

5. 자주국방론

독립협회는 군사면에서는 종래의 치안유지체제를 자주국방체제로 전환하려 하였다.

일본의 무력에 의한 문호개방 이래로 조선의 뜻있는 개화인사들은 외세의 침략에 위기감을 가지고 국방력 강화에 깊은 관심을 기울였다. 김옥균은 1886년의 상소를 통하여, 청국과 일본은 믿을 수 없는 나라라 하고, 근대적 정치개혁과 부국강병을 통하여 열강의 침략을 방지할 것을 국왕에게 건의하였다.[181] 박영효도 1888년의 상소를 통하여, 당시 국제사회를 약육강식의 사회로 파악하고, 兵學校의 설치, 군제의 통일, 水軍의 중흥, 무기의 제조, 수만 명의 양병 등 10개항의 국방대책을 국왕에게 건의하였다.[182] 또한 갑오개혁 추진자들은 근대적인 상비군을 양성 유지할 계획을 세우고 이를 실현함으로써 부국강병을 이루고자 하였다.[183] 이러한 맥락에서 독립협회의 자주국방론이 제기되었다.

독립협회는, 당시 조선의 독립은 한반도에서의 열강의 세력균형에 의하여 유지되고 있으며, 조선의 독립을 지속적으로 유지하기 위해서는 현실적으로 불가능한 군사력의 급속한 증강보다 자주적이고 중립적인 선린외교가 중요하다는 논리를 펴기도 하였다.[184] 그러나 독립협회 회원들은, 시베리아철도를 부설하여 南下하는 러시아와 군비확장에 부심하는 일본이 한반도에서 충돌할 위험을 경계하고, 조선이 군사적 자위체제를 갖출 필요성이 있음을 논했으

---

181) 姜在彦, 1984, 『韓國近代史研究』, 한울, 108쪽 참조.
182) 앞의 「朴泳孝上疏文」 중 '宇內之形勢'條 및 '治武備保民護國'條 참조.
183) 柳永益, 1990, 『甲午更張研究』, 一潮閣, 212~214쪽 참조.
184) 『독립신문』 1896년 12월 19일 「논설」, 1897년 5월 25일 「논설」 참조.

며,[185] 근대 영국과 독일 등 열강의 선례를 들어 상업과 공업 발전의 토대 위에서 '武力' 양성의 중요성을 논하였다.[186] 사실상 독립협회가 구상한 자주독립의 본질적인 방법은, 한반도에서 열강의 세력균형이 유지되는 동안에 개화·자강을 실현하여 자주독립의 기초를 확립하고,[187] 병력과 군비를 충실히 갖추어 외적의 침략을 예방해야 한다는 '군사적 자강독립론'이었다.[188]

첫째로 독립협회는 군대는 '국민의 군대'라는 근대적 國民軍隊觀을 가졌다. 독립협회 회원들은 국민은 국가의 근본이고 통치권의 근거이며 국가의 주인이라 하고, 결국 국가는 국민의 국가라는 '국민국가관'을 가지고 있었다.[189] 그리고 그들은

> 군사라 하는 것은 … 정부보다도 백성을 위하여 만든 것이라 … 군사의 직무는 백성을 위하려니까 님군께 충신들이 되어야 할 터이오.[190]

라고 하여, 군사는 본질적으로 국왕을 위한 국왕의 군대가 아니고, 국가의 주인인 국민을 위한 국민의 군대라고 주장하였다. 이와 같은 새로운 국민국가관과 국민군대관에 의하여, 독립협회는 왕조체제의 유지를 위해서가 아니고 국민국가의 방위를 위한 근대적 국방체제를 제창하였다.

둘째로 독립협회는 해군의 창설에 의한 강력한 국방체제의 확립

---

185) 『尹致昊日記』 1897년 8월 17일조 ; 『皇城新聞』 1898년 11월 25일 「俄國強兵會論」 ; 『독립신문』 1897년 1월 14일 「논설」 참조.
186) 『大朝鮮獨立協會會報』 제7호 1897년 2월 28일 「教育의 急務」 참조.
187) 愼鏞廈, 앞의 『獨立協會研究』, 160~161쪽 참조.
188) 『독립신문』 1897년 8월 12일 「논설」 참조.
189) 柳永烈, 1991, 「獨立協會의 性格」 『韓國史研究』 73, 한국사연구회, 68쪽 참조.
190) 『독립신문』 1896년 7월 9일 「논설」.

을 주장하였다. 국토의 3면이 바다이고 임진왜란 때 이순신 휘하의 水軍이 조국방위에 결정적인 역할을 했음에도, 그후 조선의 수군은 유명무실하였다. 그러므로 앞서 언급한 것처럼 박영효는 국방대책으로 수군의 재건을 강조했던 것이다. 독립협회 회원들은 "인민의 재산이 부요하고 해륙군이 강해야 조선사람들이" 타국인과 '동등'하게 된다고 하고,[191] "해륙군을 길러 외국이 침범하는 것을 방어"[192]해야 한다고 주장하였다. 이것은 근대적 해군을 창설하여, 국방의 기본체제를 陸軍單一體制에서 陸海軍竝立體制로 전환하려는 의도이며, 종래 민란 대비를 위주로 하는 왕조국가의 치안유지체제에서 외국침략 대비를 위주로 하는 국민국가의 자주국방체제로의 전환을 의미하는 것이다.

셋째로 독립협회는 군비의 강화와 병력의 확충에 의한 강력한 국방체제의 확립을 주장하였다. 독립협회 회원들은 외적보다 나은 신식무기와 군사장비를 갖추어야 외적의 침략을 막을 수 있다는 생각에서, 방치 상태에 있는 機器局을 강화하고, 機器廠을 보수 확장하여 군비를 충실하게 갖출 것을 주장하였다.[193] 한편 당시 조선의 군대는 친위대와 지방대로 편성되었는데, 군대의 숫적인 면만 보아도 대외적 방위체제가 너무 취약하였다. 그러므로 독립협회 회원들은 유사시에 대비하여 병력을 증가시켜 강력한 군사력을 보유해야 한다고 주장하였다.[194]

넷째로 독립협회는 무관학교를 설립하여 자주적 군사훈련에 의한 강력한 국방체제의 확립을 주장하였다. 독립협회 회원들은, 강

---

191) 『독립신문』 1897년 2월 27일 「논설」 참조.
192) 『독립신문』 1897년 6월 1일 「논설」 참조.
193) 『독립신문』 1897년 8월 12일 「논설」; 愼鏞廈, 앞의 『獨立協會研究』 241쪽 참조.
194) 『독립신문』 1897년 5월 11일 「시무론」 참조.

한 군대는 그 수에 있지 않고 그 교육에 있으며, 군사교육에 있어 병술교육 뿐만 아니라, '忠義'·'紀律' 등 정신교육의 주요성을 강조하였다.[195] 그들은 당시 조선 정부가 군사훈련을 위해 러시아 교관을 고빙하는데 대하여, 조선을 위한 정신교육뿐만 아니라, 외국어 구령에 의한 병술교육에도 문제가 있음을 지적하고, "군사 조련하는 일보다 군사 조련할 사관을 가르치는 것이 급선무"임을 강조하고, 무관학교의 설립을 주장하였다.[196] 그들은 무관학교를 세워 장교를 양성하여, 조선의 장교가 조선의 구령으로 군사교육을 실시해야 조선정신을 가진 강력한 군대를 양성할 수 있다고 믿었던 것이다.

결국 독립협회는 국내의 치안유지에 급급하던 전통적 왕조군대를 대외적 국토방위에 주력하는 근대적 국민군대로 개편하여 자주국방체제를 확립하려 했던 것이다.

맺음말

이상에서 살펴본 바와 같이 독립협회의 기본사상은 자주국권사상·자유민권사상·자강개혁사상으로 구성되어 있다.

첫째로 독립협회의 자주국권사상은 국가의 평등과 자주 및 국가주권을 확립하여 외세의 침탈로부터 완전한 자주독립국가를 수립하려는 대외적인 민족주의사상이었으며, 나아가 민주국민을 육성하여 민주적 국민의 힘으로 자주국권을 확립하려 한 점에서 내부

195) 『독립신문』 1896년 7월 9일 「논설」; 『大朝鮮獨立協會會報』 제13호 1897년 5월 31일 「獨立論」 참조.
196) 『독립신문』 1897년 9월 21일 「논설」 참조.

적으로 민주주의를 포괄하는 근대민족주의사상이었다.

둘째로 독립협회의 자유민권사상은 국민의 평등과 자유 및 국민주권을 확립하여 국민의 기본적 권리를 보장하고, 국민의 단합된 힘으로 자주국권을 수호하며, 나아가 근대 의회정치를 구현하여 근대 국민국가를 수립하려는 민주주의사상이었다.

셋째로 독립협회의 자강개혁사상은 열강의 근대적 침탈체제로부터 국권을 수호하고, 지배층의 봉건적 압제체제로부터 민권을 보장하기 위하여, 정치 · 경제 · 사회 · 문화 · 군사 등 국정 전 분야에 걸쳐 선진 열강과 동일한 근대체제를 갖추려는 근대화사상이었다.

독립협회의 자주국권의 민족주의사상, 자유민권의 민주주의사상, 자강개혁의 근대화사상은 이론으로 뿐만 아니라 실천운동으로 전개되었다. 그리고 독립협회의 민족주의 · 민주주의 · 근대화사상은 유기적인 하나의 사상체계로 형성되었으며, 대한제국 말기의 애국계몽사상으로 계승 발전되어 갔다.

제3부

애국계몽운동과 애국계몽사상

제1장

애국계몽운동

머리말

1904년의 러일전쟁과 1905년의 을사조약을 계기로 일제는 대한제국의 외교권을 비롯한 각종의 국권을 빼앗아 갔다. 이 시기에 항일의병운동과 애국계몽운동은 민족운동의 두 축을 이루었다. 일제의 침략으로 국가가 위기에 처하자 보안회와 헌정연구회 등 개화자강계열의 많은 단체들이 설립되어 친일단체인 일진회에 대항하면서 애국계몽운동을 전개하였다.

을사조약체결 이후에는 더욱 많은 애국계몽단체들이 설립되었다. 그 중 전국 규모의 대표적인 단체는 대한자강회, 대한협회, 신민회였다. 대한자강회는 헌정연구회를 계승하여 전국 각지에 33개의 지회와 2,000여 명의 회원을 확보하여 국권회복을 위한 실력양성운동을 전개하였다. 대한자강회가 고종양위 반대운동을 전개하다가 해체된 뒤, 그 후신인 대한협회는 전국 각지에 87개의 지회와 8,000여 명의 회원을 확보하여 세력을 확장해 갔다.

그러나 일제의 한국지배권이 더욱 강화되어 대한협회의 항일의지가 약화되면서 국권회복운동의 큰 흐름은 신민회로 이어졌다. 신민회는 1907년에 조직된 비밀결사로서 800여 명의 회원을 확보하고, 표면적으로는 문화적, 경제적 실력양성운동을 전개하면서, 내면적으로는 독립군기지 건설을 통한 군사적 실력양성운동도 전개하였다.

이제 이들 단체들이 전개한 애국계몽운동을 민중계몽운동, 교육구국운동, 경제구국운동, 정치구국운동, 민족문화운동, 독립군기지 건설운동으로 나누어 살펴보기로 한다.

Ⅰ. 민중계몽운동

애국계몽가들은 국권회복을 위한 실력양성의 일환으로 신문·잡지의 발간 및 강연회·토론회의 개최, 그리고 학교교육을 통하여 민중계몽운동을 전개하였다. 그들은 신문·잡지와 강연회를 통하여 ① 세계정세와 조국의 현실을 알려 국민의 분발을 촉구했고, ② 국권회복을 위한 실력양성의 필요성을 계몽했으며, ③ 민권사상·애국정신·국민국가의식을 고취했고, ④ 교육진흥·식산흥업·정치개혁의 방안을 제시하기도 하였다.[1)]

또한 그들은 국권회복의 토대를 마련하기 위하여 사립학교를 설립하도록 계몽하였다. 이와 같은 애국계몽가들의 민중계몽운동은 사회 일반에 애국심과 교육열 그리고 독립의지를 일깨워서, 다수의 지식인과 실업가 그리고 민중들을 국권회복운동에 매진케 하였다.

---

1) 柳永烈, 1997, 「列强의 東北아시아政略과 韓國의 國權恢復運動」『大韓帝國期의 民族運動』, 一潮閣, 347쪽 참조.

1. 신문 발간을 통한 민중계몽운동

애국계몽가들의 민중계몽운동은 인민의 지식을 계발하고 경제력을 향상하여 민족의 실력을 양성함으로써 국권을 회복하는 데 그 목적을 두었다. 신문은 민중 계몽의 가장 효과적인 방법의 하나였다. 당시의 신문은 국권을 수호하고 상실된 국권을 회복하려는 구국적 내용으로 채워졌다. 그 초점은 전근대적인 민중을 계몽하여 문명화된 근대적 국민으로 만들고, 민력을 양성하여 국권을 회복하려는 데 두었다.

이 시기 애국계몽신문으로는 『제국신문』(1898.8.10～합방)·『황성신문』(1898.9.5～합방)·『대한매일신보』(1904.7.16～합방)·『만세보』(1906.6.17～1907.6.29)·『대한민보』(1909.6.2～합방) 등이 있다.

李鍾一과 李承晩이 창간한 『제국신문』은 하층민과 부녀층을 주요 대상으로 삼아 국문을 사용하였다. 그들은 일반 서민층에게 국문을 해독할 수 있게 하고, 동시에 자아의식과 민족의식을 고취시키고자 하였다. 그러므로 이 신문은 민중의 지식 계발을 주요 과제로 삼았다. 곧 『제국신문』은 보도기관으로서의 성격보다는 오히려 국민 교육을 목적으로 하는 국민계몽기관의 성격을 띠고 민중계몽운동에 진력하였다.[2] 『황성신문』은 개명된 유학사들이 중심이 되어 창간되었다. 張志淵·柳瑾·朴殷植·南宮檍·申采浩 등 애국계몽가들이 주필로 활약한 이 신문은 일제의 침략정책을 폭로·규탄하며 국민계몽에 주력하였다.[3] 1905년 을사조약이 체결되자 『황

2) 李海暢, 1974, 「言論機關의 活動」『한국사』 20, 국사편찬위원회, 41～42쪽 참조.

3) 강재언, 1983, 「국권회복을 위한 언론과 그 수난」『근대한국사상사연구』, 한울, 171～173쪽 참조.

성신문』은 「是日也放聲大哭」이란 사설을 통하여 을사조약 체결의 부당성을 폭로하고, 조약체결에 협력한 정부대신들을 규탄하며 온 국민들에게 항일의식을 일깨워 주었다.

『대한매일신보』는 양기탁 · 신채호 등 신민회의 주요 인사들이 주필로 활약하며, 일제의 침략정책을 가장 신랄하게 비판하였다. 영국인 베델(Ernest T. Bethell)이 양기탁과 합작으로 경영했던 『대한매일신보』는 국한문판 · 영문판 · 순국문판으로 발행되어 당시 최대의 발행 부수를 냈으며, 영국인 소유로 되어 있었으므로 비교적 자유로운 입장에서 배일사상을 고취할 수 있었다. 이 신문은 이완용의 친일내각과 일진회의 매국행위를 폭로 · 규탄했고, 항일의병운동과 친일파 암살활동 등을 상세히 보도하여 항일운동의 전국적인 확산에 크게 기여하였다. 그리고 이 신문은 민족교육을 위한 학교설립운동과 민족자본육성을 위한 실업진흥운동을 적극 홍보하여, 그 운동의 전국적인 확산에 노력하였다.[4)]

『萬歲報』는 천도교의 재정을 바탕으로 발간되었다. 천도교 교주 孫秉熙의 후원 아래 권동진 · 오세창 등이 창간한 이 신문은 그 발간 목적이 국민의 지식 계발, 곧 국민계몽에 있음을 천명하였다. 특히 『만세보』는 일반교육뿐만 아니라 여자교육에 주목하여 여성교육단체를 조직했고, 여성단체와 연계하여 애국계몽활동을 폈다.[5)]

吳世昌 · 張孝根 등이 중심이 되어 大韓協會의 기관지로 창간된 『大韓民報』도 국권회복을 위한 국민의 지식계발에 발행 목적을 두었다. 『대한민보』는 국민의 사상을 통일하여 민족의 위기를 타개할 것을 강조했으며, 一進會의 합방성명이 발표되자 국민들에게 그 부당성을 폭로하며 합방반대운동을 주도하였다.[6)]

4) 강재언, 위의 글, 173~178쪽 참조.
5) 李海暢, 앞의 글, 49~51쪽 참조.

한편 해외에서도 교포들을 대상으로 독립사상을 고취하기 위한 신문이 발행되었다. 하와이에서는 『신죠신문』·『한인시사』·『한인협셩신보』·『新韓國報』, 미주에서는 『共立新報』·『大同公報』·『新韓民報』, 노령에서는 『해조신문』·『大東公報』, 중국 상해에서는 『泰東新報』가 간행되어 항일의식과 자주독립의식의 전파에 노력하였다.7)

당시 애국계몽신문들은 신지식과 신사상의 보급으로 민중을 각성케 하고, 일제의 황무지개간권·을사조약·고종양위·한일합방 강요 등 수많은 침략책동을 비판하였다. 일제는 1907년 7월 신문지법을 제정케 하여 민족언론을 규제하고 신문활동을 위축시켰으나, 애국계몽신문들은 합방 때까지 일제의 한국침략정책에 대한 국민적 항일 여론을 일으켰다.

2. 회지·잡지 발간을 통한 민중계몽운동

당시 애국계몽단체들은 『大韓自强會月報』·『大韓協會會報』·『西友』·『西北學會月報』·『畿湖興學會月報』·『湖南學報』·『嶠南教育會雜誌』·『太極學報』 등 회지를 발간하였다. 그들은 회지를 통하여 그들의 주장을 회원들뿐만 아니라, 민중들에게도 알리고자 하였다. 예컨대 대한자강회는 "전국 동포 모두가 대한자강회월보를 읽어 조국정신을 배양하며 세계의 현상을 이해하게 함이 국권회복의 正路이다"8)라고 하여, 모든 회원에게 회지 구독을 의

6) 李海暢, 위의 글 52~54쪽 참조.
7) 崔起榮, 1991, 『大韓帝國時期 新聞研究』, 一潮閣, 193쪽 참조.
8) 尹孝定, 「大韓自强會月報刊行祝辭」 『大韓自强會月報』 제1호, 5쪽.

무조항으로 부과했고, 일반 민중에게도 구독을 권유하여,[9] 회지발간의 목적이 국권회복운동의 기초로서의 국민의 의식계발에 있음을 분명히 하였다.

애국계몽단체들의 회지 내용은 그들 단체의 취지 · 목적 · 사업과 관련된 내용으로 이루어져 있는데, 대체로 일반논설, 교육논설, 식산논설과 국내외 정세와 사건에 관련된 기사로 나누어 볼 수 있다. 그 구체적 내용은 사회진화론, 민권론, 교육과 식산을 통한 실력양성론, 애국정신론, 사회관습개혁론, 특히 교육 · 식산에 관한 내용을 중심으로 한 국권회복사상을 포함하고 있었다.

애국계몽단체들은 회지를 통하여 교육의 필요성과 그 효과, 학교교육과 가정교육, 여성교육과 의무교육, 그리고 실업교육과 尙武敎育의 중요성을 계몽하였다. 『대한자강회월보』의 경우 1호에서 13호까지에 게재된 논설 181건 중 제목이 교육관계의 논설이 26건으로 가장 많은 부분을 차지하고 있다.[10] 『대한자강회월보』는 논설을 통하여 약육강식 · 적자생존의 국제사회에서 교육을 통한 국민의 개명과 문명의 고도화가 약자를 강자로 만드는 길이며,[11] 교육에 의한 국민개명이 정치발전을 통한 강국화의 길이라는 교육자강의 논리를 보급하였다.[12] 이처럼 애국계몽가들은 회지를 통하여 서양 문명국가의 근대적인 교육이념과 교육내용, 교육제도와 교육방법 등을 소개하며, 신교육에 의한 신학문과 신사상 보급의 중요성을 계몽하였다.

---

9) 『大韓自强會月報』 제1호, 卷末 「注意」 참조.

10) 柳永烈, 1987, 「大韓自强會의 愛國啓蒙運動」 『韓國近代民族主義 運動史研究』, 일조각, 50쪽 참조.

11) 金成喜, 「敎師의 概念」 『大韓自强會月報』 제8호, 25쪽 참조.

12) 林炳恒, 「官吏의 事業과 人民의 事業」 『大韓自强會月報』 제7호, 58쪽 ; 李鍾濬, 「敎育論」 『月報』 제7호, 1~2쪽 참조.

애국계몽가들이 교육자강론과 함께 중요하게 다루었던 부분은 식산자강론이었다. 그들은 회지를 통하여 생존경쟁・우승열패의 국제사회에서 殖産을 통한 국가부강의 실현이 국권회복의 길이라고 하여 경제구국의식을 계몽하였다.[13] 또한 그들은 한국의 식산부진과 국가빈약의 요인은, 수백 년간의 압제정치와 가렴주구, 그리고 전제국가의 重士主義(=선비존중주의)와 관존민비의 폐습 등에 의한 국민의 근로의욕의 상실과 산업기술의 부족에 있다고 주장하였다.[14] 따라서 그들은 회지를 통하여, 정치를 개혁하여 국민의 자유・평등의 권리를 보장하고, 관존민비・직업존비의 의식을 타파하여 국민의 근로정신과 생산의욕을 고취시키고, 각종 산업의 기술을 개발하여 생산능력을 향상시킴으로써 국민의 경제적 자립과 국가의 부강을 실현해야 한다고 주장하였다.[15] 애국계몽가들은 회지를 통하여 경제 발전의 구체적 내용으로 농공상의 균형있는 발전과 임업・광업・염업 등 각종 자원의 개발을 주장하였다. 또한 그들은 國家富源增進策, 황무지 개간, 임업의 필요성, 토지개량, 종자개량 등에 관한 연구성과를 소개하고 산업 발달을 촉구하였다. 나아가 일제의 경제침탈에 대한 경각심을 일깨워주고 일본의 황무지 개척 요구의 底意를 폭로하며 민중들의 반대투쟁을 이끌어 냈다.[16] 한편 그들은 경제적 자주운동이었던 국채보상운동의

13) 張志淵,「殖産興業의 必要」『大韓自强會月報』제1호, 34~35쪽 ; 張志淵,「國家貧弱之故」『大韓自强會月報』제6호, 10~15쪽,『大韓自强會月報』제7호, 6~8쪽 ; 大韓子,「土地와 國家 人民의 關係」『大韓協會會報』제6호, 12쪽 참조.

14) 張志淵,「國家貧弱之故」『大韓自强會月報』제6호, 10~15쪽 ; 金成喜,「殖産部論說」『大韓自强會月報』제6호, 38~40쪽 참조.

15) 金成喜,「殖産部論說」『大韓自强會月報』제6호, 38~40쪽 ; 張志淵,「殖産興業의 必要」『大韓自强會月報』제1호, 34쪽 ; 呂炳鉉,「殖産部論說」『大韓自强會月報』제2호, 14~16쪽 참조.

취지를 홍보하여 국민의 참가를 호소함으로써 그 운동을 광범위한 대중운동으로 전환시키기도 하였다.[17]

애국계몽단체들은 회지 외에도 『少年』·『朝陽報』·『가뎡잡지』·『少年韓半島』·『大同報』·『敎育月報』 등 수많은 일반 잡지를 발행하여 국민의 독립정신을 고취시키는 데 기여하였다. 1908년 11월에 창간된 『소년』은 신민회의 외곽 기관지로서 그 목표가 새로운 세대를 대상으로 하는 애국계몽잡지였다. 『소년』의 편집 방침은 ① 애국정신 배양 ② 신지식 교육 ③ 용감한 志氣 장려 ④ 세계로의 시야 확장 ⑤ 애국주의적 국사·지리 교육 ⑥ 애국계몽문학 창건 보급 ⑦ 장차 국권회복의 일꾼 양성에 있었다. 이에 부합하는 내용으로 『소년』은 각국의 위인 영웅전·지리·국사·세계사 등을 게재하고, '애국계몽문학'이라 할 수 있는 신문학을 창건하여 민중계몽에 힘썼다. 특히 '애국계몽시'라 할 수 있는 李光洙의 '우리 영웅'과 '곰', 그리고 崔南善의 '海에게서 소년에게' 등 많은 시를 발표하여 청년들의 의식 계몽에 영향을 끼쳤다.[18] 尙洞靑年會에서 한글 전용으로 발간한 『가뎡잡지』는 부녀자를 주 대상으로 하는 계몽잡지였다.[19] 그러나 계몽뿐만 아니라 정치·경제·사회 전반에 걸쳐 실력을 양성하기 위하여 가정으로부터 개혁을 추구한 잡지였다.[20]

한편 회지·잡지 외에 창가집도 간행되었다. 그 내용은 애국가·

16) 鄭灌, 1995, 『舊韓末期 民族啓蒙運動硏究』, 螢雪出版社, 35쪽 참조.
17) 『大韓自强會月報』 제9호, 54~71쪽 참조.
18) 愼鏞廈, 1977, 「新民會의 創建과 그 國權恢復運動」 下 『韓國學報』 9, 一志社, 135쪽 참조.
19) 李基文, 1984, 「開化期의 國文使用에 관한 硏究」 『한국문화』 5, 서울대 한국문화연구소, 72쪽 참조.
20) 韓圭茂, 1990, 「尙洞靑年會에 대한 연구(1897~1914)」 『歷史學報』 126, 역사학회, 104쪽 참조.

少年冒險猛進歌 · 독립가 · 血竹歌 · 권학가 등 주로 애국심의 고취와 국권회복의 사상을 담고 있었다. 민족의 얼이 담긴 창가가 널리 애창되어 애국적 교육으로 확산되자, 일제 통감부는 민간인 저술의 창가집을 압수하여 창가를 통제하였다.[21]

이와 같이 회지 · 잡지 등 출판물을 통한 자강독립사상의 확산을 막기 위하여, 일제는 1909년 출판법을 공포하여 모든 원고는 통감부의 사전 검열을 받게 하였다.

3. 강연회 · 토론회를 통한 민중계몽운동

애국계몽가들은 신문 · 잡지를 통하여 민중계몽운동을 전개했을 뿐만 아니라 강연회와 토론회를 통하여 직접 민중 앞에서 국권회복을 위한 계몽활동을 전개하였다. 신문 · 잡지가 구독 대상에 제약을 받는 것에 비해, 애국계몽강연은 전국에 걸쳐 직접 민중을 상대할 수 있었다. 애국계몽강연은 각종 단체의 通常會 · 강연회 · 토론회 · 친목회 · 학교 운동회 등 각종 집회에서 이루어졌다. 그 내용은 애국심의 고취, 신지식 · 신사상 · 신산업을 통한 실력의 양성, 실력양성을 통한 국권회복에 관한 것이 대부분이었다.

애국계몽강연은 단체 또는 회원 개개인에 의해 이루어졌다. 초기의 강연활동은 명망있는 인사를 초빙하여 연설회 및 토론회를 개최하는 형태였다. 전국적인 국민교육의 보급을 위해 창립된 國民教育會는 일부 유지인사들을 초빙하여 '생명재산 보호', '民智開發', '교육발달' 등을 주제로 연설회나 토론회를 개최하여 회원들의 애국심 고취에 노력하였다.[22] 나아가 국민교육회 간부들은 각종 애국계몽

21) 孫仁銖, 1980, 『韓國開化教育研究』, 一志社, 390~397쪽 참조.

단체의 통상회·총회, 지회 및 학교, 연합운동회·간친회 등에 참석하여 강연활동을 벌였다. 대한자강회는 존속기간 17개월 동안 16회에 걸친 정기연설회를 개최했으며, 여기에서 42명의 연사들이 계몽강연을 했을 정도로 애국계몽강연에 주력하였다.[23]

서북학회는 강연을 통한 민중계몽운동을 조직적으로 전개하였다. 서북학회는 지식계발을 위한 강연활동을 목적으로 西北協成學校 내에 心學講演所를 설치하여 강연활동을 벌였다. 그 설립 취지는 당시 어려운 시대적 상황을 극복할 청년들의 올바른 방향을 이끌며, 민중의 양심을 계발하기 위하여 도덕을 연마하고자 함에 있었다.[24] 이와 같은 취지에 따라 심학강연소는 민중, 특히 청년층을 주대상으로 강연활동을 전개하여 당시 청년들의 삶의 가치를 애국적인 방향으로 이끌었다. 그런데 이러한 애국계몽강연은 일제의 탄압을 받게 되었다. 『소년』 잡지사는 잡지의 간행 외에 '소년잡지사 공개강연회'의 개최를 시도하여, '失敗主義'<연사 崔麟> 등 여섯 주제를 가지고 민중 대상의 강연회를 가지려 하였으나, 일제의 금지로 인하여 무산되고 말았다.[25]

애국계몽강연에서 민중을 감동시키는 웅변으로 이름을 떨친 인사로는 安昌浩, 李東輝, 崔光玉, 이상재, 윤치호 등을 들 수 있다. 당대의 대표적인 강연가였던 안창호는 연설을 통하여 "민족경쟁시대에서 독립한 국가 없이 민족이 서지 못하고 개인이 존재할 수 없으며, 따라서 국민 각자가 각성하여 큰 힘을 모아야만 조국의 독립

22) 申惠暻, 1993, 「大韓帝國期 國民敎育會 硏究」『梨花史學硏究』 20·21합집, 이화사학연구소, 156쪽 참조.
23) 『大韓自强會月報』 제1호에서 제3호까지의 「本會會報」나 「本會會錄」 및 『大韓每日申報』 관련기사 참조.
24) 『西北學會月報』 제10호 19~21쪽 「心學講演」 참조.
25) 『大韓每日申報』 1910년 2월 26일 「廣告」 참조.

을 유지할 수 있고, 큰 힘을 발하기 위해서는 국민 각자가 분투하고 단결해야 한다"고 강조하였다.[26] 또한 그는 "지금은 군사력이 미약하나 장기적으로 착실히 전쟁을 준비하여 우리나라를 침해하는 강국과 開戰하여 국권을 회복하자"[27]고 하여 국권회복을 위한 전쟁 준비를 주장하기도 하였다. 안창호의 강연활동으로 청중들은 많은 감명을 받아 부녀들이 비녀와 반지를 빼서 애국사업에 헌납하는 사례가 빈번하였으며, 수많은 사람들이 애국계몽운동에 참여하게 되었다.[28] 특히 巨商 이승훈을 감화시켜 교육·식산을 통한 구국운동에 헌신케 하였고, 안중근과 여운형도 안창호의 강연에 감동하여 민족교육에 진력하게 되었다. 역시 당대의 대표적인 연설가로 활약한 이동휘도 전국 각지를 순회하며 교육계몽을 위한 강연활동을 벌여 수많은 민족학교의 설립을 촉진시켰다.

이와 같이 애국계몽가들은 전국 각지를 순회하면서 강연회를 개최하여 민중계몽운동을 전개했을 뿐만 아니라, 각지의 사립학교에서 운동회 개최를 주도하며 계몽강연을 실시하였다. 서우학회는 각지의 사립학교들이 연합운동회를 열도록 주선하고, 운동회에 반드시 總代를 파견하여 강연을 통해서 교육구국활동을 촉구하였다.[29] 그리고 그들의 운동회 개최는 강연활동 외에도 또 다른 목적이 내포되어 있었다. 일인 學部次官 俵孫一은 당시 운동회의 성격을 "무장적 시위의 운동회이며 교육의 本旨와는 상부되지 안는다"[30]고 하였다. 이처럼 당시의 운동회는 단순히 체력의 증진만을

---

26) 1947, 『島山安昌浩』, 島山紀念事業會, 17～18쪽 ; 주요한 1971, 『安島山全書』, 三中堂, 57～63쪽 참조.

27) 安昌浩, 雜俎「演說」『西友』 제7호, 25쪽 참조.

28) 李松姬, 1985, 『大韓帝國末期 愛國啓蒙學會硏究』, 이화여대 박사학위 논문, 54쪽 참조.

29) 李松姬, 위의 책, 44쪽 참조.

30) 國史編纂委員會, 1965, 『韓國獨立運動史』 一, 919쪽 참조.

위한 것이 아니고, 학생들의 자주독립에 대한 열망을 표출시키고, 장기적으로 실전에 대비하자는 목적 하에 이루어졌던 것이다. 애국계몽가들은 운동회를 개최하여 애국계몽강연을 실시했고, 나아가 미래의 독립전쟁에 대비하기 위한 실전훈련을 실시했던 것이다.[31)]

이와 같이 전국 순회강연과 각 지역의 지회활동, 대운동회를 통한 계몽강연은 민중의 지식계발과 애국심 고취에 크게 기여하였다. 곧 애국계몽강연은 애국계몽운동의 취지를 전국적으로 파급시키는데 큰 역할을 했으며, 무엇보다도 민중으로 하여금 국권회복을 위한 실력양성운동에 나서게 한 점에 중요한 의미가 있다.

Ⅱ. 교육구국운동

교육구국운동은 애국계몽가들이 국권회복을 위해 최우선 과제로 추진한 실력양성운동이었다. 그러므로 애국계몽가들은 수많은 정치・사회・교육단체들을 조직하여 교육구국운동을 전개하였다.

1900년대에 들어 초기 애국계몽단체들은 全德基 중심의 상동청년회와 헐버트(Hulbert)를 회장으로 하는 황성기독교청년회처럼 선교사나 교회와 연계하여 교육・계몽・선교활동을 벌였다. 그리고 李儁, 李源兢, 전덕기 등 애국계몽가들은 국민교육회를 설립하였다.[32)] 나아가 을사조약 이후 대한자강회 등 전국적인 애국계몽단체들과 서우학회 등 각 지역 단위의 애국계몽학회들이 조직되어

---

31) 高橋濱吉, 1926,『朝鮮教育史考』, 京城帝國地方行政學會 朝鮮本部, 301쪽 참조.

32) 申惠暻, 앞의「大韓帝國期 國民教育會 研究」, 151~152쪽 참조.

본격적으로 교육구국운동을 전개하였다.

그리하여 大韓自强會와 大韓協會 및 新民會 등 무수한 애국계몽단체들은 학교 설립과 민족교과서 편찬, 그리고 의무교육과 실업·상무교육에 힘썼다.

1. 근대학교 설립운동

애국계몽가들은 교육진흥을 위하여 일차적 과제로 전국 각지에 학교를 설립하였다. 러일전쟁 이후 일제의 식민지화 작업이 교육부문에서는 관공립학교를 통하여 추진되었기 때문에, 애국계몽가들은 사립학교를 설립하여 근대교육과 민족교육을 실시하고자 하였다.

선구적 애국계몽학회인 국민교육회(1904.8)는 일반국민의 교육 곧 보통교육의 발달에 설립 목적을 두고, 학교설립과 서적편찬에 노력하였다. 국민교육회는 普光學校(1905.8), 漢南學校(1906.9), 국민사범학교(1905.12) 등을 설립하였다.[33]

한북흥학회는 漢北義塾(1906.12), 서우학회는 사범양성을 위한 西友學校(1907.11), 서북학회는 西北協成學校(1908.1)를 설립하여 민족의 인재를 양성하고자 노력하였다. 서북협성학교는 사범속성과로 출발하여 이후 보통과와, 일제의 산림 침탈에 대응하려는 측량과를 두었다. 또한 서북학회는 노동계층의 교육을 위하여 水商夜學校, 경제적 실력양성을 위하여 농림강습소를 경영하였다.[34] 이와 함께 서북학회는 각 지에 支校를 설치하여 교육구국운동을

33) 申惠暻, 위의 글, 155·169～171쪽 참조.

34) 李松姬, 앞의 책, 86～87쪽 참조.

전개하였다.

정치・사회단체들도 학교의 설립을 권장하고 직접 학교를 설립하여 경영하였다. 대한자강회의 고령지회는 靈新學校를, 남양지회는 普興學校를, 의주지회는 自新學校를, 인천지회는 仁明學校를, 그리고 많은 지회들이 학교를 설립하여 운영했다. 대한자강회는 남양지회・의주지회・삼화지회가 학교관계로 지방관아와 문제가 발생했을 때 이의 해결을 위해 적극 노력했고, 인천지회의 학교설립 시에는 본회 간사원을 總敎師로 파견하는 등 지방지회의 학교 설립과 운영을 후원 장려하였다.[35]

대한협회의 지방지회들은 더욱 많은 학교를 설립하여 경영하였다. 전주지회는 涵育學校와 육영학교를,[36] 포천지회는 玉成義塾과 莘野義塾을,[37] 영흥지회는 洪明學校를 운영하였다.[38] 해주지회는 향교 내에 사범학교의 설립을 추진했고,[39] 碧城・大寧・齊民 3개 학교를 통합하여 學部에 인가를 청원하였다.[40] 단천지회는 유신학교를 운영했고, 유신학교 내에 중학교를 세웠다.[41] 남해지회는 육영학교를 운영하기로 하고,[42] 郡內 공공의 재산과 향교토지를 학교에 부속하기로 했다.[43] 경성지회는 각 면, 각 동에 국문학교를 설립하기로 했으며,[44] 제주지회는 폐교된 義興學校를 인수하여 경

35) 『大韓自强會月報』 제4호, 46쪽, 제6호, 76·82쪽, 제7호, 61쪽, 제8호, 58~59쪽, 제9호, 44~46쪽, 제11호, 67·72쪽, 제12호, 71쪽 참조.
36) 『大韓協會會報』 제2호, 58쪽 참조.
37) 『大韓協會會報』 제5호, 57쪽 참조.
38) 『大韓協會會報』 제7호, 57쪽 참조.
39) 『大韓協會會報』 제4호, 58쪽 참조.
40) 『大韓協會會報』 제12호, 56쪽 참조.
41) 『大韓協會會報』 제11호, 52쪽 참조.
42) 『大韓協會會報』 제6호, 68쪽 참조.
43) 『大韓協會會報』 제6호, 68~69쪽 참조.
44) 『大韓協會會報』 제7호, 57쪽 참조.

영했다.[45] 덕원지회는 과거 대한자강회가 설립했으나 폐교 지경에 이른 普文學校를 인수하여 운영했으며, 德源府 향교를 설득하여 향교 내에 학교를 설립하게 되었다.[46] 부안지회는 永信學校를 운영하면서 개명의숙도 신설하게 되었다.[47]

대한협회의 지회들은 신교육을 담당할 교사 양성을 위한 사범학교 설립에 노력했고,[48] 삼림 산야를 일정 기간 내에 신고하지 않으면 국유지로 몰수하도록 규정한 새로운 산림법에 대응하여 측량과와 측량학교를 설립하였다.[49] 대한협회 지회들은 야학교의 설립에도 깊은 관심을 기울여, 대구지회는 국민야학교를, 해주지회는 회관 내에 강습소야학교를 설치했고,[50] 남원지회는 법률 · 일어 · 산술 3과의 야학을 설립하였다.[51] 우리 나라의 야학은 1907년 7월에 설립된 마산노동야학에서 비롯되었는데,[52] 대한협회 지회들의 야학설립으로 확산되어 갔다.

신민회 회원들도 전국 각지에 무수히 많은 학교를 설립하여 교육구국운동을 전개하였다. 보창학교는 이동휘가 신민회의 노선에 따라 강화읍에 세운 중학교로, 강화군에만 21개의 소학교와 支校가 설립되었다.[53] 대성학교는 안창호가 평양에 설립한 중등교육기

---

45) 『大韓協會會報』 제7호, 59～60쪽 참조.
46) 『大韓協會會報』 제9호, 57쪽 참조.
47) 『大韓協會會報』 제12호, 56쪽 참조.
48) 『大韓協會會報』 제4호, 58쪽, 제12호, 25쪽 ; 『大韓民報』 1910년 7월 23일 「教育界」 참조.
49) 『大韓協會會報』 제5호, 60·62쪽 ; 宋炳基 外, 1971, 『韓國近代法令資料集』 Ⅵ, 國會圖書館, 233～234쪽 참조.
50) 『大韓協會會報』 제8호, 62쪽 ; 제12호 56쪽 참조.
51) 『大韓民報』 1910년 5월 29일 참조.
52) 이균영, 1993, 『신간회 연구』, 역사비평사, 322쪽 참조.
53) 李尙根, 1992, 「愛國啓蒙團體의 教育救國運動」 『朴永錫華甲紀念 韓民族獨立運動史論叢』, 논총간행위원회, 176～179쪽 참조.

관으로 민족운동의 간부 양성과, 국민교육의 사범양성에 두고, 지식계발뿐만 아니라 애국정신과 상무정신의 고양에 힘썼다. 그리하여 역사교육과 병식체조를 중요시했다.[54] 李昇薰이 평북 정주에 세운 五山學校 역시 국권회복을 위한 인재양성에 역점을 두고, 항일독립투사를 배출한 신민회계열의 대표적인 학교의 하나였다.

한편 애국계몽운동의 일환으로 근대대학도 설립되었다. 1905년에 보성전문학교가 설립되었고, 1906년 9월에는 평양 崇實大學이 창건되었으며, 1910년 3월에는 이화학당 대학부가 설치되어, 합방 이전에 이미 우리 나라에 대학교육이 실시되었다. 특이한 사실은 우리 나라 최초의 4년제 근대대학인 평양 숭실대학이 기독교 선교사들과 평양주민들의 합력에 의하여 설립되었다는 점이다. 미국북장로교 선교부 보고서(1906)는 ① 숭실대학의 설립이 한국인들의 대학교육에 대한 요구에 부응하여 계획되었고, ② 숭실대학 설립 계획이 제시된 평양의 교회집회에서 2,000불 이상의 엄청난 모금이 이루어진 사실을 알려 준다.[55] 『대한매일신보』(1906.7)도 「평양대학교 설립을 축하함」이란 장문의 기사 중에서, "근래에는 평양 예수교회에서 대학교를 설립하는데, 일반 남자들의 의연은 으레히 있는 일이어니와, 동지의 부녀들은 금은 반지 패물 등속을 그 이름도 밝히지 않고서 앞다투어 기부하여, 몇일 되지 않아 수천원(약 6천원)에 이르렀다"[56]고 경탄해 하였다. 을사조약 이후 애국계몽운동이 풍미하는 가운데, 숭실대학이 평양주민들의 거대한 모금에 힘입어 설립된 것은 한국 최초의 근대대학이 <평양주민의 대학>

---

54) 金瀅植, 1932.1, 「平壤大成學校와 安昌浩」『三千里』; 주요한, 1971, 『安島山全書』上, 三中堂, 89쪽 참조.

55) *Report of the Korea Mission of the Presbyterian Church in the United States of America to the Annual Meeting*, Seoul, Sept. 1906, 36쪽 참조.

56) 『大韓每日申報』1907년 7월 13일 논설「賀平壤大學校設立」.

곧 <민족적 대학>의 성격을 띠고 설립된 것을 의미하는 것이며, 한국 최초의 근대대학이 애국계몽운동을 배경으로 하여 설립되었음을 의미하는 것이다.[57]

애국계몽가들의 학교설립운동으로 1907년에서 1909년 사이에 무려 3천여 개의 사립학교가 설립되어 근대교육과 민족교육이 실시되었다. 이에 일제는 1908년 8월 「사립학교령」과 「학회령」을 공포하여 민족교육을 말살하려 했고, 1909년 2월에는 기부금모집 취체규칙을 제정하여 사립학교를 탄압하였다.[58]

2. 교과서 편찬운동

애국계몽가들은 민족교육에 필수적인 국사와 국어교육 등을 올바로 시키기 위하여 교과서 편찬을 추진하였다. 당시 일제 통감부는 한국의 교육정책을 장악하고 한국의 자주적 민족교육에 제약을 가하고 있었다. 국사과목은 이미 1895년 갑오개혁 이후 學部가 설치되면서 교과과정으로 중요시되었으며, 국사교육이 애국사상 및 독립사상 고취에 중요하다고 인식되어 러일전쟁 이후에는 국사교육의 붐이 일어났다.[59] 이에 통감부는 학부에 일본인을 배치하여 교육과정과 교과서 등 교육정책 전반에 관여하며, 민족주체성에 입각한 교육을 실시하지 못하도록 억압하였다.

57) 柳永烈, 1997, 「韓國 최초 近代大學의 설립과 民族的 성격」 『한국민족운동사연구』 15, 한국민족운동사연구회, 104～107쪽 참조.

58) 尹漢喆, 1988, 「韓末 私立學校令 以後 日帝의 私學彈壓과 그 特徵」 『한국독립운동사연구』 2, 독립기념관 한국독립운동사연구소, 65～103쪽 참조.

59) 金成俊, 1971, 「舊韓末의 國史敎育에 對하여」 『大東文化硏究』 8, 성균관대, 189쪽 참조.

더욱이 통감부는 日文 교과서를 편찬하여 식민지화교육을 실시하려고 하였다. 일본인 學部 참여관 시데하라 히로시(幣原坦)가 일문으로 초등 및 중등 교과서를 편집하려고 하자,[60] 대한자강회는 일문교과서에 의한 교육은 한국정신을 소멸시킬 것이라 주장하고, 학부대신에게 일문교과서 편집문제를 강력하게 항의하였다.[61] 결국 일제가 추진한 일문교과서 편집은 애국계몽가들이 이끈 사회여론에 의하여 무산되고 말았다.

일제는 1908년 '사립학교령'과 '교과용도서 검정규정'을 공포케 하여, 관찬 교과서에는 민족정신을 고양하는 내용이 제외되었으나, 민간 교과서는 교육구국운동의 일환으로 민족의식을 불러일으키는 내용을 위주로 편찬되었다. 당시 대표적인 민간교과서 편찬자는 玄采·安國善·장지연·신채호·유근·鄭寅琥·元泳義·安鍾和·金宇植 등이다. 가장 많은 교과서를 편찬했던 현채는 『보통교과 동국력사』·『동국사략』·『만국사략』 등의 역사교과서와 『幼年必讀』·『幼年必讀釋義』·『大韓地誌』 등을 저술했고, 『淸國戊戌政變記』·『월남망국사』 등을 번역했다. 그는 이와 같은 저서·역서를 통하여 열강에 침탈당하고 있는 중국의 현실과 월남과 폴란드의 멸망을 귀감으로 삼아 조국이 자강하여 열강의 대열에 서기를 염원하였다.[62] 또 다른 대표적인 교과서 편찬자인 안국선은 『禽獸會議錄』·『정치원론』·『비율빈전사』 등을, 장지연은 『大韓新地誌』·『녀즈독본』·『애급근세사』 등을 편찬 번역하였다.[63]

---

60) 『大韓每日申報』 1906년 6월 6일 잡보 「敎育禍胎」 참조.
61) 『大韓自强會月報』 제2호, 36~37쪽 참조.
62) 盧秀子, 1969, 「白堂 玄采硏究」 『梨大史苑』 8, 이화여대 사학과, 69쪽 참조.
63) 東亞日報社, 『日政下禁書』 33卷 (1977, 『신동아』 別冊附錄), 254~276쪽 참조.

그리고 교육단체와 정치사회단체도 독자적으로 교과서를 편찬하였다. 사립학교인 徽文義塾은 교과용 도서로 『高等小學修身書』·『중등수신교과서』 등을 편찬하였다. 국민교육회에서는 인쇄소를 설치하고 『대동역사략』·『新撰小博物學』(1906.6)·『초등소학』(1906.10)·『新撰小物理學』·『초등지리교과서』(1907.7) 등을 간행하였다.[64] 『대동역사략』은 조선왕조의 개국기원을 사용하고 고대 '任那日本部說'을 배제하는 등 당시 식민사학이 지배적인 학계, 교육계에서 민족사서로서 출간되었다.[65] 보통학교용 국어 교과서로 쓰인 『초등소학』은 일제의 일어수업, 일어교과서 사용에 대한 위기감에서 편찬되어 국한문 혼용체로 발행되었는데, 『황성신문』이 국가사상을 주입하는데 적절한 목적을 지니고 있으며 "국가독립의 원동력"이라고 평론할 정도로 민족적인 내용을 담고 있었다.[66] 興士團에서도 『초등본국략사』, 『초등본국지리』 등을 독자적으로 간행하였는데, 이 책들은 철저한 민족주의적 사상과 배일사상을 담고 있었다.[67]

한편 민간에서 민족교육의 실시를 목적으로 교과서 편찬이 널리 확산되면서 교과서 편찬을 목적으로 한 전문회사도 등장하였다. 1906년 4월에 설립된 廣學社는 "동서의 서적을 참작하고 한국의 성질을 절충하여 초등교육에서 고등교육까지 널리 쓰일 교과서"를 편찬하고자 하였다.[68]

그리고 애국계몽가들은 애국주의·민족주의 교육을 위한 교과

---

64) 申惠暻, 앞의 「大韓帝國期 國民教育會 硏究」, 156쪽 참조.

65) 趙東杰, 1987, 「韓末史書와 그의 啓蒙主義的 虛實」 下 『韓國學論叢』 10, 국민대 한국학연구소, 155~159쪽 참조.

66) 『皇城新聞』 1907년 7월 15일 논설 「初等小學」 참조.

67) 白淳在, 1984, 「教科書 編纂」 『한국사』 20, 국사편찬위원회, 221~222쪽 참조.

68) 『大韓每日申報』 1906년 4월 28일 잡보 「廣學社趣旨書」 참조.

서와 각종 서적을 널리 배포하였다. 서우학회는 민족교육에 필요한 교과서를 평양의 지방사무소를 통하여 각지의 사립학교에 배포하였다.69) 신민회는 1908년 평양에 태극서관을 설립하고 서울에 지점을 두어, 경향 각지의 학교에 각종 서적과 교과서를 공급하였다. 태극서관은 『삼국사기』·『동국통감』·『擇里志』·『해동소학』과 각급학교에서 사용하던 『한문독본』과 梁啓超의 『飮氷室文集』 등을 취급하였다.70)

애국계몽가들이 민족교육을 위한 교과서를 편찬하여 보급하자, 일제 통감부는 검정제도에 의거 학부에서 인가되지 않은 교과서의 사용을 금지시켰다.71) 이에 『대한매일신보』는 학부의 교과서 검정방법은 한국을 멸망케 하는 행위라고 비판했고,72) 민족적 교육기관은 인가받지 않은 교과서를 등사하여 몰래 사용하기도 하였다.73)

대한협회 평의원 장지연은 애국교육을 무리하게 금지하는 교과서 검정규정의 부당성를 지적하고, 당분간 대한협회와 각 학회가 심사위원을 정하여 교과서를 균일케 할 것을 주장하였다.74)

3. 의무교육 실시운동

애국계몽가들은 민족의 실력양성을 위한 방법의 하나로 우리 역

69) 『西友』 제6호, 46쪽 會報 ; 『大韓每日申報』 1907년 4월 24일 雜報 「敎育模範」 참조.

70) 尹慶老, 1992, 「新民會 活動의 經濟的 基盤」 『朴永錫華甲紀念 韓民族獨立運動史論叢』, 논총간행위원회, 156~158쪽 참조.

71) 高橋濱吉, 앞의 『朝鮮敎育史』 178~185쪽 참조.

72) 『大韓每日申報』 1909년 3월 16일 논설 「國家를 滅亡케 ᄒᆞ는 學部」.

73) 김종덕, 1989, 「한말계몽운동의 계보와 성격」 『韓國의 社會와 文化』 10, 정신문화연구원, 200쪽.

74) 金項句, 1992, 『大韓協會硏究』, 단국대학 박사학위논문, 120~121 참조.

사상 최초로 의무교육의 실시를 주장하였다. 그들은 모든 국민이 신교육을 받을 수 있는 보통교육을 강조했고, 그 방안으로 의무교육제도의 실시를 주장하였다. 그들의 의무교육 실시의 주장에는국민교육의 확대로 지방자치를 실현하여 국민의 자치능력을 배양하려는 의도도 있었다.

대한자강회는 즉각적인 국권회복이 불가능한 상황에서 교육진흥을 장기적인 국권회복의 방법으로 간주하고, 의무교육이 아니면 국민에 대한 교육의 보급이 제대로 이루어질 수 없으며, 의무교육 실시야말로 국권회복의 유일한 희망이라고 역설하였다.[75]

대한자강회의 의무교육 실시의 주장은 1906년 8월의 임시평의회에서 제기되었고,[76] 10월 20일의 통상회에서 의무교육실시 건의안이 최종 확정되었다.[77] 대한자강회에서 확정한 의무교육 실시안은 ① 적당한 행정구역을 단위로 學區를 정하여 구립소학교를 설치하고, ② 구립소학교의 설비와 유지비용은 학구 내 주민이 부담하며, ③ 학구 내 주민은 학무위원을 선출하여 교과서의 선정 등 학무 일체를 위임시키며, ④ 학령은 남녀 만 7세로부터 만 15세까지 8년간으로 하되, 처음 5년간은 초등과로 하여 의무교육을 실시하자는 것이었다.[78] 대한자강회는 1906년 10월 26일 정부와 중추원에 의무교육에 관한 건의서 제출을 시작으로, 1907년 8월 해산될 때까지 참정대신과 학부대신을 면담하며, 지속적으로 의무교육 실시를 건의하였다. 이에 대하여 참정대신은 의무교육 실시에 원칙적으로 동의하나 소관부서인 학부와 협의하여 실시할 것이라고 했고, 학부대신은 의무교육은 당연히 실시해야 하나 좀더 시간을 두

75) 尹孝定, 「今日國民之感念如何」 『大韓自强會月報』 제5호, 51쪽 참조.
76) 尹孝定, 「義務敎育實施議案」 『月報』 제3호, 42~43쪽 참조.
77) 『大韓自强會月報』 제5호, 37·43~44쪽 참조.
78) 『大韓自强會月報』 제8호, 41~42쪽 「義務敎育條例大要」 참조.

고 실시방법을 연구하겠다는 입장을 취하였다.[79)]

한편 1907년 1월 9일의 중추원회의에서는 정부에서 자문한 의무교육의안을 통과시키고, 1월 하순과 2월 하순 2차에 걸쳐 의무교육의 실시를 정부에 촉구하였다.[80)] 서울 各署(=5서)의 대표들도 정부가 우선 의무교육령을 반포하고 실시 가능지역부터 실시토록 학부에 건의하였다.[81)] 이와 같이 각 방면으로부터의 의무교육 실시 주장에도 불구하고, 학부대신이 의무교육 실시 건의에 대해 최종적으로 답변한 것은 "아직 실시할 수 없다"는 것이었다.[82)] 결국 의무교육령이 반포되지 못한 이유는, 무엇보다도 당시 일제의 보호국체제 하에서 對韓愚民化政策을 펴고 있던 일제통감부가 의무교육 실시운동을 국권회복운동의 일환으로 간주하고 이를 방해했기 때문이었다.[83)]

대한자강회의 의무교육 실시운동은 비록 일제에 의해 저지당했지만 애국계몽단체의 신교육구국운동에 영향을 주게 되었고, 마침내는 평양 지역에서 의무교육이 실시되었다. 서우학회는 대한자강회의 건의에 따른 정부의 처리를 기다릴 것 없이 곧바로 관서지역에서만이라도 의무교육을 실시하기로 결정하고, 우선 평양군 각면에 소학교 1개교와 교무원 2인씩을 선정하여, 우리나라 최초로 의무교육을 실시하였다.[84)] 한북흥학회 2대 부회장 이동휘도 강화

---

79) 『大韓自强會月報』 제6호, 76·78쪽, 제7호, 59～60쪽, 제8호, 65～66쪽 참조.

80) 『大韓自强會月報』 제8호, 66쪽 「樞院會議」, 제9호 71쪽 「樞院議決」 참조.

81) 『大韓自强會月報』 제11호, 73～74쪽 「代表質稟」 참조.

82) 『大韓自强會月報』 제13호, 61쪽 참조.

83) 愼鏞廈, 1980, 「韓末의 愛國啓蒙運動」 『韓國近代史와 社會變動』, 文學과 知性社, 85쪽 참조.

84) 朴殷植, 『西友』 제7호, 2쪽 論說 「祝義務教育實施」 ; 『大韓每日申報』 1907년 4월 24일 잡보 「教育模範」 참조.

군 군내의 유지인사들과 함께 학무회를 조직하고, 강화군을 56개 구역으로 나누어 학령에 달한 아동을 각 구역의 각 학교에 의무적으로 입학케 하는 의무교육을 실시한 것이다.[85]

4. 실업·상무교육 실시운동

애국계몽가들은 국민 보통교육을 위한 의무교육 실시운동과 함께 국민의 자립생활을 위한 실입교육을 강조하고 국권회복 전쟁에 대비한 상무교육을 중시하였다.

애국계몽가들은 국가의 독립은 자강의 실현에서 가능하고, 자강의 실현은 실업의 발달에서 가능하며, 실업의 발달은 지식 곧 교육을 통하여 가능하다고 하여 실업교육의 중요성을 역설하였다.[86] 그들은 실업교육을 통하여 국민의 경제적 자립능력에서 얻어지는 개인적인 독립정신을 국가적인 독립사상으로 승화시켜 국가독립의 기초를 닦아야 한다고 주장하였다.[87] 나아가 그들은 실업교육을 통하여 각종 산업에 대한 연구와 기술개발을 통하여 國家富源을 증식하여 자강을 실현해야 한다고 주장하였다.[88] 곧 애국계몽가들이 의도하는 실업교육은 국민 개개인의 경제적인 자립과 향상을 꾀하고, 이를 바탕으로 자주독립사상을 배양하여 국가의 독립과 부강을 도모하려는 교육이었다.

애국계몽단체들은 산업진흥을 위한 계몽활동뿐만 아니라 실제

85) 邊勝雄, 1992, 「韓末 私立學校 設立動向과 愛國啓蒙運動」『國史館論叢』 18, 국사편찬위원회, 51쪽 참조.
86) 李鍾濬, 「敎育論」『大韓自强會月報』 제7호, 1~2쪽 참조.
87) 呂炳鉉, 「殖產部論說」『大韓自强會月報』 제2호, 15~16쪽.
88) 張志淵, 「殖產興業의 必要」『大韓自强會月報』 제1호, 32~34쪽 참조.

로 실업부를 조직하고, 농업・공업・상업학교를 설립하여 실업교육을 실시하는데 많은 노력을 기울였다.[89)]

예컨대 서북학교는 농림업의 발달로 경제적 도탄에 빠진 인민의 생활을 개선하고자 농림강습소를 설치하여 농업교육을 실시하였다.[90)] 대한자강회 회장 윤치호가 경영한 韓英書院은 과수・채소・원예・목축・목공・철공・피혁・직조・사진술 등의 과목을 개설하고, 농장과 공장을 갖추어 이론과 실습을 통하여 철저한 실업교육・직업교육을 실시하였다.[91)] 평양의 숭실학교는 교내에 목공부・인쇄부・鑄物部・철공부를 갖춘 공장 곧 숭실학교 기계창(Industrial Department)을 설치하여, 학생들이 자력으로 학비를 조달하게 하고, 졸업 후 유용한 사회인이 되도록 철저한 기술교육을 실시하였다.[92)] 이러한 실업교육・직업교육의 실시는 한국인 개개인의 근로정신의 고취와 경제적 자립능력을 배양하여 국가적인 독립사상으로 승화시키려는 것이었다.

한편 애국계몽가들은 실업교육을 통한 국력의 배양에 못지 않게 독립전쟁에 대비한 상무교육의 실시를 강조하였다. 애국계몽가들이 상무교육을 강조한 이유는, 우리나라의 국권 상실의 중요한 원인이 문을 숭상하고 무를 천시하여 국력이 쇠약해진 까닭이라고

---

89) 『大韓每日申報』 1909년 9월 2일 논설 「西北學校內 農林講習所 發起」, 12월 18일 논설 「商業上 知識의 必要」, 1908년 6월 7일 寄書 「工業을 宜奬勵」 참조.

90) 『大韓每日申報』 1909년 9월 2일 논설 「西北學校內 農林講習所 發起」 참조.

91) 金永羲, 『佐翁尹致昊先生略傳』(基督教朝鮮監理會總理院, 1934) 198・209쪽 ; 尹致昊, 「風雨二十年－韓末政客의 回顧談」 『東亞日報』 1930년 1월 15일 참조.

92) Pyeng Yang Union Christian College, 1910, 12-13쪽 "Student Help" ; Catalogue of the Union Christian College and Academy, June 1913, Pyeng Yang, 13쪽 "Self-helf for Presbyterian Students" 참조.

보았기 때문이었다. 그러므로 그들은 '문무의 균형적 육성이 천하의 두 개의 대업'이라 하고, 국가 권력을 회복하고 민족의 생명을 보전하기 위해서는 스파르타식 상무교육이 실시되어야 한다고 주장하였다.[93] 또한 그들은 세계열강과 어깨를 나란히 하기 위해서는 상무교육이 절실히 필요하며, 상무교육이 아니고서는 결코 국가정신·민족주의·문명주의를 유지하고 발휘할 수 없다고 주장하였다.[94]

애국계몽가들은 당시 한국인의 군사교육은 현실적으로 각종 학교에서 체육교육을 통하여 할 수밖에 없다고 판단하였다.[95] 그리고 그들은 군사교육 곧 상무교육을 실현하기 위한 일차적인 방안은 "국민 일반의 체육을 발달시켜 국민으로 하여금 씩씩하고 활발한 기품을 갖도록 함에 있다"고 주장하였다.[96] 애국계몽운동 당시 초기의 체육교육은 체조가 중심을 이루었다. 당시 학교체조는 주로 육군사관이 지도하는 군대식 병식체조를 중심으로 이루어졌다. 그리고 부족한 체육교사와 체조의 보급을 위하여 각 학교 교사와 교원을 상대로 체조강습회도 개최되어 체육교육이 활성화되었다.[97]

이러한 군사적 실력양성을 염두에 둔 학교체육은 운동회의 개최로 더욱 확산되었고, 각급 학교의 운동회는 각급 학교의 연합운동회로 발전하였다. 운동회에서 행해졌던 接戰競技는 포병대·보병대·위생대·결사대로 나누어 공격, 방어 등 실전과 같은 군사훈

93) 朴殷植, 「文弱之弊는 必喪其國」『西友』 제10호, 1~6쪽 논설 참조.
94) 『大韓每日申報』 1910년 2월 27일·3월 3일 논설 「二十世紀 新國民」 참조.
95) 『大韓每日申報』 1908년 9월 22일 논설 「敎育勃興의 兆」 참조.
96) 『大韓每日申報』 1908년 4월 10일 논설 「尙武敎育의 必要」 참조.
97) 邊勝雄, 앞의 「韓末 私立學校 設立動向과 愛國啓蒙運動」, 96쪽 참조.

련을 하였는데, 이것은 단순히 체력증진이라는 목적 외에 국권회복을 위한 미래의 실전에 대비하고자 한 것이었다.[98] 애국계몽가들의 상무교육의 중요성에 대한 계몽으로 '대한체육구락부' 등 민간 체육단체들이 발족하여, 상무적인 체육활동이 학교교육에 국한되지 않고 사회 일반에 광범위하게 확산되어 갔다.[99]

Ⅲ. 경제구국운동

애국계몽가들은 한국이 일본의 보호국이 된 요인의 하나는 殖産의 부진에 따른 국가의 빈약에 있다고 보고, 교육구국운동과 더불어 식산흥업운동을 전개하였다. 그들은 교육과 식산에 의한 국민의 지식과 경제적 향상을 '유일한 자강책' 또는 '국권회복의 실무'라고 여겼던 것이다.[100] 그들은 식산흥업 활동이 현실적으로는 일제의 경제적 침탈을 억제하고, 교육진흥에 필요한 경제적 토대를 마련하는 것이며, 궁극적으로는 국가의 부강을 통한 국권회복의 기초가 된다고 믿었다.[101] 그러므로 그들은 일제의 경제적 침략에 대응하여 민족의 경제적 자립을 추구하는 경제적 실력양성운동을 전개하였다.

그리하여 그들은 일제의 황무지개간권 요구에 반대운동을 주도했고, 일제에 대한 국채보상운동을 전개했으며, 일제의 토지침탈에

98) 『皇城新聞』 1908년 6월 9일 잡보 「分校運動盛況」 참조.
99) 邊勝雄, 앞의 글, 99쪽 참조.
100) 『大韓自强會月報』 제1호, 9-10쪽 「大韓自强會趣旨書」; 尹孝定, 「志士의 眼淚와 學生의 指血」 『大韓自强會月報』 제8호, 52쪽 참조.
101) 張志淵, 「嵩齋漫筆」 『大韓自强會月報』 제2호, 17～18쪽, 제3호 9～10쪽 참조.

대한 제도적 대응책을 마련케 했고, 민족자본의 육성에 의한 민족자립경제의 건설에 노력하였다.

1. 황무지개간권 반대운동

일본은 1904년 6월 일본인 나가모리(長森藤吉郞)를 통하여 황무지 개간권을 요구하였다. 그것은 한국의 막대한 산림·川澤 등의 개간권을 넘겨받아 사실상 한국의 토지를 약탈하려는 것이었다. 이에 1904년 7월 전 중추원 의관 宋秀萬·沈相雲 등이 서울에서 輔安會를 조직하여 일본의 황무지개간권 요구에 반대운동을 벌였다.

일본인의 황무지개간권 요구는 일제의 대한제국에 대한 식민지화계획 수행의 일환이었다. 일제는 러일전쟁 도발 이후 '韓日議政書'를 강제로 체결하고, 새로운 '對韓方針'을 강구하여 한국에 대한 정치·군사적 간섭 체제를 갖추고, 경제적으로는 식민지 경영을 위한 이권 획득을 급선무로 삼았다. 이러한 일본의 계획을 실천하려는 것이 '對韓施設綱領'이었다. 그 중 '拓殖' 문제에 관한 내용의 골자는, 한국을 일본의 식량과 원료 공급지 및 상품 시장으로 만드는 한편, 일본 내의 과잉 인구를 해소하기 위하여 한국 전역에 일본인들을 이주시킨다는 것이었다. 일제는 이런 목적으로 1904년 6월 한국 정부에 공식적으로 황무지개간권을 요구하였다. 그것은 국가소유 황무지에서는 일본인이 경작 및 축산의 특허 혹은 위탁을 받아 경영하고, 민유지에서는 외국인 토지소유 제한규정을 완화하여 일본인의 토지소유를 인정받게 하려는 것이었다.[102] 일본

102) 『日本外交文書』 第37巻 第1册 351~356쪽 「對韓方針竝ニ對韓施設綱領決定ノ件」 참조 참조.

이 한국 정부에 제시한 황무지개간권의 내용은 한국의 토지개간권, 토지의 이용수익권을 50년 기한으로 일본인에게 위임하라는 것이었다. 그들이 말하는 개간권은 한국 전 황무지의 개간·정리·척식 등 일체의 경영을 통해 얻어지는 광범위한 수익권을 담고 있었다.[103)]

사실상 일본이 대한제국 전 국토의 30%에 해당되는 황무지를 무상으로 강탈하려는 요구에 대하여 전국적인 반대운동이 벌어졌다. 일본의 황무지개간권에 관한 계약을 둘러싼 한일 양국 정부의 논의가 분분할 때, 유생 21명이 전국 13도에 배일 통문을 돌린 것을 계기로 황무지개간권 반대운동이 촉발되었다.[104)] 일제의 황무지개간권 요구에 대하여 관인과 유생들의 상소에 의한 초기의 반대운동은, 일본의 요구가 강압화함에 따라 輔國安民을 표방한 보안회 중심의 구국민중운동으로 발전되었다.

보안회는 연일 서울 종로의 白木廛 都家에서 집회를 열고, 일본의 산림·천택·原野·황무지 개간권 요구를 공개적으로 반대하는 연설을 하며, 일본과의 교섭을 담당했던 외부대신 李夏榮을 성토하였다.[105)] 보안회의 황무지개간권 반대투쟁은 일본의 경제적 침략에 대한 위기의식이 팽배했기 때문에 신분 계급을 초월하여 거족적인 구국운동으로 전개되었다. 보안회는 일본의 황무지개간권 요구에 대한 성토대회와 선언문 발표 외에도, 각국 공사관에 서한을 발송하여 일본의 부당한 요구를 국제여론에 호소하는 외교운동을 전개하기도 하였다.[106)] 보안회의 민중을 동원한 조직적인 황

---

103) 尹炳奭, 1964, 「日本人의 荒蕪地開拓權 要求에 대하여」『歷史學報』 22, 역사학회, 42~44쪽 참조.

104) 尹炳奭, 위의 글, 49~52쪽 참조.

105) 『皇城新聞』 1904년 7월 15일 잡보 「宋氏演說」 참조.

106) 『皇城新聞』 1904년 7월 23일 잡보 「會長說明」·「函訴各館」 참조.

무지개간권 반대투쟁은 일제의 경제적 침략에 대한 반대운동에서 전민중적 반일운동으로 확대되었다.

일제는 황무지개간권 요구에 대한 거족적인 반일운동을 강경한 방법으로 진압하였다. 일제는 1904년 7월 20일 서울 내외에 군사경찰제를 실시하고, 헌병대장에게 '군사경찰시행에 관한 실시사항'이란 훈령을 내려, 소위 치안에 방해가 되는 집회를 금지시키고, 황무지개간권에 반대하는 신문의 발행을 정지했으며, 반대운동을 주도한 보안회 간부들을 체포 구금하는 등 군사경찰에 의한 탄압을 강화하였다.[107] 결국 보안회 중심의 거족적인 황무지개간권 반대운동에 직면하여, 정부는 "전국의 국토를 尺寸이라도 절대로 외국인에게 대여하지 않겠다"고 약속하고, 3천여 명의 군중이 운집한 항의 집회의 해산을 종용하자, 보안회는 집회투쟁을 보류하였다.[108]

보안회는 일본의 황무지개간권 요구철회의 약속을 받고 해산하였지만, 보안회 都總務였던 李儁을 중심으로 대한협동회(1904.9)가 결성되어 일본의 황무지에 대한 야욕을 확실하게 분쇄하고자 하였다. 대한협동회는 결성 초기에는 회장 이상설, 부회장 이준, 총무 정운복, 평의장 이상재, 서무부장 이동휘, 편집부장 이승만, 지방부장 양기탁, 재무부장 허위 등의 조직을 가지고 활동하였다. 그 후 대한협동회는 이준을 회장으로 선출하고, 일제의 황무지개간권 요구에 협조적이었던 궁내부대신 閔丙奭과 외부대신 이하영의 탄핵을 계획했으며,[109] 일제의 토지침탈 획책 등을 성토하며 반일운동을 전개하였다. 이들의 격렬한 반일투쟁의 결과 대한제국 정부가

---

107) 『皇城新聞』 1904년 7월 23일 잡보 「日兵捕縛會員」; 7월 25일 잡보 「押人散會」 참조.

108) 『皇城新聞』 1904년 7월 25일 잡보 「政府告示」; 7월 28일 잡보 「諭禁撤市」 참조.

109) 申惠暻, 앞의 「大韓帝國期 國民教育會 研究」, 160쪽 참조.

마침내 '長森荒蕪付許可文券'을 돌려받고 일제의 황무지 침탈야욕을 저지할 수 있게 되었다.[110]

결국 보안회를 중심으로 전개된 일제의 황무지개간권 요구에 대한 반대운동은 정부 대신으로부터 일반 서민에 이르기까지 각계 각층을 망라한 구국민족운동으로 발전하여 일제의 침략야욕을 좌절시켰으며, 이것은 근대적 민중운동의 효시인 독립협회의 만민공동회 운동과 비견되는 전민족적 반침략운동이었다고 하겠다.

2. 국채보상운동

한말에 일제의 경제침략은 막대한 차관을 대여하여 한국경제의 예속화를 추진하는 데에도 중점을 두고 진행되었다. 이에 애국계몽가들은 근대사회에서 행해지는 국민적 모금방식에 의하여 국채보상운동을 전개하여 국권을 회복하고자 하였다. 이것은 독립협회의 '국민적 모금에 의한' 독립문 건립운동을 방불케 하는 국권회복을 위한 근대적 경제구국운동이었다.

일제는 1904년에 고문정치를 시작하고, 특히 을사조약 이후에는 한국경제를 파탄시켜 일본경제에 예속시키기 위한 목적으로, 소위 시정개선을 명목으로 하여 한국에 高利의 차관을 대규모로 강요하였다. 1905년 한 해만 해도 일본으로부터 650여만 원의 차관이 도입되었고, 1907년 2월까지 대한제국이 일본으로부터 짊어진 외채는 모두 1,300만 원에 달했는데,[111] 이는 대한제국의 1년 예산에 해

---

110) 柳子厚, 1947, 『李儁先生傳』, 東方文化社, 103~107쪽 참조.
111) 申載洪, 1976, 「主權守護運動」 II, 『한국사』 19, 국사편찬위원회, 257~258쪽 참조.

당되는 거액이었다. 당시 대한제국의 예산 규모는 세입이 약 1,319만 원, 세출이 약 1,396만 원이었다.112) 이러한 상황에서 국민의 힘으로 국채를 갚고 일본에의 경제적 예속화를 탈피하려는 국채보상운동이 일어나 거족적인 운동으로 확산되었다. 애국계몽가들의 주도 하에 시작된 이 운동은 고종황제를 위시하여 전·현직 관료, 유생, 부인회, 군인, 해외 교포 등 남녀노소, 빈부귀천을 초월하여 거족적으로 전개되었던 것이다.

국채보상운동은 1907년 2월 16일 대구 廣文社의 특별회의에서 사장 金光濟, 부사장 徐相敦 등 10여 명의 공동 발기인 이름으로 '國債一千三百萬圓報償趣旨書'란 격문을 전국에 발송한 데서 시작되었다. 발기인들은 국채보상취지에서 국고로 상환할 수 없는 국채 1,300만 원을 국민된 의무로서 갚아 국가를 지켜야 한다고 주장하고, 그 방법으로 2천만 인민이 3개월 동안 담배를 끊고 그 대금으로 1인당 매달 20전씩을 거두어 1,300만 원을 갚자는 斷煙에 의한 모금론을 제시하였다.113)

국채보상운동은 언론을 통하여 전국적으로 확산되었다. 국채보상운동 취지서가 발표되자 『황성신문』·『대한매일신보』·『제국신문』·『만세보』 등 당시 민족언론들은 이를 적극적으로 홍보하여 전국 각계 각층의 참여를 유도하였다.114) 특히 대한매일신보사는 사원 전원이 단연을 결의하고 국채보상운동에 적극 참여했으며, 국채보상 의연금을 신문사가 직접 모금하고, 모금란을 증면하면서까지 그 성명과 액수를 지상에 게재하였다.115)

112) 『大韓每日申報』 1906년 11월 16일 관보 「光武 11年度 歲入歲出豫算」에 의하면, 1907년도의 歲入總額은 13,189,336원이고, 歲出總額은 13,963,035원이었다.

113) 『大韓自强會月報』 제9호, 59~62쪽 참조.

114) 申載洪, 앞의 글, 260쪽 참조.

애국계몽단체와 학회 및 전국 각지의 학교도 앞장서서 국민을 계몽하며 모금 운동을 전개해 나갔다. 대한자강회는 1907년 3월 1일의 임시평의회에서 대한자강회 회원인 김광제의 국채보상에 관한 의안을 수리하고,[116] 국채보상운동에 적극 참여했다. 대한자강회는『월보』제9호 논설에서 '斷煙償債問題'를 논하고, 잡록란의 15면을 할애하여 국채보상운동을 극구 찬양하는 한편, 그 발기 경위와 경향 각지에서 조직된 국채보상단체의 취지서 7건을 전재하여 국채보상운동의 중요성을 부각시켰다.[117] 그리고 대한자강회는국채보상운동은 국채보상 자체보다도 국민이 국가를 알고 '愛國鎭誠'을 표시하는 증거로서 더 큰 의미를 가진다고 하고, 결국 국채보상운동은 '대한국 정당한 국민의 신 인구조사'이며 국권회복운동임을 강조하였다.[118] 또한 그 회원들은 개별적으로 국채보상단체를 조직하거나 이에 참여하여 이 운동을 적극 추진하였다. 뿐만 아니라 대한자강회는 국채보상운동과 때를 같이 하여 회원인 李鍾一·金相範 등 10명이 사회유지 44명과 함께 光武社를 발기하여, 외국인 수중의 철도 상환운동을 통한 경제구국운동을 추진하기도 했다.[119] 서우학회도 '국채보상문제'라는 제목으로 유학생 등의 글을 싣고 의연금을 모집하며, 국채보상운동에 적극 참여하였다.[120]

국채보상운동의 결과 1907년 4월 말까지 4만여 명의 국민이 모금에 참여했고 5월 말까지 230여만 원의 기금이 모금되는 성과를

115) 李尙根, 앞의「愛國啓蒙團體의 教育救國運動」, 22쪽 참조.
116)『大韓自强會月報』제9호, 46쪽 참조.
117) 張志淵,「斷煙償債問題」『大韓自强會月報』제9호, 1~3쪽 ;『大韓自强會月報』제9호, 57~71쪽 참조.
118)『大韓自强會月報』제10호, 67~70쪽「巷論衢謠」참조.
119)『大韓自强會月報』제9호, 54~56쪽「光武社趣旨書」및 관련기사 참조.
120)『西友』제6호, 27~33쪽「國債報償問題」;『大韓每日申報』1907년 3월 15일 광고, 4월 3일 잡보「西友開會」참조.

거두었다.[121] 그러나 국채보상운동은 통감부가 배일운동으로 간주하고 탄압하여 성공을 거두지 못하였다.

통감부 경무총감은 통감에 보고하는 가운데, 국채보상운동은 기독교청년회 · 대한자강회 · 『대한매일신보』 등의 후원 하에 "그 목적은 현 정부가 부담하고 있는 일본의 국채 1천 3백만 원을 보상하는데 있다고 표방하나, 내용은 국권회복을 의미하는 일종의 배일운동임은 말할 나위도 없다"고 확언하였다.[122] 그러므로 통감부는 국채보상운동의 주동적 역할을 했던 대한매일신보사를 탄압하기 위해 사장 裵說(Bethell)과 총무 겸 국채보상지원금총합소 회계인 양기탁을 의연금 30만 원 횡령죄로 몰아 구속하는 등 온갖 방해공작을 하였다.[123] 결국 국채보상운동을 일제의 비열한 방해공작에 의하여 소기의 목적을 달성할 수 없었다. 그리고 국채보상운동의 실패 요인으로는 통일적인 지도체제가 결여되었고, 고급관료층과 부유층이 거의 모금에 참여하지 않았던 사실도 지적될 수 있을 것이다.[124]

3. 부동산침탈 반대운동

애국계몽단체들은 일제가 한국의 토지잠식을 획책하며 경제적

121) 申載洪, 앞의 글, 262쪽 참조. 최근의 趙恒來, 1987, 「국채보상운동」 『한민족독립운동사』 1, 국사편찬위원회, 668쪽에서는 약 18만 8천 원으로 밝히고 있다. 후자에 공감을 하면서도 일단 통설에 따랐다.

122) 『駐韓日本公使館記錄』 明治 40년 3월 2일조 「出張中接受電信控」; 國史編纂委員會, 1972, 『高宗時代史』 六, 探求堂, 590~591쪽 참조.

123) 崔俊, 1976, 「國債報償運動과 프레스 캠페인」 『韓國新聞史論攷』, 一潮閣, 118~119쪽 참조.

124) 李尙根, 앞의 「愛國啓蒙團體의 敎育救國運動」, 26쪽 참조.

침략을 노골적으로 드러내자, 이에 반대하여 부동산관계 법령의 제정을 통한 경제구국운동을 전개하였다.

한말에 일본인의 내한 이주자는 급격히 증가하여 농업·임업·어업·광업 등 한국의 각종 산업에 침투하고 있었다. 장지연은 을사조약 이후 내한 일인의 수는 1일에 5백여 명으로 1개월에는 1만 5천여 명, 1년에는 18만여 명에 달할 것으로 추산하고, 일본인 이주자의 급증과 이에 따른 경제적 침탈에 의한 경제적 식민지화의 위험을 경고했다. 그는 1904년 이래 문제가 된 일본인의 황무지개간권 요구도 결국 급증하는 일본인 이주자를 위한 것이라 하고, 경제적 식민지화를 막기 위해서는 한국인 스스로 전국에 산재한 황무지를 개간해야 한다고 주장했다.125)

뿐만 아니라 장지연은, 을사조약 이후 일본인들은 토지를 불법 매입하여 큰 자금을 들이지 않고 옥토를 획득함으로써 노력과 자금을 들여 황무지개간의 필요를 느끼지 않게 되었다고 하고, 이런 추세로 가면 옥토는 일본인이 차지하고 한국인은 황무지로 밀려나게 될 것이라고 전망하였다. 이처럼 일본인에게 田土를 불법으로 매매하고 典當잡히는 풍조가 만연하는 상황에서, 장지연 등 대한자강회 회원들은 토지의 불법매도의 금지가 경제적 식민지화를 막는 긴급한 과제라고 인식하였다.126)

원래 외국인의 토지소유를 제한한 조약은 1883년 한영조약을 통하여 제정되었다. 이때 외국인에게 토지 소유는 개항장 10리 이내로 제한되었지만, 열강의 침략이 강화되면서 제대로 준수되지 못하였다. 특히 일본의 불법적인 토지침탈에는 거의 대응력을 상실한 상황이 되어, 외국인 거류지로부터 10리 밖의 불법적 토지매매

125) 張志淵, 「嵩齋漫筆」『大韓自强會月報』 제2호, 18쪽 참조.
126) 張志淵, 「嵩齋漫筆」『大韓自强會月報』 제3호, 9~10쪽 참조.

현상은 점차 확대되어 갔다.[127)]

이러한 일본인의 토지침탈을 막기 위해 법적 대응에 나선 단체는 대한자강회였다. 대한자강회는 토지 불법매매의 원인은 '地契制度'가 일정하지 않고 법률이 엄정하지 않기 때문이라 하고, 1906년 5월 부동산 매매시에 관청의 증명서를 첨부케 하는 법령을 반포하도록 정부에 건의서를 제출했다.[128)] 대한자강회는 건의서를 통하여, 한국에는 아직 토지계약법이 확정되지 않아 관청을 거치지 않고 사사로이 토지를 매매하기 때문에, 전국적으로 토지의 불법적인 매매와 전당이 성행하여 인민의 산업이 피폐하고 사회의 풍기가 문란케 되었음을 지적하고, ① 전답·산림·原野를 매매·양여·전당할 때는 정당한 소유주가 확실한 계약문서를 동장 및 면장을 경유하여 당해 지방관청에 제출하고, 지방관청의 확인증명을 발급받은 후에 매매와 전당을 허용할 것, ② 증명서의 첨부가 없는 매매와 전당은 무효로 하고, 지방관의 조사 부실로 인한 재산상의 손해는 지방관이 배상케 하고, 동장·면장의 공증이 소홀하면 이들을 처벌할 것 등을 법령으로 반포할 것을 요청하였다.[129)]

이 건의에 대하여 참정대신 朴齊純은 정부에서는 대한자강회의 건의안이 양호한 것으로 인정하나, 소관부서인 法部에서는 '民産契約文書'가 확정되기 전에 관에서의 증명발급은 곤란하다고 하며, 사기·위조에 대한 벌칙은 의논 중이라고 답변하였다.[130)] 그 후 대한자강회가 지속적으로 부동산증명서에 대하여 건의한 결과

---

127) 鄭然泰, 1994, 『日帝의 韓國農業政策(1905~1910)』, 서울대학 박사학위논문, 35~40쪽 참조.
128) 『大韓自强會月報』 제1호, 39~40, 53쪽 참조.
129) 『大韓自强會月報』 제1호, 54~55쪽 「建議書」 참조.
130) 『大韓自强會月報』 제2호, 49~51쪽 참조.

로, 1906년 10월 26일에는 칙령 제65호로 '토지가옥증명규칙'이 반포되고, 11월 2일에는 법부령 제4호로 '토지가옥증명규칙 시행세칙'이 반포되었으며, 11월 9일에는 이를 시행키 위한 법부훈령이 내려져 12월 1일부터 시행케 되었다.[131]

그러나 일본은 한국 내 일본인 지주·자본가·농민들의 개항장 10리 밖의 토지매매 요구에 따라 한국 토지 침탈을 위한 관계입법 마련에 몰두한 결과,[132] 외국인의 토지매매가 법적으로 인정되기에 이르렀다. 대한자강회는 1907년 1월 9일의 통상회에서, 정부가 반포한 부동산관계의 법령은 토지 가옥이 외국인에게 불법매도되는 폐단을 막으려는 대한자강회의 의도와 달리, 오히려 전국의 토지 가옥을 내외국인에게 매도하는 것을 공인하고 있다고 비판하고, 1월 30일에는 정부에 질문하여 토지관계 법령의 시정을 요구하였다.[133] 정책자문기구였던 중추원에서도 개항장 10리 밖의 외국인 토지소유 허용 조항의 삭제를 요구하였으나 반영되지 않았다.[134]

결국 부동산의 불법매매와 전당을 막아 외국인의 부동산소유를 억제함으로써 일본의 경제적 식민지화를 저지하려는 애국계몽가들의 노력은 일제의 '보호국체제' 하에서 이루어질 수 없는 것이었다.[135]

---

131) 宋炳基 외, 1971, 『韓末近代法令資料集』 V, 大韓民國國會圖書館, 291~292·300~303·318~320쪽 참조.

132) 鄭然泰, 앞의 글, 40~41쪽 참조.

133) 『大韓自强會月報』 제8호, 50쪽 ; 尹致昊, 「政府質問」 『大韓自强會月報』 제8호, 70~71쪽 참조.

134) 『中樞院來文』 1907년 1월 30일 中樞院照會 8호.

135) 柳永烈, 앞의 「大韓自强會의 愛國啓蒙運動」, 57~59쪽 참조.

4. 민족경제 건설운동

애국계몽가들은 식산흥업을 통한 민족경제의 건설을 국권회복의 중요한 방책으로 삼았다. 그들은 생존경쟁·우승열패의 국제사회에서 한국이 낙오된 이유 중의 하나는 경제적 침체에 있다고 파악하고, 국민의 경제적 자립과 국가 부강의 실현이 곧 국권회복의 길이라고 주장하였다. 따라서 그들은 국민의 근로의식과 생산의욕을 고무시키고, 각종 산업의 생산능력을 향상시킬 수 있는 식산신흥론을 제시했으며, 일제의 경제 침탈에 대한 경각심과 근대적인 경제의식을 일깨워 민족산업의 발흥에 노력하였다.[136] 애국계몽가들은 경제적 계몽운동에 머무르지 않고 실제로 민족경제의 확립을 위한 실천운동을 전개하여, 근대적 회사를 설립하고 한국인 상공회의소와 경제연구단체 및 실업장려단체들을 조직하여 경제적 자립과 국가의 부강을 실현하고자 하였다.

이러한 의미에서 민족산업의 진흥에 상당한 성과를 낸 단체는 비밀결사인 新民會였다. 신민회는 민족산업 진흥을 위한 방법으로 "실업가에 권고하여 영업방침을 지도할 것"과 "본회에 합자로 실업장을 設하여 실업계의 모범을 作할 것"[137]을 제시하고, 자립적 실업가 육성 및 합자회사의 설립을 추진하였다. 곧 신민회는 민족산업을 개발하기 위하여 신민회원들이 합자형태의 공장과 근대적 기업을 설립 발전시켜 민족자본을 육성하고자 했던 것이다. 그 실천운동으로서 신민회는 商務同事, 평양자기회사 등 공개적이고 합

136) 柳永烈, 1997,「大韓自强會와 新民會의 民族運動」『大韓帝國期의 民族運動』, 一潮閣, 193～194쪽 참조.

137) 國史編纂委員會, 1965,『韓國獨立運動史』一, 1028쪽「大韓新民會通用章程」참조.

법적인 경제단체를 설립하였다.

1908년 2월 신민회는 서구의 근대적인 수입상품을 취급하는 잡화업에 진출하여 龍川 場市에 상무동사를 설립하였다. 상무동사는 신민회 지도부를 중심으로 100여 명의 주주가 참여한 합법적인 주식회사였는데, 자본금이 무려 9천여 원에 달하여 당시의 경제 상황에서는 거대한 규모의 회사였다. 상무동사는 이탈리아의 무역상사 巴馬洋行과 1만 5천여 원에 달하는 대규모 서구상품의 직무역을 시도했으며, 특히 일본 상품의 불매운동과 항세운동을 전개하였다. 1909년 4월 통감부가 시장세를 제정 공포함에 따라 한국상인들의 항세운동이 일어났는데, 이 반일항세운동은 상무동사의 임원이었던 宋子賢·黃菊保 등이 주도하였다. 이후 항세운동은 일본인을 타살하는 상민봉기로 비화되어 범국민적 항일운동으로 발전하였다.[138] 요컨대 상무동사가 주도했던 항세운동은 궁극적으로 일본의 경제침략에 반대하여 토착자본의 수호와 민족자본을 형성하고자 한 경제구국운동이었으며, 이승훈이 외래 자본의 침투에 맞서고자 제창한 이른바 '關西資門論'과 상통하는 것이었다.[139]

평양 자기회사 역시 '관서자문론'의 실천운동의 일환으로 설립되었다. 신민회는 민족산업 부흥의 상징으로서 磁器에 주목하여 1908년 2월 평양에 '자기제조주식회사'를 설립하여 도자기를 생산하였다.[140] 이승훈 등은 총 1,200주를 공모, 자본금 6만 원을 모금하여 '평양자기제조주식회사'를 거족적인 민족산업으로 운영하려

---

138) 尹慶老, 앞의 「新民會 活動의 經濟的 基盤」, 146~151쪽 참조.

139) 金道泰, 1950, 『南岡 李昇薰』, 韓國印刷株式會社, 42~46쪽. 「관서자문론」은 서북지방의 상업공자들이 토착자본을 규합하여 민족자본을 형성하자는 주장으로 이후 영남, 호남지방의 토착자본과의 연계를 계획한 명실상부한 민족자본 형성론의 한 방책이었다.

140) 愼鏞廈, 1977, 「新民會의 創建과 그 國權恢復運動」 下 『韓國學報』 9, 一志社, 143~154쪽 참조.

하였다.[141] 그러나 총 주식 1,200주를 다 채우지 못하고 800주만 소화하였고, 제품의 생산단계에서 판매단계에까지 이르지 못하여 소기의 성과를 거둘 수는 없었다. 그럼에도 불구하고, 평양의 자기회사는 일제의 경제적 침투가 심화된 당시 상황에서 토착자본을 규합하여 민족적 회사로 운영하려 했던 점에서 큰 의미를 지닌다고 하겠다.[142]

상무동사·자기회사 외에도 신민회는 평안북도 納淸亭에 무역상사 겸 도매상사로서 '協成同社'를, 安岳에는 소규모의 모범 방직공장과 연초공장을 설립 운영함으로써 민족경제 건설운동에 진력을 기울였다.[143]

대한협회도 신민회와 마찬가지로 민족산업의 진흥에 노력하였다. 대한협회의 본회와 경성지회·부안지회·제주지회·덕원지회·광주지회 등은 實業部를 설치하고 식산흥업의 장려에 노력하였다. 대한협회 직산지회·영흥지회·창성지회·선천지회는 식목과 조림운동을 폈고, 군산지회는 모범농장의 건설을 추진하였다. 대한협회 자인지회는 실업권장회를 실치하여 농작물의 개량과 농산물품평회를 열었고, 경주지회는 근면회를 조직하여 식산흥업과 근면저축을 장려했으며, 전주지회와 군산지회는 회사와 상회사를 설립하여 경영하기도 했다.[144] 또한 서북학회도 민족산업의 진흥에 노력하여, 숙천 간산동에 農會, 평양에 농림학교와 농사시범장, 그리고 철산에 製紙會社를 설립하여 실업장려운동을 전개하였다.[145]

---

141) 『大韓每日申報』 1908년 10월 16일 광고 참조.
142) 尹慶老, 앞의 글, 154~155쪽 참조.
143) 愼鏞廈, 앞의 글, 145~146쪽 참조.
144) 柳永烈, 1997, 「大韓協會支會의 組織과 활동」『大韓帝國期의 民族運動』, 一潮閣, 267~270쪽 참조.
145) 李松姬, 앞의 『大韓帝國末期 愛國啓蒙學會硏究』 99쪽 참조.

이와 같이 애국계몽단체들이 각지에 상회사와 공장, 농회와 농장, 실업학교 등을 설립하여 민족산업을 진흥시키고, 외래자본에 대항하여 토착자본을 모아 민족경제를 확립하려 했던 경제구국운동은 소기의 성과를 거두지는 못하였다. 이것은 무엇보다도 소규모의 민족자본으로 대규모의 일본 독점자본의 압력을 이겨내지 못하였기 때문이다. 그러나 애국계몽가들이 일제의 경제침탈에 대한 경각심과 근대적 경제의식을 일깨워 주었고, 제한된 범위에서나마 근대산업의 진흥과 민족산업자본의 발흥에 기여한 점에서 커다란 의미가 있었다고 하겠다.

Ⅳ. 정치구국운동

일본은 1894년에 청일전쟁을 도발하고, 1904년에는 러일전쟁을 도발하여 본격적으로 한반도 침략에 나섰다. 일본은 러일전쟁에 승리하여 한반도 지배권에 대한 열강의 인정을 받고, 을사조약 체결을 강요하여 대한제국의 외교권을 박탈하였다. 그후 일본은 통감정치를 통하여 대한제국의 점진적 병탄을 꾀하다가, 1907년 헤이그 밀사사건을 구실로 한국황제를 강제로 퇴위시킨 뒤, 한국군대를 해산시키고, 결국 대한제국을 병합하였다.

애국계몽가들은 이와 같은 일본의 침략에 맞서 국권회복과 국민국가건설을 위한 반일 정치구국운동을 전개하였다. 이들은 생존경쟁・우승열패의 국제사회에서 "政治의 우열이 국가의 강약을 좌우한다"[146]고 믿고, 국민에게 정치발전의 중요성을 계몽하고 정부에 정치개혁을 건의하는 한편, 일본의 침략에 저항하여 을사조약 반대

146) 李鍾濬, 「教育論」『大韓自强會月報』 제7호, 1～2·5쪽 참조.

운동, 고종양위 반대운동, 한일합방 반대운동을 전개했던 것이다.

1. 을사조약 반대운동

일본은 1904년 2월 러일전쟁 개전 직후 한일의정서를 체결하여 대한제국에 대한 내정간섭의 강도를 높였고, 5월에는 '對韓方針' 및 '對韓施設綱領과 세목'을 정하여 각종의 이권을 탈취하여 갔으며, 1905년에는 을사조약을 강요하여 대한제국을 '보호국'으로 만들었다. 1905년 11월 17일 일본의 강제에 의하여 을사조약이 체결되자, 사회 각계 각층으로부터 을사조약에 반대하고 국권을 회복하려는 운동이 거세게 일어났다.

첫째로 趙秉世 등 유생·관인들을 중심으로 하여 '보호조약'에 서명한 대신들의 처벌과 강제로 체결된 조약의 폐기를 황제에게 촉구하는 상소운동이 일어났다.[147] 둘째로 고종황제와 왕실 측근들은 을사조약의 강제 체결을 국제여론에 호소하여 일본에 대한 국제적 압력으로 조약을 취소케 하려는 외교운동을 시도하였다.[148] 셋째로 閔泳煥·조병세 등 국권상실에 울분한 우국지사들은 죽음으로써 굴욕적인 '보호조약'에 항거하였다.[149] 넷째로 위정척사론의 입장에 있던 수구유생들은 무력으로 일본 세력을 몰아내고 국권을 회복하려는 항일의병운동을 전개하였다.[150] 다섯째로

147) 國史編纂委員會, 1972, 『高宗時代史』 六, 探求堂, 381～294쪽 참조.

148) 董德模, 1976, 「韓國과 20世紀初의 國際政勢」 『한국사』 19, 국사편찬위원회, 32～33쪽 ; 李光麟, 1981, 『韓國史講座』 Ⅴ, 일조각, 470～471쪽 참조.

149) 朴殷植, 1946, 『韓國痛史』, 三乎閣, 90～96쪽 ; 앞의 『高宗時代史』 六 392～396쪽 참조.

개화자강계열의 인사들은 일본에 의한 국권의 일부 상실이 일본의 침략에 그 원인이 있지만, 우리의 실력부족에 그 근본 원인이 있다고 파악하고, 국권회복을 위한 실력양성운동을 전개하였다. 그러나 이들 애국계몽가들도 을사조약 체결에 반대운동을 폈다.

애국계몽단체의 을사조약 반대운동은 조약 체결을 10여 일 앞두고, 一進會가 "한국의 외교권을 일본에게 위임하여 일본의 지도와 보호를 받음으로써 국가 독립을 유지할 수 있고 국가의 안녕과 행복을 누릴 수 있다"[151]는 내용의 선언서를 발표함에 따라 촉발되었다. 황성기독교청년회 · 상동청년회 · 국민교육회 · 동아개진교육회 · 대한구락부 · 공진회 · 헌정연구회 등 애국계몽단체들은 일본의 '보호정치'에 찬성하는 일진회를 규탄하는 범국민적 항일운동을 전개하였다.[152]

『황성신문』 · 『제국신문』 · 『대한매일신보』 등 애국계몽언론들은 기만적인 을사조약 체결의 무효를 주장하는 한편, 경향 각지의 조약반대운동을 상세히 보도하여 민족정신을 불러일으키고 반일운동을 고취시켰다.[153] 황성신문사 사장 겸 주필 장지연은 '是日也放聲大哭'이라는 논설을 통하여 일본의 교활한 침략 술책을 통렬하게 비난하고, 을사조약에 찬성한 대신들을 비판하여 민족적 분노를 일으켰다.[154] 『대한매일신보』는 죽음으로써 일제에 항거한

150) 李元淳, 1976, 「대한제국의 종말과 의병항쟁, 概要」 『한국사』 19, 국사편찬위원회, 8～10쪽 참조.

151) 『皇城新聞』 1905년 11월 6일 · 7일 잡보 「一進會宣言書」 참조.

152) 李求鎔, 1978, 「主權守護運動」 I 『한국사』 19, 국사편찬위원회, 231쪽 참조.

153) 申載洪, 앞의 「主權守護運動」 Ⅱ, 234～235쪽 참조.

154) 『皇城新聞』 1905년 11월 20일 논설. 이 논설 게재를 이유로 장지연은 경무청에 구금되고 『황성신문』은 압수 및 정간당하고 말았다(『大韓每日申報』 1905년 11월 21일 論說 「皇城義務」).

민영환과 조병세의 순국을 찬양하고, 그 유서 전문을 신문에 공개하여 항일의식을 고취하고 국권회복에 매진할 것을 호소하였다.[155] 애국계몽언론을 통한 이들의 순국 소식은 온 국민의 반일감정을 격화시켰다.

기독교 청년학생들은 서울과 지방에서 을사조약 반대시위를 벌였다. 한국의 개신교 선교사들은 외세의 침탈과 지배층의 압제로부터 고통받는 한국민중의 영적인 구원과 현실생활의 구원을 위한 선교교육을 실시하여, 당시 한국교회와 기독교학교는 강한 민족적 성향을 띠고 있었으며 항일구국운동의 온상이 되었다.[156] 기독교 민족운동 단체인 상동청년회[157]는 중등교육기관인 상동청년학원을 설립하고, '학문을 통한 빈곤추방과 국세회복'을 위해 활동하였다.[158] 상동청년회는 1905년 11월 일진회의 을사조약 체결 책동에 반대하여 회원 천여 명이 구국기도회를 열어 항의했으며, 조약반대 상소를 올리고 大漢門에서 강제적인 조약체결반대 가두연설을 하였다.[159] 그리고 회장 全德基와 鄭淳萬 등은 좀더 강경한 투쟁방법으로 박제순 등 을사오적의 암살을 모의했으나 일본군대의 삼

155) 『大韓每日申報』 1905년 12월 3일 논설 「讀桂庭閔輔國遺書」; 12월 5일 논설 「讀趙元老遺書」 참조.

156) 崔永禧, 1968, 「乙巳條約을 前後한 韓國民의 抗日鬪爭」 『史叢』 12·13합집, 고려대학 사학회, 612쪽; 韓根祖, 1972, 『高堂 曺晩植－偉大한 韓國人』 10, 太極出版社, 84～85쪽 참조.

157) 상동청년회는 全德基·鄭淳萬등의 주도로 이준·이동휘 등의 후원을 얻어 1903년 조직된 단체였다. 상동청년회 출신들은 신민회 등 애국계몽단체에서 활약하였고 신민회 창건의 주도적 역할을 하였다. 특히 미주·연해주·간도 등 해외에서의 국권회복운동을 주도하였다. 명실공히 1900년대 국권회복운동의 발원지라 할 수 있다(韓圭茂, 1990, 「尙洞靑年會에 대한 연구」 『歷史學報』 126, 역사학회, 참조).

158) 申惠暻, 앞의 「大韓帝國期 國民敎育會 硏究」, 163쪽 참조.

159) 金九, 1979, 『白凡逸志』, 敎文社, 147～148쪽 참조.

엄한 경비로 실패하고 말았다.160)

평양의 숭실학교 학생들은 을사조약이 체결되자 한 동안 수업을 전폐하고 을사조약 반대시위에 나섰다. 金永瑞 등 대모에 적극적인 학생들은 서울로 올라와서 200여 명의 동지들을 규합하여 대한문 앞에서 연 3일 동안 을사조약 취소투쟁을 벌였다. 이때 평양 숭실학교 학생들은 서울의 기독교 민족운동 단체인 상동청년회와 연계하여 가두시위를 벌여, 서울과 평양의 항일 청년학생 연합시위를 연출했던 것이다.161)

한편 羅喆·吳基鎬 등은 계몽운동을 전개함과 동시에 을사오적의 암살을 목적으로 하여 비밀결사인 自新會를 조직하였다.162) 자신회는 을사조약 체결의 책임이 다섯 대신에게 있다고 판단하고, 보호국체제에 대한 저항운동으로써 을사오적의 암살을 비밀리에 추진하였다. 자신회 회원들은 폭탄장치를 한 상자를 선물상자로 가장하여 참정대신 박제순과 내무대신 李址鎔의 암살을 기도했으며, 군부대신 權重顯을 권총으로 저격하는 등 다섯 매국대신을 암살하고자 했으나 모두 실패하고 말았다.163)

2. 고종양위 반대운동

을사조약 체결 이후 일제는 통감정치를 실시하여 대한제국의 통

---

160) 鄭喬, 1967, 『大韓季年史』 下, 국사편찬위원회, 191쪽.

161) William M. Baird, *Pyeng Yang Academy*, K. M. F. vol. 2, No. 12 (October, 1966) 221쪽 ; Lak-Geoon George Paik, *The History of Protestant Missions in Korea 1832-1910*, Union Christian Press, 1927, 330쪽 ; 金永瑞의 對政府褒賞申請書 寫本 참조.

162) 崔永禧, 앞의 「乙巳條約을 前後한 韓國民의 抗日鬪爭」, 616~617쪽 참조.

163) 申載洪, 앞의 「主權守護運動」 Ⅱ, 251~253쪽 참조.

치권을 잠식해 오는 식민지화정책을 추진하였다. 이에 애국계몽가들은 정치제도의 개혁을 통하여 국민적 단결을 모색하였다. 그 중의 하나가 대한자강회의 지방자치제도의 실시 주장이었다.

대한자강회를 중심으로 한 애국계몽가들은 자강독립의 전제와 목표로서의 '국민국가건설론'을 주장하였다. 그들은 국가란 국민을 위한 국민에 의한 국민의 국가여야 한다고 주장하며 국민국가 수립의 필요성을 계몽하였다. 그들은 국민국가에 부합되는 정치체제로서 공화정체가 가장 진보적이고 우월한 정체라고 인식했으나, 현실적인 실현 불가능성 때문에 입헌대의정체의 점진적인 실시를 주장하였다. 그리고 입헌대의제도의 실시를 위해서는 국민의 자치능력 배양이 선행되어야 하며, 국민의 자치능력배양은 지방자치제도의 실시에서 가능하다고 보았다.[164)]

대한자강회 등 애국계몽단체들의 입헌대의제도 확립을 전제로 한 지방자치제도 실시의 요구는 회원들의 논설과 연설 등 언론을 통하여 주장되었다. 이러한 주장은 중추원에 반영되어 1907년 1월 30일의 중추원회의에서는 인민의 자치제도를 우선 서울에서부터 실시하자는 안건을 결의하여 정부에 조회했고, 동년 2월 25일의 중추원 회의에서는 인민자치제도의 실시를 정부에 촉구하기도 하였다.[165)]

그러나 일제의 보호국체제 하에서 더욱이 일본이 대한제국의 병합을 획책했던 상황에서, 한국민의 자치능력을 배양시킬 지방자치제도의 실시가 이루어질 수는 없었다. 그럼에도 불구하고 대한자강회를 중심으로 한 애국계몽가들의 국민에 대한 정치의식의 고취

164) 柳永烈, 앞의 「大韓自强會의 愛國啓蒙運動」, 63쪽 참조.

165) 『大韓自强會月報』 제8호, 66쪽, 「樞院議決自治制」, 71쪽 「樞院議決」 참조.

와 그들의 정치개혁의 주장은 당시의 민족운동에 많은 영향을 끼쳤음을 간과할 수 없을 것이다.166)

1907년 전반기 애국계몽가들의 지방자치제도 실시운동 등 정치제도 개혁운동이 한창일 때, 일제는 헤이그 밀사사건을 트집잡아 고종을 양위시키고 대한제국의 지배권을 강화하려 하였다. 자국의 황제가 외국의 강제력에 의해 양위되는 정치적 비상사태에 직면하여, 애국계몽단체들은 고종양위 반대를 통한 반일적 정치구국운동을 전개하였다.

일본의 대한제국 침략은 미국・영국 등 열강의 국제적인 밀약으로 진행되었으나, 국제정세에 어두운 고종은 국제여론에 호소하여 국권을 회복하고자 3명의 밀사를 헤이그 평화회의에 파견하였다. 밀사일행은 1907년 6월 25일 현지에 도착하여 외교활동을 벌였으나, 대한제국에 외교권이 없다는 이유로 회의참석이 거부되고, 러시아・미국・영국・프랑스・독일 등 각국 위원들로부터 면회조차 거절당한 채, 만국기자협회에서 일본의 대한제국 침략상과 을사조약의 강제성을 폭로하였다.167)

이에 일본 정부는 헤이그 밀사사건을 이용하여 대한제국의 내정에 관한 전권의 장악을 목표로 세우고, 고종의 양위와 통감의 동의에 의한 행정, 그리고 대신・차관 등 주요 관직에 일본인 임명 등을 실현할 방안을 통감 이토 히로부미(伊藤博文)에게 훈령하였다.168) 이토 통감은 한국의 총리대신을 불러, 고종의 밀사파견은 일본에 대한 적대행위이고 협정위반이므로, 일본은 한국에 선전포고할 권리가 있다고 위협하여 고종의 양위를 강박했으며, 한국의

166) 柳永烈, 앞의 글, 63~64쪽 참조.
167) 앞의 『高宗時代史』 六, 625~627・629쪽 참조.
168) 위의 책, 634쪽 참조.

총리대신과 내각대신들은 일본 정부의 책임추궁을 회피하기 위하여 고종에게 양위를 강요하였다.[169] 고종은 처음에는 양위를 완강히 거부했으나, 일제와 한국 내각대신들의 강요에 의하여 1907년 7월 18일에는 황태자에게 代理聽政케 했다가, 7월 21일에는 황태자에게 帝位를 완전히 넘겨주게 되었다.[170]

헤이그 밀사사건에 대하여 이토 통감으로부터 책임추궁을 받은 이완용 내각이 고종의 양위를 간청한 7월 16일 경부터, 대한자강회·동우회·대한구락부·기독교청년회·국민교육회의 회원들은 서울 도처에서 연설로 민심을 고무하기 시작하였다.[171] 7월 18일 헤이그 밀사사건의 처리를 위하여 일본 외무대신이 내한하자, 항간에 황제가 사죄차 渡日하리라는 설, 혹은 황제가 양위하리라는 설, 혹은 韓日新協約이 체결되리라는 설이 유포된 가운데, 대한자강회와 동우회 회원들을 비롯한 서울시민 수천 명이 궐기하여 종로에서 민중대회를 열고 대한문 앞에서 일본 경찰과 충돌하였다.[172]

7월 19일 황태자 대리청정의 소식이 전해지자, 대한자강회와 동우회 회원들은 종로에서 대중시위를 조직하여 내각대신들을 성토하고, '결사회'를 구성하여 일진회의 기관지인 國民新報社를 습격파괴하였다. 한편 시위대의 일부 군인들은 탈영하여 종로파출소를 습격, 일본 경찰에게 사격을 가하여 사상자를 내기도 하였다.[173] 황태자 대리식이 거행된 7월 20일에도 대한자강회·동우회 회원

169) 위의 책, 636~637쪽 참조.

170) 위의 책, 638~643쪽 ; 鄭喬, 1974, 『大韓季年史』 下, 探求堂, 266~171쪽 참조.

171) 釋尾東邦, 1926, 『朝鮮併合史』, 朝鮮及滿洲社, 360쪽 ; 앞의 『高宗時代史』 6, 636~637쪽 참조.

172) 위의 『高宗時代史』 六, 639~640쪽 참조.

173) 위의 책, 640~641쪽: 釋尾東邦, 앞의 책, 361쪽 참조.

들을 비롯한 수만 명의 시민들은 慶運宮을 둘러싸고 격렬한 시위를 벌였다. 대한자강회·동우회의 젊은 결사대들 주도하에 성난 민중들은 총리대신 이완용 집을 방화 파괴하고, 시내의 경찰서와 파출소를 습격 파괴하였다.[174] 그러나 7월 21일에 일본경찰과 헌병은 서울시내 요소에 기관총을 가설하고 삼엄한 경비를 펴 시민들의 시위를 봉쇄했고, 이런 가운데 고종은 황태자에게 완전히 양위하게 되었던 것이다.[175]

일제는 고종을 퇴위시킨 뒤, 곧바로 신문지법(7.24)과 보안법(7.27)을 반포하여 한국인의 언론·출판과 집회·결사의 활동을 질식케 하고, 정미7조약(7.24)과 군대해산(8.1)을 강요하여 대한제국의 행정권·사법권·군사권을 탈취함으로써 실질적으로 대한제국의 지배권을 장악하게 되었다. 그리고 통감부는 이완용 내각의 宋秉畯으로 하여금, 대한자강회가 민중을 선동했다는 이유로 보안법 제2조 "내부대신은 안녕질서를 유지하기 위하여 필요한 경우에 결사의 해산을 명할 수 있다"는 규정을 적용하여, 1907년 8월 21일에 대한자강회를 강제로 해산케 하였다.[176]

요컨대 일제의 강요에 의한 대한제국 황제의 퇴위라는 충격적인 정치적 사건을 계기로 하여, 대한자강회 중심의 정치운동은 월보와 연설 등 언론과 출판을 통한 계몽운동 형태에서 국권수호를 위한 대중시위 형태로 전환되었고, 이로써 대표적 애국계몽단체였던 대한자강회는 강제로 해산되고 말았다. 일제의 보호국체제 하에서

174) 앞의『高宗時代史』六, 642~643쪽 ; 釋尾東邦, 위의 책, 362~363쪽 참조.

175) 위의『高宗時代史』六, 643~646쪽 참조.

176) 李鉉淙, 1966,「大韓自强會에 대하여」『震檀學報』29·30합집, 震檀學會, 170쪽 ;『大韓每日申報』1907년 8월 23일 別報「吊大韓自强會文」참조.

애국계몽단체들의 정치운동이 언론을 통한 계몽운동에서 국권수호를 위한 대중시위로 전환되었을 때, 그 단체의 존립 자체마저 불가능했던 것이다.

3. 한일합방 반대운동

1909년에 들어 軍部 주도하의 일본 정부는 한국병합에 대한 적극정책을 추구하여, 6월에는 對韓 온건파인 통감 이토 히로부미(伊藤博文)를 퇴진시키고, 7월에는 "적당한 시기에 한국의 병합을 단행할 것"과 "병합의 시기가 도래하기까지는 병합방침에 기하여 충분히 보호의 실권을 거두고 힘써 실력부식을 도모할 것"을 골자로 하는 한국병합 방침을 확정하였다.[177] 일제는 한국병합을 실현키 위한 정지 작업으로서 9월과 10월에 걸쳐 소위 '남한폭도 대토벌 작전'을 벌여 잔인하게 항일의병운동을 진압하고, 한편으로는 친일단체인 一進會를 앞세워 한국의 유력한 정치세력을 규합하여 한일합방의 여론을 조성시키려고 하였다.

1909년 8월부터 태동된 일진회·대한협회·서북학회의 3파 제휴론은 對韓 온건파인 이토 통감이 퇴진한 뒤, 일진회의 李容九와 宋秉畯이 한일합방을 추진하기 위하여, 먼저 국내의 유력한 정치 사회단체를 규합하려는 데서 시작되었다. 당시 유력한 정치 사회단체로는 대한협회·서북학회·일진회의 3개 단체를 꼽을 수 있었다. 대한협회와 서북학회는 평소에 배일주의를 표방하여 친일적인 일진회와는 전혀 입장을 달리했으나, 당시 李完用 내각의 횡포에 대해서는 다같이 반감을 품고 있었다. 일진회의 이용구 등은 그

177) 앞의 『高宗時代史』 六, 855~857쪽 참조.

일치점을 이용하여 3파 제휴를 실현하여 한일합방운동에 이용함으로써 합방정국을 주도하려 했던 것이다.[178] 그런데 서북학회가 응하지 않게 되어 일진회와 대한협회의 제휴가 모색되었다.

대한협회는 대한자강회의 후신으로 국권회복을 위한 실력양성운동을 전개함과 동시에, 국민적 정당을 자부하며 정권 장악의 의지를 가지고 있었다. 대한협회는 1908년 8월 '동양척식주식회사법'에 대한 정부의 승인을 계기로 이완용내각 반대운동을 전개하여 이완용내각의 퇴진을 요구하는 단계에까지 갔다. 이러한 현상은 1909년 초반까지 지속되었다. 당시 대한협회는 정권을 담당하고 있던 총리대신 이완용뿐만 아니라, 합방론을 주장하는 일진회의 대표 송병준도 신랄히 비판하였다.[179] 대한협회가 평소 매국당이라고 매도하던 일진회와 제휴하려는 주된 목적은 일진회와의 제휴하여 이완용내각을 퇴진시키고 정권을 장악하려는 것으로 보는 시각도 있다.[180] 그러나 대한협회의 실력자 尹孝定은 일진회와의 제휴가 '聯合'이 아니고 '連結'임을 강조하고, 양회 연결의 본의는 ① 국민생활의 곤란을 구제하려는 것, ② 거국일치로 여론을 확장하려는 것, ③ 國情을 온건히 하여 현상을 유지하는 것에 있다고 하였다.[181] 곧 애국계몽단체인 대한협회가 친일단체인 일진회와 제휴하고자 한 것은, 우선 보호정치의 현상을 유지하여 일진회의 합방노선을 견제하고, 일진회와 제휴하여 이완용내각을 퇴진시키고

---

178) 李鉉淙, 1970,「大韓協會에 關한 硏究」『亞細亞硏究』8-3, 고려대학 아세아문제소, 39~40쪽 참조.

179) 柳永烈 · 朴哲河, 1995,「大韓協會의 政黨論과 政治活動」『崇實大學校論文集-人文科學篇』 25, 숭실대학 인문과학연구소, 404~405쪽 참조.

180) 李鉉淙, 앞의「大韓協會에 관한 硏究」, 28쪽 참조.

181) 尹孝定.『大韓民報』1909년 10월 26일「兩會聯結의 主旨」;『大韓民報』1909년 11월 30일 대한협회에서 작성한「聲明草案」참조.

국정을 장악하고자 하는 정치운동의 한 방책이었던 것이다.

1909년 9월초에 시작되어 '국민단결'과 '국리민복'을 내세운 대한협회와 일진회의 연결운동이 진행되는 가운데, 10월 26일 安重根 의사에 의해 이토 히로부미가 피살되어 일제의 한국병합정책은 급진전되었다. 일진회는 정세의 변화를 감지하고 대한협회와 공동으로 한일합방 성명서를 발표하려고 했으나, 대한협회는 이를 거부하였다. 이에 일진회는 12월 4일 단독으로 한일합방 성명서를 발표하고, 3차에 걸쳐 한일합방 상소를 올리는 한편, 정부와 통감에게 한일합방 청원서를 제출하였다.[182] 일진회의 매국적 합방성명은 전국민의 분노를 일으켜, 일진회의 매국행위를 규탄하는 상소와 연설과 격문이 전국 방방곡곡에 쏟아져 나왔다.

대한협회는 12월 4일 일진회와의 분립을 선언하고 일진회의 합방성명을 반대 성토하였다.[183] 12월 5일에는 대한협회·한성부민회·國是遊說團·흥사단 등 정치 사회 단체들이 연합하여 臨時國民大演說會를 개최하였다. 4천 여명이 모인 이 연설회는 일진회의 매국행위를 성토하고, 각 단체가 연합하여 합방반대 국민대회를 개최하기로 하였다.[184] 그러나 12월 12일 한성부민회에서 열기로 예정된 각 단체 연합의 국민대회는 警視廳의 집회금지령에 따라 원천봉쇄되고 말았다.[185] 이에 대한협회는 기관지인 『대한민보』를 통하여 일진회를 성토하고, 일진회의 합방성명에 관망적 대도를 취하는 이완용내각를 비판하는 등 합방반대 감정을 고무하였다.

182) 앞의 『韓國獨立運動史』 一, 460~473쪽 참조.
183) 『大韓民報』 1909년 12월 5일 彙報 「大韓一進分立」 참조.
184) 黃玹, 『梅泉野錄』 六, 隆熙 3년 12월조 516쪽 ; 『大韓民報』 1909년 12월 7일 彙報 「韓會發起」 ; 앞의 『高宗時代史』 六, 921쪽 참조.
185) 『大韓民報』 1909년 12월 11일 彙報 「國民大會停止」, 12월 12일 廣告 참조.

일진회의 합방상소에 접하여 애국계몽언론인 『대한매일신보』는 “일진회가 이미 일본인이 되었다”고 규정했으며, 12월 8일 논설 ‘再告韓國同胞’에서는 매국적 일진회의 죄악상을 폭로 규탄하고 동포들의 궐기를 촉구하였다.[186] 천도교는 교도들에게 일진회 반대 성명문을 배포하여 일진회의 망동을 규탄했고, 기독교인 裵東鉉 등은 ‘일진회 성토문’에서 한일합방은 “政合邦이오 合倂이 아니라”는 기만적인 일진회의 성명서를 성토했으며, 구세군에서도 전도회를 통하여 노예적 합방을 반대하였다. 한성부민회는 내각에 보낸 건의서를 통하여 일진회의 해산과 국민신보사의 폐쇄를 주장하였다.[187] 유학생들로 조직된 대한흥학회에서도 대표 2명을 귀국시켜 일진회의 합방성명서 발표에 대한 성토문을 반포하였다가 경시청에 체포되기도 하였다.[188]

일진회의 합방성명에 대한 반대운동은 전국 각 지방으로 번졌다. 12월 8일 평양에서는 기독교인들이 모여 일진회의 매국행위를 성토했고, 대성학교의 교사와 학생들, 그리고 대한협회 평양지회와 서북학회 평양지회도 합방반대를 결의하였다. 14일 평북 선천에서는 2천여 군민이 군의 객사 앞에 모여 성토대회를 열고 일진회 박멸을 결의했으며, 16일 평북 철산에서는 대한협회 회원들이 시장에서 성토대회를 열고 일진회의 즉시 해산을 요구하는 電文을 정부에 발송하였다. 17일 황해도 해주에서는 대한협회 회원과 변호사・학교 교사들이 합방반대 국민대회를 계획했는데, 190명이 서명한 대회선언문은 “國賊 일진회를 규탄하고 전국에 성토의 義聲

---

186) 趙恒來, 1976, 「舊韓末 社會團體의 救國運動」 『省谷論叢』 7, 성곡학술문화재단, 566쪽 ; 朴成壽, 1981, 「愛國啓蒙團體의 合邦反對運動」 『崇義論叢』 5, 숭의여자전문대학, 61쪽 참조.

187) 趙恒來 앞의 글, 569～570쪽 참조.

188) 『大韓民報』 1909년 12월 15일 彙報 「警廳招問」 참조.

을 공포한다"고 하였다.[189] 1910년 1월 3일 평북 영변에서는 장날을 이용하여 합방반대 국민대회를 열었다. 경찰의 저지에도 불구하고 400여 명의 읍민이 보통학교 교정에 모여 일진회의 합방상소를 규탄하고 이용구의 죄목을 나열하였다. 일진회의 매국행위와 합방에 반대하는 성토는 1910년 봄까지 지속되었다.[190]

결국 애국계몽단체들과 온 국민의 강력한 저항으로 일진회의 합방책동은 한동안 무산되었다. 한말에 많은 단체들이 등장하여 사회의 개명진보와 국가민족의 안녕을 주장하며 활동하였다. 비슷한 구호를 주장하는 애국계몽단체와 친일매국단체를 구분하기에 모호한 경우가 없지 않다. 그러나 한 가지 상식적이고 명확한 기준이 있다. 그것은 대한협회처럼 자강독립의 노선를 걸은 단체는 애국계몽단체로 분류되고, 일진회처럼 한일합방의 노선을 걸은 단체는 친일매국단체로 분류된다는 것이다.

Ⅴ. 민족문화운동

애국계몽가들은 한말의 민족적 위기를 극복하기 위하여 민족의 전통문화와 민족의 자주정신을 일깨울 필요성에서 新學의 수용과 함께 國學의 진흥에 노력하였다. 그들은 실력양성에 의한 국권회복과 근대국가 건설이라는 명제를 가지고, 자강의 목적을 실현하기 위하여 밖으로는 문명의 학술을 흡수하고, 안으로는 '조국정신'을 함양하는데 노력하였다.[191]

---

189) 趙恒來 앞의 글, 572～573쪽 참조.
190) 앞의『韓國獨立運動史』二, 491～492쪽 참조.
191)『大韓自强會月報』제1호, 10쪽「大韓自强會趣旨書」참조.

애국계몽가들의 민족자주성의 고양과 조국정신의 함양을 위한 국학에 대한 관심은 우리의 언어와 국사 연구에 집중적으로 나타났다. 그들은 국어국문의 연구와 그 대중적 보급운동에 앞장섰으며, 국사를 연구하여 근대적 민족사학의 수립에 기여하였다. 한편 한말의 천도교와 대종교는 민족적 종교의 성격을 띠고 국권회복을 위한 실력양성운동에 기여하였으며, 당시 기독교도 민족의식과 결합하여 애국계몽운동에 기여하였다.

요컨대 한말의 민족문화운동은 국어와 국사 등 국학을 진흥하고, 민족적 종교를 육성하여 민족자주정신을 배양함으로써 국권회복을 기하려는 애국계몽운동이었던 것이다.

1. 국어국문 진흥운동

한말에 '우리 문화'에 대한 관심은 민족자주성의 표출이었고 애국계몽운동의 정신적 기반이 되었다. 애국계몽가들은 우리의 언어에 대한 사랑이 민족애의 기초가 된다고 인식하여, 국어국문에 대한 연구와 보급으로 조국정신을 배양하여 자강과 자주독립의 의지를 확산시키고자 노력하였다. 그들은 한문을 모르는 다수의 일반 민중과 부녀층을 계몽하여 국권회복의 노선에 동참케 하는 효과적인 방법은 우리말을 널리 보급하는 것이라고 인식하였다. 곧 한말 국어국문 연구는 언어·문자의 연구 보급으로 민족 문제에 접근하려는 語文民族主義的 성격을 띠고 있었던 것이다.[192)]

우리 역사상 국문에 대한 관심은 조선 후기 실학자들에 의하여 일깨워졌고, 문호개방 이후 개화지식인들에 의하여 크게 확대되어

192) 노인화, 1994, 「근대문화의 전개」 『한국사』 12, 한길사, 262~263쪽 참조.

국한문체의 사용이 늘어갔다. 그러다가 1894년 갑오개혁 이후에는 공사문서에서 국한문 사용이 제도화되었고, 이때부터 학교 교과서도 거의 국한문체로 간행되었다.『독립신문』·『협성회회보』·『매일신문』이 순국문체로 발간되면서 국문사용이 본격화되었으며, 이후 국문운동은 민족운동과 맥을 같이하였다.

한말에 민족적 자각과 함께 강조된 국어국문의 연구활동은 국가기구를 통하여 추진되었다. 1907년 學部 안에 국문연구소가 설치되었고, 周時經·池錫永·李能化·魚允迪 등을 주축으로 하는 국문학자들의 연구 성과에 의하여, 이 시기 국문 연구의 총 결산이라 할 수 있는 '國文硏究議定案'이 제정되었다.[193)]

그러나 애국계몽가들 개개인에 의하여 국어국문 연구가 더욱 활발하게 이루어졌다. 한말의 대표적 국어학자인 주시경은『國語文典音學』(1908)·『국어문법』(1910) 등을 저술하여 국어국문운동의 새로운 장을 열었다. 그는 국가 독립의 필수적 요건으로 영역·인종·언어 세 가지를 들고, 특히 "국가를 보존하고 흥성케 하기 위해서는 국어와 국문을 崇用해야 한다"[194)]고 했으며, "국가의 성쇠 및 존부는 국어의 성쇠 및 존부에 있다"[195)]고 하여 국가 독립을 위한 선결 요건으로서 국어국문의 중요성을 강조하였다. 그것은 국문의 숭상을 통한 국가의 독립과 발전을 이루려는 '어문민족주의'를 지향한 것이다.[196)]

국문연구소에서 연구원으로 활약했던 박은식은「興學說」·「學

193) 李基文, 1970,『開化期의 國文硏究』, 一潮閣, 35쪽 참조.
194) 周時經, 1976,「國語文典音學」『周時經全集』下, 亞細亞文化社, 156~157쪽 참조.
195) 周時經,「國語文法」序,『周時經全集』下, 221~223쪽 참조.
196) 李秉根, 1978,「愛國啓蒙主義時代의 國語觀」『韓國學報』12, 一志社, 186쪽 참조.

規新論」 등에서 국민교육을 위한 방법으로 국문전용 교육의 필요성을 역설하였다. 그는 전국민의 교화를 위해서는 모든 국민이 쉽게 읽을 수 있는 국문교육이 필요하다고 보았던 것이다. 또한 그는 국문신문을 간행하고, 한문서적을 국문으로 번역하여 국어국문을 대중화할 것을 주장하였다.[197] 장지연 역시 국민교육의 확대와 한문의 폐지 및 국문의 전용을 강조하였다. 그는 「국문관계론」에서 한문의 난해성을 지적하고, 우리 국민들의 지식 계발을 위해서는 국문사용이 필요하다고 주장했는데, 애국사상의 근본은 쉬운 우리말의 보급으로 국민을 계도함에 있다고 파악했기 때문이다.[198]

신채호도 국문으로 쓰여진 민족사를 편찬 보급함으로써 국민의 애국심을 고취시키고자 하였다. "자국의 언어와 문자로 자국의 역사·地誌를 찬집하여 전국민의 애국심을 고취하자"[199]는 그의 주장은 민족 언어의 효용성에 기초한 어문민족주의적 발상의 것이라 하겠다.

이와 같이 민족의식의 함양에 역점을 두었던 국어국문운동은 상당한 성과를 거두었다. 애국계몽가들은 국문을 전국적으로 확산시켜 국민들에게 신교육과 신지식을 보급하기 위하여, 국문신문을 간행 보급하였고, 국문교과서를 편찬하여 학교교육을 실시했으며, 국문으로 소설을 창작하여 일반대중에 접근했던 것이다. 그들은 국문교육이 조국정신을 보존하고 독립자존의식을 넓히는 역할을 한다고 보아 국문교과서 편찬에 노력했고, 또한 사회 일반에 파급효과가 큰 소설을 통하여 민족의식을 불어넣기 위하여 국문으로

197) 단국대 동양학연구소, 1975, 『朴殷植全書』 中卷, 13·17～18쪽 참조.
198) 權寧珉, 1984, 「애국계몽운동과 민족문학의 인식」 『現代社會』 4-2, 現代社會硏究所, 208～209쪽 참조.
199) 申采浩, 1977, 「國漢文의 輕重」 『丹齋申采浩全集』 別集, 丹齋申采浩先生紀念事業會, 75쪽 참조.

창작 활동을 했던 것이다.[200] 당시 국어국문운동은 우리말의 대중적 기능을 활용하여 민족정신을 강화하려는 일종의 국권회복운동이었으며, 국문소설의 창작은 사회 일반에 반봉건·반침략의 교육적 기능을 가지는 일종의 민족운동이었던 것이다.

요컨대 애국계몽기의 국어국문운동은 신교육과 신지식의 보급 확대라는 실용적 측면과 국가의 독립이 자국의 언어와 문자의 발전에 있다는 민족적 측면이 결합된 어문민족주의운동이었다.

2. 국사교육 강화운동

근대적 자주자강과 민족의식의 고양을 위한 학문으로 국어 분야보다 더욱 집중적인 연구가 진행된 분야는 국사였다. 민족주체성의 확립을 위한 국사연구와 국사교육은 이미 독립협회 때부터 강조되어 왔다. 독립협회 회원들은 "대한사람은 大韓史記를 이해해야만 하며, 대한사기 속에서 유명한 충신들을 공부하여 애국심을 배양하면 세계의 대접을 받을 것이다"[201]라고 하여, 국사 교육을 애국심의 연원으로 인식하였다.

독립협회 회원들의 한국사에 대한 관심은 애국계몽사가들에게 그대로 이어졌다. 그들은 우리 한민족의 주체성을 중요시 여기고, 애국심과 민족정신을 찾는 첩경은 민족성의 탐구 곧 국사의 탐구에 있다고 보았다. 그리고 애국계몽사가들은 역사는 지식계발의 원천이고 가장 긴요한 분야이며, 국사는 국권회복을 위한 민중의

---

200) 權寧珉, 1984, 「愛國啓蒙時代의 小說改革運動」『한국문화』 5, 서울대학 한국문화연구소, 94～104쪽 참조.

201) 『독립신문』 1898년 3월 8일 논설 참조.

지식계발과 합치되는 학문이라고 인식하였다.

당시 애국계몽사가였던 장지연은 「新訂東國歷史序」에서 국사에 대한 교육이 애국심과 민족정신의 고취에 가장 중요한 역할을 한다고 주장하였다. 민족의 위기를 극복하기 위한 방법으로 역사를 연구한 신채호도 논설 「역사와 애국심과의 관계」에서 역사의식의 유무에 의하여 국가의 흥망이 좌우된다고 하여 역사와 국가와의 관계를 불가분리의 동일체로 이해하였다. 그리고 그는 국민의 애국심은 웅변이나 연설 또는 세익스피어 같은 외국 대문호의 영향으로 길러질 수 있는 것이 아니고, 남녀노소와 사회 신분을 가리지 않고 국민 모두가 자국의 역사를 아는데 있다고 주장하였다. 나아가 그는 세계 열강의 정치적 경제적 선진화는 역사에서 나온다고 하고, 우리 역사에 대한 이해는 독립의 기초이며, 당시의 시대상황을 극복하는 최선의 방법이라고 역설하였다.[202)]

이와 같이 애국계몽사가들은 국사에 대한 이해를 통한 민족적 자아의 발견과 애국심의 배양을 국권회복의 중요한 방법으로 인식하고 이를 실천하고자 하였다. 그리하여 그들은 '國脈'을 보유한 새로운 민족의 역사를 서술하여야 한다고 주장하였다.[203)] 민족의 역사는 당시 민족의 자주독립을 위한 정신적 문화적 배경이며 민족운동의 지표이기도 했다. 따라서 애국계몽사가들은 자주독립국가의 목표를 달성하기 위하여 국사연구에 몰두하였다. 애국계몽사학자인 張道斌은 당시 그의 학문 연구의 주요 관심사는 국사였으며, 그 목적은 일제로부터 독립을 회복하기 위한 것이었다고 후일에 술회하였다.[204)] 이처럼 애국계몽기의 국사연구는 순수한 역사

---

202) 申采浩, 「歷史와 愛國心과의 關係」 『大韓協會會報』 제2호, 75쪽, 제3호, 152~154쪽 참조.

203) 丹齋申采浩先生紀念事業會, 1977, 『改訂版 丹齋申采浩全集』 上, 471쪽 참조.

학의 탐구라기 보다는 애국·독립사상을 고취하기 위한 계몽적인 역사 지식의 보급에 그 의미가 있었던 것이다.

당시 역사서술은 실학사상을 바탕으로 하는 강렬한 민족의식을 표출하는 연구가 대부분이었다.『삼국유사』·『삼국사기』·『고려사』·『동국통감』등의 고전적인 역사서가 복간되었고, 통사로서 黃玹의『梅泉野錄』과 鄭喬의『大韓季年史』그리고 金澤榮의『歷史輯略』등이 저술되었다.[205] 그리고 근대 역사학적인 방법에 비교적 접근한 특수 연구로는 장지연의『我韓衣冠制度考』와『조선유교관』그리고『조선불교관』등이 있다.[206]

사회 일반을 대상으로 하는 국사가 편찬되고, 애국심과 민족의식의 고양을 위한 국사교과서가 간행되어 각종 사립학교를 중심으로 널리 이용되었다. 1905년 이후 일본의 교육통제정책이 강화되면서 민족교육의 실시가 어렵게 되자, 초기 학부의 주도로 편찬되던 국사교과서는 점차 애국계몽사가들에 의해 편찬되기 시작하였다. 이 때의 국사교과서는 대부분 일제의 통제가 비교적 적은 사립학교용 교과서로 쓰였는데, 애국사상과 독립정신을 고취하는 민족주의적 내용이 주류를 이루었다.[207] 국사교과서를 저술한 대표적 계몽사학자로는 원영의·朴晶東·柳瑾·장지연·현채·김택영 등을 들 수 있다. 이들은 국사교육을 통하여 민족정신을 강조한 애국계몽운동의 지도자들이었다.[208] 그러므로 일제는 1908년 교과용

---

204) 張道斌,「暗雲짙은 舊韓國末」『思想界』1962년 4월호 ; 1981,『汕耘張道斌全集』卷1, 通史 Ⅰ, 汕耘紀念事業會, 11~13쪽 참조.

205) 金容燮, 1976,「우리나라 近代歷史學의 成立」『韓國의 歷史認識』下, 창작과 비평사, 425쪽 참조.

206) 金容燮, 위의 글, 426쪽 참조.

207) 白淳在, 1983,「教科書編纂」『한국사』20, 국사편찬위원회, 225~228쪽 참조.

208) 金成俊, 1971,「舊韓末의 國史教育에 대하여」『大東文化研究』8, 성

도서 검인정 규정을 발표하여 민족정신이 깃든 민간 교과서의 저술을 탄압하였다. 일제는 대한제국 정부 주도의 국사교과서 편찬에도 제약을 가할 정도로 민족적 국사교육에 탄압을 가했다. 이러한 상황에서 1909년 3월 출판법 제정 이후, 현채의『중등교과 동국사략』과『幼年必讀』등 민족교육의 지침서가 되었던 국사관련 서적은 발매가 금지되고 압수당했다.[209)]

한편 한말의 애국계몽사가들은 국사 이외에도 외국의 역사, 곧 세계 각국의 근대 정치흥망사・독립운동사・영웅전기물을 번역 발행하여, 일제 식민지화의 위협을 경계하고 자주독립정신과 서구적인 개혁사상을 전파하고자 하였다. 당시의 대표적인 번역 사서로는『애급근세사』(장지연 역, 1905),『波蘭國末年戰史』(魯瑢善 역),『월남망국사』(현채 역, 1906),『이태리건국 삼걸전』(신채호 역, 1907),『을지문덕전』(신채호 역, 1908),『성웅 이순신전』(신채호 역),『김유신전』(박은식 역),『미국독립사』(현은 역),『法國革命史』(현채 역),『瑞士建國志』(박은식 역, 1907) 등이 있다.

요컨대 한말의 애국계몽사가들은 민족주체성의 확립과 애국심의 고취를 위한 민족사학의 수립에 노력하였다. 그것은 곧 일제의 침략으로부터 위기에 처한 민족을 구하고자 하는 민족운동이었던 것이다. 그러나 당시 계몽사학자들은 전근대적 의식의 잔재 위에서 영웅의 행적을 역사 발전의 주요 동기로 인식하는 관념적인 영웅사관의 범위를 벗어나지 못한 측면도 있었던 것이다.[210)]

균관대, 18쪽 참조.

209) 金成俊, 위의 글, 183~189쪽 참조.

210) 金泰永, 1976,「開化思想家 및 愛國啓蒙思想家들의 史觀」『韓國의 歷史認識』下, 創作과 批評社, 418~419쪽 참조.

3. 민족적 종교운동

애국계몽가들은 한말에 있어서 현실적인 국권회복의 길은 경제력과 군사력 같은 유형의 자강력보다는 오히려 무형의 자강력으로서 자국의 역사를 보전하는 것과 동시에, 주체의식을 배양하고 이를 국민에게 널리 확산시킬 수 있는 종교에 있다고 하는 '信敎自强論'을 주장하였다.[211]

한말에는 외세의 유입으로 한국의 전통문화가 붕괴되면서 각종 매국적 종교가 생성하였다. 민족적 종교운동은 일제 통감부의 종교계에 대한 친일화 공작에 대응하여 일어났다. 일제 통감부는 일진회를 지원하여 동학을 친일종교로 만들려고 했고, 大東學會(후에 孔子敎로 개칭)를 만들어 유교계의 친일화를 기도하였다. 뿐만 아니라 동아기독교협회를 조직하여 기독교계를, 淨土敎會와 神宮敬義會를 조직하여 불교계를 친일화하려는 공작을 폈다.[212] 이에 맞서 애국계몽가들은 민족적 종교를 창건하거나 전래의 유교 및 외래의 기독교를 이용하여 구국민족운동을 전개하였다.

한말에 민족적 종교를 표방하고 민족운동을 전개했던 대표적 종교는 1905년 12월 孫秉熙가 동학에서 개칭한 천도교와 1909년 1월 나철이 창시한 대종교였다.

1894년 농민전쟁의 형태로 민족운동을 전개했던 동학은 1900년대에 이르러 李容九가 주도하는 侍天敎와 손병희가 주도하는 천도교로 분립되었다. 시천교는 일진회의 앞잡이가 되어 친일행각을 일삼았으며, 천도교는 애국계몽운동에 적극 동참하여 민족운동을

211) 『大韓每日申報』 1905년 12월 1일 논설 「信敎自强」 참조.
212) 愼鏞廈, 1980, 「韓末의 愛國啓蒙運動」 『韓國近代史와 社會變動』, 문학과 지성사, 92~93쪽 참조.

전개하였다.

1900년 동학의 3대 교주가 된 손병희는 과격했던 동학농민운동의 배타적 성격을 벗어나 개화의 방향으로 노선을 바꾸어 갔다. 그는 1901년 이후 일본에 건너가 권동진·오세창·趙義淵·李軫鎬·趙義聞·박영효 등 망명중인 개화파 인사들과 교유하면서 개화의 필요성을 절감하여, 일본에 64명의 유학생을 파견하기도 하였다.[213] 1904년 이용구가 동학교도들을 중심으로 조직한 進步會는 강연회를 개최하며 민중계몽운동을 전개했으나,[214] 진보회와 통합한 일진회(회장 이용구)는 1905년 11월에 일본의 보호정치를 주장하는 매국적 선언서를 발표하였다. 일본에서 이 사실을 들은 손병희는 1905년 12월 동학을 천도교로 개명하고,[215] 천도교 활동의 목표를 민족의 자주독립과 개화혁신으로 삼았다. 그는 귀국 후 친일단체인 일진회와 결별하고, 이용구 이하 62명을 출교시킴으로써 반일 민족종교로서 천도교의 위치를 확고히 했다.[216]

당시 천도교는 ① 자주독립의 실현을 위한 민족교육사업, ② 民智계발과 문명개화를 위한 언론출판사업, ③ 민족의식의 고취를 위한 국민계몽운동을 추진하였다.[217] 천도교는 새로운 학교를 설립하기 보다는 재정난으로 학교 운영이 어려운 私學을 인수하여 경영하는데 주력하였다. 당시 천도교가 인수하여 경영한 학교로는

---

213) 義菴孫秉熙先生紀念事業會, 1967,『義菴孫秉熙先生傳記』, 161·170～171쪽 참조.

214) 白世明, 1975,「甲辰革新運動과 東學」『韓國思想叢書』Ⅲ, 泰光文化社, 408～411쪽 참조.

215)『帝國新聞』1905년 12월 1일 참조 .

216)『皇城新聞』1906년 9월 20일 잡보「天道教決議」, 9월 21일 잡보「天道教人黜教」참조.

217) 黃善嬉, 1990,『東學의 思想變遷과 民族運動研究』, 단국대학 박사학위 논문, 177～196쪽 참조.

普成學校와 同德女學校가 있다.[218] 한편 손병희는 귀국시 인쇄기와 활자를 들여와 인쇄소를 설치하고, 1906년 6월 천도교 기관지인 『만세보』를 발행했는데, 그 목적은 국민계몽에 있었다.[219] 그러므로 『만세보』는 국한문 혼용으로 발행되었고, 한문에는 반드시 한글로 토를 달아 민중계도의 본래 취지에 충실하였다.[220]

이처럼 천도교는 한말에 민족교육을 실시하고 민족언론지를 발간하여 민족의식을 고취하는데 노력했고, 다수의 천도교도들은 대한협회에 가입하여 애국계몽운동을 주도했으며, '한일합방' 이후에는 기독교세력과 연합하여 3·1운동을 주도하면서 종교적 민족운동을 전개하였다.

대종교는 국권회복을 목적으로 국조 단군을 구심점으로 하여 민족의식을 고취하고 민족의 단합을 추구한 민족적 종교였다. 羅喆과 吳基鎬·金允植·金寅植 등 애국지사들은 한국의 독립은 민족의식과 주체적인 자주독립사상에 있다고 인식하고, 1909년 1월 단군교 곧 대종교를 창시하였다.[221]

원래 나철은 '동양평화론'에 입각하여, 그리고 국제공법과 한·일 간의 조약에 근거하여 주권을 회복하고자 민간외교활동을 벌였으나, 을사조약의 체결로 외교를 통한 구국운동에 한계를 느끼게 되어 을사오적의 처단을 계획하게 되었다.[222] 그는 비밀결사인 自新會를 조직하여 을사오적의 암살을 기도하는 한편, 일본의 침략에 경각심을 일으키는 국민계몽운동을 전개하였다.[223]

---

218) 金應祚, 앞의 「天道敎의 文化運動」, 62~67쪽 참조.
219) 崔起榮, 앞의 『大韓帝國時期 新聞硏究』, 72~75쪽.
220) 金應祚, 앞의 글, 68~69쪽 참조.
221) 朴永錫, 1993, 「大倧敎의 民族意識과 民族獨立運動」 『日帝下獨立運動史硏究』, 一潮閣, 249~250쪽 참조.
222) 朴永錫, 위의 글, 247~248쪽 ; 박환, 1991, 『滿洲韓人民族運動史硏究』, 一潮閣, 261~266쪽 참조.

대종교의 계몽활동은 대한협회·호남학회 등 당시의 애국계몽단체와 연계하여 이루어졌다. 특히 나철은 오기호·尹柱瓚(대한협회 회원)·李沂·崔東植·金永采·김인식·李光秀 등과 함께 호남학회에 가입하여 교육구국운동에 열중하였다. 이들은 국어·국사의 연구 및 민족교육에 전력을 기울였는데, 국사교육 특히 개국시조 단군을 구심점으로 하는 민족정신교육에 힘썼다.[224] '한일합방' 이후 대종교는 1911년에 만주에 支司를 설치하고 1914년에는 總本司를 북간도 和龍縣 靑波湖로 이전하여 민족교육을 위한 학교를 설립하고, 무장투쟁을 위한 重光團을 창립하는 등 항일독립운동을 전개하였다.[225]

이와 같이 대종교는 한말에 민족의식의 고취를 목적으로 조직되어 국권회복을 위한 항일투쟁의 정신적 구심체의 역할을 담당하였다. 뿐만 아니라, 국권피탈 이후에는 만주로 본부를 옮겨 수많은 애국계몽가들과 의병출신 애국지사들을 입교시켜 항일독립운동의 기반을 조성하는데 크게 기여하였다.

한편 1909년 이용직·김윤식 등 전·현직 고급관료와 박은식·장지연·원영의 등 개신유학적인 애국계몽인사들은 일제가 大東學會를 만들어 유림계를 친일화하려는 정치공작에 대응하여, 유교적 전통을 국권회복에 동원하고자 大同敎를 창건하여, 다수의 유림들을 애국계몽운동에 끌어들여 민족운동을 전개하였다.[226] 대동교는 '儒敎求新'의 입장에서 조직된 종교단체로, 전통사상인 유교

223) 崔永禧, 앞의 「乙巳條約締結을 前後한 韓國民의 抗日鬪爭」, 615쪽 참조.

224) 박환, 앞의 책, 269쪽 참조.

225) 朴永錫, 앞의 글, 255~280쪽 참조.

226) 愼鏞廈, 1977, 「朴殷植의 儒敎求新論·陽明學論·大同思想」 『歷史學報』 3, 역사학회, 70~81쪽 참조.

를 개혁하여 이를 구심점으로 민족의 단합을 유도하고 일제의 침략에 대항했던 것이다.

이와 같은 민족적 종교운동 이외에도 외래적 종교 특히 기독교계의 민족운동은 주목할만 하였다. 윤치호 · 이상재 · 안창호 · 이동휘 · 전덕기 등 다수의 기독교인 애국계몽인사들은 황성기독교청년회 · 상동청년회 등 기독교단체와 한영서원 등 근대학교를 설립 또는 운영하며 민중계몽과 교육구국운동에 앞장섰다. 전국 각지에 설립된 기독교 학교와 기독교 교회는 근대의식과 민족의식의 고양에 크게 기여하였다. 예컨대 기독교 선교사가 세운 평양의 숭실중학과 숭실대학은 그 재학생과 졸업생들이 을사조약 반대운동과 신민회의 국권회복운동에 참여했고, 조선국민회의 비밀결사운동과 평양의 3·1운동 및 평양학생 만세시위를 주도하는 등 항일민족운동을 지속적으로 전개하여 일제가 불온사상의 근거지로 간주할 정도로 북한지역 민족운동의 총본산이 되었다.[227)]

사실상 한말과 일제시대에 있어서 한국의 기독교는 신앙문제에 국한되지 않고 민족문제의 해결에 힘을 기울여 다분히 민족적 종교의 성격을 띠고 있었던 것이다. 일제시대에 있어 민족독립운동의 최고봉을 이루는 3·1운동 당시 민족대표 33인 중 16인이 기독교신도였다는 사실은 이를 단적으로 입증하는 것이다.

Ⅵ. 독립군기지 건설운동

대한제국 말기의 애국계몽가들은 국내에서는 국권회복을 위한

227) 柳永烈, 1997, 「韓國 최초 近代大學의 설립과 民族的 성격」 『한국민족운동사연구』 15, 한국민족운동사연구회, 111～118쪽 참조.

실력양성운동을 전개하는 한편, 국외에서는 독립군을 양성하여 일제와 근대전을 벌여 국권을 회복하려는 독립전쟁론에 의거하여 독립군기지 건설운동을 추진하였다.

합법단체인 대한자강회·대한협회·서북학회 등은 국권회복을 위하여 민족의 실력양성을 강조했지만, 양성된 실력을 독립으로 연결시키는 구체적 방법을 제시하지는 못하였다. 그들은 근대적 지식과 경제적 자립능력, 강건한 애국정신과 정치참여의 능력이 있을 정도로 충분한 실력이 양성되어 문명화가 이루어지면, 보호국체제가 철폐될 것이라고 주장하였다.[228] 그러나 일제의 병합정책이 더욱 강화됨에 따라, 다수의 애국계몽가들은 합법 운동의 한계를 느끼고, 무장투쟁으로 일제의 침략에 맞서고자 하여 비밀결사운동을 꾀하였다.

비밀결사 신민회 중심의 애국계몽가들은 국외에 독립군기지를 건설하여, 독립군을 양성함으로써 일제와 근대전을 벌여 독립을 쟁취하고자 하였다. 이제 이들 애국계몽가들이 구상한 독립전쟁론과 국외 독립군기지 건설의 준비 및 그 실상을 살펴보기로 한다.

1. 독립전쟁론의 대두

1907년의 군대해산과 정미7조약 이후, 대한제국의 행정권·사법권·경찰권을 장악한 日帝는 한민족의 국권회복운동에 대하여 강도 높은 탄압을 가하였다. 이에 당시 국권회복운동의 양대 산맥을 이루고 있던 항일의병운동과 애국계몽운동의 일각에서는 항일투

228) 大垣丈夫, 「本會趣旨」『大韓自强會月報』 제1호, 25쪽 ; 金嘉鎭, 「我國有識者의 日本國에 대흔 感念」『大韓協會會報』 제6호, 1~2쪽 참조.

쟁의 방법에 대한 검토가 이루어지기 시작하였다. 항일의병장 가운데서는 국내에서의 즉각결전보다 국외에서의 장기적인 무장투쟁이 모색되었고, 애국계몽가들 가운데서는 국내에서의 실력양성에 더하여 국외에서의 무장투쟁이 모색되었다. 항일의병운동의 전통적인 '즉각결전에 의한 즉시독립론'은 실력양성에 의한 점진적 독립론으로의 전환이 모색되었고, 애국계몽운동의 知的 경제적 '실력양성에 의한 자강독립론'은 군사력의 양성에 의한 근대적 독립전쟁론으로의 전환이 모색되었던 것이다.

독립전쟁론은 대한자강회·대한협회·서북학회 등 합법단체의 운동을 주도하던 인물들이 다수 포진한 비밀결사 신민회가 주도하였다. 신민회의 국권회복론은 기본적으로 먼저 실력을 양성한 다음 독립의 기회에 대비해야 한다는 '先實力 後機會論'이었다. 이러한 신민회의 '선실력 후기회론'은 대한자강회와 대한협회의 '先自强 後獨立論'과 일맥 상통하는 것이었다. 그러나 그것은 국외에 군사기지를 건설하여 독립군을 양성하려는 군사적 실력양성론이었으며, 군사적 실력양성에 의한 독립전쟁론인 점에서 합법단체의 국권회복론과 차별성를 가진다.[229] 곧 신민회의 독립군기지 건설의 구상은 일제로부터 한국민족이 독립을 회복하는 가장 확실한 방법은 독립군을 양성하여 적절한 기회에 일본과 근대전을 벌여 독립을 쟁취하는 것이라는 독립전쟁론에 의거한 것이었다.

신민회를 중심으로 하는 애국계몽가들의 독립전쟁론은 1907년 7월과 8월, 일제의 강요에 의한 고종의 퇴위와 정미7조약의 체결, 그리고 군대해산 등의 망국적 사태가 벌어지고, 신문지법과 보안법의 제정으로 합법적인 민족운동이 극한점에 달한 상황에서 구상

229) 柳永烈, 1997, 「愛國啓蒙派의 民族運動論」『大韓帝國期의 民族運動』, 一潮閣, 300～301쪽 참조.

되었으며, 신민회의 국외 독립군기지 건설계획은 의병운동의 퇴조기에 구체화되었다.[230] 신민회는 1909년 봄에 梁起鐸의 집에서 간부회의를 열고 국외에 독립군기지를 건설하고 무관학교를 설립하는 사안을 의결하고 이의 실행을 계획하였다.[231] 그리고 독립군 양성의 거점으로는 1860년대 이래의 이주에 의하여 많은 한인들이 살고 있는 서북간도와 노령 연해주 지역이 상정되었다.

신민회가 구체적으로 독립전쟁론을 채택하고 실천에 옮기기 시작한 때는 안중근의 이토 히로부미(伊藤博文) 포살사건으로 인하여 구속된 신민회 간부들이 석방된 직후였다. 1910년 3월 신민회는 석방된 간부들을 중심으로 긴급간부회의를 열고 '독립전쟁론'을 국권회복의 최고 전략으로 채택하여 국외에 독립군기지를 건설하기로 결정하였다. 또한 신민회 긴급간부회의는 일제에 의해 구속당했던 간부들이 우선적으로 국외로 나아가 독립군기지 건설사업을 담당하고, 국내 잔류 간부와 회원은 이 사업을 지원함과 동시에 종래의 실력양성운동을 계속하기로 결정하였다.[232] 이 때 결정된 독립군기지 건설사업의 구체적인 내용은, 첫째로 국내에서 재력있는 다수의 인민을 서간도에 집단 이주시켜 토지를 매입하여 부락을 만든다는 것, 둘째로 서간도에 '民團'을 조직하고 학교와 교회를 설립하며, 나아가 무관학교를 설립하여 文武雙全의 교육을 실시하고 사관을 양성한다는 것, 셋째로 이들을 중심으로 하여 독립군을 창설하여 기회를 틈타 독립전쟁을 일으켜 국권을 회복한다는

230) 元義常, 「新興武官學校」『新東亞』 1969년 6월호, 236쪽 ; 독립운동사편찬위원회 편, 1973, 「독립군전투사」 상 『독립운동사』 5권, 162~163쪽 참조.

231) 元義常, 앞의 글, 236쪽 참조.

232) 島山紀念事業會, 1954, 「李剛回顧談」『續篇 島山安昌浩』, 134~145쪽 ; 주요한, 1971, 『安島山全書』, 三中堂, 896~897쪽 附錄 「安昌浩豫審訊問記補遺」 참조.

것이었다.[233]

이것은 '민족의 실력'을 양성하여 '적절한 시기'에 일본과 독립전쟁을 전개함으로써 독립을 쟁취하려는 '독립전쟁 전략'이며, 당시 합법단체들이 지닌 국권회복론의 한계성을 한 단계 극복한 것이었다. 여기에서 '민족의 실력'이란 근대적 지식과 경제적 자립능력, 그리고 확고한 민족정신과 근대전을 수행할 수 있는 군사적 능력을 의미하는 것이었다. 그리고 '적절한 시기'란 장차 일제가 더욱 팽창하여 러시아나 청국 또는 미국과 전쟁을 벌이게 될 때와 같은 독립전쟁의 기회를 의미한다.[234] 신민회의 독립전쟁전략은 일본 제국주의가 팽창정책을 써서 열강과 전쟁을 일으키면, 국외의 독립군으로 하여금 국내 진공 작전을 벌이게 하고, 국내에서는 신민회를 비롯한 애국계몽세력들이 민중을 결집하여 이에 호응함으로써 국권을 회복한다는 것이었다. 결국 신민회의 독립군기지 건설론은 일제가 장차 침략전쟁을 벌이는 독립전쟁의 기회에 대비하여, 일제의 통치력이 미치지 않는 서북간도에서 독립군을 양성하여 독립전쟁에 대비하려는 것이었다.[235]

2. 독립군기지 건설준비

국외로 망명한 신민회 간부들은 1910년 4월의 靑島會議와 9월의

---

233) 尹炳奭, 1977, 「1910年代의 韓國獨立運動」『韓國近代史論』Ⅱ, 지식산업사, 30쪽 참조.

234) 尹炳奭, 위의 글, 27쪽 참조.

235) 尹炳奭, 위의 글, 26～28쪽 ; 국사편찬위원회, 1986, 「105人事件公判始末書」1『한민족독립운동사자료집』1, 290·295·305·312·315쪽 ; 국사편찬위원회, 1986, 「105人事件公判始末書」Ⅱ『한민족독립운동사자료집』2, 79～80쪽 참조.

海蔘威會議에서 독립군기지 건설을 위한 구체적인 논의를 전개하였다.[236)] 그러나 독립운동 근거지를 만들기 위한 한인들의 만주에서의 활동이 시작된 것은 이미 을사조약 체결 이후부터였다. 이때 북간도의 龍井村과 明東村, 소만국경에 위치한 密山府의 韓興洞에서는 애국계몽인사들이 학교를 설립하고 근대적 민족주의 교육을 실시하고 있었다.[237)]

1910년 4월 안창호·李甲·柳東說·신채호·金羲善·李種浩·金志侃·李剛 등은 중국 청도로 출국하여 독립군기지 건설을 위한 구체적인 실행책을 논의하였다. 그러나 이 청도회의에서는 우선 신문·잡지의 발간으로 독립정신을 계몽하자는 유동열·김희선 등의 입장과, 농지개척 사업으로 당장 이주민의 생활안정을 도모하자는 안창호·이갑 등의 입장으로 나뉘어 독립군기지 건설준비는 별다른 진전을 보지 못하였다.[238)]

합병 직후 1910년 9월에 열린 해삼위회의에서 신민회 간부들은 독립전쟁론에 뜻을 같이 했으나, 그 추진 방법에 있어서는 급진적 전쟁론과 점진적 전쟁론으로 나뉘었다. 곧 유동열·김희선 등은 국권이 상실된 상황에서 장기적인 독립군의 양성보다, 당장 국외 교포들을 모아 독립군을 결성하여 즉각적으로 국내에 진공할 것을 주장한 반면에, 안창호·이갑 등은 장기적인 전략으로 신한민촌과 무관학교를 건설하여 독립전쟁의 토대 구축에 힘쓸 것을 주장하였

---

236) 安昌浩,「豫審訊問記補遺」(1963,『安島山全書』, 三中堂, 859~899쪽) 참조.

237) 尹炳奭, 앞의「1910年代의 韓國獨立運動」, 36쪽 참조.

238) 尹慶老, 1990,『105人事件과 新民會 硏究』, 一志社, 262~262쪽 참조. 윤경로는 靑島會議에서는 구체적인 독립전쟁론이 제기되지 않았다고 보고 있는데 반해, 신용하는 안창호, 이갑 등이 신한민촌과 무관학교의 건설을 주장했다고 보고 있다(신용하,「신민회의 창건과 그 국권회복운동」하, 161쪽).

다. 이처럼 독립운동 노선상의 갈등으로 힘이 분열되어 안창호·이갑 등의 독립군기지 건설운동은 이루어질 수 없었으며,[239] 유동열·김희선 등이 독립군의 모집을 위하여 煙臺로 갔다가 체포됨으로써[240] 즉각적인 독립전쟁론도 실패하고 말았다.

한편 '국권피탈' 이후 국내에 잔류한 신민회 간부들은 독립군기지 건설을 위한 한인의 집단적인 서간도 이주를 결정했으며, 1910년 가을 양기탁·이동녕·朱鎭洙 등은 만주일대를 비밀리에 답사하여 독립군기지 후보지를 선정하고 한인 집단이주 준비를 진행하였다. 1910년 12월에 양기탁·안태국·주진수·이승훈·김구·이동녕 등은 신민회 전국간부회의를 열고, ① 국내에서는 서울에 都督府를 두고 각도에는 統監을 두어 비밀리에 국민에 대한 통제력을 행사할 것, ② 국외에서는 서간도 通化縣 부근의 토지를 매입하여 독립군기지를 건설하고 기회가 오면 독립전쟁을 벌일 것, ③ 독립군기지 건설을 위하여 국내로부터 계획적인 집단이주를 시행할 것 등을 결정하였다.[241]

이와 같은 신민회의 독립전쟁전략이 결정된 직후부터 한인의 서간도 이주사업이 급속히 진전되어, 국내에서 이주민 모집과 자금확보가 활발하게 진행되었다. 이러한 한인의 국외 집단이주에는 막대한 비용이 필요하였다. 그럼 신민회의 재정 확보는 어떻게 이루어 졌을까?

앞에서 보았듯이 신민회는 그 조직을 통하여 자체적으로 자금확보에 주력했고, 국외 이주민에게 자금 휴대를 권장하고 있었다. 1910년 4월에 열린 청도회의에서는 독립군기지 건설에 소용되는

239) 앞의 「李剛回顧談」『續編 島山安昌浩』, 147~148쪽 참조.
240) 앞의 「安昌浩豫審訊問記補遺」『安島山全書』 부록, 897쪽 참조.
241) 愼鏞廈, 1985, 「新民會의 創建과 그 國權恢復運動」『韓國民族獨立運動史研究』, 乙酉文化社, 109~111쪽 참조.

자금을 이종호가 우선 조달하기로 하였다. 그러나 토지를 매입하고 무관학교를 설립하는데 필요한 자금은 일 개인에 의해서 충당될 수 없는 막대한 규모의 것이었다. 그러므로 1910년 가을 양기탁 집에서 열린 신민회의 '서간도 이주회의'에서는 단체이주를 시행하되, 될 수 있는 대로 1인당 금 100원 이상을 휴대할 수 있는 이주민을 우선적으로 모집할 것을 결정하였다. 그리고 各道 대표로 양기탁(경기도·삼남)·김구(황해도)·안태국(평안남도)·이승훈(평안북도)·주진수(강원도)를 선정하여, 이주민 모집과 함께 군자금 확보의 책임을 맡게 하였다. 그 외에 신민회 회원들이 솔선수범하여 군자금을 마련했으며, 주진수 등은 家産을 전매하여 이주 준비를 하기도 했다.[242]

그리하여 신민회 간부 및 회원들은 1910년 12월부터 이동녕과 이회영 5형제, 주진수의 가족들 및 애국청년들의 단체이주가 성공적으로 이루어졌고, 따라서 신민회는 1911년 봄에 서간도로 대규모의 한인 집단이주를 실행하려고 하였다. 그러나 1911년 1월 '安岳事件'에 의하여 신민회 중앙간부와 황해도 지회 회원들이 대거 검거되었고, 9월에는 데라우치(寺內) 총독 암살미수로 날조된 '105인사건'에 의하여 신민회 회원 600여 명이 다시 체포되는 등 일제의 탄압으로 인하여 독립군기지 건설계획에 차질이 생기게 되었다.[243] 그러나 '국권피탈'을 전후하여 애국계몽인사들의 헌신적인 노력으로 북간도와 서간도, 그리고 연해주에 독립운동기지가 건설되어 갔다.

242) 위의 「新民會의 創建과 그 國權回復運動」, 111~112쪽 참조.
243) 위의 글, 112~113쪽 참조.

3. 독립운동기지의 건설

애국계몽가들에 의하여 국외 독립운동기지가 가장 먼저 착수된 곳은 북간도였다. 1906년 8월 이상설·이동녕·鄭淳萬·呂準·朴楨瑞 등 애국계몽인사들은 북간도의 중심지 연길현 용정촌에 瑞甸書塾을 설립하였다. 서전서숙은 갑반(20명)·을반(20명)·병반(34명) 3개반을 운영했으며, 여기에서 근대교육과 민족주의교육을 실시하여 일종의 독립운동자 양성소라고 할만 했다. 그러나 서전서숙은 1907년 이상설이 헤이그밀사로 떠나면서 재정난을 겪게 되고, 일제의 탄압을 당하여 1908년 가을에 폐숙하고 말았다.244)

서전서숙 폐숙 후 金躍淵은 박정서·여준 등 서전서숙 관계자들과 합력하여 용정촌에서 40여리 떨어진 화룡현 장재촌에 明東書塾을 설립하였다. 이때 신민회는 이동녕과 이동휘를 고문, 鄭載冕을 단장으로 하고, 기독교 전도사와 의사 및 재무담당자를 포함하는 북간도교육단을 파견하였다. 평양 숭실학교 출신으로 보광학교 교사였던 정재면은 명동서숙을 명동학교로 개칭하고, 교육이념을 독립정신에 두는 근대학교, 기독교학교로 개편했으며, 명동교회를 설립하여 선교활동도 벌였다. 명동학교는 문무쌍전의 철저한 민족주의 교육을 실시하여 이 지역 민족교육의 본산이 되었다.245)

명동학교의 기반이 잡히게 된 뒤, 김약연·정재면 등 명동학교 관련 민족운동자들은 북간도 한인사회를 조직하여 독립운동을 추진할 자치기구로 '墾民自治會'를 조직하였다. 간민자치회는 일본

---

244) 尹炳奭, 1990, 「1910年代 西北間島 韓人團體의 민족운동」『國外韓人社會와 民族運動』, 一潮閣, 14~16쪽 참조.

245) 尹炳奭, 1990, 「滿洲와 沿海洲의 韓人社會와 抗日結社, 民族敎育」『獨立軍史』, 지식산업사, 65~68쪽 참조.

측의 한인 자치활동을 방해하려는 책동 때문에 '간민교육회'(1909)로 개칭되었다. 간민교육회는 연변 局子街(연길)에 본부를 두고, 북간도 전역에 지회와 다수의 학교를 세웠으며, 모범촌운동, 문맹퇴치운동, 생산·판매·소비조합운동을 벌여 독립운동의 기반을 조성하였다.[246)]

1909년부터 민족운동자들은 북만주 소만국경 지대 密山府 경영에 착수하였다. 이상설·金學萬·정순만·李承熙 등은 이곳의 황무지를 사들여 韓興洞을 세우고 한민학교를 설립했으며,[247)] 1910년대 초에 李甲 등 신민회 회원들은 밀산현 蜂密山子에 밀산무관학교를 세워 독립군을 양성하였다. 또한 1912년에 신민회 간부 이종호 등은 王淸縣 羅子溝에 大興學校를 설립했고, 1913년에 이동휘·이종호·장기영 등은 이곳에 東林武官學校(일명 大甸學校)를 설립하여 본격적으로 독립군을 양성하였다.[248)]

'한일합방' 직후 서간도에서도 독립군기지가 건설되었다. 1911년 이동녕·이회영 등 신민회 간부들은 봉천성 柳河縣 삼원보에 新韓民村을 건설하고, 자치기구로서 耕學社를 조직했으며, 근대교육과 군사교육의 실시를 위한 신흥강습소(뒷날의 신흥무관학교)를 설립하였다. 그러나 다음 해에 흉작과 水土病 때문에 그들은 통화현 合泥河로 독립운동 근거지를 옮기고, 경학사를 강화하여 扶民團을 조직했으며, 신흥강습소를 新興學校로 개칭하였다. 신흥학교에는 4년제 중학과정의 본과가 있었고, 6개월 과정의 장교반과 3개월 과정의 하사관반이 있었다. 또한 신흥학교 교직원과 졸업생 중심의 독립운동단체인 신흥학우단이 조직되어 있었다.[249)]

---

246) 尹炳奭, 위의 글, 69～70 참조.
247) 尹炳奭, 위의 「1910年代 西北間島 韓人團體의 民族運動」, 16쪽 참조.
248) 愼鏞廈, 앞의 「新民會의 創建과 그 國權恢復運動」, 119～121쪽 참조.
249) 愼鏞廈, 위의 글, 113～117쪽 ; 元義常, 앞의 「新興武官學校」 238·240～

1914년에 부민단과 신흥학우단은 신흥학교에서 양성한 독립군 385명을 근간으로 하여 '白西農莊'을 건설하였다. 백서농장은 백두산 서쪽 산기슭 사방 200리의 고원지대 평야에 건설한 병농일치의 독립군 군영이었다. 金東三을 莊主로 하는 백서농장은 장주·訓讀·총무·醫監·경리·需品·외무·農監·교관·교도대장·1중대장·2중대장·3중대장·규율대장 그리고 각 小隊의 부서가 있었다. 백서농장은 3·1운동 당시까지 수천 명의 독립군을 양성하였다고 한다.[250)]

한편 '한일합방'을 전후하여 노령 연해주에서도 독립군기지 건설운동이 전개되었다. 블라디보스토크에는 이미 1905년에 한인사회의 공동이익을 목적으로 韓民會가 설립되었고, 1907년에는 대한청년학우회가 설립되었다. '합방' 직전에 유인석·이범윤·홍범도를 중심으로 편성된 13도의군은 연해주에 망명정부의 수립을 고종에게 상소한 바가 있었으며, 의병계열과 애국계몽계열의 인사들을 망라하여 이루어진 聲明會는 각국 정부에 '한일합방'의 무효를 선언하고 청년결사대를 조직하여 일본거류지를 습격하기도 하였다.[251)]

1911년 의병계열과 애국계몽계열의 연합으로 조직된 權業會는 연해주 지역의 민족운동을 조직하고 지휘하였다. 권업회는 한인들의 교육과 실업을 장려하는 한편, 한인들의 이주 개척을 표방하고 러시아 총독과 교섭하여 흑룡강·송화강 합류지점에 광복군 군영

241쪽 참조.

250) 尹炳奭, 1990, 「白西農莊과 大韓光復軍政府」『獨立軍史』, 지식산업사, 94~96쪽 ; 박환, 1991, 『在滿韓人民族運動史研究』, 一潮閣, 341쪽 참조.

251) 尹炳奭, 「獨立軍基地와 聲明會 宣言書의 意義」『獨立軍史』 50~51·60~61쪽 참조.

지를 확보했으며, 권업회 중심의 민족운동자들은 1914년에 이상설을 정통령, 이동휘를 부통령으로 하는 대한광복군 군정부를 세우기도 하였다.[252]

요컨대 신민회의 독립전쟁론은 애국계몽운동과 항일의병운동을 발전적으로 종합한 전략으로서, '합방' 이후 여러 민족운동세력의 기본적인 독립운동전략이 되었다. 그리고 '합방'을 전후하여 애국계몽가들을 비롯한 민족운동자들이 북간도·서간도·연해주 지역에 한인 마을과 한인 자치단체를 만들어 한인들의 경제적 기반을 마련하고, 무수한 학교 특히 무관학교를 설립하여 독립운동자와 독립군을 양성함으로써, 3·1운동 이후 대규모 독립군부대에 의한 항일무장투쟁의 기반을 마련했던 것이다.

맺음말

애국계몽운동이란 1904년 러일전쟁 전후로부터 1910년 국권피탈에 이르는 시기에, 개화자강계열의 민족운동단체들이 언론·출판·집회·결사를 통하여 근대의식과 민족의식을 고취하고, 민족교육의 보급과 민족문화의 향상, 민족자본의 육성과 민족군대의 양성을 통하여 민족역량을 배양함으로써 국권회복을 도모하려 한 광범위한 구국민족운동을 말한다.

첫째로 애국계몽운동은 민족독립운동의 올바른 이념을 제시하였다. 애국계몽운동은 일제의 보호국체제로부터 국가주권을 회복하려는 국권회복을 궁극적인 목표로 삼았으며, 전근대적인 전제국

252) 尹炳奭, 「1910年代 沿海洲地方에서의 韓國獨立運動」『國外 韓人社會와 民族運動』, 199~1127쪽 참조.

체제로부터 국민주권을 확립하려는 국민국가건설을 또 다른 궁극적인 목표로 삼았다. 자유민권이 향유되는 국민국가 건설을 외면하고 전제왕권을 존속시킨 채로의 단순한 국가독립운동은 진정한 의미의 근대민족운동이라고 볼 수 없다. 그러므로 근대민족운동이란 외형적인 국가독립운동과 더불어 내면적인 국민국가건설운동을 포괄해야 한다. 이러한 관점에서 보면, 국민국가건설을 전제로 하여 국권회복을 목표로 삼았던 애국계몽운동은 당시의 민족적 과제에 충실하고 근대사의 발전 방향에 합치되는 민족운동의 올바른 이념을 제시했다고 할 수 있다. 이러한 애국계몽운동의 이념은 주권피탈 이후 민족운동의 주류가 復辟主義로 흐르지 않고, 근대국가건설을 전제로 한 근대적 독립운동으로 전개될 수 있게 했다는 점에서 민족운동사적으로 커다란 의미가 있는 것이다.

둘째로 애국계몽운동은 민족독립운동의 올바른 전략을 제시했다. 한말 애국계몽단체들의 국권회복전략은 실력양성론과 독립전쟁론으로 집약된다. 대한자강회・대한협회 등 합법단체들은 군사강국인 일제에 맞서 즉각결전에 의한 국권회복은 현실적으로 불가능하고, 준비 없는 무력투쟁은 실력의 파괴만을 초래한다는 판단하에서, 국권회복을 위한 국민의 지적・경제적 실력양성을 당면의 목표로 설정하였다. 한편 비밀결사인 신민회는 국내에서의 국민의 지적・경제적 실력양성과 더불어, 국외에서의 독립군기지의 건설을 통한 민족의 군사력 양성을 또 다른 당면의 목표로 설정했다. 이것은 적절한 시기에 일제와 독립전쟁을 벌여 독립을 쟁취하는 것이 국권회복의 가장 확실한 방법이라는 독립전쟁론에 의거한 것이다. 국가간, 민족간의 투쟁에서 승리하기 위해서는 실력의 양성이 필수 불가결하다는 점에서, 애국계몽단체들의 실력양성론은 민족독립운동사에서 충분히 긍정적인 의미를 가진다고 하겠다. 더욱이 국민의 지적·경제적 실력양성과 일제와의 近代戰에 대비한 민족의 군사력 양성을 배합시킨 신민회의 국권회복전략은 민족운동의 올바른 전략을 제시한 것이며, 주권피탈 이후 독립운동전략의 골격을 형성했다는 점에서 민족운동사적으로 커다란 의미가 있다고 하겠다.

셋째로 애국계몽운동은 실제로 민족역량의 축적을 통하여 장기적인 민족독립운동의 기반을 마련하였다. 애국계몽단체들의 국민계몽운동은 다수의 지식인·실업가·민중들을 근대의식과 민중의식으로 개명시켜 국권회복운동의 대열에 서게 했으며, 수많은 사립학교를 설립하여 근대교육과 민족교육을 통하여 민족독립운동의 인재를 양성하는 기반을 마련하였다. 그리고 애국계몽단체들의 경제구국운동은 사회일반에 일제의 경제침략에 대한 경각심과 근대적 경제의식을 일깨워 다수의 국민이 경제적 자주를 위한 국채보상운동에 참여토록 하고, 애국적인 실업인들로 하여금 근대적 민족산업을 일으켜 민족자본을 육성토록 하여 민족독립운동의 경제적 토대를 마련하였다. 나아가 애국계몽단체의 독립전쟁론에 의거한 민족의 군사력 양성운동은 1910년대에 서북 간도와 노령에서 독립군기지를 건설하고 근대적인 독립군을 양성하여 3·1운동 이후 근대적 항일 무장투쟁의 기초를 마련하였다.

이상과 같이 애국계몽운동은 실제로 우리 민족의 일대 분발과 지적·경제적·군사적인 민족의 실력양성을 통하여 항일독립운동의 기반을 마련했다는 점에서 우리 민족독립운동사에서 커다란 의미를 가지는 것이다.

제2장

애국계몽사상

머리말

1904년 러일전쟁과 1905년 을사조약에 의하여 한국이 일본의 보호국체제로 편입된 대한제국 말기에 있어서, 한국 민족운동의 큰 흐름은 애국계몽운동과 항일의병운동으로 전개되었다.

애국계몽운동은 근대 지식층이 주도한 국권회복을 위한 실력양성운동으로, 그 논리는 점진적 실력양성에 의한 獨立準備論이었으며, 항일의병운동은 수구 지식층이 주도한 국권회복을 위한 항일무장투쟁으로, 그 논리는 즉각결전에 의한 卽時獨立論이었다. 한말의 민족적·국가적 위기에 대하여 애국계몽운동은 합리적 이성적인 측면의 대응이었고, 항일의병운동은 본능적 감성적인 측면의 대응이었다고 볼 수 있다.

한말의 애국계몽운동은 외형적인 국가독립 회복운동에 그치지 않고 국민국가 건설운동을 내포하고 있었다. 그러므로 먼저 한말 애국계몽사상의 개념과 형성 문제를 살펴보고, 애국계몽사상을 국권회복의 논리와 국민국가건설의 논리로 나누어 살펴보고자 한다.

Ⅰ. 애국계몽사상의 개념과 형성

1. 애국계몽사상의 개념

한말의 국권회복을 위한 실력양성운동은 흔히 애국계몽운동이라 불려지고 있으며, 그 사상은 애국계몽사상이라 불려지고 있다. 그러나 그 운동과 사상의 개념과 용어는 학계에서 의견의 일치를 보지 못하여, 이 운동은 애국계몽운동·계몽운동·구국계몽운동·문화운동·애국문화운동·자강운동 등 다양한 용어로 표현되고 있다. 이러한 용어의 불일치는 '애국계몽'이라는 개념이 역사적 개념으로 정립되지 않았기 때문이다.

'애국계몽운동'이란 용어는 해방 후에 사용되기 시작하였다. 孫晉泰는 1949년에 간행된 『國史大要』에서, 한말의 개화지식인들이, "남의 힘에 의뢰한 것이 나라를 망하게 하는 장본이었다. 우리 자신의 힘으로 독립을 싸워 얻어야 하겠다"는 자각에서, 학교·학회·종교단체를 만들어 신학문을 교육하고, 정치사상을 선전하며, 민족정신을 고취하여 완전한 독립을 추구한 운동을 '애국적 계몽운동'이라고 하였다.[1)] 이후 한말의 실력양성운동을 '애국계몽운동'으로 보는 시각이 보편화되었다.

예컨대, 한말 애국계몽사상이란 1905년~1910년 사이에 전개된 애국계몽운동을 이끌어 간 사상을 포괄적으로 가리키는 말이라 하

1) 孫晉泰, 1949, 『國史大要』, 乙酉文化社, 138~139쪽.

고, 애국계몽운동을 어느 시기에나 있을 수 있는 '일반적 개념'으로가 아니고, 한말이라는 일정한 시기에 있었던 운동으로서 '역사적 개념'으로 파악해야 한다는 견해가 있다. 이 견해는, "1905년 11월 소위 을사조약에 의하여 국권을 박탈당한 이후, 개화자강파가 중심이 되어 완전한 국권회복을 목적으로 전개한 1905년~1910년 사이의 민력계발과 민족독립역량 양성운동을 총칭하는 개념"으로서 애국계몽운동을 정의하고, 그 운동 내용으로 ① 신교육구국운동 ② 언론계몽운동 ③ 민족산업진흥운동 ④ 국채보상운동 ⑤ 신문화·신문학운동 ⑥ 국학운동 ⑦ 민족종교운동 ⑧ 해외독립군기지 창건운동 등을 제시하고 있다. 곧 해외독립군기지 건설운동까지를 애국계몽운동의 범주에 포함시키고 있는 것이다.[2)]

한편, 1905년 11월 '보호조약' 이후 신지식층의 개화사상이 애국계몽운동으로 전개되었고, 이 애국계몽운동은 갑신정변-독립협회운동을 잇는 개화의 제3단계 운동으로 파악하는 견해가 있다.[3)] 이 견해는, 애국계몽운동의 당면 목표는, 대중계몽과 학교교육을 통하여 民智를 열고, 민족산업의 육성을 통하여 민력을 배양함으로써 민족의 실력을 양성하는 것이었고, 그 궁극적인 목표는, 시기를 포착하여 국권을 회복하려는 정치적인 것이었으며, 동시에 조선왕조의 재건이 아니라 근대적 국민국가의 형성에 있었다고 보고 있다. 곧 국민국가 건설운동까지를 애국계몽운동의 범주에 포함시키고 있는 것이다.[4)]

한편, 한말의 국권회복을 위한 실력양성운동은 이미 일제시대에 '계몽운동'으로 이해되었다. 黃義敦은 1926년의 『光武隆熙時代의

---

2) 愼鏞廈, 1980, 「韓末 愛國啓蒙思想과 運動」『韓國史學』 1, 정신문화연구원, 269·272쪽.
3) 姜在彥, 1980, 『朝鮮の開化思想』, 東京: 岩波書店, 247~248쪽.
4) 姜在彥, 1985, 『韓國의 近代思想』, 한길사, 235쪽.

계몽운동』이란 글에서, 독립협회의 언론을 통한 민중계몽활동을 '조선의 계몽운동의 서광'으로 보았고, 1904년 러일전쟁과 1905년 을사조약 이후의 언론기관과 사회단체의 문화운동·정치운동·사회운동 등을 '계몽운동의 진면목' 또는 '민중전체의 각성적 운동'으로 높이 평가하였다.[5)]

최근에도, 1904년 러일전쟁과 1905년 을사조약을 계기로 정치·경제·사회·문화적으로 국민적 역량을 배양하기 위해 전개된 실력양성운동을, 의병전쟁과 함께 '구국운동'으로 이해하되, 정치운동이 약화된 '계몽운동'으로 파악하는 견해가 있다. 이 견해는, 한말의 망국사태에 대처한 구국운동이 의병운동과 계몽운동으로 전개되었다는 전제 하에, 의병운동은 '구국의병운동'이라 하고, 계몽운동은 '구국계몽운동'이라 하는 것이 적절하다고 주장한다. 또한 이 견해는, 구국운동의 일환으로 전개된 계몽운동의 사상을 '한말계몽주의' 또는 '계몽주의'라고 표현하고 있다.[6)]

한말의 애국계몽운동을 '문화운동'으로 보는 시각도 있다. 일제말기에 崔南善은 한말의 실력양성운동이 기본적으로 교화사업·학교설립·학회설립·어문학연구·사학연구·종교활동 등 문화분야의 운동이므로, 이 운동에 '문화운동'이란 용어를 사용하였다.[7)]

최근에도, 애국계몽운동은 갑신정변·갑오개혁·독립협회운동의 맥을 이은 문명개화론자들이 주체가 되어, 신문·잡지 등의 언

5) 黃義敦, 1926, 「光武隆熙時代의 啓蒙運動」『新民』 14 ; 1982, 『韓國近世史論著集』 1－舊韓末篇－, 太學社, 322～326쪽.

6) 趙東杰, 1989, 「韓末啓蒙主義의 構造와 獨立運動上의 位置」『韓國民族主義의 成立과 獨立運動史硏究』, 지식산업사, 97·108쪽 ; 趙東杰, 1895, 「獨立運動史硏究의 回顧와 課題」『정신문화연구』 25, 정신문화연구원, 20·22쪽.

7) 崔南善, 1943, 『故事通』, 三中堂, 245～246쪽.

론과 학교설립의 교육을 통하여 전개한 '문화운동' 이라고 보는 견해가 있다. 이러한 견해는, 애국계몽운동자들의 민중에 대한 불신과 제국주의에 대한 인식의 불철저로, 그 운동이 개량적 문화운동에 그치고 말았다고 하여, 그 의의를 과소 평가하고 있다.[8)]

한편 애국계몽운동은 '애국문화계몽운동' 또는 '애국문화운동'으로 표현되기도 한다. 예건대, 북한에서 간행된 『근대조선역사』는, 을사조약을 계기로 다양한 형태로 전개된 애국문화운동을, 문화분야에서 민족 부르죠아지의 제반 요구를 반영한 반침략 반봉건운동으로 규정하고, 그 운동은 민족문화를 대중적 · 근대적 토대위에서 발전시키는 계기를 열었으나, 일제의 침략과 봉건제도를 혁명적으로 청산하는데 이르지 못했다고 그 한계성을 지적하고 있다.[9)]

애국계몽운동을 '자강운동'에 역점을 두고 보는 견해도 있다. 이 견해는, 한말 보호국체제 하에서의 국권회복운동은 무장투쟁노선의 의병전쟁과 실력양성노선의 자강운동으로 전개되었는데, 자강운동은 교육과 실업을 진흥함으로써 경제적 문화적 실력을 양성하고, 나아가 부국강병을 달성하여 장차 국권회복의 토대를 마련하려는 운동이었다고 정의하고 있다. 또한 이 견해는, 본래 '애국계몽운동'이라는 용어는 주로 계몽운동이라는 운동방법을 가리키는 것이므로, 기입의 식산흥입이나 정치단체의 정치운동을 '계몽운동'이라고 부르는 것은 적절치 않다고 하고, 당시 신교육운동 · 식산흥업운동 · 계몽운동의 슬로건은 모두 '자강' 곧 실력양성을 통한 국권회복이었다는 점을 들어, '애국계몽운동'을 '자강운동'이라고

8) 金度亨, 1988, 『大韓帝國末期의 國權恢復運動과 그 思想』, 연세대학 박사학위논문, 10·122～113쪽.

9) 이종현, 『근대조선역사』, 사회과학원역사연구소(일송정 복간, 1988), 248～249·256～257쪽.

하는 것이 보다 적절하다고 주장하고 있다.[10)]

애국계몽운동은 한말의 망국적 보호국체제 하에서 문화적・경제적・정치적・군사적으로 민족의 실력을 양성하여 국권을 회복하려는 운동이었다. 그러므로 애국계몽운동을 '애국적 계몽운동' 또는 '애국적 문화운동'으로 좁은 의미로만 볼 것이 아니고, 목적으로서의 '애국운동'과 수단으로서의 '계몽운동'으로, 또는 '민중계몽의 방법'이 강조된 '모든 애국운동'으로 확대 해석해 보면, '애국계몽운동'이란 용어가 결코 부적절한 용어는 아니라고 생각된다.

한편, 애국계몽운동과 그 사상의 전개 시기에 대하여, 첫째로 18세기 후반 실학파의 북학사상을 '조선의 계몽사상의 맹아적 형태'로 보는 시각이 있으며,[11)] 둘째로 아관파천 이후 독립협회의 민중계몽활동을 '조선의 계몽운동의 曙光' 곧 계몽운동의 시작으로 보는 시각이 있다.[12)] 셋째로 1904년의 러일전쟁과 1905년의 을사조약을 계기로 일본의 침략에 대응하여 전개된 구국을 위한 실력양성운동을 '계몽운동'의 기점으로 보는 시각이 있다.[13)] 그리고 넷째로 1905년 11월 을사조약을 계기로 국권 일부의 상실과 이에 대응한 국권회복을 위한 실력양성운동을 애국계몽운동의 기점으로 보는 시각이 있다.

애국계몽운동을 한말의 민족운동으로 제한시켜 볼 때, 러일전쟁과 을사조약을 계기로 한반도가 사실상 일본의 준식민지로 전락한 상태에서, 국권회복과 국민국가건설을 목표로 하는 실력양성운동이 전개되었으므로, 1904년 러일전쟁과 1905년 을사조약의 시기를

---

10) 박찬승, 1992, 『한국근대 정치사상사연구』, 역사비평사, 17~18쪽.
11) 姜在彦, 1973, 『近代朝鮮の變革思想』, 日本評論社, 208쪽.
12) 黃義敦, 앞의 글, 322쪽 ; 김종덕, 1989, 「한말계몽운동의 계보와 성격」『한국의 사회와 문화』 10, 정신문화연구원, 173쪽.
13) 趙東杰, 앞의 「韓末啓蒙主義의 構造와 獨立運動上의 位置」, 111쪽.

포괄하여 애국계몽운동의 기점으로 보는 것이 적절한 것으로 생각된다.

요컨대, 한말 애국계몽운동은 러일전쟁과 을사조약을 전후한 시기로부터 '한일합방' 때까지에 전개된 개화지식인들의 국권회복과 국민국가건설을 위한 실력양성운동었다는 개념 정의가 가능할 것이다. 따라서 애국계몽운동이 국권회복을 위한 정치운동을 등한시했다고 하여, 문화운동 또는 계몽운동으로 범위를 축소시켜 보는 시각이나, 민중에 대한 인식의 결여를 지적하여 그 평가를 절하하여 보는 시각은, 대한제국 말기에 폭넓게 전개된 국권회복과 국민국가건설을 위한 실력양성운동 곧 애국계몽운동의 민족운동사적 의미를 소홀히 하는 결과를 가져올 것이다.

2. 애국계몽사상의 형성

이제 한말 애국계몽사상을 형성한 사상적 조류를 학계의 연구성과를 중심으로 살펴보기로 한다.

첫째로 실학사상이 한말 애국계몽사상을 형성한 사조의 하나가 되었다는 설은 오늘날 학계의 통설로 되어 있다.

먼저 계보상으로 보아, "조선에서의 역사적 개념으로서의 계몽사상은 18세기 후반기의 실학파에서의 북학사상을 그 맹아적 형태로 하고, 1870～1880년대의 개화사상은 계몽사상의 제 특징을 그 내실로서 구비하고 있다"고 하여, 실학사상·개화사상·애국계몽사상을 같은 맥락으로 보는 견해가 있다. 이 견해는, 특히 북학사상이 갖는 여러 특징, 구체적으로는 ① 세계지도에 대한 새로운 지식을 토대로 한 '華夷之分'의 부정, ② 인간관·학문관·직업관에서의 봉건적 명분론의 부정, ③ 합리적 생산기술의 도입에 의한 생산력의 발전과 그것을 저해하는 구질서의 개조, ④ 개국론적 해외통상책과 서양기술자 초빙안 등에 주목하여, 북학사상이 근대적 사상으로 발전 가능성을 내포하는 '계몽사상으로서의 초기적 성격'을 가진다고 본다.[14] 곧 실학사상을 애국계몽사상의 始原的 사상으로 보는 것이다.

그리고 실학사상과 개화사상의 연관관계에 대해서는, ① 실학자들의 利用厚生과 實事求是 개념이 그대로 개화사상가에게 계승 발전되었다는 점, ② 실학자들의 민족주의적 의식과 국학연구가 개화사상가들에게 계승 발전되었다는 점, ③ 실학자들의 평등의식과 민권사상이 개화사상가들에게 계승 발전되었다는 점, ④ 실학자들의 개국통상론・무역부국론이 개화파의 기술도입론・수입대체적 공업화론으로 연결 발전되었다는 점, ⑤ 실학자들의 영업자유론이 개화파에 계승되어 都賈革罷論・惠商工局革罷論・육의전 전매제도혁파론으로 나타난 점, ⑥ 실학자들의 小作地均等化論・조세금납화론・농업기술론 등이 개화파에 의하여 계승 발전되었다는 점에서, 실학사상과 개화사상의 불가분의 관계가 논증되고 있다.[15]

실학사상과 개화사상은 인적인 맥락에서도 긴밀하였음이 밝혀졌다. 먼저 개화의 선각자 吳慶錫・朴珪壽・劉大致의 경우, 오경석의 사상은 실학자 朴齊家와 金正喜의 학문에서 결정적인 영향을 받았고,[16] 박규수는 조부이며 저명한 실학자 朴趾源과 丁若鏞

14) 姜在彦, 앞의『近代朝鮮の變革思想』 208～209쪽.

15) 金泳鎬, 1975,「開化思想의 形成과 그 性格」『한국사』16, 국사편찬위원회, 258～274쪽.

16) 愼鏞廈, 1987,「吳慶錫의 開化思想과 活動」『韓國近代社會思想社研究』, 일지사, 62쪽.

의 학문적 영향을 받았으며,[17] 유대치는 오경석의 절친한 친구이며 사상적 동지였다.[18] 초기 개화인물 김옥균・박영효・홍영식・서광범・김윤식・유길준 등은 박규수로부터 개화교육을 받았고, 급진개화파 인물들은 박규수 사후 유대치의 지도를 받았다.[19] 魚允中은 정약용의 제자인 조부 魚命能으로부터 실학사상을 배웠고, 박정양은 실학자 洪淵泉의 제자였으며, 김홍집의 부친 金永爵은 서유구・丁學淵과 교우인 실학자였다.[20] 그리고 申觀浩・金綺秀・姜瑋 등은 김정희의 제자였으며, 정약용 제자의 문하에서 신관호・申耆永・申正熙・어윤중・李沂・李道宰 등이 실학을 공부하였다.[21]

한편, 실학사상이 개화사상을 통하여 애국계몽사상에 영향을 끼치기도 했지만, 직접적으로 애국계몽사상의 형성에 다대한 영향을 끼쳤음도 밝혀졌다. 곧 한말 애국계몽운동가들이 실학사상을 재발견하고 실학을 열심히 연구했으며, 실제로 실학사상은 그들에게 끊임없이 많은 지식과 사상, 관점과 신념, 그리고 자부심을 공급해 주었다고 평가되고 있다.[22]

실학사상과 애국계몽사상의 직접적인 연관관계에 있어, 애국계몽가들이 國學을 중요시했던 실학적 전통을 계승하여 국학운동을 전개한 점도 지적되고 있다. 張志淵・朴殷植・申采浩 등이 그러하며, 특히 역사연구에서의 계승관계가 지적되고 있다. 장지연은 자신의 학문적 계보를 실학자인 李瀷과 정약용에 두었고,[23] 정약

---

17) 金泳鎬, 앞의 글, 247쪽.
18) 李光麟, 19783, 「숨은 開化思想家 劉大致」『開化黨硏究』, 일조각, 72쪽.
19) 愼鏞廈, 1987, 「개화당과 독립협회」『한민족독립운동사』, 국사편찬위원회, 121쪽 ; 李光麟, 앞의 글, 78쪽.
20) 金泳鎬, 앞의 글, 255·258·273쪽.
21) 金泳鎬, 앞의 글, 251～253쪽.
22) 愼鏞廈, 앞의 「韓末 愛國啓蒙思想과 運動」, 277쪽.

용의 학문을 "경장유신의 뜻을 가진 학문"이라고 높이 평가했으며,[24] 정약용의 저작인 『牧民心書』·『欽欽新書』를 출판하고·『我邦疆域考』를 증보 개정하는 등 정약용의 저작을 출간하였다.[25] 박은식은 젊은 시절에 정약용의 제자인 신기영과 丁觀燮을 찾아가 정약용의 학문을 섭렵했으며,[26] 신채호는 실학시대의 사학을 비판적으로 계승하고, 실학의 비판정신·개혁성·실증성·근대성을 수용하여 근대사학을 정립하는 계기를 이루었다.[27]

『황성신문』이 실학파의 학문을 집중적으로 거론한 점도 지적되고 있다. 그들은 新舊學折衷의 필요성에서, 舊學 가운데 '영정시대의 실학'을 거론하고, 김육·유형원·이익·정약용·박지원·유득공 등의 실학자들을 열거했으며, 토지제도개혁론으로부터 농업기술문제, 상업문제, 신분개혁문제 등을 소개하였다.[28] 이처럼 실학사상은 개화사상의 형성에 깊은 영향을 끼쳤으며, 동시에 애국계몽사상의 형성에도 지대한 영향을 끼쳤던 것이다.

둘째로 한말 애국계몽사상이 개화사상을 계승하여 형성된 사상이라는 설도 오늘날 학계의 통설로 되어 있다.

한말 애국계몽사상은 사상적인 면에서 개화사상과 같은 맥락으로 이해된다. 조선의 개항 초기에 개화란 용어는 개국과 동일시되었고 부국강병의 논리로 전개되다가, 1890년대 후반에는 物的 개화로서의 開物(=산업의 근대화)과 人的 개화로서의 化民(=인간의

23) 張志淵, 1971, 「事略」『韋庵文稿』卷12, 국사편찬위원회, 496쪽.
24) 張志淵, 「題雅言覺非後」『韋庵文庫』卷5, 192쪽 참조.
25) 姜在彦, 앞의 『近代朝鮮の變革思想』, 211쪽 ; 千寬宇, 1967, 「張志淵과 그 思想」『白山學報』3, 白山學會, 499쪽.
26) 愼鏞廈, 1982, 『朴殷植의 社會思想研究』, 서울대학교 출판부, 4쪽.
27) 李萬烈, 1990, 『丹齋 申采浩의 歷史學研究』, 문학과지성사, 100쪽.
28) 김도형, 1993, 「애국계몽운동의 연구동향과 과제」『한민족독립운동사』 12, 국사편찬위원회, 73쪽.

의식과 지식의 근대화)을 결합한 용어로 정착되었다고 이해된다.[29] 이러한 개화사상이 독립협회운동자들에 의하여 국권과 민권을 축으로 하는 근대개혁사상으로 체계화된 것으로 보이며, 애국계몽사상의 국권회복론과 국민국가건설론은 개화운동의 인맥적·사상적 계승성을 지니면서, 국권침탈의 상황에 대응하여 운동과제의 초점을 전환한 데서 나타난 논리였다고 파악되고 있다.[30]

또한 한말의 애국계몽사상은, 1905년 국권을 침탈당한 후 국권회복을 목적으로 하여 개화사상에서 전환된 것이며, 새로운 사태에 대응한 '개화사상의 변형'이라고도 표현된다. 특히 개화사상 중에서도 독립협회와 만민공동회의 영향이 가장 컸다고 이해된다. 따라서 한말의 애국계몽사상과 운동은 국권의 피탈이라는 새로운 사태 변화의 도전에 대한, 종래의 개화파·독립협회·만민공동회파의 응전의 양식이었다고 파악되기도 한다.[31]

결국, 애국계몽운동은 1904년의 러일전쟁과 1905년의 을사조약에 의하여 일제로부터 강요된 보호국체제 하에서, 갑신정변·갑오개혁·독립협회운동으로 이어지는 개화자강계열의 운동을 계승하여 전개한 민족운동이었다고 할 수 있다. 대한제국 초기에 개화자강계열의 민족운동을 주도했던 독립협회가, 외세의 침탈로부터 국권의 상실을 막고 자주독립의 주권국가를 수립하려는 자주국권운동과, 지배층의 압제로부터 민권의 유린을 막고 근대적 국민국가를 건설하려는 자유민권운동, 그리고 국정 전 분야에 걸친 일대개혁을 통하여 근대적 자강체제를 수립하려는 자강개혁운동을 전개했는데, 이러한 독립협회운동을 직접적으로 계승한 운동이 애국계

29) 姜在彦, 앞의 『朝鮮の開化思想』, 177쪽.
30) 姜在彦, 위의 글, 247쪽.
31) 愼鏞廈, 앞의 「韓末 愛國啓蒙思想과 運動」, 277쪽.

몽운동이던 것이다.[32)]

한말 애국계몽운동은 인적인 면에서도 개화자강계열의 지식층이 중심을 이루었고, 특히 독립협회와 만민공동회 회원들은 대부분 애국계몽운동을 전개하였다. 대한자강회의 회장단과 평의원 역임자 43명 중 21명이 독립협회 출신이었고, 그 최고지도층인 회장단과 평의장 역임자 6명 중 윤치호·尹孝定·玄檃·林炳恒·장지연·池錫永 등 5명이 독립협회 출신이었다.[33)] 그리고 安昌浩·梁起鐸·全德基·李東輝·李東寧·李甲·윤치호·박은식·신채호·盧伯麟·李商在 등 독립협회 회원 30여 명이 신민회의 창립과 활동을 주도했고, 신민회 창립위원 7명 중 6명이 독립협회 출신이었다.[34)] 또한 李鍾一·鄭雲復·임병항·南宮檍·柳瑾·장지연·박은식·신채호·羅壽淵·梁起鐸·안창호·이갑·오세창 등 독립협회 출신들이 『제국신문』·『황성신문』·『대한매일신보』·『만세보』·『대한민보』 등 한말의 5대 애국계몽언론의 창간·경영·편집을 주도하였다.[35)]

셋째로 한말 애국계몽사상의 형성에 사회진화론과 서양계몽사상이 깊은 영향을 주었다는 설도 학계의 통설로 되어 있다.

1880년대에 개화지식인들이 받아들이기 시작한 사회진화론이, 1900년대에 이르러 주로 梁啓超의 『飮氷室文集』을 통하여 본격적으로 한국사회에 수용되었으며, 당시 제국주의가 팽배하고 국가가 멸망의 위기에 처한 한말에, "弱肉强食하고 適者生存한다"는 사회진화론이 보편화되어 애국계몽운동의 추진력이 되었다고 이해된

32) 柳永烈, 1997, 『大韓帝國期의 民族運動』, 일조각, 180쪽.
33) 柳永烈, 위의 책, 114～115쪽.
34) 柳永烈, 위의 책, 197～198쪽.
35) 李海暢, 1974, 「言論機關의 活動」 『한국사』 20, 국사편찬위원회, 40～55쪽.

다. 또한 한말에 사회진화론이 구국을 위한 강한 정치의식을 불러 일으켰고, 위기극복을 위해 국민의 정신과 자세를 새롭게 하려는 新民思想을 주창케 했으며, 민족과 경쟁(투쟁)을 중심으로 한국사를 보려는 민족사관을 정립케 했다고 이해된다.36)

한말에 유행한 적자생존·우승열패 등 사회진화론은 제국주의의 원리를 설명해 주고, 이에 대항하는 自强論의 형성을 뒷받침하여, 애국계몽사상의 형성에 지대한 영향을 주었으며, 사회계약론·민권론·국민주권론·국민국가론 등 서양계몽사상이 국민을 주체로 하는 국권회복운동의 사상적 기초가 되었던 것이다. 또한 한말에 있어서 사회진화론과 서양계몽사상의 도입에는, 중국 특히 康有爲의 저작들과 양계초의 『음빙실문집』 등의 저작들이 큰 영향을 끼쳤던 것이다.37)

곧 한말의 애국계몽가들은 당시 국제사회의 현실을 기본적으로 사회진화론적 시각에서 파악하여, 약육강식·우승열패의 국제사회에서 한국이 보호국 상태로 전락한 근본적인 책임은 국가의 자강을 도모하지 못한 한국 자체에 있다는 自家反省의 입장에서, 실력의 부족으로 상실된 국권의 회복은 실력의 양성으로만 가능하다고 믿고, 국권회복을 위한 실력양성론, 곧 사회진화론에 기초한 자강독립론을 폈던 것이다.38)

한편 한말의 사회진화론이 가지는 '경쟁과 진보'의 양면성에 주목하여, 진보에 중점을 두는 경우에는, 근대주의에 빠져 제국주의를 용인하고 문명국 일본의 지도하에 문명개화를 달성하자는 논리로 발전하게 되었고, 민족간의 경쟁을 강조하는 경우에는, 제국주

---

36) 李光麟, 1981, 「舊韓末 進化論의 受容과 그 영향」『韓國開化思想研究』, 일조각, 286~287쪽.
37) 愼鏞廈, 앞의 「韓末 愛國啓蒙思想과 運動」, 277~278쪽.
38) 柳永烈, 앞의 책, 316쪽.

의 침략을 배격하고 '민족주의'로 발전하는 논리가 되었다는 견해도 있다. 이 견해는 우리나라에 수용된 사회진화론은 독립협회운동에 영향을 미쳤는데, 특히 패배주의적 민족주의와 국권론적 근대주의를 형성했다고 하여, 그 부정적인 영향을 거론하기도 한다.[39]

사회진화론은 원래 '경쟁을 통한 진보의 원리'로 사회의 변화 발전을 설명하며, 서양 자본주의 사회의 발전과 관련하여 부르죠아 계급과 제국주의 국가의 등장을 합리화하는 논리, 곧 '강자의 약자 지배의 논리'임은 부정할 수 없다. 그리고 한말에 유행된 사회진화론이 민족패배주의를 조장한 면도 있음을 부정할 수 없다. 그러나 한말에 국권회복을 위하여 실력양성에 헌신했던 대다수의 애국계몽가들은, 제국주의의 속성을 당시 한국사회의 어느 계층보다도 잘 알고 있었고, 사회진화론을 기초로 하여 자강독립론을 확립하고 자강구국운동을 전개했으므로, 한말 애국계몽가들의 사회진화론은 '약자의 강자화를 위한 논리'였다고 할 수 있을 것이다.

Ⅱ. 국권회복의 논리

1. 자강독립론

한말 애국계몽파의 국권회복의 논리는 기본적으로 실력 양성에 의한 국권회복이라는 자강독립론이었다. 그럼 애국계몽가들의 자강독립론이 어떻게 전개되었는가를 몇 가지로 나누어 살펴보기로

---

39) 김도형, 앞의 「애국계몽운동에 대한 연구동향과 과제」, 80~81쪽.

한다.

첫째로 애국계몽가들은 사회진화론에 기초한 자강독립론을 폈다. 사회진화론은 1880년대에 개화인사들에 의하여 우리나라에 수용되기 시작하였고, 1890년대 후반 독립협회운동기를 거쳐, 1900년대 애국계몽운동기에는 '생존경쟁'·'우승열패'·'약육강식'·'적자생존'의 용어가 당시 사회를 풍미하였다. 한말에 사회진화론이 본격적으로 수용되어 일반화된 데에는 양계초의 『飮氷室文集』이 깊은 영향을 끼쳤다.[40)]

대한자강회 부회장 윤효정은 「생존의 경쟁」이라 연설에서,

> 금일의 생존경쟁은 도저히 면코자 하여도 가히 면치 못할 것이니 … 개인의 생존경쟁뿐만 아니라 국가의 생존경쟁을 計圖치 아니함이 불가하니, 대저 優勝劣敗는 人事의 常이며 弱肉强食은 현세의 例어늘 … 생존경쟁을 不知하면 개인이 능히 노예의 恥를 요행히 면할 자가 없고, 생존경쟁을 부지하면 국가가 능히 판도의 色을 불변할 자가 없다.[41)]

고 하여, 생존경쟁의 원리 곧 사회진화론을 개인 대 개인, 국가 대 국가의 경쟁 등 모든 경우에 적용되는 원리로 인식하였다.

대한자강회 평의원 장지연은 「團體然後 民族可保」라는 논설에서,

> 무릇 국가의 성립은 민족의 단체집합에서 말미암는 것이라, 비록 광막한 토지와 허다한 민족이 있다 해도 團合之義와 團合之力이 결

40) 田口容三, 1978, 「愛國啓蒙運動期の時代認識」『朝鮮史研究會論文集』 15, 朝鮮史研究會, 92쪽 ; 李光麟, 앞의 「舊韓末 進化論의 그 影響」 257~266·286~287쪽 ; 愼鏞廈, 앞의 「韓末 愛國啓蒙思想과 그 運動」, 278쪽 참조.

41) 尹孝定, 「生存의 競爭」『大韓自强會月報』(이하 『月報』라 略함) 제11호, 6~7쪽.

> 핍하면 야만의 일 부락에 불과하며, 오늘날 경쟁극렬의 사회에서 어찌 劣敗澌滅의 근심을 피할 수 있겠는가. 무릇 우승열패는 天演界의 公理라, 우열의 道가 不一하나 단체가 가능한지 불가능한지가 그 주요점이니, 단체 협동이 곧 민족을 보전하고 독립 기초를 공고케 하는 길이다.[42]

고 하여, 사회진화론적인 시각에서 국제사회의 현상을 설명할 때에는 경쟁극렬·우승열패의 시대임을 강조했지만, 국내사회의 현상을 설명할 때에는 민족의 단합과 협동을 강조하였다.

대한협회 교육부장 呂炳鉉은 「의무교육의 필요」라는 논설에서,

> 오늘날은 全球人族이 생존경쟁하는 20세기라. 이 경쟁의 결과가 반드시 優者勝 劣者敗로 돌아감은 대세일진대, 금일 我 한민족의 위치가 불행히 劣者敗의 地에 처함은 그 이유가 무엇인가. 남은 문명에 爭進하는데 우리는 昏愚에 甘處하고, 남은 실질적 학문을 힘쓰는데 우리는 허문적 학문을 숭상하였으니 이것이 큰 원인이라. … 금일 열패한 我 한민족도 養力蓄銳하여 高獲勝捷할 날이 어찌 없으리요.[43]

라 하여, 당시 생존경쟁·우승열패의 국제 사회에서 한민족이 열패자의 처지에 떨어진 책임은 문명과 실질적 학문에 힘쓰지 않은 우리 자신에 있다는 '劣敗者自責論'을 펴고, 우리도 실력을 양성하면 우승자의 위치에 설 수 있다고 주장하였다.

대한자강회도 그 취지서에서, 국가의 독립은 자강 여하에 달려있는데, 한국은 과거 '自强之術'을 강구하지 않아 인민이 우매해지고 국력이 쇠퇴해져서 외국의 보호를 받게 되었으니, 이는 모두 '自强之道'에 뜻을 두지 않은 까닭이라 하고, 奮勵自强이 국권회

---

42) 張志淵, 「團體然後民族可保」『月報』 제5호, 1~7쪽 축약.

43) 呂炳鉉, 「義務教育의 必要」『大韓協會會報』(이하 『會報』라 略함) 제2호, 9~10쪽.

복의 길임을 천명하였다.[44] 대한협회도 우국지사에게 보내는 호소문에서, 한국이 외국의 지도 보호를 받는 것은 국가의 불운이며 국민의 치욕이지만, 그것은 개항 이래로 정부가 '興國之策'을 강구하고 인민이 '愛國之誠'을 발휘하여 국력을 양성하지 못한 때문이라고 보고, 모든 국민이 일치 단결하여 실력을 양성하면 후일에 열강과 어깨를 나란히 할 수 있다고 주장하였다.[45] 이것은 약육강식의 국제 사회에서 한국이 보호국 상태에 처한 원인은 자강에 힘쓰지 않은 자신에게 있다는 '保護國自責論'의 입장에 선 '先自强後獨立'의 논리였다.

신민회의 대변지 역할을 했던 『대한매일신보』도

> 각 各族이 경쟁하는 세계를 당하여, 進하여 강한 자가 退하여 약한 자를 멸함이 어찌 원망할 바리오. 남은 進하는데 나는 不進함이 원망할 바며, 남은 능히 타족을 멸하는데 나는 자기도 생존치 못함이 원망할 바니라.[46]

고 하고, '不進者自責論'의 입장에서 실력양성의 필요성을 역설했으며, 「기회와 실력」이란 논설에서는, 실력이 없으면 아무리 기회가 주어져도 성공할 수 없으므로, 먼저 실력을 양성하여 독립의 기회에 대비해야 한다는 '先實力 後機會論'을 폈다.[47]

요컨대 애국계몽가들은 약육강식·생존경쟁의 국제 사회에서 한국이 국권을 상실케 된 것은 실력의 부족 때문이라는 자가반성과, 앞으로도 실력의 준비가 없으면 기회가 주어져도 독립회복으로 활용할 수 없다는 인식에서, 실력양성을 통한 자강실현으로 국

---

44) 「大韓自强會趣旨書」『月報』 제1호, 9쪽 참조.
45) 大韓協會, 「敬求志士同情」『會報』 제8호, 57쪽 참조.
46) 『大韓每日申報』 1908년 9월 27일 奇書 「進步하라 동포여」.
47) 『大韓每日申報』 1910년 1월 13일 논설 「機會와 實力」 참조.

권을 회복하여 독립을 확고히 할 수 있다는 논리 곧 사회진화론에 바탕을 둔 자강독립론을 전개하였다.

둘째로 애국계몽가들은 자력에 의한 자주적 자강독립론을 폈다.

을사조약이 강제로 체결된 뒤, 국제 여론에 호소하여 일본에 대한 국제적 압력으로 조약을 취소케 하고 국권을 회복하려는 외교운동이 전개되었다. 대한자강회 회장 윤치호는 러일강화조약이 체결된 직후에, 고종이 미국과 프랑스에 밀사를 보내어 한국의 독립을 보장받으려 한 데 대하여, 황제가 "워싱턴과 파리의 거리에서 한국의 독립을 주우려 한다"고 그 불가능함을 지적하였다.[48] 그는 외교운동에 대하여 ① 어느 열강도 일본에 돌을 던질 만큼 정의롭지 않으며, ② 한국이 열강과 독립적 외교 관계를 가진 과거 20년 동안에 세계의 동정을 살 만한 아무런 일도 하지 않았으며, ③ 어느 나라도 부패한 한국인을 위하여 세계적 강대국이 된 일본의 비위를 건드리지 않을 것으로 판단하여,[49] 열강의 외교적 압력 수단에 의한 국권회복 곧 외교독립론에 부정적인 생각을 가지고, "독립의 길은 자강에 있다"[50]고 하여 자력에 의한 자강독립론을 주장하였다.

대한자강회 평의원 박은식은 「自强能否의 문답」이란 논설에서,

> 현금 시대는 생존경쟁을 天演이라 논하며 약육강식을 公例라 말하는지라 저 문명을 가장 중시한다고 하는 영국도 인도와 애급에 대하여 어떠한 정책을 실시하였으며, 德義를 숭상한다고 하는 미국도 비율빈에 대하여 어떠한 수단을 취하였는가. 현금 열국의 鷹揚虎躍者는 그 말씨는 보살이요 그 행동은 夜叉(=악마)라, 누구를 가히 믿으며 누구를 가히 의지하리요. … 만일 다른 열강의 어떠한 事機로 우리를 원

48) 『尹致昊日記』 1905년 10월 28일조 참조.
49) 『尹致昊日記』 1905년 12월 17일조 참조.
50) 『高宗實錄』 光武 9년 12월 1일조 「尹致昊上疏」.

> 조할까 희망하면 비단 망상이 될 뿐더러 실로 막대한 불행이라. … 吾國의 독립은 오국의 자력으로 할 것이요 타국의 힘을 빌리지 않으리라 하고, 자강의 성질을 배양하여 자립의 기초를 부식할지니, 만약 능히 그럴 수 없으면 영구히 타인의 노예가 될 뿐이라.[51]

하여 약육강식·침략경쟁의 국제 사회에서 열강의 원조로 독립을 기대하는 것은 망상임을 지적하고, 자국의 독립은 자국의 자력에 의한 자강·자립으로 가능하다는 자주적 자강독립론을 역설하였다.

『대한협회회보』에 실린 白星煥의 논설 「學人 不學人의 관계」에서도,

> 금일 세계는 자립 자강의 大競爭局이라. 그 국가를 세움도 오직 내가 스스로 세우는 것이고 남이 나로 하여금 세우게 하는 것이 아니며, 그 국가의 강함도 역시 내가 스스로 강하게 하는 것이고 남이 나로 하여금 강하게 하는 것이 아니다. 그런즉 그 나라를 세우고 강하게 함이 실로 남에게 있지 않다. 그러므로 남에게 속박 당하지 않을 능력과 自治自新의 사상이 확립된 연후에야 우승열패의 세계에서 생존할 수 있다.[52]

고 하여, 국가의 자립·자강을 강조하는 자주적 자강독립론이 주장되고 있다. 『대한매일신보』도 논설에서, "大韓의 독립은 대한인의 자력으로 획득하고 자력으로 보수하여야 완전한 독립이 될 터이니"[53]라고 하여, 자주적 실력양성론을 주장하였다.

이와 같이 애국계몽가들은 약육강식·침략경쟁의 국제사회에서 모든 열강을 일본과 동일한 침략국가로 간주하여, 외세의존적인

---

51) 朴殷植, 「自强能否의 問答」 『月報』 제4호, 1~3쪽 축약 ; 金成喜, 「國民的 內治 國民的 外交」 『會報』 제4호, 25~26쪽 참조.

52) 白星煥, 「學人不學人의 關係」 『會報』 제3호, 6쪽.

53) 『大韓每日申報』 1907년 10월 1일 논설 「귀중한 줄을 認하여야 保守할 줄을 認하지」.

외교독립론을 기대할 수 없는 것으로 배제하고, 자력에 의한 자주적 자강독립의 논리를 폈다.

셋째로 애국계몽가들은 점진적 실력양성에 의한 자강독립론을 폈다.

을사조약의 체결로 주권의 일부가 상실되자, 위정척사론의 입장에 서 있던 수구 유생들을 중심으로 하여 무력으로 일본 세력을 물리치고 주권을 회복하려는 항일의병운동이 전개되었다. 의병운동은 국권을 빼앗긴 이상 승패를 초월하여 즉각결전에 의해 즉시독립을 쟁취해야 한다는 무장투쟁노선에 섰던 가장 강렬했던 항일투쟁이었다.

점진적인 자강독립론을 폈던 애국계몽가들은 이러한 항일의병운동에 부정적인 시각을 가졌다. 그들은 일본이 러일전쟁에서 승리한 군사강국이고 열강으로부터 한국의 보호권을 인정받는 상황에서, 열세한 의병의 무력으로 막강한 일본군을 격퇴할 수 없다는 사실을 너무도 잘 알고 있었다.

대한자강회 회장 윤치호는 그의 일기에서,

> 일본인, 일진회원, 부패한 왕실, 무능하고 부패한 정부 등 한국의 일반적인 병폐에 더하여, 충청남도와 전라도의 백성들은 최근에 의병 또는 항일폭도들에 의하여 지독하게 괴로움을 당하고 있다. 그 소요 진압의 구실로 일본 군대는 주요 중심지를 점령한다.[54]

고 하여, 의병은 일본 군대를 격퇴하기는 고사하고 일본 군대에게 점령지 확대의 구실을 주고 있으며, 일본인·일진회·왕실·정부와 마찬가지로 백성을 크게 괴롭히는 존재가 되고 있음을 비판하였다. 대한협회 임원 金成喜도 무모한 의병항전은 전국 인종을 진

---

54) 『尹致昊日記』 1906년 6월 15일조.

멸하는 행위라고 의병활동을 격렬히 비판하였다.[55]

대한자강회 총무이며 대한협회 부회장이었던 윤효정도, 의병은 국권이 축소되고 외국의 지휘 감독을 받게 된 원인과 그 타개 방법을 연구하지 않고, 비분 강개하여 폭도의 행동을 하고, 양민을 도탄에 빠지게 한다고 하고, "이러한 행동으로는 국가의 앞길을 구제할 수 없고 오히려 국가의 나아갈 大道를 끊게 한다"[56]거나, 의병은 '조국의 사상으로써 反히 조국을 斲喪하는 자'라고 비판했으며,[57] "의병처럼 시국과 국세를 헤아리지 않고 무력을 행사하는 것은 국가를 自亡케 할 뿐이며 자강케 할 수 없다"[58]고 하여, '무력행사불가론' 또는 '義兵害民害國論'을 제기하였다.

신민회의 대변지 『대한매일신보』도 잡보 「非義伊狂」에서, 의병투쟁은 "擾民之端일 뿐 국사에는 하등 도움이 되지 않는 불필요한 행동"이라 하여 '의병무용론'을 펴고,[59] 「의병」이란 논설을 통하여, 越王 句踐, 燕의 昭王, 프러시아의 君臣이 장기간의 인내로써 실력을 양성하고, 시기를 기다려서 강대한 적국에 설욕한 사실을 상기시키고, "때와 힘을 헤아리지 않고 일시의 血憤에 따라 烏合之衆을 모아 妄擧함은 국가의 화난을 증대하고 生民을 문드러지게 하는 것"이라 하여, 의병의 일본군에 대한 무력 대결은 실력의 파괴를 초래하는 "때와 힘을 헤아리지 못한" 무모한 행동이라고 비판하였다.[60] 『황성신문』 역시 의병은 국가에 해를 끼지는 백성,

55) 金成喜, 「國民的 內治 國民的 外交」『會報』 제4호, 26쪽 참조.
56) 尹孝定, 「時局의 急務」『會報』 제2호, 62~63쪽 참조.
57) 尹孝定, 「大韓協會의 本領」『會報』 제1호, 47쪽 참조.
58) 尹孝定, 「本會의 趣旨와 特性」『月報』 제1호, 20쪽 참조.
59) 『大韓每日申報』 1906년 3월 30일 잡보 「非義伊狂」 참조. 『大韓每日申報』 1905년 9월 10일 잡보 「義兵消息」과 1907년 10월 10일 金翼河 「寄書」에서는 의병들에게 교육과 식산 등 실력양성에 힘쓸 것을 권고하고 있다.

곧 '自促亡國之敵'이라고 비난하고,[61] 국권회복은 武를 통해서가 아니라 文을 통해서 가능하다고 주장하였다.[62]

이와 같이 애국계몽가들은 우리와 일본 사이의 실력의 차이가 현저한 상황에서 전개되는 항일 무력투쟁은 국권회복의 적절한 방법이 될 수 없을 뿐만 아니라, 일제의 침략정책을 강화시키고 국력의 손실을 가져오며 양민을 괴롭히게 되어 국가와 국민에게 해롭다고 판단하여, 점진적 실력양성에 의한 국권회복을 주장하였다.

대한자강회 평의원 장지연은 「자강문답」이란 논설에서,

> 애국에 뜻을 둔 인사는 결코 앉아서 멸망을 기다려서는 안될 것이니, 지금 비록 자강의 능력이 없다 해도 사람마다 모름지기 자강의 道에 힘써, 천리길을 가는 사람이 반드시 한 걸음부터 시작하는 것 같이 해야 한다. 오늘 일보 전진하고 내일 또 일보 전진하여 매일 한 걸음이라도 멈추지 않아, 日久月深하여 歲積年累하면 반드시 목적지에 도달할 날이 있을 것이다.[63]

고 하여, 점진적으로 장기적인 노력을 통하여 자강을 실현해야 한다는 점진적 자강론을 폈다. 그리고 그는 「自强主義」라는 논설에서는,

> 대저 아국의 형세를 비유하면 潰癰廢疾(=불치병)의 사람과 같아서 반드시 세월이 걸려야 효과가 있을 것이며 급속한 효과를 바라기는 어려울 것이니, 금일에 자강회를 발기하여 명일에 자강력을 발생케 할 이치는 결코 천하에 없을 뿐더러, 자강주의는 强暴强勇의 강이 아니라. 진실로 自强之術에 힘쓸 것이니 …[64]

60) 『大韓每日申報』 1906년 5월 30일 논설 「義兵」 참조.

61) 『皇城新聞』 1905년 10월 13일 논설 「警告義兵之人」 참조.

62) 『皇城新聞』 1906년 5월 29일 논설 「警告義兵之愚昧」 참조.

63) 張志淵, 「自强會問答」 『月報』 제2호, 6쪽.

64) 張志淵, 「自强主義」 『月報』 제3호, 6쪽.

라 하여, 한국의 자강은 장기적으로 효과를 기대할 수밖에 없다고 판단하여, 감정에 치우친 급진주의와 실력의 뒷받침이 없는 폭력주의를 배격하였다.『황성신문』도 우리 민족이 생존경쟁의 마당에 나아가 열심히 노력하면, 10년 또는 20년 이내에 일본과 같은 위치에 도달하여 보호국의 수치를 모면할 수 있을 것이라 하여, 장기적 노력에 의한 자강독립을 전망하였다.65)

이와 같이 애국계몽가들은 자력에 의한 자주적 자강독립을 강조했으나, 자력에 의한 자주적 방법이라 해도 의병투쟁과 같은 충분한 실력을 갖추지 않은 무장 투쟁의 방법을 지양하고, 장기적으로 실력을 양성하여 국권을 회복해야 한다는 점진적 자강독립의 논리를 폈다. 후술하는 바와 같이, 비밀결사인 신민회가 독립전쟁론을 폈으나, 그것은 일제와 近代戰을 전개할 수 있는 충분한 준비를 갖추고 일본 타국과 침략전쟁을 벌이는 기회를 포착하여 수행하는 것을 전제로 한 것이었다.

2. 실력양성론

앞에서 살펴본 바와 같이, 애국계몽가들은 당시 시대를 사회진화론적 시각에서 보고, 우승열패·약육강식의 냉엄한 국제 사회에서 한국이 국권을 상실하여 보호국 상태에 처한 원인은, 외국의 침략에 뿐만 아니라 실력양성·자강실현에 힘쓰지 않는 한국 자체에 있다는 자가반성의 입장에서, 실력의 부족으로 상실된 국권의 회복·독립의 실현은 실력의 양성·자강의 실현에서 가능하다는 사회진화론에 바탕을 둔 자강독립론 곧 '先自强 後獨立論'을 주장하

65)『皇城新聞』1906년 11월 19일 논설「競爭時代」(續) 참조.

였다. 『대한매일신보』가 그 논설에서, "아무리 기회가 있더라도 실력이 없으면 성공치 못할 것"이므로 먼저 실력을 양성하여 장차 독립의 기회에 대비해야 한다고 주장한 '先實力 後機會論'도 같은 맥락의 자강독립론이었다. 대한협회가 국난극복을 위하여 실력주의, 곧 부강주의를 국시로 삼자고 주장할 정도로,[66] 애국계몽가들에게 있어 실력양성은 국가적 과제이며 국권회복의 관건이었다.

그럼 애국계몽가들은 어떠한 방법으로 실력을 양성해야 한다고 생각하였던가? 주로 대한자강회・대한협회・신민회・서우(서북)학회 등에 속한 애국계몽가들의 주장을 살펴보기로 한다.

첫째로 애국계몽가들은 교육진흥에 의한 실력양성론을 폈다.

대한자강회가 그 취지서에서, 국가의 독립은 오직 자강 여하에 있을 뿐이며, 자강의 방법은 교육을 진작하여 民智를 개발하고 '식산흥업'하여 國富를 증진시키는 것이라[67] 했듯이, 애국계몽가들은 교육과 식산을 자강실현의 양대 지주로 간주하고 교육자강을 주장하였다.[68]

애국계몽가들은 "오직 人群이 진화하여 문명이 고도에 달한 즉, 약자가 강하고 열자가 優하여 장차 천하에 무적하게 됨은 物競天演의 공리라"[69]하고, 문명부강한 국민의 요건은 학업의 증진과 지식의 확대에 있음[70]을 강조하여, 약육강식・우승열패의 국제사회에서 교육을 통한 국민의 개명과 문명의 高度化가 '약자의 강자화의 길'이라고 생각하였다. 그리하여 서구 근대문명국가의 교육에

---

66) 『大韓民報』 1909년 6월 13일 논설 「我韓의 國是」 참조.

67) 「大韓自强會趣旨書」 『月報』 제1호, 9~10쪽 참조.

68) 『皇城新聞』 1906년 2월 27일 논설 「感謝大垣君高義」와 1908년 9월 8일 논설 「實業界의 新光線」에서도 교육과 식산을 통한 국권회복을 강조하고 있다.

69) 金成喜, 「敎師의 槪念」 『月報』 제8호, 25쪽.

70) 朴殷植, 「敎育이 不興이면 生存을 不得」 『西友』 제1호, 9~10쪽 참조.

준하는 문명교육과 실업교육과 애국교육을 통하여, 근대적 문명지식과 경제적 자립능력 그리고 강력한 애국심을 가진 패기있는 국민을 육성해야 한다는 '교육자강론'을 폈다.[71] 비밀결사인 신민회도 그 通用章程에서 실력 양성의 방법으로, "학교를 건설하여 인재를 양성할 것"과 "각처 학교의 교육방침을 지도할 것"을 규정하여, 교육진흥이 실력양성의 요체임을 제시하였다.[72]

그리고 애국계몽가들은 이러한 교육자강을 실현하기 위하여 학교교육은 물론 가정교육과 사회교육의 중요성을 강조했으며,[73] 여성교육과 의무교육 및 노동야학의 중요성도 강조하였다.[74] 그들이 중요시한 교육은 국민의 정신을 고취하고 국민의 氣力을 배양하는 진정한 국민교육이었다.[75] 그러므로 그들은 근대화에 역행하는 수구적인 유교를 신랄하게 비판하고, 신교육에 의한 신학문·신사상의 보급 확대를 주장하였다. 그러나 유교의 근본은 變通意識·富

---

71) 李鍾濬, 「教育論」『月報』 제7호 1~2쪽 ; 呂炳鉉, 「殖產部論說」『月報』 제2호 15~16쪽 ; 尹孝定, 「專制國은 無愛國思想論」『月報』 제5호 19~22쪽 참조.

72) 新民會, 1965, 「大韓新民會通用章程」『韓國獨立運動史』 1, 국사편찬위원회, 1028쪽 참조.

73) 『大韓每日申報』 1906년 5월 9일 논설 「申勉家庭教育」; 安秉瓚, 「教育의 宗旨」『西友』 제5호, 8쪽 ; 『皇城新聞』 1909년 2월 5일 논설 「根本的 教育」 참조.

74) 여성교육을 강조한 글로는 『皇城新聞』 1909년 9월 16일 논설 「女子教育界의 大缺點」; 『大韓每日申報』 1909년 11월 17일 「女子教育에 對ᄒᆞᆫ 一論」 등이 있고, 의무교육을 강조한 글로는 西友學會, 『西友』 제3호, 43~44쪽 ; 朴殷植, 「祝義務教育實施」『西友』 제7호, 2쪽 ; 『皇城新聞』 1908년 6월 6일 논설 「義務教育先自貧民始」; 『大韓每日申報』 1908년 12월 6일 논설 「書告教育家諸公」, 1910년 1월 14일 논설 「教育界의 悲觀」 등이 있다. 또한 노동야학을 실시하여 자주독립의 정신과 견인불굴의 성질을 양성할 것을 강조한 글로는 『皇城新聞』 1908년 2월 20일 논설 「勸勉勞動同胞夜學」 등이 있다.

75) 『大韓每日申報』 1909년 11월 24일 「國民教育을 施ᄒᆞ라」.

强之術・민권의식을 내포하고 있어 근대・문명사상에 부합될 수 있다고 보아, 孔孟의 유교를 개신하여 신학문・신사상과 상호 보완해야 한다는 신구학 절충보완의 논리도 폈다.[76]

이처럼 애국계몽가들은 民智를 계발하고 인재를 양성하는 자강교육의 실시를 국권회복의 기초로 생각했으며,[77] 국권회복을 위한 자강교육의 전제로 의무교육의 실시를 강조하였다.[78]

둘째로 애국계몽가들은 식산흥업에 의한 실력양성론을 주장하였다.

애국계몽가들은, 국권회복은 실력양성에 있으며 실력의 요체는 식산흥업, 곧 농공상업의 발달에 있다고 보고,[79] 특히 당시 세계를 '상업전투시대'로 규정하였다.[80] 그들은 당시 한국이 일본의 보호국으로 전락된 주요 원인의 하나는 식산의 부진에 따른 국가의 빈약에 있다고 인식했으며, 식산흥업이 국부증진의 근원이라 믿고, 생존경쟁・우승열패의 국제 사회에서 식산을 통한 국가부강의 실

76) 薛泰熙, 「抛棄自由者爲世之罪人」『月報』 제6호, 21～23쪽 ; 李鍾濬, 「宗教를 不可不崇奉이요. 新舊를 不可不參酌이라」『月報』 제9호, 14～16쪽 ; 白洛居士, 「人民의 教育」『嶠南教育會雜誌』 제5호, 24～25쪽 ; 李起金憲, 「學問은 不可不參互新舊」『畿湖興學會月報』 제6호, 4쪽 ; 李輔相, 「學無新舊로 勸告不學諸公」『畿湖興學會月報』 제7호, 6～7쪽 ; 李光麟, 1986, 「舊朝末新學과 舊學의 論爭」『韓國開化史의 諸問題』, 一潮閣, 202～206쪽 참조.

77) 西友學會, 「本會趣旨書」『西友』 제1호, 5쪽 ; 朴殷植, 「警告社友」『西友』 제2호, 5쪽 ; 邊昇基, 「革去舊習」(續), 『湖南學報』 제6호, 12쪽 ; 畿湖興學會, 「本會記事」『畿湖興學會月報』 제1호, 47～48쪽 참조.

78) 西友學會, 『西友』 제3호, 43～44쪽 ; 姜曄, 「義務教育」『湖南學報』 7, 2～3쪽 ; 李宣鎬, 「今日嶠南」『嶠南教育會雜誌』 2, 45쪽 ; 鄭國采, 「國民教育論」『畿湖興學會月報』 8, 8～9쪽 참조.

79) 玉東奎, 「實業의 必要」『西友』 제8호, 30쪽 ; 西友學會, 「切實意見」『西友』 제6호, 2쪽 참조.

80) 『大韓每日申報』 1909년 12월 18일 논설 「商業上知識의 必要」 참조.

현이 국권회복의 길이라고 하여 '식산자강론'을 주장하였다.[81] 비밀결사인 신민회도 그 通用章程에서, "실업가에 권고하여 영업 방침을 지도할 것"과 "본회와 합자로 실업장을 열어 실업계의 모범을 보일 것"을 규정하여, 식산흥업이 실력양성의 요체임을 제시하였다.[82]

애국계몽가들은 한국의 식산부진과 국가빈약의 요인을, 수백년간의 압제정치와 가렴주구, 그리고 전제국가의 '重士主義(=선비존중주의)'와 관존민비의 폐습 등에 의한 국민의 '근로의욕의 상실'과 '산업기술의 부족'으로 파악하였다.[83] 따라서 그들은 정치개혁을 통하여 국민의 자유·평등의 권리를 보장하고, 국민계몽을 통하여 관존민비·직업존비의 의식을 타파하여 국민의 근로정신과 생산의욕을 고취시키고, 국민교육을 통하여 각종 산업의 기술을 개발하여 생산능력을 향상시킴으로써, 국민의 경제적 자립과 국가의 부강을 실현해야 한다고 주장하였다.[84]

애국계몽가들은 이같은 식산흥업의 활동이 현실적으로는 일제의 경제적 침탈을 억제하고, 교육진흥에 필요한 경제적 토대를 마련하게 되며, 궁극적으로는 국가의 부강을 통한 국권회복의 기초가 된다고 믿었다.[85] 그러므로 교육과 식산에 의한 국민의 지식과

---

81) 張志淵,「殖産興業의 必要」『月報』제1호, 34~35쪽 ;「國家貧弱之故」『月報』제6호, 10~15쪽,『月報』제7호, 6~8쪽 ; 大韓子,「土地와 國家 人民의 關係」『會報』제6호, 12쪽 참조.

82) 新民會,「大韓新民會通用章程」, 앞의『韓國獨立運動史』1, 1028쪽.

83) 張志淵,「國家貧弱之故」『月報』, 앞과 같음 ; 金成喜,「殖産部論說」『月報』제6호, 38~40쪽 참조.

84) 金成喜, 앞의 논설과 같음 ; 張志淵,「殖産興業의 必要」『月報』제1호, 34쪽 ; 呂炳鉉,「殖産部論說」『月報』제2호, 14~16쪽 참조.

85) 張志淵,「嵩齋漫筆」『月報』제2호, 17~18쪽 ;『月報』제3호, 9~10쪽 참조.

경제적 향상을 '유일한 자강책' 또는 '국권회복의 실무'라고 강조했던 것이다.[86]

셋째로 애국계몽가들은 교육진흥·식산흥업과 더불어 정치개혁에 의한 실력양성론을 폈다.

대한협회는 그 취지서에서, 정치·교육·산업을 강구하여, 사회지식을 발달하며 신진 덕성을 도야하며 전국 富力을 증진함으로써 국민적 자격을 양성한다 하고, 국가의 비운과 인민의 행복은 전적으로 실력 여하에 있는데, 실력은 오직 정치·교육·산업의 강구발달일 뿐이다고 하여,[87] 애국계몽가들이 실력양성에 있어 교육진흥·식산흥업뿐만 아니라, 정치개혁에 큰 비중을 두고 있음을 강력히 시사하였다.

애국계몽가들은 전제정치 하에서는, ① 지배자가 국가를 私有하여 국민의 생명·재산 등 민권보장이 불가능하여 民力이 쇠잔해지고, ② 국민에 대한 정치참여를 불허하여 국민이 국가의 일을 남의 일보듯 하므로 애국심이 생길 수 없고, ③ 국민에 대한 가혹한 압제와 수탈로 국민의 생산의욕이 감퇴되어, 산업이 피폐해지고 국력이 쇠퇴해진다고 하여, 국가 쇠망의 큰 원인의 하나를 전제정치에 두었다.[88] 따라서 한말 애국계몽단체들은 전제정치를 폐지하고 입헌대의제(신민회는 공화제)를 채용하여 근대 국민국가를 건설함으로써, 민권의 보장과 산업의 발전, 국민의 참정과 애국심의 앙양을 이루어, 국민의 힘에 기초한 국권회복이 가능하다는 논리

---

86) 大韓自强會, 「大韓自强會趣旨書」『月報』 제1호, 9~10쪽 ; 尹孝定, 「志士의 眼淚와 學生의 指血」『月報』 제8호, 52쪽 참조.

87) 大韓協會, 「大韓協會趣旨書」『會報』 제1호, 1쪽 참조.

88) 薛泰熙, 「法律上 人의 權義」『月報』 제9호, 12~13쪽 ; 尹孝定, 「專制國民은 無愛國思想論」『月報』 제5호, 19~22쪽 ; 張志淵, 「國家貧弱之故」『月報』 제6호, 11~12쪽 ; 金成喜, 「國民的 內治 國民的 外交」『會報』 제4호, 25~26쪽 참조.

를 폈다.[89]

대체로 애국계몽가들은, 지방자치제와 입헌대의제를 실시하면, 국민의 자치정신과 자치능력이 향상되어 국민의 독립능력과 독립유지의 기초가 될 것으로 믿었다. 그리고 그들은 "개명한 인민 위에 惡政府가 없고, 미개한 인민 위에 善政府가 없다"[90]고 하고, "정치의 우열이 국가의 강약을 좌우하며, 정치의 발전은 교육에 달렸다"[91]고 하여, 교육에 의한 국민개명과 정치발전이 국가자강의 전제 조건이 된다는 논리를 폈다.[92]

넷째로 애국계몽가들은 애국정신 또는 조국정신의 강화에 의한 실력양성론을 폈다.

애국계몽가들은 교육진흥·식산흥업·정치개혁과 더불어 대한정신(사상)·자국정신(사상)·조국정신(사상)·독립정신(사상)·애국정신(사상)·국가정신(사상) 등 민족의 정신적인 측면을 각별히 중요시하였다.[93] 그러므로 그들은 대한정신·조국정신·독립정신을 바탕으로 한 신교육을 실시해야만 국가부강과 국권회복이 가능하다고 강조하고,[94] 애국정신·민족정신을 결여한 상태의 맹목적

89) 尹孝定,「地方自治制論」『月報』 제4호, 18~19쪽 ; 金成喜,「政黨의 事業은 國民의 責任」『會報』 제1호, 28~30쪽 ; 張志淵, 앞의 논설과 같음.

90) 林炳恒,「官吏의 事業과 人民의 事業」『月報』 제7호, 58쪽.

91) 李鍾濬,「教育論」『月報』 제7호, 1~2쪽 참조.

92) 金成喜,「國民的 內治 國民的 外交」『會報』 제4호, 26쪽 참조. 김성희는 "국가의 정도는 반드시 國民의 政治思想에 의하여 발달한다."는 몽테스큐의 말을 인용하고, "國家政治의 本源은 곧 國民의 思想이라"고 강조하였다.

93) 朴殷植,「大韓精神」『月報』 제1호, 58쪽 ; 尹孝定,「本會의 趣旨와 特性」『月報』 제1호, 22쪽 ; 蘆浪居士,「教育問題」『會報』 제7호, 13~14쪽 ;『皇城新聞』 1908년 4월 25일 논설「問愛國精神在處」;『大韓每日申報』 1909년 1월 5일 논설「國家의 精神을 發揮할지어다」 참조.

94) 朴相穆,「教育精神」『西友』 11호, 17~18쪽 ;『西北學會月報』 제1호「教

인 신교육의 추종은 결국 자강독립에 역행하는 것이라고 경고하였다.[95]

그들이 애국정신·조국정신 등을 중요시한 것은 국권회복운동에 있어 가시적으로 부족한 실력의 격차를 정신면에서 극복하고자 하는 노력의 일단이라고 볼 수 있을 것이다. 또한 그들은 애국심이란 국가 구성의 핵심 정신을 이루는 것으로, 국민의 애국심 또는 자국정신이 없으면 국가는 形骸化되고 국권회복은 기대할 수 없다고 보았기 때문이다.[96] 나아가 그들은 조국정신이 있어야 교육진흥과 식산흥업을 통하여 국가의 자강을 제대로 실현할 수 있으며, 실현된 자강을 독립으로 연결시킬 수 있게 된다고 믿었기 때문이다.[97]

그리하여, 그들은 국사와 국어 교육을 통하여 자국의 연원을 알게 하고 국가에 대한 소속감을 갖도록 하여 자국정신을 계발시키고,[98] 입헌대의제도의 실시로 국민의 국정참여를 실현하여 국민으로 하여금 국가와 일체감을 갖도록 함으로써 애국심과 조국정신을 고양시켜야 한다고 주장하였다.[99] 그들은 조국정신을 교육과 식산

育部－敎育方法 必隨 其國程度」 참조.

95) 朱東瀚, 「學生의 職分과 義務」『西北學會月報』 제3호, 15～17쪽 참조.

96) 尹孝定, 「專制國民은 無愛國思想論」『月報』 제5호, 21쪽 참조.

97) 朴殷植, 「大韓精神」『月報』 제1호 58쪽 ; 尹孝定, 「本會의 趣旨와 特性」『月報』 제1호 22쪽 참조. 윤효정은 이 연설에서, 敎育과 殖產의 실제 발달이 大韓精神에 의거하지 않으면, 汽船이 氣力을 잃은 것과 같고 電車가 電力을 떠난 것과 같아서, 활동 진행의 勢力이 없게 될 것이니, 大韓精神이 국권회복의 大機關임을 잊지 말아야 한다고 강조하였다.

98) 玄檃, 「國朝故事」『月報』 제8호, 34～35쪽 ; 尹孝定, 「議案」『月報』 제2호, 36-37쪽 ; 申寀浩, 「歷史와 愛國心의 關係」『會報』 제3호, 3쪽 ; 李鍾一, 「國文論」『會報』 제2호, 12～13쪽 ; 『大韓每日申報』 1908년 1월 26일 논설 「國文學校의 日增」 ; 『皇城新聞』 1908년 6월 3일 논설 「歷史著述이 爲今日必要」 및 1910년 4월 29일 논설 「國文發達을 注意홈」 참조.

을 통한 자강실현(실력양성)의 원동력으로, 실현된 자강을 독립회복(국권회복)으로 이어주는 연결고리로 간주했던 것이다.

요컨대 그들은 조국정신이야말로 자강 실현의 양대 지주인 교육과 식산의 발전을 고무시키고, 이를 통하여 실현된 자강을 독립으로 연결시킴으로써 결국 자강실현의 양대 지주를 받쳐주는 불가결의 정신적 기반이라고 간주했던 것이다.

애국계몽가들은 교육진흥·식산흥업·정치개혁·조국정신을 통하여 양성된 실력을 구체적으로 어떻게 국권회복에 연결시키고 있는가?

대한자강회·대한협회·서우(서북)학회 등 합법단체의 애국계몽가들은 양성된 실력을 독립전쟁에 연결시키는 주장을 펴지는 않았다. 그들은 국민이 근대지식을 가지고, 경제적으로 자립능력이 있으며, 강건한 애국정신을 가지고, 정치참여의 능력이 있을 정도로, 충분한 실력이 양성되고 문명화가 이루어지면, 보호국체제는 철폐될 수밖에 없다고 믿고 있었다.[100] 그러므로 합법단체에 속한 애국계몽가들이 실력의 양성, 문명화의 성숙 이후에, 최종 단계에서 우선적으로 정치적 차원에서 국권회복을 시도하리라는 것은 충분히 예측된다. 그러나 정치적 노력이 실패했을 경우에, 군사적 차원의 국권회복을 시도하리라고 단언하기는 어렵다. 다만, 후술하는 바와 같이, 비밀결사였던 신민회가 실력양성을 독립전쟁으로 직결시키고 있었는데, 신민회 주도 회원의 대다수가 대한자강회·대한

---

99) 尹孝定, 「專制國民은 無愛國思想論」 『月報』 제5호, 19～22쪽 ; 尹孝定, 「國家的 精神을 不可不發揮」 『月報』 제8호, 8쪽 ; 金成喜, 「政黨의 事業은 國民의 責任」 『會報』 제1호, 28～29쪽 ; 元泳義, 「人民의 共同的 責任」 『會報』 제2호, 8쪽 참조.

100) 大垣丈夫, 「本會趣旨」 『月報』 제1호, 25쪽 ; 金嘉鎭, 「我國有識者의 日本國에 대한 感念」 『會報』 제6호, 1～2쪽 참조.

협회·서북학회 등 합법단체의 주도 회원을 겸하고 있었던 사실은 주목할만 하다.

3. 독립전쟁론

신민회는 일제의 보호국체제 하에서 한인의 통일 연합에 의한 '독립자주국가'의 건설을 목적으로 하는[101] 비밀결사로 조직되어, 독립전쟁 전략을 수립했던 점에서, 대한자강회나 대한협회 등 합법적인 애국계몽단체와 국권회복의 방법론을 달리하였다. 신민회의 독립전쟁론은 민족의 실력을 양성하여 제국주의 일본과 적절한 시기에 독립전쟁을 전개하여 국권을 회복한다는 이론이다.[102]

신민회는 국권회복에 있어 기회의 포착과 실력의 양성을 중요시 하였다. 신민회의 대변지였던 『대한매일신보』가 「기회와 실력」이라는 논설에서,

> 기회가 없어도 성공키 어려울지며 실력이 없어도 성공키 어려울지나, 오직 실력이 爲先이니라. 왜 그러한가. 기회가 아무리 있어도 실력이 없으면 성공치 못할지며, 혹 우연히 성공이 되더라도 이는 진정한 성공이 아닌 所以니라. 실력만 있으면 기회는 자연히 도래하는 것이니, 날로 실력을 기르고 달로 실력을 길러 실력 준비로 생명을 다할지니라.[103]

라고 했듯이, 신민회의 국권회복론은 먼저 실력을 양성하여 독립의 기회에 대비해야 한다는 '先實力 後機會論'이었다. 서우학회도

---

101) 新民會, 「大韓新民會趣旨書」, 앞의 『韓國獨立運動史』 1, 1027쪽.
102) 尹炳奭, 1979, 「1910年代의 韓國獨立運動」 『韓國近代史論』 Ⅱ, 知識產業社, 27쪽 참조.
103) 『大韓每日申報』 1910년 1월 13일 논설 「機會와 實力」 축약.

국가독립의 기반이 무예에 있음을 강조하며 체육과 상무교육의 중요성을 역설하였고,[104] 국권회복을 위한 병력증강에 힘쓸 것을 강조하여 독립전쟁에 필요한 군사력 양성의 필요성을 주장하였다.[105]

신민회의 '선실력 후기회론'은 실력양성에 의한 독립전쟁론 또는 독립전쟁준비론이라 할 수 있는데, 대한자강회 등 합법단체의 '선자강 후독립론'과 일맥상통하면서도, '선자강 후독립론'에는 독립전쟁이 전제되어 있지 않다는 점에서 큰 차이가 있다. 그러나 신민회도 당시의 합법적인 애국계몽단체와 마찬가지로, 약육강식의 국제사회에서 실력의 부족으로 상실된 국권의 회복은 실력의 양성으로만 가능하다는 인식에서, 국권회복의 당면의 목표로 실력양성론을 폈던 것이다.

그럼 신민회가 말하는 실력양성이란 무엇을 의미하는가?

신민회는 그 취지서에서, 세계는 수백년 이래로 새로운 세계로 진보해 왔는데, 한국사회는 진화의 天演公例에 역행하여 왔으며, 우리가 "昔日로부터 自新치 못하여 惡樹惡果를 금일에 거두게 되었다" 하고, 나라를 위하는 길은 오직 스스로 새롭게 하는 것 뿐이라고 하였다.[106] 곧 신민회는 한말의 시대 상황을 사회진화론적 시각에서 보고, 보호국체제도 自新치 못한 한국 자체에 있다고 보아 스스로 새롭게 하는 것이 구국의 길임을 강조하였다. 그리고 自新이란 신사상·신교육·신윤리·신학술·신산업·신정치 등에 의하여 '인민을 유신'케 하고 '나라를 유신'케 하는 것이라고 주장하였다.[107] 결국 自新이란 새로운 국민 곧 新民의 육성과, 새로운 국

104) 金義善, 「體育의 必要」『西友』 제4호, 14~15쪽 ; 朴殷植, 「文弱之弊는 必喪其國」『西友』 10호, 1~6쪽 참조.
105) 安昌浩 演說, 『西友』 제7호, 24~27쪽 참조.
106) 新民會, 「大韓新民會趣旨書」, 앞의 책, 1024~1026쪽 참조.

가 곧 新國의 건설을 의미하는 것이었다.

신민회가 신민의 육성과 신국의 건설을 목표로 제시한 실력양성의 방법은 다음과 같다.108)

첫째로 각처에 권유문을 전파하여 인민의 정신을 각성케 하고, 신문·잡지·서적을 간행하여 인민의 지식을 계발하는 것으로, 국민계몽에 의한 실력양성론이었다.

둘째로 학교를 설립하여 인재를 양성하고, 각처 학교의 교육 방침을 지도하는 것으로, 교육진흥에 의한 실력양성론이었다.

셋째로 실업가에 권고하여 영업 방침을 지도하고, 신민회와 합자로 실업장을 설치하여 실업계에 모범을 보이는 것으로, 식산흥업에 의한 실력양성론이었다.

넷째로 국외에 독립군기지를 건설하여 무관학교를 세우고 독립군을 양성하려는 것으로, 독립군기지건설에 의한 실력양성론이었다.109)

이상에서 국민계몽·교육진흥·식산흥업에 의한 신민회의 실력양성의 방법은 대한자강회·대한협회 등 합법단체의 방법과 동일하지만, 군사기지 건설에 의한 신민회의 실력양성의 방법은 합법단체와 다른 새로운 면을 보여주는 것이다.

신민회의 독립군기지 건설의 구상은, 한민족이 제국주의 일본으로부터 국권을 회복하는 가장 확실한 방법은 민족의 역량을 배양하여 적절한 시기에 일본과 독립전쟁을 전개하여 독립을 쟁취하는 것이라는 '독립전쟁론'에 의거한 것이었다.110) 여기에서 '민족의

---

107) 新民會, 「大韓新民會趣旨書」, 앞의 책, 1026~1027쪽 참조.

108) 新民會, 「大韓新民會通用章程」, 앞의 책, 1028~1029쪽 참조.

109) 山縣五十雄, 1912, 『朝鮮陰謀事件』, セウルプレッス社, 2·26·83쪽 참조.

110) 愼鏞廈, 1985, 「新民會의 創建과 國權恢復運動」『韓國民族獨立運動

역량'이란 한국민의 근대적 지식과 경제적 자립능력, 그리고 확고한 민족정신과 근대전을 수행할 수 있는 군사적 능력 등을 의미하는 것이다. 그리고 '적절한 시기'란 장차 일제가 더욱 팽창하여 러시아나 청국 또는 미국과 전쟁을 벌이게 될 때와 같은 독립전쟁의 기회를 의미한다. 결국 신민회의 독립군기지건설론은 일제가 장차 침략전쟁을 벌이는 독립전쟁의 기회에 대비하여, 일제의 통치력이 미치지 않는 서북간도에 독립군기지를 건설하여 독립군을 양성하려는 것이었다.[111)]

이러한 점에서 볼 때, 신민회의 독립전쟁론은, 싸울 준비도 제대로 갖추지 않고 감성적으로 대응한 항일의병의 즉각결전론과는 달리, 미래의 독립전쟁의 기회에 대비하여 일제와 근대전 수행의 능력을 갖추려는 이성적인 판단에 기초한 독립전쟁준비론이었다. 이와 같이 신민회가 국권회복을 위한 실력양성의 방법으로 국민의 知的・경제적・정치적 실력양성뿐만 아니라, 민족의 군사적 실력양성을 구상한 것은 당시 합법단체들이 지닌 국권회복론의 한계성을 한 단계 극복한 것이었다.

요컨대 신민회의 국권회복의 기본방략은, 국내에서는 계몽・교육・식산 활동을 통하여 新民을 육성하고, 국외에서는 간도에 독립군기지를 건설하여 독립군을 양성한 다음에, 일제가 대외적으로 침략전쟁을 벌이는 시기에 국내외에서 축적된 민족의 역량을 집결하여 일제와 무장투쟁을 통하여 독립을 쟁취하고, 新國을 건설하는 것이었다.

史研究』, 乙酉文化社, 103쪽.

111) 尹炳奭, 「1910年代의 韓國獨立運動」, 앞의 책, 26~28쪽 ; 國史編纂委員會, 1986, 「105인 事件公判始末」 I 『韓民族獨立運動史資料集』 1, 290·295·305·312·315쪽 ; 國史編纂委員會, 1986, 「105會人事件公判始末書」 II 『韓民族獨立運動史資料集』 2, 79~80쪽 참조.

Ⅲ. 국민국가건설의 논리

1. 국민국가론

한말의 애국계몽가들은 외세의 침탈로 인하여 야기된 민족적 모순에 대응하여 실력양성에 의한 국권회복의 논리를 전개했고, 내부 지배층의 압제와 수탈로 표출된 봉건적 모순에 대응하여 근대 국민국가건설의 논리를 전개하였다.

먼저 애국계몽가들은 천부인권론에 기초하여 국민의 자유권・평등권・생존권을 주장하였다.

애국계몽가들은 자유란 '皇天이 인간에게 부여한 것'이며, 인간의 대소 강약은 다르나 '천부자유권은 동일하다'고 하여 天賦人權을 주장하였다.[112] 그리고 그들은 천부의 권리는 사람이 태어날 때 주어진 고유한 것이지만 법률에 의해서만 보장될 수 있다고 하여 法賦人權을 주장하였다.

> 대저 天賦權은 사람이 태어날 때 주어져 고유한 것이다. 水草相逐하는 시대에 있어서는 반드시 腕力에 제한되는 것은 논란을 기다리지 않을 것이니, 비록 천부권이 있은들 편안히 누리지 못함에 이르면 어찌 권리라 칭하리오. 고로 법률이 있은 후에야 비로소 그 권리를 보전할 것이니, 소위 천부자유라 공언하는 말은 空論에 불과할지라.[113]

나아가 그들은 "하늘이 백성을 내릴 때 자유를 균등하게 부여했

112) 南宮濬, 「自由論」『月報』 제9호, 9쪽 ; 元泳義, 「自助論」『月報』 제13호, 1쪽 참조.
113) 薛泰熙, 「法律上 人의 權義」『月報』 제8호, 17쪽.

으니, 인민에게는 자유와 생존의 권리가 있다"114)던가, "하늘이 백성을 냄에 각기 주어진 자유가 있으니 백성된 자는 평등 자유하다"115)고 하여, 개인차원의 천부인권을 국가 차원에 적용하여 天賦民權을 주장하였다.

다음으로 천부인권론에 의거 국민평등권・국민자유권・국민생존권을 주장한 애국계몽가들은 사회계약론에 기초하여 국민주권과 국민참정권을 주장하였다.

대한자강회 평의원 薛泰熙는 「抛棄自由者爲世界之罪人」이란 논설에서,

> 국가에는 스스로 일정한 토지와 인민이 있어서, 본래 마땅히 각자가 조처하여 득실을 평의할 것이나, 복잡한 사회를 유지하기 위하여 인민이 통치권을 현자에게 위임한 것이니, 정부는 통치권의 분임자로서 인민 보호의 의무와 用法・행정의 권한을 가지며, 인민은 役稅 부담의 의무와 자유 생존의 권리를 가진다.116)

고 하여, 사회계약론에 의거 국민을 통치권 곧 주권의 근원으로 또는 주권의 위임자로 인식하고, 통치자와 정부를 주권의 수임자로 인식하였다. 따라서 주권의 수임자인 정부는 결국 인민의 보호를 목적으로 설치된 것으로 파악하였다.

대한자강회 부회장 윤효정은 「정치가의 持心」이란 논설에서, "정치가의 본직은 국가의 발전과 인민의 행복을 증진시키는데 있다"고 전제하고, 정부 당국자의 "귀중한 位權은 인민으로부터 假得한 것이며, 두터운 봉록은 인민으로부터 공급된 것이요, 국정 전반의 위임은 인민에게서 인수한 것인즉, 그 행정의 잘 잘못은 마땅

114) 薛泰熙, 「抛棄自由者爲世界之罪人」 『月報』 제6호, 19~20쪽 참조.
115) 金成喜, 「工業設」 『月報』 제10호, 28~29쪽 참조.
116) 薛泰熙, 「抛棄自由者爲世界之罪人」 『月報』 제6호, 19~20쪽 축약.

히 인민에 감독을 必受할 이유가 있다"[117]고 하여, 역시 사회계약론적인 시각에서 정부 권력은 국민으로부터 나온 것이고 제반 국정은 국민으로부터 위임된 것이라는 근거에서 국민의 국정감독권을 강력히 주장하였다. 대한자강회의 평의원 南宮薰도 「국민의 의무」라는 논설에서, 우리 국민이 국정을 정부에 위임하여 국가 흥망의 일차적 책임이 국민에게 있으므로, 우리 국민은 국정감독의 권리를 가진다고 주장하였다.[118]

한편 애국계몽가들은 "민선의원을 두어 정무를 감독한다"고 했으므로,[119] 국민의 국정감독은 의회개설에 의한 국민참정을 의미하는 것이었다. 그들은 의회개설에 의한 국민참정은 생명·재산 등 국민의 기본적 권리를 보장할 수 있는 최선의 방법이며,[120] 국민과 국가와의 일체감을 조성하여 국가의 자강을 도모할 수 있는 가장 확실한 방법이라[121]고 믿고 국민참정권을 주장하였다. 국민참정권은 국민주권을 전제로 발생되는 것이므로, 애국계몽가들은 국민을 주권의 근원 또는 주권의 위임자로서 뿐만 아니라 사실상 주권의 소유자로 인식했다고 하겠다.

애국계몽가들은 이상과 같이 자연법적 천부인권과 사회계약론적 국민주권 등 자유민권사상을 가지고, 이를 바탕으로 하여 새로

117) 尹孝定, 「政治家의 持心」『月報』 제12호, 11~12쪽 참조.

118) 南宮薰, 「國民의 義務」『月報』 제10호, 48쪽 ; 金成喜, 「政黨의 事業은 國民의 責任」『會報』 제1호, 29쪽 ; 元泳義, 「人民의 共同的 責任」『會報』 제2호, 7~8쪽 참조.

119) 金成喜, 「國家意義」『月報』 제13호, 41쪽 ; 金成喜, 「論外交上 經驗的 歷史」『會報』 제8호, 8쪽 참조.

120) 金成喜, 「政黨의 事業은 國民의 責任」『會報』 제1호, 29쪽 참조.

121) 尹孝定, 「地上自治制論」『月報』 제4호, 18~19쪽 ; 「國家的 精神을 不可不發揮」『月報』 제8호, 8쪽 ; 元泳義, 「人民의 共同的 責任」『會報』 제2호, 8쪽 참조.

운 국가관을 형성하게 되었다.

대한자강회 회원들은 "국가는 국민 萬姓의 공동체니 군주 1인의 사유물이 아니라" 하고, "군주는 국가의 통치자이며 국가의 私有者가 아니라"[122]고 인식하였다. 따라서 그들은 '짐은 곧 국가'라고 한 루이 14세의 말을 '대역무도'하다고 비판하고, '짐은 국가의 상등 공용인'이라고 한 프레드릭 2세의 말을 국가와 황실의 구분을 명확히 한 '만세의 귀감'이라고 극찬하였다.[123] 이처럼 애국계몽가들은 국가를 토지에 중점을 두어 군주의 사유물시하는 전통적인 '군주=국가관'을 정면으로 부정하였다.

그리고 대한협회 회원들은 "국가의 국가됨이 衆多 인민을 집합하여 이룬 것이므로 위로 君位와 아래로 관직은 모두 백성을 위해 설치한 것"[124]이라 하고, "백성은 국가 전체의 주인이오, 정부는 民人 의사의 대표"이니 정부는 주인의 동의를 얻어 국사를 처리해야 한다[125]고 주장하였다. 곧 국가의 모든 통치 기구는 국민을 위해 설치된 것이며, 국가의 통치는 국민의 동의에 의하여 이루어져야 한다는 것이다. 나아가 그들은 "국가는 吾人(=인민)의 국가요 정치가의 국가가 아니며 정치가는 오직 우리 나라 인민의 사역자"라 하여,[126] 국가를 국민집단과 동일시하는 '국민의 국가'로 인식하였다. 서우학회와 서북학회의 회원들도 국가의 주인은 군주 개인이 아니고 국민이라고 하여, 국가를 '국민의 국가'로 인식하였다.[127]

---

122) 海外遊客, 「國家의 本義」 『月報』 제3호, 54쪽 ; 海外遊客, 「國家及 皇室의 分別」 『月報』 제3호, 55쪽 참조.

123) 海外遊客, 「國家及 皇室의 分別」, 56쪽 참조.

124) 元泳義, 「政體概論」 『會報』 제3호, 28쪽 참조.

125) 金成喜, 「論外交上 經驗的 歷史」 『會報』 제8호, 4쪽 참조.

126) 卞悳淵, 「國民과 國家의 關係」 『會報』 제7호, 30쪽 참조.

127) 朴聖欽, 「愛國論」 『西友』 제1호, 27~29쪽 ; 「愛國論一」 『西友』 제2호, 17~23쪽 ; 安昌浩 演說, 『西友』 제7호, 26쪽 ; 金翼瑢, 「今日 吾人

이처럼 애국계몽가들은 전통적인 군주=국가관을 부정하고, 국민을 위한, 국민에 의한, 국민의 국가 곧 근대 국민국가관을 가지고 있었다. 그런데 대한협회 회보편찬원 김성희가 「論國家」라는 논설에서, 입헌정체는 '평등권의 특질'과 '대의기관의 특질'이 있다고 하고, 입헌대의제를 통하여 국민의 자유 권리가 보장되고 국민이 국가의 책임자가 되는 국가를 '국민적 국가'라 규정한 뒤, 우리나라도 헌법의 발포와 국회의 설립을 추진하여 "국민국가를 구성"해야 한다고 역설했듯이,[128] 애국계몽가들은 국민국가관을 가지고 있었을 뿐만 아니라, 국민국가의 건설을 추구했던 것이다.

그럼 애국계몽가들이 국민국가와 관련하여 어떠한 정부를 구상하였던가?

대한협회 평의원 安國善은 「정부의 성질」이란 논설에서,

> 대저 근대에 제일 선량한 정부는 治者의 병력에 의뢰치 아니하고, 전적으로 피치자의 자유동의로 근거를 지어 政機運轉할 때에 결코 强力을 외면에 나타내지 아니하니, 곧 이러한 정부는 국민 다수의 의사로 원천된 헌법과 법률로 기초를 지어야 그 배후에 있는 강력은 朝廷이나 소수 右族의 강력이 아니라 일치한 국민 다수의 강력이오, 이 국민 다수의 강력은 剛强盛大하여 가히 범치 못할 것이다.[129]

고 하여, 근대에 있어 최선의 정부 곧 '국민적 정부'는 국민의 '자유 동의'에 근거하여 정치기구를 운용하는 정부 곧 국민 다수의 의사에 근거한 헌법과 법률에 기초를 둔 강력한 정부라고 인식하였다.[130] 그는 같은 논설에서,

---

의 國家에 對한 義務及權利」『西北學會月報』 제1호, 27~32쪽 참조.

128) 金成喜, 「政黨의 事業은 國民의 責任」『會報』 제1호, 28~30쪽 참조.

129) 安國善, 「政府의 性質」 『會報』 제7호, 28쪽.

130) 『西友』 제13호 2쪽에 실린 「自助論」도 국민주권에 근거한 헌법과 정치・법률에 의하여 국가를 통치하는 국민적 정부의 필요성을 강조하

> 대저 금일에 문명국의 정치를 말하면, 반드시 '여론정치'를 말하며 '서민참정'을 말하니, 이러한 말은 모두 십분 성장 발달한 '민주제도'를 언명함에 족하도다. 그 여론을 형성하는 다수자가 승세를 잡음은 다수자가 국민의 소리를 가지고 국민의 권력을 가진 데에 말미암는다. 곧 다수자가 지배권을 가지는 것은 그 지식으로써가 아니고 그 潛勢力으로써이다.131)

고 하여, 문명국 곧 국민국가의 정치는 여론정치·서민참정을 의미하는 민주제도로 귀착되며, 국민의 여론과 국민의 권력에 바탕을 둔 다수자가 지배하는 정치라고 인식하였다. 서북학회 회원도 我韓의 공평한 여론을 요함」이란 글에서,

> 근세 문명 각국에서는 국민주의로 標識를 삼아 정치상 경제상 사회상 중대사건에 대하여는 국민의 공평한 여론에 의하여 처단 실행하나니, 고로 세인이 입헌정치를 指하여 여론정치라 칭함에 至한 것이라. 연즉 국민의 여론은 국가행동의 나침반이라, 건전한 여론이 행하면 其國이 必治하고, 병적 여론이 행하면 其國이 必亂할지니, 吾儕가 어찌 여론의 가치를 泛視할 수 있으리요.132)

라고 하여, 근대 문명국가가 추구하는 국민주의는 국민의 여론에 의한 정치임을 밝히고, 입헌정치의 선결 요건인 여론정치를 실현해야 한다고 강조하였다. 따라서 애국계몽가들은,

> 정부는 결코 정부 당국자의 정부가 아니오 곧 전국 국민의 정부어늘, 이제 당국자의 施措에 대하여 漢城이 불복하고 畿甸人이 불복하고 전국인이 불복하는지라, 그런즉 내각 제공은 누구를 의뢰하여 부끄럼 없이 그 지위에 웅크리고 앉아 있는가.133)

고 있다.

131) 安國善, 앞의 논설,『會報』제8호, 24쪽 축약 ; 金成喜,「國民的 內治 國民的 外交」『會報』제4호, 26쪽 참조.

132) 友洋生,「我韓의 公平한 與論을 要함」『西北學會月報』14호, 19~20쪽 참조.

라 하여, 정부란 곧 '국민의 정부'이므로 국민의 지지를 상실한 현 내각 대신은 퇴진해야 한다고 촉구했던 것이다.

대한협회 회보편찬원 김성희는 몽테스큐의 '萬法精神의 설'이 입법·사법·행정의 삼권분립을 일반화시킨 '헌법의 鼻祖'라 하고, 헌법 이전의 국가는 계급적 정부이고 헌법 이후의 국가는 평등적 정부이므로, 계급적 정부는 '헌법의 죄인'일 뿐 아니라 '국민의 仇敵'이라고 규정하였다. 또한 그는 정부란 국가의 목적을 위하여 운용하는 기관으로, 공익을 위한 것에 지나지 않으며, 행정상으로 말하면 내각이고, 통괄적으로 말하면 정부라고 하였다. 그리고 국민 공동의 사상으로 만든 것을 '국민적 정부'라 하고, 문명국의 '책임내각'이 바로 국민적 정부라고 파악하였다. 나아가 그는 책임내각이란 것은 영국에서 비롯되어 군주와 국민에 대하여 책임을 지는 것인데, 한국의 내각은 군주와 국민에게 책임이 없는 내각이라고 비판하고, 국가와 정부와 국민을 보존하기 위해서는 속히 '국회를 조직하여' 국민적 정부를 만들어야 한다고 주장하였다.[134] 이처럼 애국계몽론자들은 국민의 공동사상으로 구성된 국민적 정부 곧 책임내각이 국민국가에 부합된다고 인식하고, 우리나라에 있어서 국회의 설립에 의한 책임내각의 구현 곧 국민적 정부의 수립을 추구하였다.

애국계몽가들은 책임내각 곧 국민적 정부의 전제조건으로 정당의 존재를 중요시하였다.

애국계몽가들은 과거의 朋黨은 공의보다는 私利에 치우치는 편벽된 私黨이며, 근대의 정당은 정치상 동일한 主義를 가진 자들이 조직하여 국리민복을 목표로 공의를 소중히 여기는 공당이라고 보

---

133) 大韓子, 「政府當局者의 猛省함을 再警함」 『會報』 제7호, 4쪽.
134) 金成喜, 「政黨의 事業은 國民의 責任」 『會報』 제1호, 30~32쪽 참조.

았다.[135] 그리고 김성희가 「論政黨」에서, "공중의 도덕성을 결집하여 단체를 구성하여 국회에서 雄力을 가지고, 議院에서 다수를 점하여 여론을 환기하고 國是를 유지하는 것이 국민적 정당이다"[136]고 했듯이, 그들은 근대 정당이란 국회를 활동의 중심 무대로 하는 '국민적 정당'이라고 인식하였다.

대한협회 평의원 안국선은 「정당론」에서,

> 붕당은 국가와 사회에 해를 끼침이 심하였지만, 정당은 금일 진보한 정치상에 불가결한 필요기관이다. 정부가 비록 책임내각을 조직한다 할지라도, 정당의 조직이 완전치 못하면 그 실현을 보기 어려우며, 인민이 비록 다수정치를 실행코자 할지라도, 정당의 성립이 없으면 그 유익함을 거두기 어려우니, 이는 구미 각국에 屢驗한 바라. 고로 정당의 분립이 없는 국가는 없다.[137]

고 했듯이, 애국계몽가들은 '책임내각'과 '다수정치'의 실현을 위하여 정당의 존재와 정당의 분립이 불가결의 것이라고 인식하였다. 김성희가 "오늘날 세계에 정당 없는 입헌국가 없고 정당 있는 전제국가 없다" 하고, "정당이 세워진 연후에 국회가 이루어져 헌법이 정해지고, 헌법이 정해져 감독기관이 갖추어진 연후에 정부가 책임내각이 된다"고 했듯이,[138] 애국계몽가들은, 정당은 입헌국가의 선결조건이며, 곧 국회개설에 의한 정부감독을 통하여 책임내각 곧 국민적 정부를 이루는 전제조건이라고 인식했던 것이다.

따라서 김성희는 「정당의 책임」이란 논설에서, "정부가 감독권을 스스로 줄 시기는 반드시 없을 것인 즉, 정부로 하여금 부득불

---

135) 安國善, 「政黨論」『會報』 제3호, 24쪽 ; 金成喜, 「政黨의 事業은 國民의 責任」『會報』 제2호, 21~24쪽 참조.

136) 金成喜, 앞의 논설, 『會報』 제2호, 21~22쪽 참조.

137) 安國善, 「政黨論」『會報』 제3호, 24쪽.

138) 金成喜, 「政黨의 責任」『會報』 제3호, 22쪽 참조.

감독을 받게 하는 것이 국민적 정당의 책임이라" 하고, 정부가 감독권을 스스로 주지 않을 것을 안다면, 국민이 마땅히 요구해야 하며, 그 요구의 목적은 "전국 통치기관을 대다수 인민과 더불어 공동"케 하는 것이고, 그 요구하는 것은 "헌법발포와 국회소집"이라고 하였다.[139] 이처럼 애국계몽가들은, 정당은 정부로 하여금 헌법을 발포하고 국회를 소집하여 감독기관을 갖추도록 요구하여, 국가의 통치기관을 국민과 공유케 함으로써 책임내각 곧 국민적 정부를 이루게 하는 추진체가 되어야 한다고 보았다. 그리고 국민적 정당이 국민적 정부의 수립을 추구하는 것은 곧 국민적 국가의 건설을 의미하는 것이었다.

2. 입헌정체론

애국계몽가들은 국민국가건설의 목표를 실현하기 위하여 어떠한 정치체제를 구상하였던가? 그들은 전제정치에 대한 대안으로 입헌정체를 구상하였다.

대한자강회 부회장 윤효정은 「전제국민은 無愛國思想論」이란 논설에서, 입헌정치와 전제정치를 다음과 같이 비교하였다.

> 입헌정치의 정신은 君民同體이며 상하일치로 萬機를 公議에 의하여 결행하는 데 있으니, 그 운용하는 기초는 국민 다수가 선택한 公黨·公會에 있고, 전제정치의 특색은 군권무한이며 민권부진이며 上下睽離이며 전제억압으로, 그 운용하는 기관은 귀족 관료가 군주를 둘러싸는 私黨에 있다 … 대개 헌정은 그 근원을 자치정신에서 취하는 것이니, 헌정의 채용은 세계의 대세이며 문명의 정신이며 자연의

---

139) 앞과 같음.

귀착이며 진리의 추향이라.[140)]

이처럼 애국계몽가들은, 전제정치는 군주와 私黨에 의해 운용되어 민권이 부재하므로 군민상하가 일체감을 가질 수 없다 하여 전제정체를 비판 부정하고, 입헌정치는 국민 다수가 선택한 공당, 공회에 의해 운용되어 민권이 보장되므로 군민상하가 일체감을 가질 수 있다 하여 입헌정체의 채용을 주장하였다. 그리고 입헌정체의 근원은 자치정신에 있음을 강조하였다.

애국계몽가들은 '인민의 자치정신'은 '국가의 독립실력'에 직결된다고 보아, 국가에 자치제도를 구비하여 인민의 자치정신을 발휘케 하는 것이 국가독립의 기본이라고 생각하였다. 그리고 지방자치제는 국민으로 하여금 자기 지방과 국가에 일체감을 갖게 하여 건전한 독립국가를 조성케 하며, "군민일체와 상하일심을 이루게 함으로써 국권의 확장과 국력의 부강을 가능케 한다"고 믿었다. 따라서 그들은 먼저 지방자치제를 실시하여 인민의 참정사상과 참정능력을 기르고, 이를 바탕으로 하여 '입헌대의제'를 실시하여 국가 만년의 기초를 세워야 한다고 주장하였다.[141)] 곧 그들은 지방자치제에 기반을 둔 입헌대의정체의 실시가 국민의 자치정신과 자치능력에 의한 국가의 독립능력과 독립유지의 기초가 된다고 믿었던 것이다.[142)]

한편 윤효정은 국민의 애국심이 상실되면 국가는 형해화하며,

---

140) 尹孝定, 「專制國民은 無愛國思想論」『月報』 제5호, 19～21쪽.

141) 尹孝定, 「地方自治制論」『月報』 제4호, 18～9쪽 참조.

142) 지방자치제 실시를 통한 민권의 신장과 국민참정권 및 자유권의 확대, 그리고 궁극적으로 이를 통한 국가독립의 기초 확립을 주장한 신문 논설로는 『皇城新聞』 1906년 11월 2일 논설 「地方自治制度」와 1907년 12월 22일 논설 「地方自治制」 및 『大韓每日申報』 1906년 11월 14일 논설 「地方自治說」 등이 있다.

애국심의 강약이 국가의 강약에 직결된다고 강조하고,[143)]

> 국민 전체로 하여금 이 一大精神(=애국심)을 발휘케 하는 데는 그 방법이 달리 없고, 오직 법제를 확립하고 민권을 공고히 하여 (국민의) 생명·재산을 안전히 하며, 자치제를 실시하고 선거법을 채용하여 점차 국정참의권을 부여하면, 군민이 동치하고 거국이 일치하여 국민이 국사를 自家事처럼 보게 할 수 있다.[144)]

고 하여, 법제의 확립에 의한 민권의 신장과, 자치제의 실시에 의한 국민참정권의 허용을 통하여, 국민이 국가와 일체감을 갖게 함으로써 강건한 애국심을 발휘케 해야 한다고 주장하였다. 이처럼 애국계몽가들은 강건한 애국심을 통한 강건한 국가의 형성은 지방자치제와 입헌대의정체에 기초한 국민참정권의 확립으로써 가능하다고 본 것이다.

대한협회 회보편찬원 김성희는 논설 「論國家」에서 입헌정체는 평민의 사회 경제적 위치의 향상에 의한 정치참여 사상에서 연유한 것으로, 본래 '평민주의'에서 나왔으므로 '평등권의 특질'이 있으며, 입헌정체는 '국회대의사'를 통하여 인민이 입법의 책임을 가지고 행정관으로 하여금 이를 시행케 하므로 '대의기관'의 특질이 있다고 하였다. 따라서 입헌제도상의 군주제와 민주제는 국가원수의 선거제와 계속제에 차이가 있을 뿐, 그 정치적 작용은 동일한 것으로 파악하였다. 그리고 그는 대의기관의 작용을 ① 모든 국민의 대표 ② 군권·민권의 법전상 제한 ③ 입법권의 보유 ④ 행정관의 감독으로 대별하고, 입헌대의제를 통하여 국민의 자유 권리를 보장하고 국민이 국가의 책임자가 되는 국가를 곧 '국민적 국

---

143) 尹孝定, 「專制國民은 無愛國思想論」 『月報』 제5호, 21쪽 참조.
144) 尹孝定, 「國家的 精神을 不可不發揮」 『月報』 제8호, 7~8쪽.

가'라고 규정하였다. 나아가 그는, 구미열강의 국민이 '세계상 일등 국민'이 된 것은 "전제를 변하여 입헌을 하고 국민을 국가의 주인으로 삼아 국가의 일을 맡도록 한" 때문이라 하고, 우리나라도 '헌법의 발포'와 '국회의 설립'을 추진하여 '국민국가를 構造'해야 한다고 역설하였다.[145] 애국계몽가들은 헌법의 제정과 국회의 설립을 통하여 국민의 국정참여가 확립되어야 국민국가가 형성된다고 보았던 것이다.

그러므로 김성희는, 국가 멸망의 원인은 정부가 국민의 의사를 무시하고 내치와 외교를 독단 처리하여, 국민의 불신을 사고 국가를 곤경에 빠뜨린 데 있기 때문에, 결국 '전제정체의 죄'라고 분석하고, 국가 체제의 개조에 의한 국민적 내치와 국민적 외교를 제창하였다. 곧 그는 "지금의 세계는 입헌·전제 양 정체의 新陳嬗代의 시대라" 하고, 입헌정체를 채용해서 '국민 대다수의 정치'를 실현해야 한다고 하여, 국회의 개설과 지방자치의 실현에 의한 '국민적 내치'를 강조하였다. 또한 "지금 20세기 신세계는 국민적 외교의 시대라"하고, 외교 문제를 먼저 국민에게 알리고 '국민의 동의'를 구한 연후에 국민적 기반 위에서 실시하는 '국민적 外交'를 강조하였다.[146] 이처럼 애국계몽가들은 입헌대의정체를 채용, 의회를 통하여 내치와 외교 등 국정 전반에 국민이 참여하는 '국민 대다수의 정치'와 '국민의 동의에 의한 정치'를 실현코자 하였다.

대한협회 회보편찬원 元泳義가 「정치의 진화」란 논설에서, 장래 정치의 지극한 정도는 "헌정과 민주의 완비 여부"에 불과하다 하고, 헌정의 시조인 영국의 입헌정체는 오늘날 완전무결한 상태를 이루어 타국에 비해 우월하다고 높이 평가했듯이,[147] 애국계몽가

---

145) 金成喜, 「政黨의 事業은 責任」 『會報』 제1호, 28~31쪽 참조.
146) 金成喜, 「國民的 內治 國民的 外交」 『會報』 제4호, 25~29쪽 참조.

들은 대체로 영국헌정의 우월성을 인정하였다. 김성희가 서양의 헌정사를 개관하는 가운데 영국을 헌정의 모국이라 하고,

> 문명국가의 헌법은 전제 범위를 벗어나 민권을 보장하고, 人民參政之權을 허용하여 전 사회를 유지하고, 민선의원을 설치하여 정무를 감독하고, 자치제를 실시하여 단체를 조직하고, 군주의 神聖之位를 존중하여 책임지는 바 없게 한다. 이러한 제도가 없으면 그 국가가 없을 것이 분명하니, 안으로 헌정기관이 완비되면 밖으로 국가주권이 스스로 무결해진다.[148)]

고 했듯이, 애국계몽가들은 민권보장과 국민참정권의 허용, 민선의회와 지방자치제의 실시, 그리고 군주통치권의 유명무실화 등을 골자로 하는 입헌대의제의 완비가 국가 존립의 관건이라 하여, '영국형의 입헌대의제'가 당시 한국의 현실에서 추구할 수 있는 바람직한 정치체제라고 생각하였다.

요컨대 대한자강회·대한협회 등 합법단체에 속한 애국계몽가들이 국민국가·국민주권국가의 건설과 관련하여 현실적으로 구상한 정치체제는 민선의회와 지방자치에 기반을 둔 입헌대의제였다. 애국계몽가들은 당시로서 입헌대의제에 기초한 국민국가의 건설이 국민의 자유권리를 보장하고 국가의 자강독립을 확보할 수 있는 합당한 방도라고 믿었던 것이다.

3. 공화정체론

애국계몽가들은 입헌대의제 곧 입헌군주제를 국민국가 건설에

147) 元泳義, 「政治의 進化」『會報』 제7호, 26쪽 참조.
148) 金成喜, 「國家意義」『月報』 제13호, 41쪽 축약.

부합되는 현실적인 정치체제로 인식했으나, 민주공화제가 국민국가 건설에 가장 이상적인 정치체제라고 생각하였다.

대한자강회의 평의원 설태희는 「법률상 人의 權義」란 논설에서,

> 법률상 정체를 논함에 파다한 구별이 있으나, 대개 공화 · 입헌 · 전제로 논하니, … 가장 진보한 공화는 입헌에 勝하고 입헌은 전제에 勝함은 일견 알 수 있거니와, 각각 그 명칭은 다르나 원의는 모두 利國便民코자 하는 법칙이라 … 그 중 가장 未進位에 있는 전제로 말하더라도 군주가 독재라 할 뿐이오, 元義는 인민을 위하여 만든 것에 불과한 것인즉, 감히 1인의 私意에 빠질 우려가 명료함에는 어찌 법이라 말하리요. 고로 나의 믿는 바는 소위 전제국은 곧 無法國이라 하노라.[149]

고 하여, 정치체제를 공화정체 · 입헌정체 · 전제정체로 분류하고, 이 세 종류의 정치체제는 모두 利國便民에 근본 의도가 있으나, 가장 미진한 전제정체는 군주의 사의에 따라 운용되기 때문에 전제국을 '무법국'이라 매도하고, 공화정체가 가장 우수하고 진보된 정치체제라고 평가하였다. 이와 같은 설태희의 '공화정체우월론'은 국가와 국민을 위한 정치의 목적을 바탕으로 하여 제기된 것이었다.

대한협회의 회보편찬원 원영의는 「정체개론」이란 논설에서, 정치체제를 군주정체와 공화정체로 대별하고, 다시 군주정체를 전제정체와 입헌정체로, 공화정체를 貴顯정체와 민주정체로 분류하였다. 그리고, 군주정체는 군주가 주권을 가지고, 공화정체는 군주와 신민이 '共相和議'하며, 전제정체는 독재이니 군주가 '生殺與奪'을 좌우하고, 입헌정체는 '公立成憲'하여 국가시책이 법을 준수하여 私意에 빠지지 아니하며, 귀현정체는 귀족현관이 법과 정치를 주도하여 서민은 그 지휘만을 받게 되고, 민주정체는 서민이 국사에

---

149) 薛泰熙, 「法律上 人의 權義」『月報』 제9호, 12～3쪽.

간여하여 군주·귀현이 정령을 행할 때 민의에 부합치 않으면 시행할 수 없게 된다고 보았다. 그러므로 군주정치는 모든 시책에 오류가 없도록 보장할 수 없고 상하의 通情에 흠이 있으며, 공화정치는 至公無私하여 상하가 화동하므로 공화정체가 最美의 정체라고 평가하였고, 귀현정치는 상하의 권리에 있어 편벽되지 않을 수 없어 共公에 흠이 있으며, 민주정치는 만민의 公心에서 나와 상하가 大同하여 훌륭한 통치가 가능하므로 민주정체가 최미의 정체라고 평가하였다.150) 이같은 '민주공화정체 최미론'은 국가란 국민의 결집체이므로 모든 통치기구는 국민을 위해 설치되었다는 입장에 선, 설태희의 '공화정체 우월론'과 마찬가지로, 국민을 위한 정치의 목적에 바탕을 둔 것이었다.

또한 원영의는 「정치의 진화」라는 논설에서, 헌정은 국가의 모든 법률의 근본인데, 입법·사법·행정의 3대권이 군주에 귀일되어 '주권의 過盛한 압력'으로 인하여 인민이 반항하여 법률을 '議立共守'한 것이 공화정치의 기원이라 하고, 공화정치 중에서 귀족은 군권에 저항, 이를 제한하여 인민의 자유를 방호하는 공이 있으나, 특권의 힘으로 인민을 속박하는 폐단이 있게 되어, 평민의 지능과 재력이 성장함에 따라 귀족의 경멸을 받지 않고 '천부의 자유'를 지키려는 데서 민주정치가 유래했다고 하여, 국민의 자유를 위한 정치의 기원에 비추어 민주공화정체의 진보성을 밝혔다.151) 이어서 그는 같은 논설에서, 정치 진화의 단계를 神官政治·전제정치·입헌정치·공화정치·민주정치의 5단계로 구분하고, 신관정치는 어리석은 민중을 神意를 빌어 지배하는 단계, 전제정치는 강자가 압제적 위력을 자행하는 단계, 입헌정치는 民智의 계발로

150) 元泳義, 「政體概論」 『會報』 제3호, 27~28쪽 참조.
151) 元泳義, 「政治의 進化」 『會報』 제7호, 25~26쪽 참조.

헌법이 성립되어 무리한 압제를 벗어나는 단계, 공화정치는 군주·신하의 자유 권리가 和同하는 단계, 민주정치는 평민이 귀족의 경멸을 받지 않고 일반권리를 지키는 단계라고 파악하여, 국민의 자유와 권리를 위한 정치 발전의 과정에 비추어 민주공화정체가 가장 발전된 정체라고 평가하였다.[152]

『서북학회월보』 기고가 선우순 역시 「국가의 개요」라는 논설에서, "국가는 인민의 조직임과 동시에 특히 인민 의지의 조직이라" 하고, "전 인민의 의지가 직접 또는 代議적으로 독립 고유의 최고권이 된 경우에 이를 즉 민주공화제라 한다" 하여, 민주공화제를 민의가 반영되는 가장 발전된 형태의 정치체제라고 인식하였다.[153]

이상에서 살펴 본 것처럼, 애국계몽가들은 정치의 기원과 정치의 발전과정 및 정치의 목적에 비추어, 민주공화제가 국민의 자유와 권리를 위한 국민국가에 부합되는 가장 우월하고 진보된 정치체제라고 인식하였다.

당시 애국계몽단체로서 비밀결사였던 신민회는 그 통용장정에서, "부패한 사상과 습관을 혁신하여 국민을 유신케 하며, 퇴폐한 교육과 산업을 개량하여 사업을 유신케 하며, 유신한 국민이 통일연합하여 유신한 자유문명국을 성립케 함을 목적으로 한다"고 규정하였다.[154] 그리고 그 취지서에서는, 내외의 한인이 통일 연합하여 '독립 자유'로서 목적을 세우고, "신 정신을 喚醒하여 신 단체를 조직한 후 新國을 건설할 뿐이다"[155]고 하여 신민의 육성에 의한

---

152) 元泳義, 「政治의 進化」 『會報』 제10호, 28쪽 ; 『會報』 제11호, 22~23쪽 참조.

153) 鮮于錞, 「國家論의 槪要」 『西北學會月報』 12호, 9~10쪽 참조.

154) 新民會, 1965, 「大韓新民會 通用章程」 『韓國獨立運動史』 1, 國史編纂委員會, 1028쪽 참조.

155) 新民會, 「大韓新民會趣旨書」, 앞의 책, 1027쪽 참조.

신국・자유문명국을 건설한다는 '新民新國論'을 제시하였다. 그리고 신민회는 신국・자유문명국의 정치체제로 '공화정체'를 구상하였다.[156] 과거 독립협회의 회원들도 공화제를 잘 알고 있었으나 공화제에 대한 논의 자체도 함부로 할 수 없는 상황이었고,[157] 전제군주제를 입헌대의군주제로 전환시키고자 하였다. 또 당시 합법적 애국계몽단체였던 대한자강회와 대한협회의 회원들도 공화제를 가장 진보적인 정치체제라고 인식했으나, 전술한 바와 같이 현실적으로는 입헌대의군주제의 실현을 목표로 세웠다. 그런데 신민회가 공화제의 실현을 공식 목표로 설정한 것은 비밀결사였기 때문에 가능했던 것이며, 당시 합법단체들이 가진 정치체제 구상을 한 단계 높인 것이었다. 어떻든 신민회가 구상한 新民新國은 공화정체에 기초한 자유문명국이었으며, 이것은 곧 근대 국민국가를 의미하는 것이었다.

이처럼 민주공화정체가 가장 진보적이고 최선의 정치체제라는 데에는 당시 합법적 애국계몽단체의 구성원이나 비밀결사인 신민회의 구성원이나 인식을 같이 하였다. 그런데 비밀결사인 신민회가 공화제의 수립을 공식 목표로 설정했으나, 합법단체의 구성원들은 현실적으로 공화제의 채용을 고려하지 않았다. 그 이유는 어디에 있었던가?

첫째로 당시 전제군주제 하에서 혁명적인 방법을 택하지 않는 한 표면적으로 공화제의 채용을 주장하는 것은 불가능하였다. 주지하는 바와 같이 합법적 계몽단체들은 점진적이고 평화적인 방법

---

156) 新民會, 「大韓新民會의 構成」, 앞의 책, 1024쪽 ; 國友尙謙, 『不逞事件ニ依テ觀タル朝鮮人』, 188~189쪽 (姜在彦, 『朝鮮の開化思想』, 258쪽 소재)에는 당시의 기독교도들이 '共和國의 건설'에 뜻을 두고 있었다는 기록도 있다.

157) *The Independent*, November 1, 1898, "An Assembly of All Castes" 참조.

으로 현상을 타개하고자 하였다.[158)]

둘째로 합법적 애국계몽단체의 구성원들은 정치 체제의 단계적인 발전론을 긍정하고, 당시로서는 공화제의 실현이 불가능하다고 판단하였다. 그들은 당시 국민의 수준이나 사회 분위기로 보아 공화정체는 물론하고 입헌정체도 신중히 검토되어야 한다고 보았으며, 전제군주제를 입헌대의제로 전환시키는 것이 당면 과제라고 생각하였다.[159)]

셋째로 합법적 애국계몽단체의 구성원들은 입헌제도상 군주제와 민주제는 정치적 효과가 사실상 동일하다고 판단하였다. 그들은 입헌대의군주제가 실현되면 공화제에서와 마찬가지로 국민의 자유와 권리가 보장되어 실질적으로 민주정치가 가능하다고 생각하였다.[160)]

요컨대 합법적 애국계몽단체의 구성원들이 현실적으로 추구한 정치체제는 입헌대의군주제였으나, 그들은 민주공화제가 국민국가에 가장 부합되는 최선의 정치체제라고 인식하였다. 나아가 비밀결사인 신민회는 민주공화제를 공식목표로 설정했으며, 그것은 우리나라 민족운동사에 제기된 정치체제론의 획기적인 진전을 의미하는 것이다. 그리고 애국계몽운동의 맥락 속에서 일어난 3·1운동 직후, 국내외에서 출현한 모든 임시정부가 공화제를 내세우고 있었던 점은 한말 애국계몽가들의 공화정체에 대한 인식과 깊은 관련이 있다고 하겠다.

158) 본 논문 2)의 (1) 自强獨立論 참조.
159) 元泳義, 「政體概論」 『會報』 제3호, 28쪽 참조.
160) 金成喜, 「政黨의 事業은 國民의 責任」 『會報』 제1호, 28～29쪽 참조.

맺음말

한말의 애국계몽사상은 외세의 침략에 대응하는 국권회복의 논리와 봉건적 압제에 대응하는 국민국가건설의 논리로 집약되어진다. 애국계몽가들은 일제의 '보호국체제'로부터 국가의 주권을 회복하려는 국권회복을 궁극의 목표로 삼았으며, 종래의 '전제국체제'로부터 국민의 주권을 확립하려는 국민국가건설을 또 다른 궁극의 목표로 삼았던 것이다. 민권을 도외시하고 외형적인 국가독립만을 추구하는 국권회복운동이 근대적 의미의 올바른 민족운동이 될 수 없다고 한다면, 애국계몽가들의 국민국가건설을 전제로 한 국권회복론은 올바른 민족운동론이었다고 할 수 있다.

애국계몽가들의 국권회복의 논리는 독립자강론으로 집약되어진다. 그들은 약육강식·우승열패의 국제사회에서 한국이 보호국 상태로 전락한 근본적인 책임이 국가의 자강을 도모하지 못한 한국자체에 있다는 自家反省의 생각을 가졌다. 따라서 그들은 실력의 부족으로 상실된 국권의 회복은 실력의 양성으로만 가능하다고 믿고, 국권회복을 위한 실력양성론 곧 사회진화론에 기초한 자강독립론을 폈다. 그리고 그들은 일본과 동일한 침략국가인 열강의 일본에 대한 압력을 통하여 국권을 회복하려는 외교독립론을 헛된 생각이라 비판하고 자력에 의한 자주적 자강독립론을 제기하였다.

애국계몽가들의 국권회복의 방략은 실력양성론에서 독립전쟁론으로 발전되었다. 그들은 러일전쟁에서 승리한 군사강국 일제에 대항하여 즉각결전에 의한 즉시독립은 현실적으로 불가능하다고 보고, 준비 없는 무력항쟁은 민족의 역량을 파괴할 뿐이라 생각하였다. 그러므로 그들은 국권회복을 위하여 국민계몽·교육진흥·

산업개발·정치개혁 등을 통한 국민의 지적·경제적·정치적인 실력양성을 당면의 목표로 삼았다. 나아가 비밀결사인 신민회 소속 애국계몽가들은 국내에서의 실력양성에 더하여, 국외에 독립군 기지를 건설하고 무관학교를 설립하여 독립군을 양성하려는 민족의 군사적 실력양성을 또 다른 당면의 목표로 설정하였다. 이것은 군사력을 포함한 민족의 실력을 양성하고 기회를 포착하여 일제와 근대적 전쟁을 통하여 국권을 회복하려는 독립전쟁론에 의거한 것이었다. 국민의 지적 경제적 정치적 실력양성과 일제와의 근대전에 대비한 민족의 군사적 실력양성을 결합시킨 신민회의 독립전쟁 준비론은, 합법적 애국계몽단체의 무력투쟁을 배제한 독립쟁취 의지의 취약성을 보강하고, 항일의병의 준비없는 즉각결전의 무모성을 보완하여 국권회복의 올바른 방략을 제시한 것이다.

한편 애국계몽인사들은 국권회복과 민권보장의 방법으로 국민국가건설론을 제기하였다. 애국계몽가들은 천부인권론에 기초하여 국민의 자유권·평등권·생존권을 주장하고, 사회계약론에 기초하여 국민주권과 국민참정권을 주장하였다. 그리고 이러한 자유민권사상을 바탕으로 하여 전통적인 군주=국가관을 부정하고, 국민을 위한, 국민에 의한, 국민의 국가 곧 국민=국가관을 가지게 되었다. 나아가 그들은 국민의 자유와 권리를 보장하고 국민이 국가의 책임자가 되는 국가를 '국민적 국가'라 규정하고, 헌법의 반포와 국회의 설립을 통한 국민국가건설의 논리를 폈다. 그리고 그들은 국민의 공동사상으로 구성된 정부를 '국민적 정부'라 하고, 국민적 정부는 문명국가의 '책임내각'이며 국민국가에 부합되는 정부라고 인식하였다. 따라서 그들은 국회를 활동무대로 하는 '국민적 정당'을 결성하고 국민적 정부를 수립하여 국민국가를 건설해야 한다는 논리를 폈다.

애국계몽가들은 국민국가에 부합되는 정치체제로서 공화정체와 입헌정체를 구상하였다. 그들은 전제군주정체는 군주와 私黨에 운용되어 민권보장이 불가능한 최악의 정체라 하고, 민주공화정체는 국민참정을 통하여 민권이 보장되는 가장 진보된 최선의 정체이며 국민국가의 이상에 가장 부합되는 정치체제라는 논리를 폈다. 나아가 비밀결사인 신민회는 공화정체의 실현을 공식 목표로 설정하기까지 하였다. 이것은 우리 역사상에 제시된 정치체제론의 획기적인 진전을 의미하는 것이다. 그러나 합법단체 소속의 애국계몽가들은 현실적으로 공화정체의 실시를 주장하는 것은 불가능했으며, 입헌대의정체도 군주가 존재할 뿐, 그 정치적 효과는 사실상 민주공화정체와 동일하다고 판단하였다. 따라서 합법단체 소속의 애국계몽가들은 최악의 정체인 전제군주정체의 대안으로서 입헌대의정체 채용의 논리를 폈다. 그들은 특히 영국형의 입헌대의제가 당시의 현실에서는 국민의 자유 권리를 보장하고 국가의 자강독립을 실현할 수 있는 가장 바람직한 정치체제라고 생각하였다.

제4부

한국근대의 민주주의정치운동과 공화정체론

제1장

개화기의 민주주의정치운동

머리말

우리나라의 민주주의정치운동이 언제 시작되어 어떻게 전개되었는가 하는 문제는 중요한 연구과제이다. 그럼에도 불구하고, 우리나라 민주주의정치운동의 초기 단계인 개화기(고종 · 순종시대)의 민주주의정치운동에 대한 직접적이고 종합적인 연구는 역사학계나 정치학계에서도 거의 찾아볼 수가 없다. 그러나 개화기의 민주주의정치운동을 단편적으로 살필 수 있는 연구 곧 갑신정변 · 갑오개혁 · 독립협회운동 · 애국계몽운동에 관한 연구는 다양하게 이루어져 왔다.

우리는 이와 같은 연구 성과를 종합하고 새로운 연구를 보완하여, '개화기의 민주주의정치운동'이라는 범주 속에 체계화하는 시도가 필요하다고 본다. 그리고 개화기의 민주주의정치운동은 그 내용과 방법면에서 볼 때, 독립협회운동기에 본격적으로 그리고 제대로 전개되었다고 이해된다. 따라서 본고는 개화기의 민주주의

정치운동을 독립협회운동기에 초점을 맞추어 분석하고, 그 이전과 그 이후의 3단계로 나누어 고찰하고자 한다.

첫째 단계인 갑신정변·갑오개혁기는 자유민권사상이 대두하고 근대적 정치개혁이 시도되는 시기로, 민주주의정치운동의 맹아기라 할 수 있다.

둘째 단계인 독립협회운동기는 근대적 정치단체의 주도하에 민중집회를 배경으로 하여 본격적인 민주주의정치운동이 전개되고 한국사회에 자유민권의 민주주의정치사상이 형성되는 시기로, 민주주의정치운동의 전개기라 할 수 있다.

셋째 단계인 애국계몽운동기는 일제의 보호국체제가 강요된 상태에서 민주주의정치운동은 퇴조하지만, 민주주의정치사상은 더욱 체계화되고 한 단계 발전되어 한국사회에 널리 전파되는 시기로, 민주주의정치사상의 전파기 라 할 수 있다.

우리는 이처럼 3단계의 가설을 세우고 연구함에 있어, 정치운동과 함께 정치사상에 유념하고, 국제정세와 국내의 정치동향에 유념하고자 한다. 나아가 미국의 링컨 대통령이 말한 바 "government of the people, by the people, for the people" 곧 "국민의, 국민에 의한, 국민을 위한 정부"의 추구를 가장 적절한 고전적인 민주주의 개념으로 이해하고, 특히 "국민에 의한 정부"의 추구가 민주주의정치운동의 요체임을 유념하고자 한다.

우리나라 개화기의 민족운동을 주도한 정치·사회세력은 위정척사파와 동학농민파, 그리고 개화(자강)파였다. 이 중에서, 위정척사파의 지도층은 봉건적 정치이념에서 탈피하지 못하였고, 동학농민파의 지도층은 反封建的 정치의식을 지녔으나 민주주의적 정치사상을 가지지는 못하였으며, 개화파의 지도층은 민주주의정치사상을 가지고 민주주의정치운동을 전개하였다. 본고는 개화기의 민주주의정치운동을 당시의 정치·사회세력을 중심으로 고찰하게 되므로, 자연히 개화파의 민주주의정치운동을 고찰하는 것이 될 것이다.

우리는 이 논문의 서술상의 편의를 위하여, 각 시기별로 운동을 주도한 개화파의 명칭을 다음과 같이 구분하여 사용하고자 한다. 곧 급진개화파 또는 개화당으로 불리는 갑신정변의 주도세력을 갑신정변파라 지칭하고, 온건개화파와 일부 급진개화파가 포함된 갑오개혁의 주도세력을 갑오개혁파라 지칭하기로 한다. 그리고 독립신문·독립협회·만민공동회 등의 구성원으로서 독립협회운동의 주도세력을 독립협회파라 지칭하고, 대한자강회·대한협회·신민회·서북학회·대한매일신보 등의 구성원으로서 애국계몽운동의 주도세력을 애국계몽파라 지칭하기로 한다.

Ⅰ. 갑신정변·갑오개혁기

1. 자유민권사상의 대두

개화사상이 인맥과 사상면에서 실학사상을 계승하여 발전시킨 사상임은 잘 알려진 사실이나. 자유민권사상은 개화파에 의하여 대두되었지만, 실학파의 사상에도 민권적 요소가 내재되어 있음을 찾아볼 수 있다.

첫째로, 실학파는 四民平等과 四民分業, 교육균등과 언로확대, 양반제도 폐지와 노비제도 개선 같은 인민평등의식을 보여주고 있다.[1)]

둘째로, 실학파는 권문세가에 의한 관직독점 반대, 서얼에 대한 관직제한 반대, 四民에 대한 관직의 전면개방, 당파와 귀천을 불문한 인재 등용 같은 인민의 평등한 공직담임의식을 보여주고 있다.[2)]

셋째로, 실학파의 대부분은 군주전제와 국왕대권은 존중하였으나, 丁若鏞 같은 보다 진보적인 실학자는 民意에 따른 통치자의 선출과 교체, 그리고 상향식 정치 곧 공론에 의한 정치론을 제기하여 일종의 인민참정의식도 보여주고 있다.[3)]

개화파의 자유민권사상은 이와 같은 실학파의 사상을 계승하고 서구사상을 수용하여 형성되었다고 하겠다. 특히 개화파의 자유민권사상 형성에 있어 일본 자유민권론자들의 영향은 지대하였다.

1880년대 초기에 일본은 명치정부에 의하여 전제체제의 강화가 추진되었으며, 한편으로는 국회개설운동을 포함한 자유민권운동이 치열하게 일어났다. 당시 일본 정계에는 프랑스류의 자유주의를 표방하는 급진적인 자유당(1881)과 영국류의 입헌군주제와 공리주의를 표방하는 立憲改進黨(1882), 그리고 독일류의 국가주의 표방적인 어용적인 立憲帝政黨(1882)이 출현하여, 공개토론회와 언론을 통하여 정치적 주장을 펴고 있었다. 입헌개진당은 게이오의숙(慶應義塾) 출신이 주류를 이루었고, 후쿠자와 유키치(福澤諭吉)는 영국식 입헌주의와 공리주의의 대변자였다.[4)] 당시 일본에

---

1) 金泳鎬, 1975,「實學思想의 勃興」『韓國史』14, 國史編纂委員會, 159~164쪽 ; 韓永愚, 1972,「柳壽垣의 身分改革思想」『韓國史硏究』8, 韓國史硏究會, 48~52쪽 ; 趙珖, 1979,「洪大容의 政治思想硏究」『民族文化硏究』14, 고대 민족문화연구소, 84~86쪽.

2) 趙珖, 1980,「韓國近代文化의 實學的 基礎」『韓國史學』1, 정신문화연구원, 27~30쪽.

3) 趙珖, 위의 논문, 19~27쪽.

4) 閔斗基, 1977,『日本의 歷史』, 지식산업사, 231~237쪽 ; 江村榮一, 1980,「自由民權運動とその思想」『岩波講座 日本歷史』15, 東京 岩

왕래한 김옥균・박영효 등과 도쿄(東京)에 유학중인 유길준 등 조선의 개화파는 그들의 변법개혁사상이나 자유민권사상의 형성에 있어, 일본의 자유민권론자들 특히 당대 일본 최고의 문명개화론자인 후쿠자와 유키치(福澤諭吉)의 영향을 크게 받았던 것이다.[5]

그리고 개화파에 의한 자유민권사상의 대두와 그 성격은 개화초기의 국제정세에서도 영향을 받게 되었다. 일본은 메이지 유신(明治維新, 1868)으로 혁신정부를 세우고 전면적인 서구화정책 곧 과감한 근대화정책을 추진해 나갔다. 그리고 일본은 구미열강의 침략방식을 그대로 답습하여, 조선에 강화도조약(1876)을 강요하여 전통적인 조청종속관계를 단절시키고 북방진출정책을 본격화하였다. 한편, 러시아는 아이군조약(1858)과 북경조약(1860)을 통하여 흑룡강 이북과 우수리강 이동 연해주 일대의 방대한 청국영토를 획득하여 조선과 국경을 맞대게 되었고, 청국에 伊犁국경분쟁(1871~1881)을 야기하는 등 동방진출정책을 적극 추진하였다. 청국은 일본과 러시아의 조선에 대한 진출정책을 견제하기 위한 수단으로, 조선에 권고하여 미국・영국・독일에도 문호를 개방케 하였다.[6] 뿐만 아니라, 청국은 임오군란(1882.7)을 계기로, 조선에 3천명의 군대를 파견하여 친청정권을 세우고, 조선의 정치・외교・군사문제에 간섭했으며, 조청무역장정(1882.9)을 강요하여 조・청간의 종속관계를 명문화하고, 청국상인의 파격적인 통상특권을 확보하는 등 조선지배정책을 강화하였다. 조선의 급진개화파는 이같은

波書店, 26~35쪽.

5) 田鳳德, 1981, 『韓國近代法思想史』, 博英社, 66~76쪽.

6) 崔文衡, 1985, 「帝國主義列强의 韓國浸透와 그 影響」 『韓國近代社會와 帝國主義』, 한국사연구회, 77~78쪽. 러시아가 아이군조약과 북경조약을 통하여 청국으로부터 획득한 토지는 프랑스와 독일의 국토를 합한 면적에 맞먹는 40萬평방마일에 달한다.

청국의 간섭을 벗어나 조선의 자주독립을 확립하고 개화정책을 추진할 목적에서 갑신정변(1884.12)을 일으켰던 것이다.

갑신정변의 주역인 김옥균은 갑신정변 직전 국왕에의 상주(1884.11)를 통하여, 조선이 프랑스·청국·일본·러시아 등의 열강의 싸움터로 변할 위험이 있음을 진언하고,

> 무엇보다 아름다운 덕으로써 勵政國治하시고, 안으로 제도를 혁신하여 民力을 양성하고, 밖으로 독립을 선언하고 문호를 개방하여, 이로써 개화문명을 섭취하면 몇 해 지나지 않아 국력이 증강될 것입니다.

라고 하여, 정치제도의 혁신으로 민력을 양성하여 국력을 증강할 것을 건의하였다.[7] 또한 그는 갑신정변 이후의 「丙戌上疏」(1886)를 통하여, 청국과 일본은 믿을 수 없는 나라이며 다른 나라를 도와줄 능력이 없다고 전제하고, "밖으로는 구미제국과 친교하고 안으로는 정치를 개혁하여, 우매한 인민을 문명의 길로 가르치고, 상업을 일으켜 재정을 정리하고 군사력을 양성하면, 영국도 巨文島를 내놓게 되고 다른 나라도 침략할 생각을 단념케 될 것"이라고 진언했으며, 이같은 부국강병을 하는 급선무는 인민을 수탈하여 산업을 피폐케 함으로써 국력을 쇠퇴케 하는 "소위 양반을 타파하는 것"이라고 역설하였다.[8] 곧 양반제도를 폐지하고 인민을 보호·계몽하여, 民力을 양성하고 산업을 진흥시킴으로써 부국강병을 실현하자는 것이었다.

역시 갑신정변의 주역인 박영효는 「戊子上疏」(1888)에서, 당시

---

7) 姜在彦, 1984, 「개화사상·개화파·갑신정변」 『韓國近代史研究』, 한울, 101쪽

8) 姜在彦, 위의 논문, 108쪽. 姜교수는 김옥균의 「丙戌上疏」에 흐르는 사상을 反封建·反侵略의 부르조아 民主主義思想으로 파악하였다.

의 세계는 "강자가 약자를 아우르며 큰자가 작은자를 삼키는 약육강식의 시대로, '만국공법'과 '均勢公義'가 있으나 '자립자존의 힘'이 없으면 국가를 부지할 수 없게 된다고 하고, 아시아국가들이 근대에 들어 유럽열강에 침탈되는 것은 인민을 노예시하는 "정부의 잘못이요 인민의 잘못이 아니다."고 주장하였다.[9] 그리고 그는 "一國이 부강하여 만국과 대치하려면, 다소 군권을 감소하고 인민으로 하여금 當分의 자유를 갖게 하여 보국의 책임을 지게 해야 한다"[10]고 하고, 군권의 제한과 민권의 신장이 '民國'의 흥망을 좌우한다는 생각에서, "인민으로 하여금 당분의 자유를 갖게 하여 元氣를 기르게 해야 한다"[11]고 주장하였다. 곧 군권의 축소와 민권의 신장에 의하여, 민력을 양성하여 국력을 부강케 하여 자립자존의 힘을 갖추자는 것이었다. 이처럼 갑신정변파는 국가의 부강독립을 위한 민력양성론, 민력양성을 위한 민권보장론, 민권보장을 위한 정치개혁론을 제기하였다.

갑오개혁파는 일본의 후원으로 집권하게 되었고, 경제적·군사적·행정적으로 일본의 원조를 받아 개혁을 추진하려고 하였다. 그러나 그들의 對日 의존논리는 '起國債議'에 의하면, 3개년 계획을 세워 경제적·군사적인 면에서 국가의 자립역량을 갖추려는 시한부 의존론으로 이해된다.[12] 유길준도 일본외상 무쓰 무네미쓰(陸奧宗光)를 만난 자리에서,

---

9) 「朴泳孝 上疏文」(1888) 중 '宇內之形勢'條. 「朴泳孝 上疏文」은 1965, 『亞細亞學報』 1, 아세아학술연구소, 720~740쪽에 수록된 丁仲煥本과 田鳳德, 『韓國近代法思想史』, 148~187쪽에 수록된 「朴泳孝의 上疏文」 참조.

10) 「朴泳孝 上疏文」 중 '敎民才德文藝以治本' 條.

11) 「朴泳孝 上疏文」 중 '使民得當分之自由以養元氣' 條.

12) 柳永益, 1990, 『甲午更張硏究』, 一朝閣, 209~211쪽.

> 지금 조선의 개혁은 행하지 않을 수가 없으나 조선인된 자에게는 三恥가 있습니다. 제가 말하는 三恥란, 개혁을 스스로 실행할 수가 없어 귀국의 勸迫을 받게 되었으므로 본국 인민에 대하여 부끄러운 것이 하나요, 세계만국에 대하여 부끄러운 것이 둘이요, 천하후세에 대하여 부끄러운 것이 셋입니다. 지금 이 三恥를 무릅쓰고 세상에 나설 면목은 없으나, 오직 개혁을 잘 수행하여 자기의 독립을 보전하고 남에게 굴욕을 당하지 않으며, 개진의 실효가 있어 보국안민을 하게 되면, 오히려 허물을 벗어날 수 있을 것입니다.13)

라고 하여, 갑오개혁의 대일의존을 수치스럽게 여기는 三恥論을 펴고, 그 개혁의 목표를 국가의 자주독립에 두었다. 나아가 유길준은, 군민공치정체(입헌군주제)는 민선의원을 뽑아 "인민의 권리를 보장"하게 되므로, 인민이 진취의 기상과 독립의 정신을 가지고 정부와 협력하여 국가부강의 기회를 도모하게 된다고 하고, 인민이 진취하는 기상이 있으면 스웨덴·덴마크 같은 소국도 대국 사이에서 자주독립권을 지키게 된다고 하여,14) 민권의 보장을 민력의 양성에 의한 국가의 독립에 귀결시켰다. 이처럼 갑오개혁파도 갑신정변파처럼 국가의 부강독립을 위한 민력양성론, 민력양성을 위한 민권보장론, 민권보장을 위한 정치개혁론을 폈던 것이다.

한편 갑신정변파와 갑오개혁파는 천부인권론에 의거하여 인권·민권보장론을 폈다.

개화파가 발행한 『漢城旬報』는 제14호 「美國誌略續稿」(1884)에서, 인간의 자유와 생명은 천부불가탈의 권리임을 명백히 하고, 미국의 독립은 이러한 인간 고유의 권리를 지키기 위한 궐기로서 그 정당함을 천명하였다.15) 갑신정변의 주역인 박영효도 「戊子上疏」에서 미국독립선언서를 원용하여, 모든 사람은 태어나면서부터 동

---

13) 『兪吉濬全書』 4(一朝閣, 1971) 376~377쪽 ; 兪永益, 위의 책, 198~199쪽.
14) 兪吉濬, 「政府의 種類」 『西遊見聞』(경인문화사, 1969 영인, 148~149쪽).
15) 田鳳德, 위의 『韓國近代法思想史』, 82~83쪽.

일하며 "생명 · 자유 · 행복추구의 움직일 수 없는 권리를 가진다"고 하고, 이러한 천부인권을 보호하려는 목적으로 세워진 정부가 그 뜻을 저버리면, "그 정부를 새로 세우는 것이 인민의 公義이고 직분이라"고 하였으며, 미국이 영국의 가혹한 통치에서 독립하여 인민에게 자유를 주었고, 남북전쟁을 벌여 노예를 해방시킨 사실을 극구 찬미하였다.16) 이것은 천부불가양의 인권과 정부의 악정에 대한 국민의 저항권을 주장한 것이었다. 그리고 박영효는 인권 · 민권보장을 위한 조처로서 "班常中庶의 등급 폐지", "남녀부부의 권리 균등", 양반 · 관인의 私刑 금지, 공개재판의 시행, 酷刑과 고문의 폐지 등을 주장하였으며, 김옥균은 양반제도의 폐지와 인민의 재산권 보호를 강조하였다.17)

이와 같은 천부인권론에 의거한 인권 · 민권보장론은 갑오개혁의 이론가인 유길준에 의하여 보다 체계화되었다. 유길준은 『서유견문』에서,

> 인간의 권리는 天授한 公道이니, 사람이 사람되는 이치는 천자로부터 필부에 達하여 毫釐差殊가 本無한 고로, 사람 위에도 사람 없고 사람 밑에도 사람 없으니, 천자도 사람이요 필부도 사람이다.18)

라는 요지로, 천부의 인간평등권을 주장하였다. 그리고 그는 천부인권론에 근거하여, 인민의 자유와 권리를 身命의 자유와 권리, 재산의 자유와 권리, 영업의 자유와 권리, 집회의 자유와 권리, 종교의 자유와 권리, 언론의 자유와 명예의 권리 등으로 분류 · 정리하였다.19) 갑오개혁파는 「洪範14조」에 "민법과 형법을 제정하여 인

---

16) 「朴泳孝 上疏文」 중 '使民得當分之自由以養元氣' 條.

17) 위의 上疏文 중 '使民得當分之自由以養元氣' 條와 '興法紀安民國'條 ; 田鳳德, 위의 책, 87~89쪽.

18) 兪吉濬, 「人民의 權利」『西遊見聞』, 114쪽.

민의 생명과 재산을 보호할 것", 그리고 "문벌에 구애받지 말고 인재등용의 길을 넓힐 것"을 규정하여, 인민의 자유와 평등 권리를 천명하였다.[20] 이처럼 갑신정변파와 갑오개혁파는 천부인권론에 의거하여 인간본연의 권리로서 인권・민권보장론을 제기하였다.

갑신정변파와 갑오개혁파는 국권확립을 위한 그리고 천부인권에 의한 민권보장사상을 실제로 그들의 개혁시책에 반영하였다. 갑신정변파는, 甲申政綱 제1조에서 대원군을 송환하고 조공허례를 폐지할 것이라 하여, 청국에 대한 자주독립과 대등한 국교를 선언했고, 제2조에서는 문벌을 폐지하고 인민평등권을 제정할 것이라 하여, 차별적인 신분제도를 타파하려 했으며, 제3조에서는 地租法을 개혁하여 관리의 부정을 막고 백성이 곤궁을 펴게 할 것이라 하여, 봉건적인 인민착취의 근절을 시도하였다.[21]

갑오개혁파는 개혁법안에 문벌・班常의 등급 타파, 귀천을 불구한 인재 등용, 官尊民卑의 폐습 타파, 文武尊卑의 차별 폐지, 평민에게 제한된 범위의 참정권 인정, 법 앞에서 모든 국민의 평등을 규정하여, 전통적 신분질서를 타파하고 평등주의적 사회질서를 수립하고자 하였으며, 공사노비법의 혁파, 인신매매의 금지, 驛人・倡優・皮工의 免賤, 죄인연좌율의 폐지, 僧徒入城의 허가를 규정하여, 인권의 보장과 노비와 천민층의 점진적 해방을 추진하였다. 또한 庶孼後嗣權의 허용과 기술직 중인의 벼슬길 확장에 관한 법안을 만들어 서얼과 중인층의 신분해방을 추진하였으며, 남녀조혼의 금지, 과부재혼의 허용, 남편의 부인에 대한 강폭 금단 등 여성의 지위향상을 위한 법안을 만들어 여성해방을 추구하였다.[22]

---

19) 위의 글, 116~118쪽.

20) 李光麟, 1981, 『韓國史講座』 V -近代篇-, 一朝閣, 338쪽.

21) 金玉均, 『갑신일록』(趙一文 譯註, 건국대 출판부, 1977, 148쪽).

22) 柳永益, 1992, 「甲午更張과 社會制度 改革」 『韓國社會發展史論』(翰林

요컨대, 갑신정변파와 갑오개혁파는 한편으로는 민력양성에 의한 자주국권의 확립방안으로서 자유민권론을 주장하였고, 다른 편으로는 천부인권론에 의거하여 인간본연의 권리로서 자유민권론을 주장하였으며, 이러한 주장은 갑신정변·갑오개혁기에 현실적인 정책으로 입안되었다. 그리고 갑신정변파와 갑오개혁파의 자유민권사상은 우리나라 민주주의사상의 맹아라 할 수 있을 것이다.

2. 근대적 정치개혁의 시도

갑신정변파와 갑오개혁파는 국권을 확립하고 민권을 보장하기 위하여 어떠한 정치체제를 선호하는 정치개혁을 시도하였던가?

갑신정변 전후에 개화파는,『한성순보』에 세계 각국의 국정·정령·법제·재정·과학기술 등을 해설하고, 외국사정을 소개하는 가운데 조선의 개혁방향을 간접적으로 시사하였다.『한성순보』는 제10호「歐美立憲政體」에서, 군민동치정체(입헌군주제), 합중공화정체(공화제), 삼권분립, 의회제도와 선거방법, 행정제도와 국정감사, 그리고 입헌국가에서 군주·의회·정부의 관계 등 민주주의 정치제도에 대하여 전반적으로 해설하고, 삼권분립과 입헌정체의 우월성과 이익을 강조하였다.[23] 그리고 제10호「在上不可不達民情論」에서는, 서양 각국에 '의회'가 있어 "안으로 苛虐殘酷한 정치가 없고 밖으로는 防衛保守의 옳음이 있다."던가, 상하·군민이 일체화하는 관건은 '의회'에 있다고 하여 의회제도를 찬미하였

科學院 叢書 8), 一朝閣, 258~293쪽.

23) 姜在彦, 1993,「개화파에 있어서 자유민권사상의 형성」『근대한국사상사연구』, 한울, 91~92쪽.

다.[24)]『한성순보』의 전체적인 논조는 입헌정체에 '군민동치'와 '합중공화'가 있는데, 조선에는 군민동치의 입헌정체 곧 입헌군주제가 바람직하다는 경향이었다.[25)]

갑신정변의 주역인 박영효는 「무자상소」에서, "邦國은 非帝王之邦國이요, 乃人民之邦國이며, 而帝王은 治邦國之職也"라는 姜太公의 말을 원용하여, 국가란 '인민의 국가'임을 설명하고, 정부의 취지와 목적은 '보국안민'임을 주장하였다.[26)] 이처럼 '국민의 국가' 의식과 '국민을 위한 정부' 의식을 가진 박영효는 역시 「무자상소」에서, 종래 우리나라에도 정부와 府縣이 각각 民望에 의하여 선발된 山林·座首와 국사를 협의했던 '군민공치의 풍습'이 있다고 하고, 이 법을 더욱 精美하게 하면 '문명의 법'이 되게 할 수 있다고 하여, 우리의 전통적인 풍습의 발전과 연결시켜 군민공치정체를 권면하였다. 그리고 그는 이어서,

> 대저 인민에게 자유권이 있고 군권이 정해져 있으면 民國은 永安하다. 그러나 인민에게 자유권이 없고 군권이 무한하면, 비록 잠시 강성할 날이 있을지라도 오래지 않아 쇠망한다.

고 하여, 군권의 제한과 민권의 신장이 '民國'의 흥망을 좌우한다고 주장하였다.[27)] 여기서 우리는 박영효도 자유민권과 전제군권을 대항관계로 파악하고, 양자의 조화에 의한 군민공치정체 곧 입헌군주제를 선호했음을 알 수 있다. 또한 우리는 박영효가 '국민의 국가' 의식과 '국민을 위한 정부' 의식을 가지고, '국민에 의한 정치제도'로서 국민이 정치에 참여하는 입헌군주제를 선호했음을 알

24) 위의 논문, 92~93쪽.
25) 위의 논문, 93쪽.
26) 「朴泳孝 上疏文」 중 '前文'.
27) 위의 上疏文 중 '正政治使民國有定' 條.

수 있다.

입헌군주제는 의회제도에 기초를 둔다. 그러나 갑신정변파가 의회제도에 기초한 입헌군주제를 현실적으로 실현코자 한 것은 아니었다. 三日天下로 끝난 개화당정권이 갑신정강에 “대신과 참찬은 매일 閤門 안의 의정소에서 회의하고 정령을 논의 결정하여 집행할 것”[28]이라 규정했고, 박영효가 상소에서 “국왕의 萬機親裁를 중지하고 각 각료에게 이를 위임할 것”[29]을 건의했듯이, 갑신정변파는 내각제도를 도입하여 군주전제정치를 내각중심정치로 전환시키고자 하였다.

한편, 갑신정변파는 중앙의회보다 지방의회의 실시를 우선적으로 생각하였다. 『한성순보』는 제11호 「구미지방정치」에서, “구미제국은 각 주・군・촌에 주민이 선출한 의원의 회의소(=지방의회)를 두고, 인민이 직접 선거한 주장・군장・촌장(民選地方首長)이 있으며, 지방행정에 관한 모든 의안은 회의소의 다수결에 의하여 결정되고, 결정된 사항은 지방수장 및 그 각료들이 모든 책임을 지고 집행한다”[30]는 요지로 지방자치제를 해설하였다. 박영효도 상소에서 “縣會의 법을 세워 인민으로 하여금 인민의 일을 의론케 하여 公私 양쪽의 편리를 얻게 할 것”[31]을 건의하였다. 곧 갑신정변파는 지방의회를 설치하여 민의가 반영되는 지방자치제의 실시를 희망했던 것이다.

갑오개혁파의 정치체제론은 유길준의 『서유견문』에서 찾아볼 수 있다.

유길준은 “대개 정부의 시초의 제도는 제왕으로 전하든지 대통

---

28) 金玉均, 『甲申日錄』, 149쪽.
29) 「朴泳孝 上疏文」 중 ‘正政治使民國有定’ 條.
30) 姜在彥, 위의 「개화파에 있어서 자유민권사상의 형성」, 92쪽.
31) 「朴泳孝 上疏文」 중 ‘正政治使民國有定’ 條.

령으로 전하든지 인민의 마음을 합하여 일체를 형성하고, 그 권세로 사람의 도리를 보수하기에 있는 고로, 그 사업과 직책이 인민을 위하여 태평한 福基를 도모함과 보전함에 不出하나니"[32]라 하여, '국민에 의한', '국민을 위한' 정부관을 보여 주었다. 그는 당시 현존하는 정치체제를 '군주의 명령하는 정체'(전제군주제)와 '군민의 공치하는 정체'(입헌군주제) 및 '국인의 공화하는 정체'(공화제)로 구분하고, '군주명령정체'는 군주의 사의에 국정이 좌우되어, 악정으로 인민의 기상을 쇠잔케 하고 국력을 쇠약케 한다고 비판하였다. 그리고 '군민공치정체'는 인민의 권리를 보호하고 인민의 진취적 기상을 발양하여, 국가를 부강케 하고 문명케 하는 '最美의 정체'라 하고 그 중 "英吉利(=영국) 정체가 最佳하고 極備한 者라 세계에서 제일이라 칭하나니"라고 하여, 영국식 입헌군주정체를 가장 이상적인 정치체제로 간주하였다.[33] 그러나 그는 "善民上에 惡政府가 無하고 惡民上에 善政府가 無하다"는 인식에서, "인민을 교육하여 국정참여 하는 지식이 있은 연후에 이 정체를 의논함이 비로소 可하니"라 하여, '입헌군주제 시기상조론'을 폈다.[34] 사실상 갑오개혁파의 정치개혁의 목표는 민선의회를 전제로 한 입헌정체의 실현은 아니었다. 그럼 갑오개혁파는 어떠한 정치개혁을 시도하였던가?

첫째로 갑오개혁파는 갑신정변파가 구상하는데 그쳤던 내각제도를 현실적으로 실시하였다.

갑오개혁파는 제1차 개혁에서 의정부와 궁내부를 엄격히 구별하는 정치제도의 개혁을 착수하였으며, 종래의 六曹를 근대 법치

---

32) 兪吉濬, 「政府의 始初」『西遊見聞』, 140~141쪽.
33) 兪吉濬, 「政府의 種類」『西遊見聞』, 145·148~151쪽.
34) 兪吉濬, 위의 글, 151~152쪽.

국가의 내각제도를 모방하여 총리대신을 수반으로 하는 8아문으로 개편하였다. 그리고 제2차 개혁에서는 의정부를 내각으로 개칭하고 8아문을 7부로 개편하였다. 내각은 국무대신으로 구성되는 합의제 정책심의기관이었으며, 총리대신은 내각 수반으로서 행정부를 통활하였다. 내각제도에 뒤따라 중추원관제, 7부 관제, 궁내부 관제 등이 공포 실시되어, 정부기구는 근대적인 면모를 갖추게 되었다.[35]

한편, 갑오개혁은 제1차 개혁에서 왕실사무를 궁내부, 宗正府·宗伯府로 통폐합하고, 제2차 개혁에서는 모든 왕실사무를 궁내부의 산하기구로 개편 축소시켰다.[36] 그리고 내각 소속 탁지부로 하여금 궁내부를 포함한 전국의 재정권을 통일적으로 관장케 함으로써 왕실재정도 정부의 통제를 받게 되었다. 뿐만 아니라, 3품에서 9품의 관리임명권을 총리대신과 각 아문 대신의 재량에 맡김으로써 국왕의 인사권에 제약을 가하였으며, 군무아문으로 하여금 모든 군사행정을 관할케 함으로써 국왕의 군사통제권도 크게 약화시켰다.[37]

이처럼 갑오개혁기에 내각제도와 근대적 관료제도가 도입되고 왕실과 국왕의 권한이 크게 축소되어 내각중심의 입헌군주제적 정치가 실시되었던 것이다.[38]

둘째로 갑오개혁파는 갑신정변파가 선밍하는데 그쳤던 의회적 입법기관의 설치를 모색하였다.

제1차 개혁시 군국기무처는 일체의 정사와 군사 등 국정을 심의결정하는 합의제의 최고 정책결정기관이었으며, 20여 명의 의원으

35) 元裕漢, 1973, 「甲午改革」『한국사』17, 국사편찬위원회, 280~281·285쪽.
36) 위의 논문, 283~284·287·299쪽.
37) 柳永益, 위의 『甲午更張研究』, 158쪽.
38) 위의 책, 206쪽.

로 구성되어 공개토론과 다수결원칙에 의하여 의사 결정하는 등 민주적인 운영 형태를 띠었다. 한편, 군국기무처는 일본의 원로원·추밀원관제를 모방한 것으로 국왕·왕비·대원군의 권위를 배제하고, 독자적으로 의안을 심의 결정하는 최고 입법기관적 성격을 지녔으며, 魚允中 등 일부 개혁추진자들은 이를 일종의 '의회'로 간주하기도 하였다.[39] 뿐만 아니라, 갑오개혁파는 1894년 10월에 군국기무처를 입법·자문기관인 '의회'(=議事部)로 만들어 '정부'(행정부)에 '대치'시켜, 입법권을 행정권으로부터 분리시키고자 의회설립안을 군국기무처회의에서 의결한 바 있다. 그러나 이 안은 아마 '시기상조'라는 이유로 보류되고 말았다.[40]

다음으로, 갑오개혁파는 제2차 개혁 시에 中樞院을 신설하여 50여 명의 임명제 의관을 두고, 법률·칙령안과 내각의 자문사항을 심의·의정하는 기능을 부여하였다. 이 중추원은 일본 추밀원의 성격이 가미된 것으로, 종래의 중추원보다 기능이 강화되었으며 관선입법부적 성격을 띠고 있었다. 그러나 실제에 있어서는 유명무실한 賣職機關에 불과하였다. 그러므로 1895년 말에 귀국한 서재필은 중추원 고문에 취임하여 중추원을 명실상부한 관선입법부로 활성화시키려고 시도하였으며, 그후 1898년 이르러 독립협회는 중추원을 관선 반·민선 반의 의회로 개편하려는 운동을 전개하였다.

이상과 같이 갑오개혁파는 내각제도를 실시하고, 관선의회적 입법부를 설치하고자 노력하였다.[41]

---

39) 元裕漢, 위의 논문, 266~267쪽 ; 柳永益, 위의 책, 198쪽 ; 柳永益, 위의 「甲午更張과 社會制度 改革」, 260쪽.

40) 柳永益, 위의 『甲午更張研究』, 205~206쪽. 柳교수는 軍國機務處의 의회식 개편 노력을 갑오개혁파의 '民主主義的 政治發想' 또는 '制限的代議政治의 構想'으로 파악하였다.

41) 元裕漢, 위의 「甲午改革」, 288쪽 ; 田鳳德, 위의 『韓國近代法思想史』, 101~102쪽.

셋째로, 갑오개혁파는 1895년 12월에 鄕會條規와 鄕約辦務規定을 제정하여, 갑신정변파가 희망하는데 그쳤던 지방자치제의 실시를 추진하였다.

갑오개혁파는 향회를 里會·면회·군회로 구분하고, 里會 회원은 尊位와 里內 매호 1인으로 하고, 면회 회원은 執綱과 각 里의 존위와 각 里에서 '公擧'한 2인 이하로 하며, 군회 회원은 군수와 각 면의 집강과 각 면의 공거인 2인으로 정하였다. 그리고 각급 향회는 교육, 호적, 위생, 도로, 식산흥업, 세목과 납세, 환난의 구휼, 公共服役 등에 관한 사항을 '공의'하도록 규정하였다. 한편 최하위 지방행정단위의 長인 里와 面을 종래 "官에서 差定하던 예를 폐지"하고, '존위'는 매년 정월에 里民이 회의하여 반상을 불구하고 '圈選'한 후에 면·군에 보고하고, '집강'은 같은 방법으로 면회 회원이 '권선'하여 군에 보고하도록 규정하였다.[42)]

갑오개혁파가 향회와 향약 규정을 반포한 것은, 전통적인 지방행정조직을 시의에 맞게 변통 활용하려는 근대적 정치개혁 의지의 소산이었다. 그리고 그들이 비록 중앙에서는 민선의회의 설치를 시기상조라 판단하여 모색하지 않았으나, 里나 面 단위에서 지방민의 '圈選'과 '公議'를 규정한 일종의 지방자치제 실시안을 법제화한 것은 초보적인 민주주의정치제도의 실현을 시도한 것이었다.[43)]

넷째로 갑오개혁파는 전통적인 과거제도를 폐지하고 근대적인 관리임용제도를 채용하였다.

과거제도는 고려 광종 때부터 관리임용제도로 실시되어 왔다.

---

42) 宋炳基·朴容玉·朴漢卨 編, 1970,『韓末近代法令資料集』Ⅰ, 대한민국 국회도서관, 600~604쪽.

43) 柳永益, 위의 책, 208쪽.

그런데 일찍이 실학자들은 과거제도의 폐단을 지적하고, 과거제도의 개선 또는 '과거제도'를 '公擧制度'로 바꿀 것을 주장하였으며, 개화 초기에도 과거제도의 폐지문제가 논의되기도 하였다. 갑오개혁파는 1894년 8월 3일(陽) 군국기무처회의에서 "科文取士는 朝家의 定制이지만 虛文으로써 實才를 수용하기 곤란하다"는 이유를 들어, 거의 1천년 동안 실시되어 온 과거제도를 폐지하였다. 그리고 새로이 선거조례·銓考局條例·文官叙任式을 제정하여 관리임용제도를 혁신하였다.[44)]

새로운 관리임용제도에 의하면, 칙임관은 왕의 뜻을 받들어 총리대신과 각 아문대신·贊成·都憲이 협의, 3배수의 후보자를 '公擧'하여 왕의 뜻을 따라 임명하며, 주임관·판임관은 각 아문대신이 귀천·출신을 불문하고 능력자를 '選取'하여 銓考局에 이첩하면, 전고국은 각 아문에서 선취된 후보자에게 보통과목과 특별과목의 시험을 부과하여 전형토록 하였다. 제1차 보통시험에는 국문·한문·寫字·산술·내국정략·외국사정·內情外事 등 7과목이 부과되었고, 제2차 특별시험은 해당 분야별로 부과되었다.[45)]

이처럼 유교지식을 위주로 시험하던 과거제도를 폐지하고, 근대지식을 위주로 시험하는 새로운 관리임용제도를 채용한 것은, 조선왕조의 전통적인 관료제도를 쇄신하고 근대적인 인사제도를 확립한 것이며, 결국 구지식층을 관직에서 배제시키고 근대지식층을 관리로 충원하게 함으로써 근대적 정치개혁에 있어 중대한 의미를 가지는 것이다.

요컨대, 갑신정변파와 갑오개혁파는 미약하나마 국민의, 국민을

---

44) 元裕漢, 위의 논문, 291~292쪽.
45) 위의 글, 292~293쪽 ; 李光麟, 위의『韓國史講座』V－近代篇－, 324~325쪽.

위한, 국민에 의한 정부의식 곧 민주주의적 정치의식을 가지고, 국가의 부강독립과 국민의 권리신장을 위한 정치제도로서 군민공치정체 곧 입헌군주제를 이상적인 정체로 인식하였다. 그러나 현실적으로 갑오개혁기에 전제군주정치를 내각중심정치로 바꾸기 위하여 내각제도를 창설하였고, 입법과 행정을 분리하기 위하여 관선입법부의 설치를 모색하였으며, 지방자치를 실현하기 위하여 里·면·군 단위로 지방의회의 설립을 시도하였다. 또한 근대지식층에 의한 근대적 행정의 실현을 위하여 과거제도를 폐지하고 근대적 관리임용제도를 마련하였다.

Ⅱ. 독립협회운동기

1. 민주주의정치운동의 전개

독립협회가 민주주의정치운동을 전개한 시기에 동북아시아의 국제관계는 어떠했던가?

청일전쟁(1894) 이후 세계열강의 관심은 동북아시아로 집중되었다. 일본은 청일전쟁을 통하여 요동반도를 획득하는 등 청국에서 막대한 이권을 차지하였으며, 조선에서도 청국세력을 제거하고 막강한 영향력을 행사하게 되었다. 이때 만주진출을 노리던 러시아는 프랑스·독일과 함께 이에 간섭하여 요동반도를 청국에 반환케 하고 일본세력을 견제하였다. 삼국간섭(1895)을 계기로, 러시아는 동청철도부설권(1896)을 획득하고 요동반도의 여순·대련을 점령·조차(1898)하여 만주에 세력을 폈다. 이때 독일은 교주만을, 프랑스는 광주만을, 영국은 구룡반도와 위해위를 각각 점령 조차하였으며, 미국도 美西戰爭(1898～1899)을 통하여 필리핀을 점유하고, 열강에 대하여 청국에서의 '문호개방'을 주장하여, 청국은 열강의 이권쟁탈지로 변해갔다.46)

한편, 조선에서는 俄館播遷(1896.2)으로 친일 개혁내각이 붕괴하고 친러정권이 등장하여, 러시아는 일본에 대신하여 조선의 정령과 인사를 좌우했을 뿐만 아니라, 재정고문과 군사교관의 파견, 한러은행의 설립, 산림채벌권과 광산채벌권의 획득 같은 각종의 경제적 이권을 차지하였다. 이에 미국·영국·프랑스·독일·일본 등 열강은 기회균등을 요구하고, 철도부설권·전차부설권·금광채굴권 등을 획득하여 조선도 청국처럼 열강의 이권쟁탈지로 변해갔다.47)

이처럼 일본이 청일전쟁을 통하여 획득한 청국에서의 이권과 조선에서의 영향력을 러시아가 삼국간섭과 아관파천을 계기로 대신 차지하게 됨으로써, 만주와 한반도 이권문제로 러일양국의 대립이 첨예화되고, 청국과 조선이 열강의 이권쟁탈지로 되어갔다. 당시 조선의 집권층은 자주·자강에 힘쓰기보다는 러시아에 의존하여 정권을 유지하려는 친러적 성향을 띠었고, 개화·개혁에 힘쓰기보다는 갑오개혁 이전 상태의 복고하려는 수구적 성향을 띠고 있었다.

우리는 이러한 시기에 자주국권의 확립과 자유민권의 신장 및 근대개혁을 추구한 독립협회의 민주주의정치운동을 다음과 같이 3기로 나누어 고찰하고자 한다.

---

46) 宋麟在, 1981, 「英日同盟의 意義와 交涉過程」『國權論과 民權論』, 한길사, 247~248쪽 ; 崔文衡, 1985, 「帝國主義列强의 韓國侵略과 그 影響」『韓國近代社會와 帝國主義』, 韓國史硏究會, 102~103쪽.
47) 李光麟, 위의 『韓國史講座』 V－近代篇－, 392~406쪽.

1) 제1기 민중계몽운동의 전개

독립협회운동의 제1기는 독립협회의 창립된 1896년 7월 2일부터 독립협회의 구국운동선언 이전인 1898년 2월 20일까지 약 20개월간으로 민중계몽운동기라 할 수 있다. 독립협회에 의한 민주주의 정치운동의 준비는 민중계몽운동으로 시작되었다.

독립협회의 창설자 서재필은 그의 자서전에서, "우리나라의 독립은 오직 교육 특히 민중의 계발에 달렸다"는 확신을 가지고, 민중을 '자유주의 민주주의적 개혁사상'으로 계발하여 민주역량을 가진 국민의 힘으로 '자주독립의 완전한 국가'를 만들기 위하여 『독립신문』을 창간하였으며, 이를 위한 '정치적 당파'의 필요에서 독립협회를 창설하였다고 회고하였다.[48] 이전의 개화세력에 의한 갑신정변과 갑오개혁이 民衆不在의 근대개혁의 시도였던 것과 달리, 독립협회는 국가의 자주독립과 민주주의적 개혁에 '민중 에너지'의 동원을 우선적으로 생각하고 창립되었던 것이다, 여기서 우리는 독립협회의 민중계몽과 민중운동의 단초를 엿볼 수 있다. 서재필의 민중계발 → 민주국민 육성 → 자주독립국가 확립의 의도에 따라 독립협회는 무엇보다도 먼저 민중계몽에 착수하였다.

첫째로, 독립협회는 창립사업 자체를 독립기념물 건립에 의한 민중계몽운동으로 시작하였다.

독립협회는 중국에 대한 事大의 상징인 迎恩門 자리에 독립문을 세우고, 중국의 사신을 영접하던 모화관을 개수하여 독립관을 만들어, 그 일대를 시민의 휴식과 집회를 위한 독립공원으로 조성하려는 독립기념물 건립을 창립사업으로 추진하였다. 자주독립의 상징물로서의 독립문은 관인층 · 시민층 · 지식층 · 학생 · 농민 등,

---

48) 金道泰, 1972, 『徐載弼博士自叙傳』, 乙酉文化史, 230·235·241·247~248쪽.

아래로는 시정의 아녀자로부터 위로는 왕실의 태자에 이르기까지 광범한 사회계층의 모금으로 1년만에 완공되었다.49) 민간단체인 독립협회가 官・民을 포함한 범국민적인 성금으로 독립문을 건립한 사실은, 우리 역사상 처음 있는 국민적 합의에 의한 자주독립의 선포였다고 할 수 있다. 그리고 독립기념물 건립사업은 국민적 모금과정에서 일반 민중의 마음 속에 독립의지와 애국정신을 불러일으켰으며, 자주독립의 기치 아래 국민적 공감대를 형성하여 민중계몽에 크게 기여하였다.

둘째로, 독립협회는 신문과 회보를 통하여 민중계몽에 힘썼다.

『독립신문』은 우리나라 최초의 민간신문이며 독립협회의 대변지였다. 『독립신문』은, "본사 신문은 본래 인민의 이목을 개명하고자 실시한 것이오"50)라 하여, 그 간행 의도가 민중의 개명・계몽에 있음을 천명하였으며, 신문에 다수의 애국시가를 수록한 사실, 생물학강좌를 연재한 사실, 그리고 민중문자인 한글을 전용한 사실은 『독립신문』의 계몽적 성격을 단적으로 보여주고 있다.51) 『독립협회회보』는 우리나라 최초의 정기간행 잡지였으며 독립협회의 기관지였다. 『독립협회회보』는 회보라는 명칭을 썼으나 지면의 대부분을 국민적 관심사에 할애하였고, '전국동포 有志君子'를 구독자와 기고자로 하는 대중성을 띠었으며, 특히 근대문명과 과학지식 및 국제정세에 관한 해설 기사는 자국의 발전방향을 제시하는 계몽적 의도를 반영한 것이었다.52) 『독립신문』과 『독립협회회보』

---

49) 『독립신문』 1896년 7월 4일 「론셜」, 1896년 11월 24일 「독립관 연회말」, 1897년 5월 25일 잡보 ; 愼鏞廈, 1976, 「獨立協會의 獨立門建立과 討論會의 啓蒙活動」 『獨立協會硏究』, 一朝閣, 254·257쪽.

50) 『독립신문』 1898년 9월 5일 「신문갑 의론」.

51) 『독립신문』 1896년도분에는 21편의 愛國詩歌가 수록되어 있고, 1897년도분에는 16회에 걸쳐 生物學 강좌가 연재되어 있다.

52) 韓興秀, 1978, 「解題」 『大朝鮮獨立協會報』, 아세아문화사, ix～x 쪽.

는 민중을 근대지식과 국권·민권사상으로 계몽하여 독립협회의 민중적 기반을 마련하는데 크게 기여하였다.

셋째로, 독립협회는 토론회와 강연회를 통하여 민중을 계몽하고 스스로 민중적 단체화의 기반을 마련하였다.

초기의 독립협회는 官人들이 모여 한담하는 사교클럽과 같은 것이었는데, 서재필과 윤치호가 독립협회를 일종의 학회로 개조하려는 구상 하에 토론회를 도입하였다.[53] 독립협회 토론회는 1897년 8월에서 1898년 12월까지 34회에 걸쳐 개최되었는데, 수백 명의 회원과 방청객이 참석하여 성황을 이루었다. 독립협회 토론회는 독립협회운동 제1기인 1898년 2월까지 20회에 걸쳐 열렸는데, "조선의 급무는 인민의 교육", "나라를 부상케 하는데는 상무가 제일", "국문을 한문보다 더 쓰는 것이 인민교육을 성대케 하는데 유조함", "공력과 증기력과 전기력을 인력보다 더 쓰는 것이 경제학상에 유조할 뿐더러 인민의 생애가 홍왕함" 등과 같은 국가와 사회발전에 관한 계몽적 주제들이 선택되었다.[54] 독립협회 토론회는 회원과 민중에게 조선의 당면문제를 인식시키고, 회원들에게 회의진행법·연설법 등 효과적인 의사표현 방법과 票決·다수결원칙 등 민주적 행동성향을 배양케 하였으며, 민중을 독립협회 모임에 참여케 하여 독립협회의 민중적 단체화에 크게 기여하였다.[55] 한편, 서재필과 윤치호 등 독립협회 지도사들은, 독립협회 주최 개국기념식에서의 연설, 독립문 정초식에서의 연설, 독립협회 토론회에서의 연설, 기독교 주최 '고종탄일축하회'에서의 연설, 대한제국 경축연회에서의 연설, 배재학당 토론회 지도, 정동예배당 청년회 토

53) 柳永烈, 1985, 『開化期의 尹致昊研究』, 한길사, 107쪽.

54) 愼鏞廈, 위의 「獨立協會의 獨立門 建立과 討論會의 活動」, 262~269쪽.

55) Frederick A. McKenzie, *Korea's Fight for Freedom*(Yonsei University Press, 1969), 67~69쪽.

론회 지도, 京城學堂 光武協會에서의 연설 등 각종 집회에서의 연설과 토론회 지도를 통하여, 민중 계몽에 힘쓰고 민중운동의 요원 양성에 크게 기여하였다.[56)]

독립협회의 계몽사업에 대한 조야와 왕실의 호응에 따라, 독립협회는 官・民 사이에 거대한 세력을 형성하여 1896년 말에는 회원수가 2천 명을 돌파하게 되었다.[57)] 이 시기에 독립협회 간부진은 고문 서재필, 회장 안경수, 위원장 이완용, 위원 10명 내외, 간사원 15명 내외로 구성되었으며, 간부진의 핵심인 위원직은 주로 고급 관료들이 차지하였다.[58)] 그러나 1897년 8월에 토론회가 도입된 이래로 독립협회 내에 민중들의 진출이 현저해졌고, 민중과 관련이 깊은 중견관료와 신지식인들이 간부로 진출하였다. 한편, 1897년 말기에는 러시아의 재정고문 고빙문제 등과 관련하여 독립협회가 정부의 외세의존적 자세를 비판하게 되자, 보수적인 관료들이 점차 독립협회에서 이탈해 갔고, 독립협회는 민중적 사회단체로 전환해갔다.

요컨대, 독립협회운동 제1기에 있어, 독립협회파는 독립기념물 건립, 신문과 회보의 간행, 그리고 토론회와 강연회의 개최 등의 방법을 통하여 근대지식・애국정신・국권사상・민권사상으로 민중을 계몽하여, 독립협회는 민중적 기반을 확보하고 스스로 민중적 단체로 변모하여, 근대적 민중운동 또는 민중적 정치운동의 준비를 갖추게 되었다.

---

56) 『尹致昊日記』 1897년 8월 13일, 8월 23일, 10월 3일, 10월 12일, 11월 11일, 11월 31일조, 1898년 2월 13일조 ; 『독립신문』 1897년 12얼 31일, 1898년 1월 1일, 2월 12일, 2월 17일, 2월 19일.

57) 『독립신문』 1896년 12월 31일 「론셜」.

58) 『독립신문』 1896년 7월 4일 「론셜」 ; 『大朝鮮獨立協會會報』 제1호, 10~11쪽 「獨立協會輪告」.

2) 제2기 국권·민권운동의 전개

독립협회운동의 제2기는 독립협회가 구국운동을 선언한 1898년 2월 21일부터 '金鴻陸毒茶事件' 이전인 그해 9월 10일까지 약 7개월 간으로 국권·민권운동기라 할 수 있다. 독립협회의 민중계몽운동이 큰 성과를 거두어, 1898년에 이르러 독립협회 내에 민중의 진출이 현저해졌고, 그 지도부도 고급관료 중심에서 진보적인 재야인사 곧 민권파 중심으로 전환되어 갔다. 이 시기의 독립협회 간부진은 고문 서재필, 회장 이완용(전라북도 관찰사로 전적), 부회장 겸 회장대리 윤치호, 서기 남궁억, 회계 이상재·윤효정, 提議 정교·양홍묵·이건호, 사법위원 안녕수·강화석·홍긍섭, 경찰위원 25명, 평의원 다수로 구성되었다.[59]

독립협회의 민주주의적 방식에 의한 정치운동은 자주국권운동으로 시작되었다. 아관파천 1년이 지난 1897년 2월에 국왕이 경운궁으로 환궁했으며, 그 해 10월에는 국호를 대한제국으로 바꾸고, 자주독립을 다시 선언했으나, 열강의 이권침탈과 러시아의 내정간섭 그리고 정부의 외세의존적 자세는 여전하였다.

이러한 상황에서, 1898년 2월 21일 독립협회 회원 135명이 독립관에 모여 구국운동을 서약하고, 다음과 같은 요지의 구국운동상소를 올렸다.

> 국가의 국가됨은 둘이 있으니 자립하여 타국에 의뢰치 아니하고 自修하여 一國에 정법을 행하는 것입니다. 그런데 자립에 있어서는 재정권과 병권·인사권을 자주하지 못하고, 自修에 있어서는 典章과 법도가 행하여지지 않고 있으니, 국가가 이미 국가가 아닌 즉, 원컨대 안으로는 定章을 실천하시고 밖으로는 타국에 의뢰함이 없게 하시어, 우리 황권을 자주하고 국권을 자립하소서.[60]

---

59) 鄭喬, 1971,『大韓季年史』上, 國史編纂委員會, 183쪽.

이 자립・自修의 구국상소는 대외적으로는 타국에 의뢰함이 없게 하여 자주국권을 확립하고, 대내적으로는 정해진 장정을 실천케 하여 자유민권을 신장하려는 국권・민권운동의 선언이었으며, 독립협회의 정치단체로의 출발을 선언한 것이기도 하였다. 독립협회가 주장한 자주는 아관파천 이래로 한국의 재정권・군사권・인사권에 깊이 간섭하고 있던 러시아에 대한 자주가 당연히 제1차적인 목표가 되었다. 1898년 2월 27일, 독립협회는 通常會(=월례회)에서, 129명의 회원과 수백 명의 방청객이 참석한 가운데, 러시아의 절영도석탄고기지 조차 요구에 격렬한 반대성토를 하고, 총대위원을 선출하여 절영도 조차 문제의 전말을 문의하는 公翰을 정부에 보내기로 결정하였다. 윤치호는 그의 일기에서, 이 사실에 대하여 "민주주의의 물결이 한국의 정치에 작용하기 시작하였다"고 평가하였다.[61]

1898년 3월 10일, 독립협회는 1만여 명의 민중을 동원하여 종로네거리에서 이른바 만민공동회(민중대회)를 개최하였다. 이날 열린 최초의 만민공동회는 시전상인 현덕호를 회장으로 선출하고, 玄公廉・洪正厚・李承晩 등 배재학당과 경성학당의 학원들이 러시아의 침략정책을 비판하는 연설을 행한 뒤, "러시아의 군사교관과 재정고문을 즉시 돌려보내고 大韓의 자주독립권을 지키자"는 결의안을 채택하여 정부에 강력하게 건의하였다.[62] 서울의 정계와 외교계는 이같은 대규모의 민중집회가 질서정연하게 진행된 사실에 놀라움을 금치 못하였다.[63] 독립협회가 주최한 이 만민공동회는, 그

60) 『承政院日記』 광무 2년 (양) 2월 22일조 「中樞院一等議官 安駉壽等疏」.

61) 『尹致昊日記』 1898년 2월 27일조. The waves of democracy are faintly beating on the rocky shores of Corean politics.

62) 『독립신문』 1898년 3월 13일, 3월 15일 잡보.

63) *The Independent*, March 12, 1898, "People's Mass Meeting" 및 *Communications of*

때까지 분리되어 있던 민중과 개화운동의 결합에 의한 우리나라 근대적 민중운동의 첫출발이었으며, 민주적 정치운동의 효시였다고 하겠다.

독립협회의 계속적인 건의와 민중집회의 압력에 의하여, 정부는 러시아와 교섭하여 군사교관과 재정고문을 철수시키게 하였다.[64] 이것은 우리나라의 근대적 민중운동, 민주적 정치운동의 최초의 승리였다. 서재필은 러시아의 군사교관과 재정고문의 철수 사실을 '民意의 승리'라고 표현했고, "러시아군사교관 문제로 한국 역사상 처음으로 민주주의가 정부 내에 힘을 발휘하였다"고 평가하였다.[65] 독립협회의 최고지도자들인 윤치호와 서재필이 1898년 3월 10일 만민공동회를 전후한 시기에 한국사회에 처음으로 민주주의가 작용하였다고 평가한 사실은, 당시의 자주국권운동이 민주주의적 정치운동의 방식으로 전개되었음을 입증해 주고 있다.

독립협회파는 여세를 몰아 러시아의 절영도석탄고기지의 조차요구를 철회시켰고, 일본의 절영도석탄고기지도 반환케 했으며, 러시아의 군사기지 설치를 목적으로 한 목포와 진남포지단의 매도요구도 좌절시켰다. 그리고 그들은 러시아의 경제침탈을 목적으로 한 한러은행을 폐쇄시켰고, 프랑스의 광산채굴권 요구를 좌절시켰으며, 독일과 미국이 차지한 이권에도 반대하게 되었다.[66]

---

the Secretary of State from U.S. Representatives in Korea ; H. N. Allen, No. 89, March 19, 1898, "Crisis in Korea".

64) 『舊韓國外交文書』 제17권 俄案 1002號, 1898년 3월 17일조 「露士官顧問官의 撤收 및 韓國大使特派를 拒絶하는 照覆」.

65) F. A. Mckenzie, *op. cit.*, 69~70쪽. "The first time in Korean history that democracy made its power felt in the government was at the time Russia brought to Korea a large number of army officiers to drill the Korean troops".

66) 鄭喬, 위의 책, 176~183·191·207·228~230쪽 ; 위의 『舊韓國外交文書』 제17권 1053호~1143호 사이의 관련 號.

이처럼 독립협회파는 국권수호·국토수호·국익수호 등 자주국권의 민족주의운동을 근대적 민중집회를 배경으로 하여 민주주의적 정치운동 방식에 의하여 성공적으로 전개하였다. 그리고 민주주의적 방식에 의한 자주국권의 민족주의운동이 전개되는 과정에서, 자유민권의 민주주의 실현을 위한 정치운동이 전개되었다.

독립협회파에 의한 자유민권의 민주주의 실현을 위한 정치운동은 인권·민권보장운동으로 시작되었다. 독립협회파는 신체와 재산권의 자유를 인간의 가장 기본적인 권리라 인식하고 국민의 자유권보장운동을 전개하였다.

1898년 3월 중순, 독립협회 회원 李源兢·池錫永 등 4人이 구속된 사건이 발생하자, 독립협회는 경무사에게 총대를 파견하여 4人의 구속사유를 밝히라고 요구하였다. 그러나 이들 4人은 유언비어유포죄로 재판도 없이 황제의 명령으로 10년 유배형에 처해졌다. 이에 독립협회는 법부대신에게 "국가의 표준은 법률에 있으므로 이들 4人의 죄상은 재판으로만 적법하게 처리되어야 한다"는 항의공문을 발송하였다. 이것은 군주의 超法性을 부인한 것이며, 법률과 재판에 의한 우리나라 근대적 민권보장운동의 시발점이었다. 결국 이들 4인은 독립협회와 민중의 세력이 확대되면서 6월말에 특별 석방되었다.[67]

이해 5월에는, 법부대신 겸 고등재판소 재판장 李裕寅이 판사 馬駿榮을 시켜 선비 洪在旭의 재산을 탈취하려는 사건이 발생하였다. 이에 독립협회는 공개재판을 요구하고 이를 방청하여, 재판의 편파성을 지적하고 마준영을 부정재판자로 고발하는 한편, 이

67) 鄭喬, 위의 책, 185~186쪽 ; 『尹致昊日記』 3월 16일, 3월 21일, 3월 26일, 3월 28일조 ; 愼鏞廈, 「獨立協會의 自由民權自强運動」 『獨立協會研究』, 313쪽.

유인에게도 엄중히 항의하여, 결국 6월 하순까지 이 두 사람을 면직시키는데 성공하였다.[68]

이해 6월에는, 경무사 申奭熙가 私鑄錢犯 용의자로 투옥되었다가 무죄 석방된 평민 崔鶴來에게서 몰수한 재산을 반환치 않은 사건이 발생하였다. 독립협회는 재산몰수의 법적 근거를 요구하고, 경무사가 "선례에 의한 것"임을 해명해오자, 내부대신에게 "신법으로 보장된 재산권이 구법에 의하여 침해될 수 없다"고 강경하게 항의하여, 결국 최학래의 재산은 반환되었고 경무사 신석희는 해임되기에 이르렀다.[69]

이해 9월에는, 러시아공사관 통역으로 정권을 농단하다가 독립협회의 지탄을 받아 결국 유배된 김홍륙이, 하수인을 시켜 고종(高宗)에게 독차를 올린 황제독살미수사건이 발생하였다. 그리고 범인이 재판도 없이 종신유배에 처해지고 그 관련자들이 고문당한 사실이 밝혀졌다. 이에 독립협회는 비록 김홍륙이라 할지라도 법률에 의해서만 처벌되어야 하고, 관련자들의 고문도 용납될 수 없다고 하여, 관계 법관을 규탄하고 공개재판을 요구하였다. 이 때 수구세력은 김홍륙사건이 일어난 것은 형벌이 너무 너그러운 까닭이라 하여, 갑오개혁 때 폐지된 孥戮法과 연좌법의 부활을 획책하였다. 이에 독립협회는 강력한 반대투쟁을 벌여 전근대적인 악법의 부활을 저지시켰다.[70]

한편, 독립협회는 민권보장운동을 전개함과 동시에, 민주주의정치제도를 마련하여 국민참정을 실현하기 위한 의회설립운동을 전

68) 鄭喬, 위의 책, 194~199쪽 ; *The Independent*, June 16, 1898, "The club versus the Judge."

69) 鄭喬, 위의 책, 200~201쪽 ; 『독립신문』 1898년 6월 25일 잡보.

70) 『皇城新聞』 1898년 9월 27일, 9월 29일 잡보 ; *The Independent*, October 18, 1898, "A Forward Movement".

개하였다.

1898년 3월에, 서재필 · 윤치호 등 독립협회 지도자들은 의회설립 문제를 논의하고, 4월 3일에는 독립협회 토론회에서 "의회원을 설립하는 것이 정치상에 제일 긴요함"이라는 의제로 의회의 필요성을 공식 거론함으로써 의회설립운동을 표면화시켰다.[71] 독립협회는 윤치호가 번역한 『의회통용규칙』을 간행하여, 회원들에게 배포하고 일반 구민에게 판매하여 의회 설립에 대비한 예비지식을 보급하였다.[72] 이 무렵 정부 일각에서도 정부의 자문기관으로서 중추원의 활성화 움직임이 있었으며, 4월 14일에는 정부 고문인 리젠드어(Legendre)가 윤치호를 방문하고, '과거의 전제정치'(old absolutism)와 '철저한 대의정체'(thoroughly representative government)는 모두 현실에 맞지 않다는 이유를 들어, 정부대신의 견제기관으로서 자문원(consultation board)의 설치를 제의하기도 하였다.[73]

그러나 서재필은 4월 30일 『독립신문』의 논설을 통하여, 세계 개화 각국의 선례에 따라 의회를 설립하면, ① 정책의 결정업무[의회]와 집행업무[내각]가 분업화되어 국정에 효율성을 기할 수 있게 되고, ② 民意를 국정에 반영하여 국민과 국가가 일체감을 갖게 되며, ③ 官과 民이 합력하여 국가와 왕실의 기초를 공고히 할 수 있다는 논리로, 의회 설립의 필요성을 공개적으로 주장하였다.[74]

그리고 독립협회는 7월 3일과 12일에 거듭 상소를 올려, 구주 각국의 상하의원의 설치는 만국통행의 규범이라 하고, 洪範의 준행

---

71) 『독립신문』 1898년 3월 29 30일, 4월 9일 잡보.

72) 『尹致昊日記』 1898년 3월 18일조 ; *The Korean Repository*, Vol.5, No.4(April 1898) "Literary Department" ; 『독립신문』 1898년 4월 14일에서 6월 21일까지 광고.

73) 『尹致昊日記』 1898년 4월 14일조.

74) 『독립신문』 1898년 4월 30일 「론셜」.

과 인재의 택용 및 民意의 채용을 주장함으로써 사실상 의회 설립을 요구하였다. 이에 대하여 고종은 "분수를 벗어나 妄論하지 말라"고 했고, 친러수구파는 '法國民變(=프랑스대혁명)' 같은 사태가 일어날 것을 우려한다는 식으로 거부 반응을 보였다.[75] 7월 중순경 의회설립문제는 조야간에 일단 중추원의 의회식 개편으로 가닥을 잡아갔으며, 7월 하순에는 중추원을 국가의 최고기관으로 개편한다는 설이 신문에 보도되기도 하였다.[76]

그러나 중추원의 의회식 개편에 대한 정부와 독립협회의 의도는 근본적으로 달랐다. 정부의 중추원개편 의도는 외형적으로 의회적 색채가 가미된다 해도, 본질적으로 전제군주체제 내에서 정부 자문기관으로서의 중추원을 활성화하여 독립협회의 의회설립운동을 무마시키려는 것이었다.[77] 한편, 독립협회의 중추원개편 의도는 외형적으로 완전한 의회제도를 갖추진 못한다 해도, 실질적으로 전제군주제를 입헌군주제로 전환시켜 국민에게 참정권을 주고, 정부가 의회식 중추원에 책임지게 하는 민주주의적 정치제도를 갖추려는 것이었다.[78]

독립협회운동 제2기에, 독립협회는 평의원제도를 채택하여 평의원들이 회원들의 의견을 모아 의안을 만들어 회중의 토론을 거쳐 운동의 과제를 결정하는 민주주의적 운영방식을 도입하였다. 또한

75) 『승정원일기』 광무 2년 (양) 7월 9일조. 「中樞院一等議官尹致昊等疏」와 「批旨」, 7월 20일조「前中樞院議官尹致昊等疏」와 「批旨」;『독립신문』1898년 7월 9일 「민권이 무엇인지」.

76) 『독립신문』 1898년 8월 1일 잡보 「중추원이 놉다」.

77) 『독립신문』 1898년 7월 16일 「이게 중추원 죠칙인지」 ; 『皇城新聞』 1898년 9월 26일 雜報 「樞院實施」.

78) *The Independent*, May 28, 1898, "The utility of the Independence Club" ; 尹致昊, 1930, 「獨立協會事件に就いて」『韓末を語る』, 京城: 朝鮮硏究社, 58쪽.

총대위원제를 채택하여 안건마다 총대위원을 선출하여 회중의 결정사항을 즉각 실행토록 하는 직접대표제의 민주적 운영방식을 도입하였다.[79]

이와 같은 민주적 상향식 운영방식에 따라, 독립협회는 통상회(매주) · 토론회(매주) · 평의회 그리고 임시회 · 특별회 · 보고회 등 다양한 명칭의 집회를 통하여 민중운동의 방향과 방법을 결정하였다. 그리고 크고 닥은 민중집회 특히 만민공동회 같은 대규모의 민중대회를 통하여, 동시에 국왕에 대한 상소와 정부대신이나 관리들에 대한 공한 · 담판 등을 통하여 민중적 정치운동을 추진하였다.

독립협회운동 제2기에, 독립협회파가 개최한 만민공동회 등 민중집회의 횟수는 8회였고, 황제에게 올린 상소의 횟수는 3회였으며, 정부대신들에게 보낸 공한의 횟수는 35회에 달하였다.[80] 결국 이 시기에 독립협회파는 정부대신들에 대한 공한 등 합법적 주장을 主된 방법으로 하고, 만민공동회 같은 민중집회의 물리적 압력을 從된 방법으로 하여 민주주의정치운동을 추진하였다고 할 수 있다.

3) 제3기 참정 · 개혁운동의 전개

독립협회운동의 제3기는 김홍륙독차사건이 발생한 1898년 9월 11일부터 독립협회 · 만민공동회 등 모든 민회활동이 금지된 동년 12월 25일까지 약 4개월간으로 참정 · 개혁운동기라 할 수 있다. 이 시기에 독립협회는 회장에 윤치호, 부회장에 이상재, 서기에 박치훈 · 한만용, 회계에 이일상, 사법위원에 남궁억 · 정교 그리고 평의원 20명을 선출하여 명실상부한 민중대변체제를 갖추었다.[81]

79) 愼鏞廈, 위의 「獨立協會의 創立과 組織」, 96쪽.
80) 民衆集會 上疏 公翰의 횟수는 이 시기 『독립신문』 기사에 의한 것임.

그리고 독립협회는 전국 각 지방에 支會를 설치하고, 1898년 말기에는 회원수가 4천여 명에 달하는 거대한 단체가 되었으며, 자타가 공인하는 '전국민의 대표단체'가 되었다.[82]

1898년 가을에 접어들어 독립협회는 의회설립운동을 원활하게 추진하기 위하여 개혁내각설립운동을 전개하였다. 독립협회는 1898년 9월 11일, 김홍륙에 의한 고종독살미수사건이 발생하자 지체 없이 만민공동회를 소집하여, 관계대신들의 책임 추궁을 비롯하여 수구대신들의 부정·부패·무능을 규탄하고, 수구내각 7대신의 탄핵운동을 벌였다. 10월초에 이르러, 독립협회는 皇國中央總商會와 수차에 걸쳐 합동상소를 올리고 합동연설회를 개최하여 수구내각 7대신의 퇴진을 요구했고, 여기에 수많은 시민과 학생들이 합세하여 밤낮으로 시위와 농성을 감행하였다.[83] 누차에 걸친 황제의 해산명령은 거부되었고, "일곱 신하가 백날을 물러가지 아니하면 신등도 백날을 물러가지 않겠다"는 독립협회와 민중들의 요구가 관철되어, 10월 12일까지 문제의 7대신이 모두 해임되고, 朴定陽 중심의 진보적 성격을 띤 내각이 수립되었다.[84] 이로써 독

---

81) 『독립신문』 1898년 8월 30일 잡보 「협회림원」, 9월 6일 잡보 「림원션뎡」.

82) 鄭喬, 위의 책, 364쪽에 보면, 1898년 12월 3일의 독립협회 通商會 석상에서, 會長 윤치호는 독립협회 회원총수가 4,173人內라고 보고하였다. 당시 독립협회 회원들은 "대한 전국 二千萬 동포 인민을 대표한 우리 독립협회 회원들"이라든가, "공동회 만만과 전국 二千萬 동포의 대표"임을 자부하였다(『독립신문』 1898년 10월 27일 「독립협회 재쇼」, 11월 29일 잡보 「동포의 대표」). 한편, 정부에서도 중추원의 民選議官 25명을 모두 독립협회에서 선출하도록 중추원관제를 제정하여, 獨立協會가 국민의 대표단체임을 인정하였다.

83) 『독립신문』 1898년 9월 14일 「협회츙군」, 10월 4일 「독립협회 고발ᄉᆞ건」, 10월 9일 10일 11일 12일 「독립협회 상쇼」

84) 『독립신문』 1898년 10월 3일 「황상칙유」, 10월 14일 잡보 ; 『高宗實錄』

립협회의 개혁내각수립운동은 일단 성공을 거두게 되었고, 독립협회와 민중의 자유민권운동은 크게 진전되었다.

미국공사 알렌(H. N. Allen)은 이 사실을 "대중의 요구에 의하여 거의 전면적인 내각개편이 이루어진" '평화적 혁명'(peaceful revolution)이라고 본국정부에 보고하였다.[85] 『독립신문』 영문판 *The Independent*는 7대신의 해임 사실을 독립협회의 '승리' 또는 "압제적인 한국에서 결코 볼 수 없었던 일"이라고 논평하고, 앞으로 독립협회의 운동방향은 의회설립에 의한 국민참정의 실현임을 천명하였다.[86]

독립협회는 진보적인 박정양 내각에 '官民協商'을 제의하고, 10월 15일에는 남궁억・홍정후 등 독립협회 대표 5명이 박정양・閔泳煥 등 정부대신들과 정부청사에 합석하여, 내정개혁문제 협의하고 중추원의 의회식 개편을 적극 추진하였다.[87] 독립협회의 강력한 활동에 불안을 느낀 고종은 趙秉式 등 수구인사들을 다시 기용하고, "국회도 할 수 없는 일을 민회가 남용한다"고 하여, 언론・집회를 통제하는 조칙을 발표하였다.[88] 독립협회를 비롯한 민권단체와 신민・학생들은 이에 굴복하지 않고, 상소와 민중집회를 통하여 "정부에 대한 탄핵・성토와 언론 집회의 자유는 인민의 권리에 속한다"고 주장하면서 불철주야 농성시위를 벌여, 4일만에 황제의 조칙을 번복시키고 언론자유의 투쟁을 승리로 이끌었다.[89]

光武 2년 10월 11일, 10월 12조.

85) *Communication to the Secretary of State from U. S. Representatives in Korea*: H. N. Allen, No. 152, October 13, 1898, "Change of Cabinet, Peaceful Revolution, Independence Club" ; *The Independent*, October 13, 1898, "Local Items".

86) *The Independent*, October 13, 1898, "Victory" October, 18, 1898, "A Forward Movement".

87) *The Independent*, October 18, 1898, "A Forward Movement".

88) 『承政院日記』 光武 2년 (陽) 10월 20일조 「詔」.

89) *The Independent*, October 27, 1898, "Fight for the Freedom of Speech".

이에 고종은 독립협회와 민중의 가두집회 등 강경한 활동을 억제하기 위하여 중추원의 개편 실시가 불가피하다고 판단하여, 박정양을 參政으로 승진발령하고, 韓圭卨・윤치호를 각각 중추원 의장과 부의장에 임명하여 중추원관제를 개정토록 하였다.[90]

이때 독립협회는 총 의석 50석 중 관선의관 25석, 독립협회 선출의관 25석을 규정한 의회식 중추원관제개정안을 정부에 제출하였다. 정부측은 독립협회안을 대체로 수용했으나, 같은 민회인 황국협회에도 민선의관의 반수를 배정해야 한다고 이의를 제기하였다. 이렇게 되면, 황국협회는 어용단체이므로 사실상 정부측이 중추원을 장악하게 되어, 독립협회가 주도하는 참정・개혁운동은 불가능하게 된다. 그러므로 독립협회는 民選議官 전부를 독립협회에 배정하거나 황국협회에 배정할 것을 정부에 요구하였다. 이에 정부는 황국협회에 민선의관 전담의사를 타진했으나, 황국협회가 불가능하다고 통보하여 결국 독립협회가 민선의관을 전담하게 되었다.[91] 이 사실에 대하여, 주한영국공사는 "독립협회가 중추원을 개편하여 準國民議會(semi-popular assembly)를 설립하고 그 의원의 반수를 획득하는데 성공하였다"[92]고 본국정부에 보고하였다.

독립협회는 의회설립운동이 계획대로 진전되자, 관・민의 합의하에 국정개혁의 大綱을 마련하고 이를 실현키 위하여, 만민공동회에 정부대신을 참석게 하는 官民共同會를 정부에 제의하였다.[93]

---

90) 『承政院日記』 光武 2년 (陽) 10월 23일조 「詔」.

91) 鄭喬, 위의 책, 272~276쪽 ; 『데국신문』 1898년 10월 26일 잡보.

92) 愼鏞廈, 1992, 「대한제국 초기의 동북아정세와 자강운동」 『한민족독립운동사』 11, 국사편찬위원회, 191쪽.

93) 日本公使는 『駐韓日本公使館記錄』(機密本省往信), 發第75號 1898년 11월 8일조 「獨立協會大臣排斥ニ關スル詳報」에서, 독립협회와 官民共同會의 목표는 신정부를 조직함과 동시에, 중추원을 개혁하여 參政權을 부여하고, 정부와 연합하여 秕政을 개혁하려는 데 있다고 본국에

우여곡절 끝에 1898년 10월 29일, 박정양·민영환 등 현직·전직 대신들과 독립협회·황국중앙총상회·협성회·광무협회·贊襄會 등 여러 단체의 회원·일반시민·학생 등 1만여 명이 종로대회장에 참집한 가운데 관민공동회가 열렸다. 회중은 ① 관·민의 합력에 의한 국가자주권의 확립, ② 신설될 의회식 중추원의 견제에 의한 국가이권의 수호, ③ 국가재정의 일원화와 예산·결산의 공개, ④ 죄인의 공개재판에 의한 국민자유권의 보호, ⑤ 내각 과반수의 동의에 의한 정부고관의 임명으로 인사행정의 공정화, ⑥ 법률·규칙의 실천에 의한 인권보장과 법치행정의 실현 등을 내용으로 하는 국정개혁안 곧 '獻議六條'를 채택, 참가대신들의 서명을 받아 황제의 재가를 요청하였다.[94)]

황제는 헌의6조를 재가함과 동시에, 서정쇄신을 다짐하는 '詔勅五條'를 반포하였다.[95)] 독립신문은 논설에서, "관민이 합심하여 국

보고하였다. 尹致昊는 1931.10,「獨立協會의 活動」『東光』26호, 36쪽에서, 독립협회와 관민공동회의 목표는 중추원의 부활과 입헌정치의 실시에 있었다고 회고하였다.

94)『독립신문』1898년 11월 1일「관민공동회ᄉᆞ실」; 鄭喬, 위의 책, 281~282쪽.

<獨立協會의 傳單中獻議六條>

一. 외국인에게 依附치 말고 관민이 同心合力하여 專制皇權을 鞏固케 ᄒᆞᆯ 事.

一. 鑛山, 鐵道, 煤炭과 森林 及 借款借兵과 政府與外國條約事를 若非各部大臣과 中樞院議長이 合同 着啣捺印則不得施行ᄒᆞᆯ 事.

一. 全國財政은 無論某稅ᄒᆞ고 度支部로 句管ᄒᆞ되 他部와 私會社는 無得干涉ᄒᆞ고 豫算과 決算을 人民의게 公佈ᄒᆞᆯ 事.

一. 自今爲始ᄒᆞ야 凡干重大ᄒᆞᆫ 罪犯을 另行公判ᄒᆞ되 被告가 到底說明ᄒᆞ야 究竟自服後에 施行ᄒᆞᆯ 事.

一. 勅任官은 大皇帝陛下꾀옵서 諮詢政府ᄒᆞ야 從其過半數ᄒᆞ야 任命ᄒᆞ실 事.

一. 實踐章程ᄒᆞᆯ 事.

95)『독립신문』1898년 11월 1일「관민공동회 ᄉᆞ실」.

가정치를 바로 잡자 하는 것은 우리나라에 처음 있는 큰 일이라" 하고, 이 11조의 실천여부가 국가중흥의 갈림길이라고 논평하였다.[96] 11월 4일에는 관선의관 25명, 민선의관 25명의 의석을 규정한 의회식 중추원관제가 반포되었다.[97] 이 중추원관제는 독립협회의 중추원 개편안을 거의 그대로 수용한 것으로, "민선의관은 당분간 독립협회에서 선출한다"고 규정하여, 독립협회가 주도하는 의회설립이 가능하게 되었다. 헌의6조의 재가와 의회식 중추원관제 반포는, 황제와 정부가 민회와 민중의 요구를 받아들여, 우리 역사상 처음으로 의회설립법을 마련하여 제한된 범위에서나마 국민참정권을 공인한 것이며, 독립협회가 추진한 국민참정·국정개혁운동의 거대한 승리를 의미하는 것이었다.

독립협회는 정부의 통고에 따라, 1898년 11월 5일에 독립관에서 민선의관 25명을 선출키로 결정하였다. 그러나 11월 4일 밤에, 수구세력은 고종을 충동하여 진보적인 박정양 내각을 붕괴시키고 수구적인 조병식 내각을 조직케 하는 한편, 독립협회가 왕정을 폐지하고 공화정을 수립코자 한다는 모략문서를 유포한 익명서사건을 일으켰다.[98] 이로 인하여 독립협회 등 모든 민회가 혁파되고, 이상재·남궁억 등 독립협회 지도자 17명이 체포되었으며, 의회식 중추원의 발족도 무산되고 말았다.

독립협회가 혁파된 뒤에, 만민공동회는 수시로 개최되는 집회에서 일종의 상설단체로 변모하여, 11월 5일부터 50여 일 동안 민주주의 정치투쟁을 격렬하게 전개하였다. 이 시기의 만민공동회는 尹始炳·高永根 등 독립협회의 주도 회원이 회장직을 맡고, 독립

96) 『독립신문』 1898년 11월 3일 「관민의 직책」.
97) 『高宗實錄』 光武 2년 11월 2일조 「勅令」; 『官報』 光武 2년 11월 4일.
98) 尹致昊, 1926.6, 「獨立協會의 始終」 『新民』 14, 59~60쪽 ; *The Independent*, November 10, 1898, "Molayo's Account of Recent in Seoul".

협회를 지지하던 시민과 학생들을 배경으로 활동하였으며, 피신해 있던 독립협회 회장 윤치호도 배후에서 만민공동회의 투쟁을 지도하였다.[99)]

만민공동회의 첫 번째 투쟁목표는 구속된 독립협회 지도자 17인의 석방이었다. 11월 5일, 윤치호의 지시를 받은 이승만・양홍묵 등 독립협회 회원들과 학생, 그리고 수천 명의 시민들이 경무청에 몰려가 17인과 함께 구속되기를 자원하고, 고등재판소에 나아가 공개재판을 요구하며 6일 동안 불철주야로 농성시위를 벌여, 구속된 17인을 전원 석방케 하였다.[100)]

다음으로 만민공동회는 윤치호와 고영근의 지도 아래, 종로와 仁化門에서 11월 11일부터 10여 일 동안 5차에 걸친 상소와 민중대회를 통하여, ① 조병식 등 五凶의 처벌, ② 헌의6조의 실시, ③ 정부 大官의 賢良擇用, ④ 독립협회의 복설 등을 요구하며 집요한 투쟁을 전개하였다.[101)] 고종과 수구정권이 무마로도, 위협으로도, 만민공동회를 해산시키는데 실패하자, 수구세력은 황국협회의 洪鍾宇・吉泳洙・朴有鎭이 지휘하는 2천여 명의 負商團을 동원하여, 11월 21일 인화문 앞의 만민공동회를 공격케 하여, 유혈충돌로 다수의 희생자를 내게 되었다.[102)] 다음날 흥분한 민중들이 종로에

---

99) 1898년 11월 4일 밤, 독립협회가 혁파된 뒤, 처음에는 尹始炳이 萬民共同會 회장직을 맡았는데, 1월 중순 이후에는 高永根이 만민공동회 회장이 되어 독립협회 회장 尹致昊와 함께 만민공동회 운동을 지도하였다.

100) 『尹致昊日記』 1898년 11월 5일조 ; 『독립신문』 1898년 11월 7일・8일・9일 잡보 ; 『皇城新聞』 1898년 11월 11일 別報 「萬民共同會總錄」 『독립신문』 1898년 11월 12일 「션고방쳥」.

101) 『독립신문』 1898년 11월 12일~23일. 五凶이란 趙秉式・閔種默・兪箕煥・李基東・金禎根 등 守舊派 5人을 말하며, 익명서사건의 장본인들로 지목되었다.

102) 『독립신문』 1898년 11월 22일 「어젓게광경」, 11월 23일 「병뎡 의리」 ; 尹致昊, 앞의 「獨立協會事件に就いて」, 56쪽.

모여, 수만 명 규모의 만민공동회를 열고 부상단과 대치하게 되자, 고종과 수구정권은 민중의 압력에 굴복하여 독립협회의 복설 등 민중의 요구를 수용키로 약속하였다. 이에 11월 5일부터 19일 동안 불철주야 계속된 만민공동회는 11월 23일에 2일간의 시한부로 일시 해산되었다.[103)]

그러나 정부로부터 五凶 처벌, 부상단 혁파, 인재 등용 등 민중의 요구조건을 실천하려는 성의있는 태도가 보이지 않자, 1898년 11월 26일에는 수만 명의 민중들이 종로에 모여, 대규모 만민공동회를 열고 다시 부상단과 대치하게 되었다. 이러한 긴박한 상황 속에서 고종은 인화문 밖 塔前에 정부 관원과 각국 외교사절이 배석한 가운데, 만민대표 200명과 부상대표 200명을 불러 황제친유를 행하였다.[104)] 고종은 친히 하교하여, ① 중추원 실시, ② 독립협회 복설, ③ 5흉 처벌, ④ 부상 혁파, ⑤ 11조 실시 등 민중의 제반 요구사항의 실천을 약속하였다. 그리고 독립협회 회장 윤치호와 부회장 이상재 및 만민공동회 회장 고영근은 만민의 총대위원으로 고종 앞에 나아가, ① 5흉 처벌, ② 민중이 신임하는 대신 임용, ③ 헌의6조의 실시 등을 재다짐 받게 되어, 민중들은 만세를 부르고 산회하였다.[105)]

그러나 고종의 약속이 실천에 있어 민중의 기대에 부응치 못하여, 12월 6일 민회지도부의 통제를 벗어난 만민공동회의 투쟁이 재연되었다. 민회급진파 주도하의 이 만민공동회는 상소를 통하여,

---

103) *The Independent*, November 24, 1898, "Molayo's Reports" ; 『독립신문』 1898년 11월 25일 잡보「잠시파회」; 『皇城新聞』 1898년 11월 25일「會中運動」.

104) 『독립신문』 1898년 11월 28일「국태민안」.

105) 위와 같음 ; *The Independent*, November 28, 1898, "Molayo's Reports" ; F. A. Mckenzie, *op. cit.*, 72~73쪽.

"황제의 親諭는 티끌만큼도 효험이 없다"고 통박하고, 민중의 요구사항을 즉각 실천하라고 촉구하였다.[106] 민중의 정부에 대한 불만·불신은 이제 황제에 대한 불만·불신으로 변해갔다. 12월 12일부터 민중들은 각부 문전에 나아가 고급관인들을 불러내어, 민중의 요구사항을 즉각 실천하도록 강요하는 등 실력행사에 돌입하였다.[107] 12월 16일에는 새로 개원된 중추원회의에서 민회계의 의관들이 주동이 되어, 민중의 여망에 맞는 대신급 인물로서 고종이 꺼려하는 박영효·서재필을 포함한 11명을 투표로 선출하여 정부에 택용토록 추천했고, 만민공동회는 이를 지지하고 나섰다.[108] 이것은 사실상 개혁내각의 수립을 실현케 하려는 것이었다.

이처럼 민중의 격화일로의 행동방식과 중추원의 박영효 천거, 그리고 이에 대한 만민공동회의 추인 등 일련의 사태는 고종과 수구세력에게 이를 반체제운동으로 단정케 할 구실을 주었다. 한편, 일반 민중은 장기화된 민중시위에 염증을 느껴 사회의 안정을 바라게 되었고, 민중지도자들 내부에도 정부의 개혁의 시간적 여유를 주도록 만민측이 자중해야 한다는 여론에 대두되고 있었다. 더

---

106) 『독립신문』 1898년 12월 8일·9일 「공동회상쇼」; *The Independent*, December 10, 1898, "Molayo's Reports".

107) 『皇城新聞』 1898년 12월 13일 雜報 「共請部官」; 『駐韓日本公使館記錄』, 「機密本省往信」 機密 第5號 1899년 2월 17일조 「本官歸任後ニ於ケル政況具報ノ民會解散ノ件」.

108) *The Independent*, December 20, 1898, "The Privy Counsil"; 『皇城新聞』 1898년 12월 19일 「動議歸國」, 12월 20일 「請餘裁判」, 12월 21일 「委員改薦」. 12월 15일에 獨立協會 회장 尹致昊는 투표에 의하여 中樞院 副議長에 선출되었다. 12월 16일에 大臣級 인물로서 閔泳俊(18점), 閔泳煥(15점), 李重夏(15점), 朴定陽(14점), 韓圭卨(13점), 尹致昊(12점), 金宗漢(11점), 朴泳孝(10점), 徐載弼(10점), 崔益鉉(10점), 尹用求(8점) 등 11명이 선출되었는데, 이 중 8명은 改革派인물이었고, 閔泳駿·崔益鉉·尹用求 등 3명은 守舊派 인물이었다.

욱이 망명 반역죄인으로 낙인 찍힌 박영효 기용 요구는 단순히 충군애국이란 전통적 윤리관에서 민회활동을 지지했을 다수의 일반 민중의 행동력 곧 민회의 배후세력을 크게 약화시켰을 것이다.[109)]

결국 고종과 수구세력은 재경외교사절의 양해 아래 12월 22일・23일에 병력을 동원하여 만민공동회 집회를 강제로 해산시키고, 12월 25일을 기하여 11개조의 民會禁壓令을 발동함으로써, 독립협회와 만민공동회 등 모든 민회활동이 종말을 고하게 되었다.[110)]

독립협회운동 제3기에 독립협회파가 정부에 발송한 공한의 횟수는 7회에 불과하였고, 황제에게 보낸 상소의 횟수는 16회에 달하였다.[111)] 독립협회운동 제2기에 발송한 공한의 횟수가 35회나 되었고, 상소의 횟수가 3회에 불과했던 점에 비하면, 제3기에는 정부대신에 대한 공한의 비중은 크게 줄었고 황제에 대한 상소의 비중은 크게 늘었다. 이러한 사실은 이 시기에는 정부대신들보다 황제가 독립협회파의 정치투쟁의 주요 대상이 되어 상소가 투쟁수단으로 부각된 것을 의미한다. 그러나 독립협회운동 제3기에 있어서 주된 투쟁수단은 민중집회였다. 독립협회파는 독립협회운동 제3기 106일 중에 61일 동안 민중집회를 개최하여, 제2기 202일 중 8회의 민중집회를 개최한 것과는 엄청난 차이를 보였다.[112)] 이처럼 독립협회운동 제3기에는 제2기의 공한 등에 의한 합리적 건의보다 만민공동회 같은 대규모 민중집회에 의한 물리적 압력이 주된 투쟁수단이 되어, 민중집회 중심의 참정・개혁운동이 전개된 것이다.[113)]

---

109) 柳永烈, 앞의『開化期의 尹致昊研究』, 137쪽.

110)『독립신문』1898년 12월 27일「황칙공록」;『駐韓日本公使館記錄』,「機密本省往信」發第87號 1898년 12월 27일조「共同會へノ勅語」.

111)『독립신문』1898년 9월 11일~12월 25일.

112) 위와 같음.

113)『독립신문』에 의거하여 통계를 내보면, 독립협회운동 제2기(1898.2.21~9.10)의 對政府公翰 35회, 對高宗上疏 3회, 民衆集會 8회에 비하여,

2. 민주주의정치사상의 형성

1) 독립협회파의 자유민권론

독립협회의 최고지도자였던 서재필과 윤치호는, 갑신정변의 망명자로서 미국에서 대학교육을 받고 민주사회를 체험한, 독실한 기독교 신앙인이었으며 철저한 민주주의 신봉자였다. 이들을 중심으로 하여, 독립협회는 자유와 민권의 향유를 목표로 하는 민주주의사회론 곧 자유민권론을 주장하였다.

먼저 독립협회파의 자유민권론은 자주국권의 확립 방안으로 제기되었다.

윤치호가 독립협회 토론회에서, "우리나라와 우리 군주는 만국에 동등해야 한다"[114]고 역설했듯이, 독립협회파는 국가평등권 의식에 의거하여 과거 동아문화권의 차등적 국가관과 불평등한 국제질서를 부정하고,[115] 청일전쟁 이후 일본의 간섭과 아관파천 이후 러시아의 간섭 등 평등을 가장한 근대적 국제질서 속에서의 실제적인 불평등 관계를 비판하는 논리를 폈다.[116] 이러한 국가평등권 의식은 근대적 국가의식의 출발점이 되는 것이다. 또한 그들은 당시 한반도를 둘러싼 열강의 침략경쟁으로부터 자주독립을 지키는 것이 민족의 최대 과제라고 인식하였다. 특히 아관파천 이후 러시아의 내정간섭으로부터 자주권을 확립하는 것이 국가의 당면과제라고 인식하여 국가자주권을 강력하게 주장하였다.[117]

독립협회운동 제3기(1898.9.11~12.25)에는 公翰 7회, 上疏 16회, 民衆集會 62일로 나타난다.

114) 『尹致昊日記』 1898년 2월 23일조 「윤치호연설」.

115) 『尹致昊日記』 1897년 11월 11일조.

116) 『독립신문』 1898년 7월 15일 「독립ᄒᆞᄂᆞᆫ 샹책」.

나아가 독립협회파는 국가의 평등권・자주권 등 자주국권을 확립하는 방안으로 문명개화론・부국강병론・이권수호론・중립외교론 등을 제기하였다.[118] 그런데 『독립신문』이 국가의 독립문제에 관한 논설에서, "나라가 자주독립하는 것이 한 사람의 힘으로 되는 것이 아니라 전국 인민의 힘으로 된다"[119]고 했듯이, 독립협회파의 근본적인 자주국권 확립방안은 '국민의 힘에 의한 자주독립론'이었다. 그러므로 그들은 국가가 "자주독립하려면 먼저 백성의 권리부터 보호"[120]해야 한다고 했고, 백성의 권리를 보호하기 위해서는 백성에게 국정참여권을 주어야 한다고 주장하였다.[121] 이것은 자주국권의 확립을 위한 자유민권 신장론이었다. 서재필이 독립협회를 창립한 의도도, '자유주의 민주주의적 개혁사상'으로 '민중을 개발'하여, 민주역량을 가진 국민의 힘으로 '자주독립의 완전한 국가'를 만드는데 있었다.[122]

요컨대, 독립협회파는 국가의 자주독립을 최대과제로 삼고, 국민의 힘으로 완전한 자주독립국가를 만들고 유지하기 위해서는, 국민의 권리를 보장하고 국민에게 참정권을 주어야 한다는 자유민권론을 폈다.

독립협회파는, 이와 같이 '자주국권을 위한 자유민권론'을 제기했을 뿐만 아니라, 인간 본연의 권리로서, 국민의 기본적 권리로서

---

117) 독립협회 설립의 원래 목적도 "自主獨立의 完全한 國家"를 만드는 데 있었고, 독립협회의 민중운동도 자주국권운동으로 시작되었다.

118) 柳永烈, 1991, 「獨立協會의 性格」 『韓國史硏究』 73, 한국사연구회, 60~62쪽.

119) 『독립신문』 1897년 7월 27일 「론셜」.

120) 『독립신문』 1897년 3월 9일 「론셜」.

121) 柳永烈, 1973, 「獨立協會의 民權思想 硏究」 『史學硏究』 22, 한국사학회, 59쪽.

122) 金道泰, 위의 『徐載弼博士自叙傳』, 235·241·247~248쪽.

자유민권론을 제기하였다.

첫째로, 독립협회파의 자유민권론은 국민평등권론으로 제기되었다.

독립협회파는 "萬人은 전능하신 하나님 앞에 평등하게 태어났으며",[123] "누구나 하나님께서 받은 사람의 권리는 같은 것이다"[124]고 하는 천부인권론에 의하여 인간평등권을 주장하고, 나아가 국가적 차원에서 국민평등권을 주장하였다. 본래 인권·민권의 평등원칙은 서구 자유주의시대에 있어서 "특권계급의 폐지와 시민계급의 평등한 참정권과 법률적용의 평등성을 내용으로 하는 시민계급의 해방을 위한 정치적 이데올로기"[125]였다. 독립협회파는 인간평등사상에 기초하여, 이미 갑오개혁 때에 폐지된 반상제도와 노비제도 등 신분제도의 현실적인 철폐를 역설하였다.[126] 그리고 상하·귀천·빈부의 차별없이 누구나 법적으로 동일한 처우를 받아야 한다고 하여,[127] 법률적용의 평등성을 강력히 주장하였다. 나아가 신분차별이 없는 교육과 능력에 따른 공무담임 등 국민의 기회균등을 주장하였다.[128] 한편 독립협회파는 당시 남성에 종속적인 여자의 지위와 처첩을 인정하는 비윤리적인 부부관계를 비판하고 남녀평등을 주장하였다.[129]

둘째로, 독립협회파는 "사람은 누구나 생명·재산·자유 등 하

---

123) *The Independent*, December 5, 1896, "Editorial".

124) 『독립신문』 1897년 10월 16일 「론셜」.

125) 文鴻桂, 1970, 『韓國憲法』, 法文社, 117쪽.

126) 班常制度에 대해서는 『독립신문』 1896년 6월 18일 「론셜」, 1898년 3월 31일 「론셜」, 11월 11일 「토론회 제목」.

127) 『독립신문』 1896년 7월 11일 「론셜」.

128) 『독립신문』 1896년 12월 22일 「론셜」 ; *The Independent*, December 22, 1896, "Editorial."

129) 『독립신문』 1896년 4월 21일 「론셜」, 6월 6일·16일 「론셜」.

늘이 부여한 양보할 수 없는 권리를 가진다"[130]고 하는 천부불가양의 인권론에 근거하여 국민자유권론을 제기하였다. 독립협회파는 국민의 신체와 재산권의 자유를 지배층의 압제와 수탈로부터 보호해야 할 가장 기본적인 권리로 인식하였다. 그러므로 그들은 죄형법정주의·증거제일주의·영상제도·공개재판권·피고변호권 등 근대적인 법률과 공정한 재판으로 국민의 신체의 자유를 보호하려 하였다.[131] 또한 조세법률주의와 재정공개주의 및 조세행정의 일원화를 통하여, 무명잡세와 重稅로부터 국민의 재산권을 보호하려 하였다.[132]

독립협회파는 언론·출판·집회·결사 등 정치적 자유권도 국민의 기본적 권리로 인식하였다. 그들은 언론의 자유를 '天生權利' 또는 '불가양의 권리'라 주장하고,[133] 언론의 자유가 있어야 여론이 형성되어 국정을 바로잡을 수 있고, 국민의 생명·재산도 보호할 수 있다고 하여, 언론의 자유를 국가중흥의 긴급사라고 역설하였다.[134] 사실상 독립협회파는 신문·잡지·강연회·토론회·민중집회·단체조직을 통하여, 언론·출판·집회·결사 등 국민의 정치적 자유권을 실제로 행사하면서, 그 자유권의 신장을 위한 투쟁을 전개하였다.[135]

셋째로, 독립협회파는 국민평등권·국민자유권에 기초하여 국

---

130) *The Independent*, May 19, 1898, "An Honest Confession" ; Channing Liem, *America's Finest Gift to Korea ; The Life of philip Jaison*(1952, New York, The Willian Frederick Press), 51쪽.

131) 柳永烈, 위의 「獨立協會의 民權思想硏究」, 47~51쪽.

132) 柳永烈, 위의 논문, 51~54쪽.

133) 『독립신문』 1899년 1월 10일 「언권ᄌᆞ유」 ; *The Independent*, October 27, 1898, "Fight for the Freedom of speech".

134) 『독립신문』 1898년 9월 7일 「실효가 잇슬는지」.

135) 柳永烈, 위의 「獨立協會의 民權思想硏究」, 54~56쪽.

민주권론을 제기하였다. 독립협회파는 나라라 하는 것은 "백성들이 합심하여" 만든 것 또는 "님군과 정부와 백성이 동심합력하여" 세운 것이라 하여,[136] 국가기원의 국민합의설 또는 군민합력설을 제기하였다. 그들은 이와 같은 일종의 국가계약론에 기초하여 "당초에 나라 생긴 본의는 여러 사람이 의론하여 전국에 있는 인민을 위하여 각색 일을 마련한 것"[137]이라 하여, '국민을 위한 국가관'을 제시하였다. 그리고 역시 국가계약론에 근거하여, "대범 나라는 백성으로서 근본을 삼고 님군은 백성으로써 權을 세워 일백 관원을 베풀었다"[138]고 하여, 국민을 통치권 곧 主權의 근원으로 인식하였다.

나아가 독립협회파는, 인민은 나라의 '주인'이고 관인은 인민의 '사환'이라 하고,[139] "정부에서 벼슬하는 사람은 님군의 신하요 백성의 종이라"[140]고 하여, 국민이 국가의 主人이며 곧 주권자라는 국민주권론을 간접적으로 제기하였다. 이것은 국가란 '국왕의 국가'가 아닌 '국민의 국가'라는 독립협회파의 근대 국민국가론을 간접적으로 피력한 것이라고 하겠다.

넷째로, 독립협회파는 국민주권론 · 국민국가관에 기초하여 국민참정권론을 제기하였다.

독립협회파는, 국민은 군주와 지배층에게 그 운명이 내맡겨진 단순한 통치의 대상이 아니고,[141] 국가의 '주인'으로서 주권을 가진 정치의 주체라고 인식하였다. 그러므로 그들은 정부가 '애국애

---

136) 『독립신문』 1897년 4월 17일 「론셜」, 1898년 12월 15일 「민권론」
137) 『독립신문』 1897년 4월 17일 「론셜」.
138) 『독립신문』 1898년 11월 21일 「관민공동회 6차상소」.
139) 『독립신문』 1898년 11월 16일 「제손씨 편지」.
140) 『독립신문』 1896년 11월 21일 「론셜」, 1897년 8월 26일 「윤치호 연설」.
141) *The Independent*, May 19, 1898, "An Honest Confession".

민'하는지, 또는 "옳은 법령을 만드는지"를 감독하는 것이 인민의 직무라 하여,[142] 국민의 국정감독권을 주장하였고, 민권보장과 정치개선을 위하여 인민에게 "두려움 없이 정부를 시시비비하는 권리를 주는 것이 급선무"[143]라고 하여 국민의 국정비판권을 주장하였다.

나아가 독립협회파는 애국이란, '국가의 공변된 이익'과 '동포의 권리'를 강구하는 것이라 하고, "이 (애국하는) 마음을 바로 세우게 함은 이 백성을 정치교육상에 몰아넣어 나라 정략상에 참여하는 권리를 주는데 있다"[144]고 하여, 국익의 증진과 민권의 보장을 위하여 국민이 국정에 참여해야 한다는 국민참정권론을 제기하였다. 또한 독립협회파는 '문명은 세계의 대세'이며 "正理는 가장 뒤에 이기고 이로울 자이라 하니 대한인민들은 … 정리를 방패와 창으로 삼고 나라일을 담당하라"[145]고 하여, 국민들이 문명의 대세와 '正理'에 따라 국정에 참여할 것을 촉구하기도 하였다. 이와 같은 국민참정의 촉구는 그들의 '국민에 의한 국가' 의식을 반영한 것이라 하겠다.

요컨대, 독립협회파의 자유민권론은 한편으로는 자주국권의 확립방안으로서, 다른 한편으로는 인간 본연의 권리로서, 국민의 기본적 권리로서 제기되었다. 또한 독립협회파는 국민평등권 · 국민자유권 · 국민수권 · 국민참정권을 포괄하는 체계적인 자유민권론을 제기하였다. 그리고 그 자유민권론은 '국민을 위한 국가', '국민에 의한 국가', '국민의 국가' 의식이 내재된 민주주의사상이었다.

142) 『독립신문』 1898년 1월 11일 「론셜」, 3월 3일 「대한인민의 직무」.
143) 『독립신문』 1898년 9월 7일 「실효가 잇슬넌지」, 10월 25일 「독립협회 상쇼」.
144) 『독립신문』 1898년 12월 17일 「나라 ᄉᆞ랑ᄒᆞᄂᆞᆫ 론」.
145) 『독립신문』 1898년 11월 11일 「문명은 세계 바룸과 죠슈」.

2) 독립협회파의 민주주의정치론

자주국권의 확립방안으로, 그리고 인간본연의 권리로 자유민권론을 제기했던 독립협회파는 어떠한 정치를 구현코자 했던가?

첫째로, 독립협회파는 다수자를 위한 정치를 구상하였다.

독립협회파는 "정부는 백성을 위하여 설립한 것"이고, "정부에서 벼슬하는 사람은 님군의 신하요 백성의 종"이며, "백성의 돈으로 먹고 살면서 그 백성의 일을 바르게 안해주는 그 사람은 도적이라"고 하여,[146] 국가의 주인인 국민을 위한 정치원칙을 천명하였다. 그리고 "정부에 들어오는 돈인즉 모두 시골 백성에게서 오는 것"이므로, "돈 낸 사람들을 더 보호해 주는 것이 마땅할 줄로 생각한다"고 하여,[147] 납세자의 권익을 위한 정치를 주장하였다. 나아가 "대한정부가 오늘날 지탱하는 것은 농민의 힘"이라고 하고,

> 정책을 생각들 하여 작정할 때에 제일 목적은, 국중에 사람이 천만 명 있으면 적어도 팔백만 명에게는 유조한 일을 하여야 그 정치가 국중에 효험이 있고 그 나라이 지탱하며, 그 정책을 만든 정부가 부지하는 법이라.[148]

하여, 독립협회파는 납세자의 권리의식을 전제로 하여, 다수 국민을 위한 정책을 입안하고 실시해야 한다는 '다수자를 위한 정치'를 주장하였다.

둘째로, 독립협회파는 다수자를 위한 정치와 더불어 공개정치를 주장하였다.

---

146) 『독립신문』 1897년 5월 20일 「배재학당 김홍경의 시무론」, 1896년 11월 21일 「론셜」.

147) 『독립신문』 1896년 6월 9일 「론셜」.

148) 『독립신문』 1898년 4월 19일 「론셜」.

독립협회파는 정부란 국민을 위하여 설립되었다는 전제 아래,

> 그런고로 이러한 규칙을 행할 때에 백성에게 크게 드러내어 믿게 하여야 그 백성들이 그 정부를 믿는 법이어늘, 만일 정부에서 백성들이 믿고 의탁할 수가 없게 일을 하면 그 나라이 될 수가 없을 터라.149)

고 했듯이, 그들은 공개원칙에 의하여 국민으로부터 신임받는 정치, 국민에게 책임지는 정치의식을 가지고 있었다. 그러므로 독립협회파는 국가의 재정은 국민의 살림살이이므로 "예산과 결산을 인민에게 공포해야 한다"는 재정 공개주의와 국민의 권리를 최종적으로 보장하는 재판을 여론의 감시하에 두기 위한 재판 공개주의를 주장하였다.150) 뿐만 아니라, 군사작전이나 외교 이외의 모든 國事를 공개적으로 처리해야 국민이 정부를 믿고 국가 일에 힘쓰게 된다고 하여 공개정치를 주장하였다. 그리고 공개정치는 "국민이 공화"하는 길이고 "나라의 중흥하는 근본"이라고 주장하였다.151) 이러한 공개주의의 추구는 언론의 자유와 비판의 권리, 그리고 인간의 존엄성이 인정되는 민주주의과정에 있어서 필수적인 개방사회의 이상에 접근하는 것이다.152)

셋째로, 독립협회파는 공개주의에 입각한 여론정치를 주장하였다. 독립협회파는 "공론하는 인민들이 있을 것 같으면, 정부에서 일하기도 쉽고, 또 하는 일을 그르칠 리가 없으며,"153) "개화한 나라

---

149) 『독립신문』 1897년 5월 20일 「배재학당 김홍경의 시무론」.

150) 『皇城新聞』 1989년 12월 28일 「論說」, 獨立協會 發行의 傳單中 「獻議六條」.

151) 『독립신문』 1896년 6월 30일 「론셜」.

152) Henry Bamford Parkes, Professor of History, New York University, "Right of Individuals in the open Society" *The Open Society*, 9쪽 ; Myres S. McDougal, Professor of Law, Yale University, "Law and the Open Society", *The Open Society*, 13쪽.

일수록 시비하는 공론이 많고 시비가 많을수록 개화가 점점 잘된다"[154]고 하고, 공론이 없어지면 정치와 법률이 무너지고 정부관인들이 기탄없이 국민을 압제하여 국가가 위태롭게 된다고 하여,[155] 공론(=여론)은 국정을 바로잡고, 개화를 촉진하며, 민권을 보장하는 중요한 요소라고 간주하였다. 따라서 그들은 언론의 자유는 '天生權利'이며 '불가양의 것'이라[156]는 등 서양의 천부인권론과 국왕은 "중의를 가지고", "중민이 좋아하는 것을 좇아" 정사를 베풀어야 한다[157]는 동양의 민본사상을 근거로 하여 여론정치를 주장하였다. 이러한 여론정치의 주장은 민의에 따른 정치 곧 국민의 "同意에 의한 통치"라는 민주주의의 고전적 정치이상에 접근하는 것이며, 이것은 전제주의 정치형태와는 구별되는 원칙을 천명한 것이라 하겠다.[158]

넷째로, 독립협회파는 여론정치와 더불어 정당정치를 주장하였다.

독립협회는 '반대'란 '진보'의 원리임을 내세워, 국민은 정부시책을 주시하고 그 잘못에 과감히 반대해야 하며, "정치에도 반대당이 있어서 대소사를 살피고 시비하여야 점점 발전한다"고 하여 정당정치의 필요성을 논하였다.[159] 그들은 종래 우리나라의 당이 뚜렷한 '本意와 방책'을 내세우지 못하고 없이 서로 적대시하여 정권쟁탈에 빠졌던 점을 비판하고,

153) 『독립신문』 1898년 2월 22일 「유지각흔 사름의 말」.

154) 『독립신문』 1898년 11월 7일 「반대의 공력」.

155) 『독립신문』 1899년 1월 10일 「언권ᄌ유」, 1898년 9월 7일 「실효가 잇슬는지」

156) *The Independent*, October 27, 1898, "Fight for the Freedom of Speech" ; 『독립신문』 1899년 5월 20일 1월 10일 「언권ᄌ유」.

157) 『四書白話句解』 孟子白話句解 梁惠王章句, 下, 臺灣瑞成書局, 15쪽.

158) 『民主主義理念의 힘』, 록펠러財團 特別硏究計劃報告 제6집, 15쪽.

159) 『독립신문』 1898년 11월 7일 「반대의 공력」.

> 정치당이라 하는 것은 사사를 위하여 생긴 당이 아니라, (與野) 둘이 다 한 님군과 백성을 위해 생긴 당들이니, 당의 본의와 방책을 은근히 남모르게 하잘 묘리가 있으리오.[160)]

하고 하여, 정당이란 정강과 정책을 국민에게 알리고 이를 공개적으로 추진하는 私黨이 아닌 公黨이어야 한다고 했다. 또한 그들은 "갑당이던지 을당이던지 밋븜을 백성에게 보이고 일하기를 자기들 소견에 옳은대로 시종여일하게 행해야 한다"[161)]고 하여, 국민에게 신임을 묻는 정당 그리고 주의·주장을 일관성 있게 추진하는 정당이어야 한다고 주장하였다. 나아가 반대당에 대한 정치적 보복을 止揚하고, 정당간에 정치적 도의를 지키며 정책대결을 지향해야 한다고 강조하였다.[162)] 독립협회파는 반대의 권리의식에 입각한 근대적 정당관을 가지고, 종래의 붕당에 의한 당쟁관계를 근대적 정당에 의한 정쟁관계로 전환시키려 했던 것이다. 사실상 독립협회는 "자유주의 민주주의적 개혁사상을 고취"하기 위한 '정치적 당파'를 목적으로 창립되었다.[163)] 독립협회파가 정당정치를 주장한 것은 민선의회의 구상과 더불어 그들의 민주주의적 정치 이상을 표현한 것이다.

---

160) 『독립신문』 1896년 8월 27일 「론셜」.

161) 『독립신문』 1896년 9월 1일 「론셜」.

162) *The Independent*, August 25, 1896, "Editorial". 이 논설은, 1898년에는 한국역사에 2개의 政黨 곧 淸日戰爭 이전의 옛 상태로 돌아가려는 保守黨(the Conservative party)과 근대개혁을 추구하는 進步黨(the Progressive party)이 출현했다고 전제하고, 政黨의 자세를 다음과 같이 논하였다. Whichever party really desires to win its cause must never "give up the ship" nor "say die." If the principle is founded upon the solid rock of morality, and their action speak their belief, the world will be with that party and its cause will win.

163) 金道泰, 위의 『徐載弼博士自敍傳』, 247~248쪽.

다섯째로, 독립협회파는 정당정치와 더불어 입헌정치를 주장하였다.

민주주의사회는 책임정치 구현에 있어, 그 주안점을 '인물'이 아니라 '제도'에 둔다. 그러므로 지도자들이 아무리 유능할지라도, 아무리 도덕적 책임감이 있을지라도, 그들에게 제한된 신뢰만을 가진다.[164] 따라서 일찍이 제퍼슨(Jefferson)도 "인간을 다스리는 임금의 모습에서 천사를 본 일이 있는가?"[165]라고 했던 것이다. 독립협회파도 그 정치이론을 전개함에 있어 "사람마다 성인이 아니니 누가 허물이 없으며, 정부관인들도 역시 사람이라 어찌 진선진미하기를 바라리오"[166]라 하여, 인간의 불완전성 또는 지도자에 대한 제한된 신뢰에 바탕을 두고 법치주의를 주장하였다. 곧 그들은,

> 정부와 백성 사이에 교섭하기 위하여 한 약조를 정하나니, … 이 약조 이름은 법률이라. 이 법률에 의지하여 백성의 생명·재산을 보호하며, 정부에서는 나라 기초를 안전히 하는 것이라.[167]

고 하여, 계약법사상에 의거 법률이란 국민의 권리와 국가의 기초를 확고히 하는 근본으로 보았다. 그러므로 그들은 "법률이란 것은 전국 인민의 목숨과 재산을 보호하는 일대 혈맥이라"[168]하여, 죄형법정주의·조세법률주의를 주장하였고, 법률적용의 평등의식에 의거 반역자도 법률에 의해서만 처벌되어야 하며, 국왕도 법률을 준수해야 한다는 '법에 의한 지배' 곧 법치주의를 주장하였다.[169]

164) 위의 『民主主義理念의 힘』, 15쪽.
165) 위의 책, 21쪽.
166) 『독립신문』 1898년 11월 7일 「반대의 공력」.
167) 『독립신문』 1899년 3월 3일 「법률의 리해」, 1897년 3월 18일 「반대의 공력」.
168) 『독립신문』 1898년 10월 20일 「쳥원셔」.
169) 『독립신문』 1896년 9월 29일 「론셜」, 1898년 8월 15일 「셰밧는 권리」;

따라서 그들은 "그 나라 법률을 지키는 것이 충신이요, 법률을 지키지 않는 것이 역적이라"[170]고 까지 하며, 법률과 장정의 실천을 역설하였고, 모든 "법과 슈은 다 홍범을 준행"[171]해야 한다고 주장하였다. 당시 독립협회파는 '홍범'을 기본법 또는 일종의 헌법으로 간주했으므로, 결국 그들은 법치주의 · 입헌주의 · 입헌정치를 주장한 것이었다. 독립협회가 입헌정치를 추구한 사실은, 당시 "협회의 주장은 중추원을 부활시키는 동시에 입헌정치를 하자는 것"[172]이었다는 윤치호의 회고담에서도 확인된다.

여섯째로, 독립협회파는 입헌정치와 더불어 의회정치를 주장하였다. 의회정치란 "국민이 정기적으로 선출하는 대의원으로 구성된 의회에서 국가의 최고의사를 결정하는 정치방식"을 말한다.[173] 그리고 민선의회를 통한 국민의 정치참여는 민주주의정치의 핵심이기도 하다. 독립협회는 1898년, 본격적으로 정치운동을 시작함과 동시에, 토론회에서 "의회원을 설립하는 것이 정치상에 제일 긴요함"이라는 의제로 의회설립운동을 표면화시켰다.[174]

정부고문 리젠드어(Legendre)는 독립협회의 의회설립 움직임에 대하여 한국의 현실은 "과거의 전제정치(the old absolutism)를 더 이상 유지할 수 없을 것이며, 그렇다고 철저한 대의정치(thoroughly representative government)도 맞지 않다"고 하고, 양자의 절충안으로 시 정부대신을 견제할 수 있는 자문원(Consulation Board)의 설치를 제의하였다.[175]

柳永烈, 위의 『開化期의 尹致昊研究』, 118~119쪽.

170) 『독립신문』 1896년 4월 11자 「론셜」.

171) 『독립신문』 1898년 7월 13일 「협회재쇼」.

172) 尹致昊, 1931.10, 「獨立協會의 活動」 『東光』 제26호, 36쪽.

173) 尹亨燮, 1975, 「의회정치」 『政治學大辭典』, 박영사, 1151쪽.

174) 『독립신문』 1898년 4월 9일 잡보.

175) 『尹致昊日記』 1898년 4월 14일조.

그러나 서재필 등 독립협회파는 이러한 정부측의 자문기관 설치 제의에 응하지 않고, 개화 각국의 선례에 따라 입법권과 행정권이 분립되고 민의가 반영되는 근대의회를 설립하여 의회정치를 구현코자 하였다.[176] 그러므로 그들은 구주 각국의 상하의원의 설치를 만국통용의 규범이라 하고 의회설립을 주장하였다.[177] 그러나 그들은 정부의 반대와 국민의 수준을 감안하여, 현실적으로 하의원의 설치는 시기상조라고 인식하고, 우선 上院式의 중추원을 개설하여 과도적인 의회정치를 실시하려 했던 것으로 이해된다.[178]

요컨대, 독립협회는 다수국민을 위한 정치원칙 아래, 공개정치·여론정치·정당정치·입헌정치·의회정치 등을 내용으로 하는 민주주의정치론을 폈고, 이의 실천운동을 전개하였다.

3) 독립협회파의 입헌군주정체론

민주주의정치론을 폈던 독립협회파는 그들이 추구하는 정치체계에 대하여 구체적으로 논급하지 않았다.

> ① 무식한 세계에는 군주국이 도로혀 민주국보다 견고함은 고금 사기와 구미의 정형을 보아도 알지라.[179] <『독립신문』의 하의원시기상조론에서>
> ② 우리나라 전제정치 하시는 대황제폐하를 만세무강하시도록 갈충보호하여 …[180] <유산된 관민공동회에서의 윤치호연설 중에서>
> ③ 외국인에게 依附치 말고 관민이 동심합력하여 전제황권을 공고케 할 사[181]<관민공동회의 헌의6조 중에서>

---

176) 『독립신문』 1898년 4월 30일 「론셜」.
177) 『承政院日記』 光武 2년 (陽) 7월 9일조 「中樞院一等議官尹致昊等疏」, 7월 20일조 「前中樞院議官尹致昊等疏」.
178) 柳永烈, 위의 『開化期의 尹致昊研究』, 124~125쪽.
179) 『독립신문』 1898년 7월 27일 「하의원은 급지 안타」.
180) 『독립신문』 1898년 10월 29일 별보 「대공동회」.

위에 예시한 독립협회파의 논설·연설·개혁강령을 거두절미하고 보면, 독립협회파가 전제군주제를 옹호하고, 민권에 모순되는 전제황권의 강화를 추구한 것으로 볼 수 있다.

그러나 ①은 민선 반·관선 반의 의석으로 신설될 의회식 중추원의 민선의석을 독립협회가 전담하게 되었을 때, 어용단체인 황국협회가 하의원을 설립하자는 억지 주장을 펴자, 아직 민도가 낮아 하의원의 설립은 시기상조라는 사실을 강조하려는 의도에서 나온 것이다. ②와 ③은 독립협회가 관·민의 합의로 국정개혁 강령을 결정할 관민공동회를 성사시키기 위하여, 한편으로는 민중의 과격한 언행을 자제시키고, 다른 편으로는 독립협회가 공화제를 추진하는 것이 아닌가 하는 황제의 의혹을 불식시키려는 의도에서 나온 것이다. ③의 "전제황권을 공고케 할 사"는 그 앞의 문맥과 독립협회 사상의 전체 구조에서 볼 때, 결코 민권에 대립되는 대내적인 황권의 강화를 의도한 것이 아니었고, 대외적인 국권의 강화를 의도한 표현이다. 그것은 당시 민주주의를 주장하는 용어조차 쓸 수 없었던 전제군주 체제 속에서, 독립협회파가 민주주의정치운동을 전개함에 있어, 황제와 친러수구파의 탄압을 피하기 위한 정치적 표현이었다.

독립협회파는 신문 논설을 통하여, 동양적 전제정치는 정부가 국가의 권리를 독단하고 민권을 유린하여, 국가 유사시에 인민의 협력을 얻을 수 없게 되어, 국가를 빈번히 쇠망케 한다고 하여 전제군주제를 부정하였다. 그러나 인민의 권리로 나라가 된다고 하지만, 3천년간 정부에 빼앗겼던 민권을 일시에 찾을 수 없다는 점을 지적하고,

---

181) 『皇城新聞』 光武 2년 11월 1일, 獨立協會 간행의 傳單.

> 창졸에 백성의 권리를 모다 주어 나라 일을 하라 할 것도 아니요, 관민이 합심하여 정부와 백성의 권리가 相半된 후에야 대한이 만억년 부강할 줄로 나는 아노라.182)

고 하여, 독립협회파는 관·민의 권리가 조화를 이루는 관민공치·군민공치의 정치체제 곧 입헌군주제를 선호하였다. 독립협회파는 "이탈리아에서 전제정치를 폐하고 입헌정치를 행하여, 인민에게 自由之權을 주었기에 이탈리아가 통일하였는지라"183)고 하여 입헌군주제 옹호론을 폈다.

독립협회의 최고지도자였던 서재필과 윤치호는 원래 미국의 민주주의정치를 선호하는 인물들이었다. 윤치호는 일찍이 미국유학시절에, 세계에는 "영국의 입헌군주제로부터 조선의 지독한 독재정치"에 이르는 여러 형태의 정치체제가 있다고 전제하고,

> 어느 누구도 미국의 민주주의가 그 결함에도 불구하고, 결국 가장 좋은 정부 형태임을 부인치 않을 것이다.184)

고 하여, 미국식 민주주의 정치체계 곧 공화제가 최선의 정치체제라고 생각하였다. 그러나 독립협회운동 당시에 공화제의 주장은 황제에 대한 반역을 의미하는 것이었으며, 또한 현실 상황을 고려하여 군민공치의 입헌군주제를 추구한 것으로 이해된다.

군주제는 통상 군주가 법으로부터 초월하여 자의적인 대권행사가 가능한 '전제군주제'와 군주의 대권이 헌법과 법률에 의하여 억

---

182) 『독립신문』 1898년 12월 15일 「민권론」.

183) 『독립신문』 1898년 12월 7일 「정치가론」.

184) 『尹致昊日記』 1893년 9월 24일조. "Yet no one will deny that the democracy of America is after all the best form of government inspite of its defects"

제되는 '입헌군주제'로 대별된다. 입헌군주제는 의회주권주의 · 의원내각제(내각책임제) · 실질적 권력분립 · 형식적 군주통치 등 자유민주주의적인 '의회제적 군주제' 곧 영국형의 입헌군주제와 군주주권주의 · 帝室內閣制 · 형식적 권력분립 · 실질적 군주통치 등 전제주의적 성격이 강한 '외견적 입헌주의제' 곧 프러시아형의 입헌군주제로 구별된다.[185)]

그러면 독립협회파는 어떠한 형태의 입헌군주제를 추구하였던가? 독립협회파는 입헌주의관과 대의제도관을 통하여 그 정치체제를 살펴보기로 한다.

입헌주의란 헌법에 따라 통치되는 정치원리를 말하며, 통치권력의 제한과 합리화를 통한 개인의 자유와 권리의 보장이 그 핵심을 이룬다. 그러므로 근대헌법은 인권보장, 권력분립, 법치주의를 그 특징으로 한다.[186)] 독립협회파는 인간의 생명 · 재산 · 자유 등을 천부인권으로 간주하고, 인권 · 민권의 보장을 주장하였다. 그리고 개화 각국의 선례에 따라 입법 · 행정의 권력분립을 주장하였다. 나아가 법률 · 장정을 철저히 실천하고, 모든 법과 令은 헌법으로 간주되는 홍범을 준행해야 한다고 하여, 법치주의와 입헌주의를 주장하였다.

독립협회파가 당시에 실천을 주장한 법률인 신법과 헌법으로 간주한 홍범은, 갑오개혁 때에 제정된 관제법률이었고 일종의 관제헌법이었다. 따라서 신법과 홍범은 형식면에서는 물론하고 내용면에서도 입헌주의적 법률이나 헌법으로서 대단히 미흡한 것이었다. 그러나 당시 상황에서 철저한 입헌주의적 법률과 헌법의 제정은

185) 田中浩, 1971, 「立憲君主制」『社會科學大辭典』 19, 東京 社會科學大辭典編輯委員會, 15쪽 ; 橋川文三 · 松本三之介 編, 1971, 『近代日本政治思想史』 I, 東京 有斐閣, 216~223쪽의 松永昌三 所論.

186) 桂禧悅, 「立憲主義」 위의 『社會科學大辭典』, 1246쪽.

현실적으로 불가능했고, 신법과 홍범은 어느 정도 인권·민권보장과 군주권 제약 및 법치주의 등 근대적 성격을 내포하고 있었다. 그러므로 그들은 신법과 홍범이 제대로 실천만 되면, 어느 정도의 인권·민권의 보장과 정치개혁이 가능하다고 믿었던 점에 유의해야 한다.

헌법에 대한 정치적인 목적과 의도는 그 추구하는 정치체제의 성격을 나타낸다. 일본의 경우를 살펴보기로 한다. 메이지(明治) 초기의 자유민권파는 헌법제정의 정치적 목적을 인권보장과 군권제약에 두었으므로, 국민주권론에 의거하여 영국형의 철저한 입헌주의 헌법을 주장하였다.187) 한편 명치정부측은 헌법 제정의 정치적 의도를 자유민권파의 입헌주의적 요구를 회피하고 번벌정권의 유지와 천황대권의 강화에 두었으므로, 군주주권론에 의거하여 프러시아형의 강력한 군권중심주의 헌법을 채용하였다.188)

독립협회파가 실천을 강조한 홍범은 제정 절차와 내용면에서 입헌주의적 헌법으로서 대단히 미흡한 것이었으나, 그들은 그 실천을 통하여 인권·민권을 보장하고 전제권력에 제약을 가하려고 하였다. 그러므로 그들의 헌법에 대한 정치적 의도는 일본의 경우와 비교하면, 명치정부측의 군권중심주의보다는 자유민권파의 국민주권적 입헌주의에 가까웠던 것으로 이해된다. 따라서 독립협회파가 구상한 정치체제는 '천왕지배 체제 내의 신민으로서의 자유'를 제한한 명치헌법 하의 일본형의 입헌군주제보다는 '절대주의권력으로부터 인민의 자유'를 추구했던 영국형의 입헌군주제에 가까웠던 것으로 이해된다.

다음으로 독립협회파의 대의제도관을 통하여 그 정치체제에 대

187) 橋川文三·松本三之介, 위의 책, 206~211쪽.
188) 위의 책, 211~213쪽.

한 구상을 살펴보기로 한다.

대의제도란 "전국민을 대표하는 의원으로 조직되는 의회를 설립하여 국가의사를 결정하는 국가제도"를 말하며, 실질적으로 의회제도와 동일한 의미를 가진다. 민선의회의 설립에 의한 국민참정의 실현과 대의정치의 실시는 민주주의정치의 요체라 할 수 있다. 독립협회파는 정부측의 자문기관 설치안에 반대하고, 개화 각국의 선례에 따라 의정기관으로서의 '의회원'과 행정기관으로서의 '내각'으로 권력이 분립되고, 민의가 반영될 수 있는 근대의회의 설치를 모색하였다.[189] 그러나 독립협회파의 의회설립운동은 오랫동안 정부와의 투쟁과 협상을 통하여 중추원의 의회식 개편으로 귀결되었다. 그러면 독립협회의 의회식 중추원 개편안[190]과 그 개편 의도를 살펴보기로 한다.

첫째로, 독립협회는 중추원개편안 제1조에 議定 사항으로 법률·칙령안과 인민의 헌의사항을 규정하였다. 그리고 독립협회파는 "인민은 입법에 발언권을 가져야 한다"[191]고 주장했으며, 법률이란 "정부와 백성이 란상공의하여 … 결정한 의안을 상주하여 재가하신 후 천하에 반포하는 것"[192]이라 하여, '국민의 입법권' 의식을 지니고 있었다. 전제군주제 하에서는 군주가 유일한 입법권자인데, 독립협회파가 官·民을 입법권자로 본 것은 근대의회의 입법개념에 접근하는 것이다. 이로 미루어 보아, 독립협회는 민의가 반영되는 '근대적 입법기관으로서의 의회'를 구상했던 것으로 이해된다.

---

189) 『독립신문』 1898년 4월 30일 「론셜」.
190) 鄭喬, 위의 『大韓季年史』 上, 272~273쪽.
191) *The Independent*, October 18, 1898, "A Foward Movement" 원문. "The people must have voice in the legislation so that abuses may be prevented before they grow beyond the possibility of cure".
192) 『독립신문』 1899년 3월 3일 「법률의 리해」.

둘째로, 독립협회는 중추원 개편안 제2조에 중추원 의관의 반수는 정부에서 임명하고, 그 반수는 독립협회에서 투표로 선출토록 규정하였다. 지역적 기초 위에서 전국민을 대표하는 의원으로 구성되는 의회가 대의제도의 기본요건임을 생각할 때, 독립협회가 구상한 중추원은 국민대표성이 극히 미흡한 것이었다. 그러나 당시 독립협회는 자타가 인정하는 '전국 인민의 대표단체'였으므로,[193] 독립협회에서 민선을 대행하는 중추원의 국민대표성을 전적으로 부인할 수는 없다. 『독립신문』 영문판 *The Independent*가 독립협회 구상의 중추원을 '일종의 준국민의회'(a kind of semi popular assembly)[194]라 표현한 것을 보아도, 독립협회의 중추원 개편 의도는 '국민대표기관으로서의 의회'를 만드는 데 있었던 것이다.

셋째로, 독립협회는 중추원 개편안 제8조에 중추원의 동의없이 의정부가 단독으로 국무를 집행할 수 없도록 규정하였다. 이것은 입법부와 행정부의 분립과 동등성을 포함한 권력분립을 의미하는 것이다. 윤치호는 "독립협회가 내치·외교·재정·군사 등 모든 정치를 중추원의 의결에 의하여 행할 것을 주장했다"[195]고 회고하였고, 『독립신문』은 중추원 개편 움직임과 관련하여 "중추원의 지위를 정부 각 마을 중에서 제일 높은 마을로 작정한다더라"[196]고

193) 『독립신문』 1898년 10월 12일, 10월 27일, 11월 29일자에는 각각 "독립협회는 … 전국인민을 대표하야", "대한 전국 2천만 동포 인민을 대표한 우리 독립협회 회원들", "독립협회 회원들은 종로 공동회 만민과 전국 2천만 동포 형제를 대표한 총대라"고 하여, 당시 독립협회는 국민대표단체임을 자부하였다. 한편 정부도 중추원 의관 반수를 人民이 선거토록 하고 당분간 독립협회로 하여금 이를 대행토록 하여 독립협회가 국민대표단체임을 인정하였다.

194) *The Independent*, October 27, 1898 "The privy Council" ; November 10 1898, "Molayo's Accounts of Recent Events in Seoul".

195) 尹致昊, 「獨立協會事件に就いて」, 위의 『韓末を語る』, 58쪽.

196) 『독립신문』 1898년 8월 1일 「중츄원이 놉다」.

보도한 바도 있다. 이로 미루어 보아, 독립협회는 국정 전반에 걸쳐 강력한 정부 통제의 기능을 가지는 '국정최고기관으로서의 의회'를 구상했던 것으로 이해된다.

넷째로, 독립협회는 중추원 개편안 제10조에 국무대신과 각부 협판은 중추원 의관을 겸임토록 했고, 제9조에는 국무대신은 위원을 구상하여 정부대표로서 중추원에 출석하여 의안을 설명토록 하였다. 독립협회파는 관리들로 하여금 어디엔가 책임지게 하는 책임정치를 강조했으나, '부패한 정부'나 '구미식의 국민의회'에 책임지게 하는 것은 비현실적이라고 인식하였다.[197] 그러므로 그들은 정부의 각료들이 중추원 의관을 겸임하는 일종의 내각을 만들고, 국무대신으로 하여금 그 주임사항에 대하여 독립협회가 주도하는 의회식 중추원(준국민의회)에 정치적 책임을 지게 하는 '책임내각을 전제로 하는 의회'를 구상했던 것으로 이해된다.[198] 이것은 내각이 정치적 책임을 천황에게만 지는 메이지 일본의 帝室內閣制보다는, 내각이 정치적 책임을 의회에 지는 영국의 의원내각제 곧 내각책임제적 발상에 접근하는 것으로 볼 수 있다.

요컨대, 독립협회파가 실천을 강조한 '신법'과 '홍범'은 입헌주의적 법률과 헌법으로서 지극히 미흡한 것이었고, 독립협회가 정부와 협상과정에서 구상한 의회식 중추원은 근대의회로서 지극히 미흡한 것이었다. 그러나 독립협회가 신법과 홍범의 실천을 강조하고 중추원의 의회식 개편을 추진한 정치적 목적은, 불철저하나마 영국형의 입헌군주제 곧 입헌대의제를 구현코자 한 것으로 이해된다.

197) *The Independent*, July 28, 1898, "The Utility of Independence Club".
198) 愼鏞廈, 「獨立協會의 社會思想」『獨立協會研究』, 214~215쪽.

Ⅲ. 애국계몽운동기

1. 민주주의정치운동의 퇴조

민중을 근대의식과 애국정신, 그리고 국권·민권사상으로 계몽하여 국민의 힘으로 완전한 자주독립국가를 만들고, 근대적 국민국가를 수립하려는 애국계몽운동은 독립협회에 의하여 시작되었다. 독립협회 해체(1898.12) 이후, 애국계몽운동은 러일전쟁(1904.2)을 계기로 다시 일기 시작하였고, 乙巳條約(1905.11)을 계기로 본격화되어 '한일합방'(1910.8)에 이르기까지, 항일의병운동과 더불어 구국민족운동의 일대 조류를 이루었다. 그러므로 우리는 이 시기를 애국계몽운동기라 설정하고, 이 시기에 있어서 민주주의정치운동의 전개상황을 살펴보고자 한다.

1898년 12월에, 독립협회와 만민공동회 등 모든 민회가 강제로 해체되고, 민중의 정치운동은 일체 중단되었다. 1899년 8월에는, 대한제국이 '자주독립하온 帝國'임과 황제의 '무한하온 군권'만을 일방적으로 규정한 '대한국국제'가 반포되었다.[199] 일종의 헌법인 이같은 '대한국국제'의 반포는, 독립협회와 만민공동회의 민주주의정치운동을 말살하고, 전제황권을 법제화한 보수반동체제의 형

199) 田鳳德, 1981, 「大韓國 國制의 制定과 基本思想」『韓國近代法思想史』, 博英史, 105~118쪽. 大韓國國制(全文 9條)는 제 1조에 大韓國이 "自主獨立하온 帝國"이라는 것, 제 2조에 대한제국의 정치는 "萬世不變하오실 專制政治"라는 것, 제 3조에 황제의 '無限하온 君權', 제 4조에 君權의 不可侵性을 규정하였고, 제 5조에서 제 9조에는 황제의 陸海軍統率權·法律制定權·文武官任命權·宣戰講和權 등을 규정하였다.

성을 의미하는 것이었다.

한편, 1900년대에 들어, 만주와 한반도의 지배권을 둘러싼 러시아와 일본의 첨예한 대립은 러일전쟁(1904.2)으로 표출되었다. 개전 이후, 일본은 2개 사단의 병력을 투입하여 사실상 한반도를 군사적으로 장악하고,[200] 일본인 고문을 파견하여 '고문정치'를 실시하였다. 러일전쟁에 승세를 잡은 일본은, 1905년 미국·영국·러시아로부터 한국에 대한 지배권을 인정받고, 을사조약(1905.11)을 강제로 체결시켰다. 이로써 일본은 한국의 외교권을 빼앗고, 통감정치(1906.3)를 실시하여, 한국은 보호국체제를 강요당하였다.

이처럼 안으로부터 보수반동체제가 강화되고, 밖으로부터 보호국체제가 강요된 시기에 민주주의정치운동은 퇴조할 수밖에 없었다. 그러나 수많은 정치·사회단체들이 조직되어, 독립협회와 만민공동회운동의 맥을 이은 애국계몽운동을 전개하였다.

노일전쟁을 전후하여, 기독교청년회(1903.10)·보안회(1904.7)·국민교육회(1904.8)·공진회(1904.12)·헌정연구회(1905.5)·인민대의회·동아개진교육회(1905.7)·대한구락부(1905.9) 등 정치·사회단체들이 조직되었다.[201] 을사조약 이후에는, 대한자강회(1906.4)·

---

200) 尹炳奭, 1976, 「日帝의 韓國主權 侵奪過程」『한국사』19, 국사편찬위원회, 115~119쪽.

201) 趙恒來, 1976, 「舊韓末 社會團體의 救國運動」『省谷論叢』7, 성곡학술문화재단, 526~528쪽 ; 金祥起, 1985, 「韓末 新敎育救國運動 硏究」, 韓國精神文化硏究院 碩士學位論文, 45쪽 ; 崔起榮, 1992, 「舊韓末 共進會에 관한 一 考察」『世宗史學』1, 세종대 사학회, 65~66쪽 ; 崔起榮, 「舊韓末 憲政硏究會에 관한 一考察」『尹炳奭敎授華甲論叢』, 437쪽. 이 시기에 獨立協會 출신이 정치·사회단체의 조직과 활동을 주도하였다. 尹致昊·李源兢·金奎植·李商在·金明濬 등은 기독교 청년회에서 주도적 역할을 했고, 李儁·李商在·李東輝 등은 輔安會에 참여하였다. 國民敎育會는 독립협회 출신 李源兢(회장)·李儁·全德基·崔炳憲 등에 의하여 조직되고 주도되었다. 共進會는 독

대한협회(1907.11)·신민회(1907.4)·기독교청년회·대한구락부 등의 정치·사회단체, 국민교육회·서우학회(1906.10)·한북흥학회(1906.11)·서북학회(1908.1)·호남학회(1907.7)·기호흥학회(1908.1)·교남교육회(1908.3)·관동학회(1908.3) 등의 교육단체, 그리고 『제국신문』·『황성신문』·『대한매일신보』·『만세보』·『대한민보』 등의 언론기관, 기타 수많은 단체들이 활동하였다.[202]

을사조약(1905.11) 이후 한일합방(1910.8)에 이르는 시기에 한국인의 정치활동은 크게 제한되었다. 그러므로 大韓自强會 창립 당시에, 발기인들은 경무청의 요구에 따라 정치문제에 간여치 않겠다는 증명서를 제출해야만 하였다.[203] 그러나 당시 수많은 애국계

립협회출신 李儁(회장)·金明濬(부회장)·尹孝定(평의원)·尹夏榮(평의장) 등이 그 조직과 활동을 주도했으며, 그 후신인 憲政研究會의 조직과 활동은 李儁(부회장)·尹孝定(평의장) 등이 주도하였다.

202) 獨立協會 출신은 乙巳條約 이후에도 주요 애국계몽단체의 조직과 활동을 주도하였다. 대한자강회의 창립주역은 尹孝定과 張志淵이었고, 그 지도부인 회장단과 평의원 역임자 총 43명 중, 尹致昊(회장)·尹孝定(부회장·총무원)·林炳恒(평의장)·張志淵(평의장)·池錫永(평의장) 등 21명이 독립협회 출신이었다. 그 후신인 대한협회의 발기인 10명 중 6명이 독립협회 출신이었고, 南宮檍(회장)·金嘉鎭(회장)·吳世昌(부회장)·尹孝定(총부)·呂炳鉉(교육부장)·李鍾一(지방부장·회보편집인)·安昌浩(평의원)·張志淵(평의원) 등 독립협회 출신 25명이 그 임원으로서 활동을 주도하였다. 新民會의 창립위원 8명 중 安昌浩·梁起鐸·全德基·李東輝 등 7명이 독립협회 출신이었고, 독립협회 출신 26명이 그 주도회원으로 활동하였다. 서북학회도 鄭雲復(회장·부회장)·金明濬(총무·평의원)·李甲(총무·평의원)·許憲 (부총무·평의원)·朴殷植(월보 주필·평의원)·李東輝(각종 위원)·李昇薰(정주 지회장) 등 다수의 독립협회출신이 그 조직과 활동을 주도하였다. 『제국신문』(李鍾一·李承晩·鄭雲復)·『皇城新聞』(南宮檍·張志淵·朴殷植·羅嘉淵)·『大韓每日申報』(梁起鐸·朴殷植·申釆浩) 등 당시 언론기관도 사실상 독립협회 출신이 주도하였다.

203) 『大韓自强會月報』(아세아문화사, 1976) 제1호, 12쪽.

몽단체들은 “실력양성에 의한 국권회복”이라는 사실상의 정치적 목표를 가지고 활동하였다. 대한협회는 ‘국권만회’의 중심단체 또는 ‘국민적 정당’임을 자부하고, “천하 국가의 일을 자임해야 한다”는 강한 정치의식을 가지고 활동하였다.[204)]

그러면 애국계몽운동파가 어떠한 형태와 내용의 정치운동을 전개했는지, 몇 가지 유형으로 나누어 살펴보기로 한다.

첫째로, 애국계몽파는 근대적 민중집회에 의한 정치운동을 전개하였다.

러일전쟁 중인 1904년 7월에, 輔安會는 종로에서 연일 민중집회를 열고, 토지약탈을 목적으로 한 일본의 황무지개척권 요구에 반대시위를 벌여 이를 좌절시켰으나, 일본의 압력에 의하여 해체되고 말았다.[205)] 1904년 12월에, 共進會는 민중대회를 열고 肅淸宮禁과 시정개선을 요구하다가 해체되었다.[206)]

을사조약 이후 1907년 7월에, 대한자강회는 同友會・기독교청년회・대한구락부・국민교육회 등과 함께, 일본이 강요하는 고종퇴위에 반대하여 격렬한 대중시위를 전개하다가 강제로 해체되었다.[207)] 1909년 12월에, 大韓協會는 한성부민회・흥사단 등과 함께 ‘국민대연설회’를 조직하여, 一進會의 합방운동에 반대하는 민중집회를 주도했다가 합방과 동시에 해체되었다.[208)] 이같은 민중집

---

204) 柳永烈, 「大韓協會의 愛國啓蒙思想」 『李載龒博士華甲論文集』, 691~692・693~699쪽.

205) 尹炳奭, 1964, 「日本人의 荒蕪地開拓權要求에 대하여」 『歷史學報』 22, 역사학회, 25~72쪽 ; 趙恒來, 위의 「舊韓末 社會團體의 救國運動」, 526~528쪽.

206) 崔起榮, 위의 「舊韓末 共進會에 관한 一 考察」, 88~89·94~95쪽.

207) 柳永烈, 1987, 「大韓自强會의 愛國啓蒙運動」 『韓國民族主義 運動史研究』, 일조각, 64~66쪽.

208) 朴成壽, 1981, 「愛國啓蒙團體의 合邦反對運動」 『崇義論叢』 5, 숭의

회에 의한 정치운동은 독립협회와 만민공동회의 민중운동을 방불케 하는 것으로, 애국계몽운동기에는 철저하게 탄압되었다.

둘째로, 애국계몽파는 근대사회에서 행해지는 국민적 모금방식에 의하여, 국채보상운동 곧 국권회복을 위한 정치운동을 전개하였다.

일제는 시정개선의 명목으로, 실제로는 대한제국을 경제적으로 장악하기 위하여, 1907년 2월까지 1,300만 원에 달하는 막대한 차관을 대한제국에 제공하였다. 이것은 대한제국의 1년에 예산에 맞먹는 액수였다. 이에 국민의 힘으로 國債를 갚고 국권을 지키려는 국채보상운동이 전개되었다. 국채보상기성회를 중심으로 대한자강회·기독교청년회·대한매일신보 등 수많은 애국계몽단체들이 신문과 잡지, 대중강연을 통하여 모금운동을 주도하였다. 모금을 위해 금연운동이 전개되었고, 부녀자들은 비녀와 가락지까지 내어 호응하였다. 이같은 거족적인 모금운동으로 전국 각지에서 230여 만원의 의연금이 모아졌으나, 일제통감부의 간교한 방해공작으로 그 목적을 달성할 수는 없었다.[209] 당시 통감부 경무총감이 국채보상운동에 대하여, "그 목적은 현 정부가 부담하고 있는 일본의 국채 1,300만 원을 보상하는데 있다고 표방하나, 내용은 국권회복을 의미하는 일종의 배일운동임은 말할 나위도 없다"[210]고 통감에게 보고했듯이, 국채보상운동은 경제적인 면에서의 국권회복운동이었다. 그리고 애국계몽파의 국채보상운동은 독립협회의 '국민적

여자전문대학, 58~63쪽.

209) 의연금 모금 총액에 대한 通說은 국사편찬위원회, 1965, 『韓國獨立運動史』 1, 175~176쪽에 의거한 약 231만 원인데, 최근에 연구된 趙恒來, 1987, 「국채보상운동」 『한민족독립운동사』 1, 국사편찬위원회, 668쪽 에는 약 18만 8천 원으로 밝혔다. 여기서는 일단 통설에 따랐다.

210) 『駐韓日本公使館記錄』 出張中授受電信控 明治 41년 3월 2일조 ; 國史編纂委員會, 1972, 『高宗時代史』 6, 탐구당, 590~591쪽.

모금에 의한' 독립문 건립운동을 방불케 하는, 국권회복을 위한 근대적 정치운동이었다.

셋째로, 애국계몽파는 민주주의정치제도의 확립을 위한 목표를 가지고 정치개혁운동을 전개하였다.

을사조약 이전에, 공진회는 전국민의 문명화에의 동참과 법치국가의 실현을 취지로 활동하였고,[211] 그 후신인 헌정연구회는 국민의 정치의식 고취와 입헌정체의 연구 실시를 목표로 활동하였다.[212] 을사조약 이후에, 헌정연구회를 계승한 대한자강회와 그 후신인 대한협회, 그리고 신민회・서북학회 등 수많은 애국계몽단체들은 "실력양성에 의한 국권회복"과 동시에, '국민국가건설'이라는 민주주의정치제도의 확립을 목표로 삼고 활동하였다.[213]

을사조약 이전에, 공진회는 앞서 언급한 것처럼, 민중집회를 통하여 시정개선운동을 시도하였다. 그러나 이로 인하여 조직 자체가 해체되었다. 더욱이 을사조약 이후에는, 애국계몽파가 민중집회를 배경으로 하여 민권보장운동이나, 의회설립운동 같은 민주적 정치제도의 확립을 위하여 적극적인 정치운동을 전개할 수 없었다. 다만 대한자강회와 대한협회 등은 정부의 시책을 비판하기도 하고, 정치적 대안을 건의하기도 하였으며, 부패 무능한 대신 등의 퇴진을 요구하기도 하였다.[214] 대한자강회는 의회설립의 예비단계

---

211) 崔起榮, 위의 「舊韓末 共進會에 관한 一 考察」, 110쪽.

212) 崔起榮, 위의 「舊韓末 憲政硏究會에 관한 一 考察」, 460쪽.

213) 유영렬, 1987, 「대한자강회와 신민회의 민족운동」 『한민족독립운동사연구』 1, 국사편찬위원회, 172~175・186~189쪽 ; 柳永烈, 위의 「大韓協會의 愛國啓蒙思想」, 700~701쪽 ; 李松姬, 1983, 「韓末 西北學會의 愛國啓蒙運動」 上 『韓國學報』 31, 일지사, 60~61쪽, 제10호, 66~69쪽, 제11호, 44・47~49쪽.

214) 柳永烈, 위의 「大韓自强會의 愛國啓蒙運動」, 51~54・57・58쪽 ; 『大韓協會會報』 제6호, 65쪽, 제7호, 60~61쪽, 제10호, 66~69쪽, 제11호, 44

로서 지방자치제의 실시를 주장하였고, 중추원은 이를 수용하여 '인민의 자치제도'를 서울에서부터 실시할 것을 결의하고, 그 실시를 정부에 촉구하기도 하였다.[215] 그러나 일본의 한국지배정책에 배치되는 지방자치제의 실시가 실현될 수는 없었다. 이처럼 애국계몽파의 정치개혁운동은 현실적으로 거의 성과를 거두지 못하였다.

넷째로, 애국계몽파는 민중계몽을 통하여 민주주의정치사상을 널리 전파하였다.

애국계몽파는 약육강식·우승열패의 국제사회에서 "정치의 우열이 국가의 강약을 좌우한다"[216]고 하여, 민중에게 정치발전의 중요성을 계몽하였으며, 전제국가에서는 민권의 보장도, 실력의 양성도, 국권의 회복도 불가능하다고 하여, 민중에게 국민국가건설의 중요성을 계몽하였다.[217] 그리고 그들은 '민주공화정체'의 우월성을 공개적으로 주장하였고, 현실적으로는 '입헌대의제' 곧 입헌군주제의 점진적 실시를 주장하였으며, 입헌대의제의 실시에 앞서, 국민의 자치능력과 참정능력의 배양을 위하여, '지방자치제' 실시의 필요성을 적극 계몽하였다.[218]

당시 수많은 애국계몽단체 중에서, 대한자강회는 전국에 25개 이상의 지회와 1,500여 명의 회원을 확보하였고,[219] 대한협회는 전국에 70여 개의 지회와 수만 명의 회원을 확보하였다.[220] 서북학회

·47~49쪽.

215) 尹孝定, 「지방자치제론」 『大韓自强會月報』 제4호, 18~21쪽 ; 『大韓自强會月報』 제8호, 66쪽 「樞院議決自治制」, 제9호, 71쪽 「추원의결」.

216) 李種濬, 「敎育論」 『大韓自强會月報』 제7호, 1~2·5쪽.

217) 柳永烈, 1990, 「愛國啓蒙派의 民族運動論」 『國史館論叢』 15, 국사편찬위원회, 137~138쪽.

218) 柳永烈, 위의 논문, 131~134쪽.

219) 柳永烈, 위의 「大韓自强會의 愛國啓蒙運動」, 20~21쪽.

220) 대한협회의 고문 大垣丈夫에 의하면, 1909년 11월 말 현재, 대한협회 회원수는 4만 9천 28명으로 집계된다(국사편찬위원회, 『韓國獨立運

는 서북지방에 31개의 지회와 69개의 지교(서북학회 가입학교), 그리고 2,500여 명의 회원을 확보하였으며,[221] 기호학회는 기호지방에 17개의 支會와 1,500여 명의 회원을 확보하였다.[222] 이처럼 거대한 조직과 세력을 형성한 애국계몽파는, 국권회복을 위한 실력양성의 일환으로 신문 · 잡지 · 강연회 · 토론회에 의한 민중계몽을 통하여, 민주주의정치사상을 사회일반에 광범위하게 전파할 수 있었다.

다섯째로, 애국계몽파는 학교교육을 통하여 자유민권의 민주주의사상을 보급하였다.

애국계몽파와 그 영향으로 1907년에서 1909년 사이에, 전국 각지에 무려 3,000여 교의 학교가 설립되었다.[223] 1909년 말 현재 전국의 학교 총수는 약 5,500교였고, 이 중 사립학교는 약 3,000校였으며, 당시 학생 총 수는 20만 명에 달하였다.[224] 애국계몽운동기에, 사립학교의 설립 취지가, "민지발달, 문명부강"<보성학교>, "민권신장, 국권회복"<강성군 야학교>, "涵養獨立自由之德, 以成國家需用之才"<보명학교>, "新民造成, 新國建立"<신민학교>, "신학문 · 신사상 · 국권회복, 인권확장"<유신학교> 등으로 표현되고 있듯이,[225] 당시 사립학교는 신학문 · 신사상의 근대문명교

動史』 1, 483쪽). 한편 鄭灌, 1982, 「舊韓末 愛國啓蒙團體의 活動과 性格」 『大丘史學』 20·21합집, 대구사학회, 272쪽에 보면 대한협회는 최소한 67개의 支會와 4,792명의 등록회원을 확보한 것으로 되어 있다.

221) 李松姬, 1983, 「韓末 西北學會의 愛國啓蒙運動」 上 『韓國學報』 31, 일지사, 96·103·105쪽. 서북학회에 입회금을 내고 가입한 회원수는 2,391명으로 집계된다.

222) 鄭灌, 위의 논문, 272쪽.

223) 『皇城新聞』 1909년 5월 8일 잡보 「私立學校認許數」.

224) 國史編纂委員會, 1965, 『韓國獨立運動史』 1, 358~360쪽 ; 朝鮮總督府, 1918, 『朝鮮の保護及併合』, 378쪽.

225) 金祥起, 위의 「韓末 新教育救國運動 硏究」, 116~118·125·128쪽 ; 孫

육, 자주국권의 민족주의교육, 그리고 자유민권의 민주주의교육을 실시하였다. 자유민권의 민주주의사상은 『만국사기』·『국가학』·『법학통론』·『헌법대의』 등의 교과서와, 『미국독립사』·『자유론』(梁啓超) 등의 부독본을 통하여 보급되었으며,[226] 당시 유행하던 唱歌를 통해서도 전파되었다. 당시 학생들이 즐겨 부르던 「소년모험가」 1절을 소개하면 다음과 같다.

> 2천만 동포 우리 소년아
> 국가의 수치 네가 아느냐
> 천부의 자유권은 차가 없거늘
> 우리 민족 무삼 죄로 욕을 받는가.[227]

이처럼 애국계몽파는 무수한 사립학교를 설립하고 학교 교육을 통하여, 자유민권의 민주주의사상을 청년학생층에 광범위하게 보급할 수 있었다.

요컨대, 애국계몽파는 민주주의정치제도의 확립을 위한 민중운동 또는 적극적인 정치운동을 전개할 수는 없었으나, 민중집회 또는 근대적 방식에 의하여, 자주국권을 위한 정치운동을 전개하였다. 특히 그들은 민중계몽과 학교교육을 통하여, 민주주의정치사상 또는 자유민권의 민주주의사상을 한국사회에 광범위하게 전파 보급함으로써, 우리나라 민주주의정치에 기초를 마련하였다고 하겠다.

仁銖, 1974, 「各級教育機關」 『한국사』 20, 국사편찬위원회, 176·180·184·191쪽.

226) 金祥起, 위의 논문, 49·58·62·68·70쪽 ; 白淳在, 1974, 「教科書編纂」 『한국사』 20, 국사편찬위원회, 225쪽.

227) 孫仁銖, 위의 논문, 197쪽.

2. 민주주의정치사상의 발전

대한제국 후기에 애국계몽파는 독립협회의 인맥·운동·사상을 계승하여, 일제의 보호국체제 하에서 국권회복을 궁극의 목표로 삼고, "국권회복을 위한 실력양성"을 당면의 목표로 설정하였다.

대한자강회·대한협회 중심의 애국계몽파는, 첫째로 약육강식·우승열패의 국제사회에서 국민의 개명과 문명의 고도화가 약자의 강자화의 길이라 믿고, 교육진흥에 의한 국민의 '문화적 실력양성론'을 제기하였다. 교육의 내용으로는 근대문명교육·실업교육·민족주의적 교육·민주주의적 교육이 강조되었다.[228] 둘째로 애국계몽파는 식산흥업을 통한 국민의 경제적 자립과 국가의 부강 실현이 국권회복의 기초라고 보아, 식산흥업에 의한 국민의 '경제적 실력양성론'을 제기하였다. 그리고 식산흥업을 위하여 기본적으로 국민의 신체적 자유와 재산권 보장이 강조되었다.[229] 셋째로 애국계몽파는 국민의 애국심 또는 조국정신이 교육과 식산을 고무시키고, 실현된 자강을 독립으로 이어주는 연결고리라고 간주하여, 애국심·조국정신의 강화에 의한 국민의 '정신적 실력양성론'을 제기하였다. 애국심의 강화에는 민권의 신장과 국민참정의 실현에 의한 국민과 국가와 일체감의 조성이 강조되었다.[230] 넷째로 비밀

---

228) 「大韓自强會趣旨書」『大韓自强會月報』(이하『月報』라 略함) 제1호, 9~10쪽 ; 金成熙, 「敎師의 槪念」『月報』 제8호, 25쪽 ; 柳永烈, 위의 「大韓自强會의 愛國啓蒙運動」, 34~36쪽 ; 주 225)와 같음

229) 張志淵, 「殖產興業의 必要」『月報』 제1호, 34~35쪽 ; 張志淵, 「國家貧弱之故」『月報』 제6호, 10~15쪽, 『月報』 제7호, 6~8쪽 ; 金成喜, 「殖產部論說」『月報』 제6호, 38~40쪽 ; 呂炳鉉, 「殖產部論說」『月報』 제2호, 14~16쪽.

230) 朴殷植, 「大韓精神」『월보』 제1호, 58쪽 ; 尹孝定, 「本會의 趣旨와 特

결사인 신민회 중심의 애국계몽파는 적절한 기회에 일제와 근대전을 수행하여 독립을 쟁취해야 한다는 독립전쟁론에 의거하여, 국외에 독립군기지를 건설하려는 민족의 '군사적 실력양성론'을 제기하였다. 국외의 독립군기지로서 건설되는 한인 마을에서는 군사교육과 더불어 근대문명교육과 민족주의교육이 중요시되었다.[231]

나아가 애국계몽파는 전체정치 하에서는 국민의 생명・재산 등 민권이 유린되어 민력이 쇠잔해지고, 국력이 쇠퇴해져서 국가가 쇠망케 된다고 하고, 결국 "견제받지 않은 전제정치가 나라를 파멸시켰다"는 생각에서, 입헌정치의 실현에 의한 국민의 '정치적 실력양성론'을 제기하였다. 입헌정치의 주장은 민선의회의 설립에 의한 민주주의정치의 실현을 의도한 것이었다.[232] 이처럼 일제의 보호국체제하에서, 애국계몽파의 근대적 정치 개혁론 또는 민주주의정치론은 국권회복의 방안으로 제기되었다.

한편, 애국계몽파는 국권회복을 궁극의 목표로 설정함과 동시에, 인간 본연의 권리로서 자유민권을 인식하고, 근대국민국가건설을 또 다른 궁극의 목표로 설정하였다.

애국계몽파는 자유란 "皇天이 인간에게 부여한 것"이며, 인간의 대소강약은 다르나 "天賦自由之權은 동일하다"고 하여 천부인권을 주장하고, 천부인권론에 기초하여 국민의 자유권・평등권・생

性」『월보』 제1호, 22쪽 ; 尹孝定,「專制國民은 無愛國思想論」『月報』 제5호, 19~22쪽 ; 尹孝定,「國家的 精神을 不可不發揮」『月報』 제8호, 8쪽.

231) 愼鏞廈, 1985,「新民會의 創建과 國權恢復運動」『韓國民族獨立運動史硏究』, 乙酉文化社, 103~105·116쪽 ; 강재언, 1983,「한국독립운동의 근거지문제」『근대한국사상사연구』, 한울, 228~231쪽.

232) 張志淵,「國家貧弱之故」『月報』 제6호, 11~12쪽 ; 尹孝定,「地方自治制論」『月報』 제4호, 18~19쪽 ; 金成喜,「國民的 內治 國民的 外交」『大韓協會會報』(이하『會報』라 略함) 제4호, 25~26쪽.

존권을 주장하였다.[233] 그리고 그들은 사회계약론적 국가관에 기초하여 국민을 국가의 통치권 곧 주권의 근원 또는 위임자로 보고, 통치자와 정부를 주권의 수임자로 보아, 국민주권과 국민참정권을 주장하였다.[234] 또한 애국계몽파는 이러한 자유민권사상을 바탕으로 하여 근대국민국가관을 가지게 되었다. 그들은 '짐은 곧 국가'라고 한 루이 14세의 말을 '大逆無道'하다고 비판하고, '짐은 국가의 상등 공용인'이라고 한 프레데릭 2세의 말을 '만세의 귀감'이라고 극찬했듯이, 군주=국가관을 부정하였다.[235] 그리고 그들은 "국가의 국가됨이 衆多 인민을 집합하여 이룬 것이므로, 위로 君位와 아래로 관직은 모두 백성을 위하여 설치한 것"이라 하고,[236] "백성은 국가 전체의 주인이요 정부는 民人 의사의 대표"이므로, 정부는 백성의 同意에 의하여 통치해야 한다고 했으며,[237] "국가는 吾人(=인민)의 국가요 정치가의 국가가 아니며, 정치가는 오직 우리나라 인민의 사역자"라 하여, 국가를 국민집단과 동일시하는 '국민의 국가'로 인식하였다.[238] 이처럼 애국계몽파는 전통적인 군주국가관을 부정하고, '국민을 위한', '국민에 의한', '국민의 국가' 곧 근대국민국가관을 제시하였다.

한편, 애국계몽파는 입헌정체는 '평등권의 특질'과 '대의기관의 특질'이 있다고 하고, 대의기관을 통하여 국민의 자유 권리를 보장

233) 南宮湜, 「自由論」『月報』 제9호, 9쪽 ; 元泳義, 「自助論」『月報』 제13호, 11쪽 ; 薛泰熙, 「拋棄自由者爲世界之罪人」『月報』 제6호, 19~20쪽 ; 金成喜, 「工業說」『月報』 제10호, 28~29쪽.

234) 薛泰熙, 위와 같음 ; 尹孝定, 「政治家의 持心」『月報』 제12호, 11~12쪽 ; 金成喜, 「政黨의 事業은 國民의 責任」『會報』 제1호, 28~31쪽.

235) 海外遊客, 「國家及皇室의 分別」『月報』 제3호, 56쪽.

236) 元泳義, 「政體槪論」『會報』 제3호, 28쪽.

237) 金成喜, 「論外交上經驗的 歷史」『會報』 제8호, 4쪽.

238) 卞悳淵, 「國民과 國家의 關係」『會報』 제7호, 30쪽.

하고 국민이 국가의 책임자가 되는 국가를 '국민적 국가'라고 규정하였다.[239] 그리고 그들은 "정부는 결코 정부 당국자의 정부가 아니고 곧 전국 국민의 정부"라던가,[240] 국민의 공동사상으로 구성된 정부를 '국민적 정부'라 하고, 국민정부는 바로 문명국가의 '책임내각'을 의미하며, 국민국가에 부합되는 정부형태라고 인식하였다.[241] 또한 그들은 근대의 정당은 과거의 붕당과 달리, 국리민복을 목표로 公義를 소중히 여기는 公黨이며, 국회를 활동무대로 하는 '국민적 정당'이라 하고, 국민정당은 정부로 하여금 헌법을 발포하고 국회를 소집케 하여, 책임내각 곧 국민정부를 수립케 하는 추진체라고 인식하였다.[242] 따라서 그들은 "오늘날 세계로 정당 없는 입헌국가 없고, 정당 있는 전제국가 없다"[243]고 하고, 우리나라도 국민정당을 결정하고 헌법의 발포와 국회의 설립을 추진하여, 국민정부를 수립하고 "국민 국가를 構造"해야 한다는 국민국가건설론을 제기하였다.[244] 대한협회는 스스로 국민정당임을 천명하고, '장래 국회의 대표'임을 자부하기도 하였다.[245] 이처럼 애국계몽파는 과거의 독립협회파가 우회적·간접적으로 표방한 국민국가관과 국민국가건설론을 분명한 문자로 공개적으로 표방하였다.

---

239) 金成喜, 「政黨의 事業은 國民의 責任」『會報』 제1호, 28~30쪽.
240) 大韓子, 「政府當局者의 猛省을 再警함」『會報』 제7호, 4쪽.
241) 金成喜, 「政黨의 事業은 國民의 責任」『會報』 제1호, 30~32쪽.
242) 安國善, 「政黨論」『會報』 제3호, 24쪽 ; 金成喜, 「政黨의 事業은 國民의 責任」『會報』 제2호, 21~24쪽 ; 金成喜, 「政黨의 責任」『會報』 제3호, 22쪽.
243) 金成喜, 위의 「政黨의 責任」과 같음.
244) 金成喜, 「政黨의 事業은 國民의 責任」『會報』 제1호, 28~30쪽.
245) 李鉉淙, 1970, 「大韓協會에 關한 研究 」『亞細亞研究』 8-3, 고대 아세아문제연구소, 34쪽 所收. 대한협회 安東支會의 취지문에는 "大韓協會는 大韓國民의 政黨이며 國民은 民國의 主人이다"고 했다. 金成喜, 「政黨의 事業은 國民의 責任」『會報』 제2호, 21~22쪽.

애국계몽파는 국민국가에 부합되는 이상적인 정치체제로서 공화제를 선망하였다.

대한자강회의 평의원 薛泰熙는, 법률상 정치체제를 공화정체·입헌정체·전제정체로 분류하고, 이 세 종류의 정체는 모두 利國便民에 근본 의도가 있으나, 가장 미진한 전제정체는 군주의 私意에 따라 운용된다고 하여 전제국가를 '無法國家'라 매도하고, 공화정체가 가장 우수하고 진보된 정체라는 '공화정체우월론'을 제기하였다.[246] 대한협회 회보편찬원 원영의도, '전제군주정체'는 군주가 주권과 국민의 生殺與奪權을 가지는 독재체제로서, 군주와 私黨에 운용되어 민권보장이 불가능하며, 군민상하가 일체감을 가질 수 없는 최악의 정체라고 비난하고, '민주공화정체'는 주권이 국민에게 있고, 국민참정을 통하여 민권보장이 가능하며, 至公無私하고 상하화동하는 最美의 정체라는 '民主共和政體最美論'을 제기하였다.[247] 그리고 이들 애국계몽파는, 국민의 자유와 권리를 위한 정치의 목적과 그 기원, 그리고 정치의 발전과정에 비추어, 민주공화정체가 국민국가에 가장 부합되는 이상적인 정치정체라는 논리를 폈다.[248] 이같은 애국계몽파의 공화제예찬론은 1898년 독립협회의 자유민권운동 당시에, 공화제를 거론하는 것조차 위험시되었던 것과는 너무도 큰 대조를 이루는 것이다.[249]

---

246) 薛泰熙, 「法律上 人의 權義」『月會』 제9호, 12~13쪽.

247) 元泳義, 「政體概論」『會報』 제3호, 27~28쪽.

248) 元泳義, 「政治의 進化」『會報』 제7호, 25~26쪽. 제10호, 28쪽, 제11호, 22~23쪽.

249) 1898년 10월 28일, 독립협회 주도하의 官民共同會 첫날 회장 尹致昊는 대회 중에 지켜야 할 네 가지 조건의 하나로, "황제와 황실에 대한 不敬한 언사 및 民主主義와 共和政治에 대한 주장은 용납되지 않는다"고 밝혔다. 이것은 황제와 수구파의 독립협회운동에 대한 의구심을 풀어주고 관민공동회를 성사시키려는 것이었다.

뿐만 아니라, 애국계몽파의 비밀결사인 신민회는 공화제를 정치적 목표로 설정하기까지 하였다. 신민회는 그 통용장정에서, "부패한 사상과 습관을 혁신하여 국민을 유신케 하며, 퇴폐한 교육과 산업을 개량하여 사업을 유신케 하며, 유신한 국민이 통일연합하여 유신한 자유문명국을 성립케 함을 목적으로 한다"고 규정하고,[250] 그 취지에서는 "신 정신을 喚醒하여 신 단체를 조직한 후 新國을 건설할 뿐이다."[251]고 하여, 신민을 육성하여 신국・자유문명국의 정치체제로서 공화제를 구상하였다.[252] 당시 애국계몽파는 '문명국의 정치'는 반드시 '여론정치'와 '서민참정'을 말하고 '민주제도'에 귀착하여, '국민의 소리'와 '국민의 권력'을 가진 '다수자가 지배'하는 정치라고 인식하였으므로,[253] 신민회가 표방한 신국・자유문명국은 바로 의회민주주의가 실시되는 민주주의국가를 의미하는 것이었으며, 왕정을 폐지하고 공화제에 기초한 명실상부한 근대국민국가를 의미하는 것이었다. 신민회가 공화제의 실현을 공식 목표로 설정한 것은 비밀결사였기 때문에 가능했던 것이며, 입헌군주제의 실현을 목표로 삼았던 과거의 독립협회나 당시의 합법단체들의 정치체제론을 한 단계 진전시킨 것이었다.

합법단체의 애국계몽파는 공화제가 국민국가에 가장 부합되는 이상적인 정치체제라고 인식했으나, 현실적으로는 공화제의 채용

250) 국사편찬위원회, 1965, 「大韓新民會 通用章程」『韓國獨立運動史』 1, 1028쪽.

251) 「大韓新民會 趣旨書」, 위의 책, 1027쪽.

252) 「大韓新民會의 構成」, 위의 책, 1024쪽 ; 國友尙謙, 『不逞事件ニ依テ觀タル朝鮮人』, 188~189쪽(姜在彦, 『朝鮮の開化思想』, 25쪽 所收)에는 당시의 기독교도들이 '共和國의 건설'에 뜻을 두고 있다는 기록도 있다.

253) 安國善, 「政府의 性質」『會報』 제7호, 24쪽 ; 金成喜, 「國民的 內治 國民的 外交」『會報』 제4호, 26쪽.

을 목표로 삼지 않았다. 그 이유의 첫째는, 당시 전제군주체제 하에서 합법단체의 애국계몽파가 군주의 존재를 부정하는 공화제의 채용을 주장하기는 불가능했던 것이며, 그들은 정치개혁에 있어 점진적 방법론을 중요시하였기 때문이다.[254] 그 이유의 둘째는, 합법단체의 애국계몽파는 당시 일제의 보호국체제 하에서, 더욱이 국민의 수준을 고려할 때, 공화제의 실현은 현실적으로 불가능하다고 판단했으며, 입헌군주제도 점진적으로 실시해야 한다고 생각했기 때문이다.[255] 그 이유의 셋째는, 합법단체의 애국계몽파는 입헌제도상의 군주제와 민주제는 정치적 효과가 동일하다고 판단했으며, 입헌대의제가 실시되면 공화제에서와 마찬가지로 국민의 자유와 권리가 보장되어 실질적으로 민주주의정치가 가능하다고 생각했기 때문이다.[256]

합법단체의 애국계몽파는 국민국가에 부합되는 현실적인 정치체제로서 '입헌대의제' 곧 입헌군주제를 구상하였다.

대한자강회 부회장 尹孝定은, 입헌정치의 정신은 "군민동체이며 상하일치로 만기를 공의에 의하여 결행"하는데 있으며, 전제정치의 특색은 "군권무한이며 민권부진이며 上下睽離이며 전제억압"이라 하고, 입헌정체의 채용은 '세계의 대세'이며 '문명의 정신'이며 '자연의 귀착'이라 하여, 전제정체를 비판하고 입헌정체의 채용을 주장하였다.[257] 그리고 그는 입헌정체의 근원은 자치정신에 있

---

254) 張志淵, 「自强會問答」『月報』 제2호, 6쪽 ; 張志淵, 「自强主義」『月報』 제3호, 6쪽.

255) 林炳恒은 「官吏의 事業과 人民의 事業」『月報』 제7호, 58쪽에서 "개명한 인민 위에 惡政府가 없고, 미개한 인민 위에 善政府가 없다"고 했고, 尹孝定은 「地方自治制論」『月報』 제4호, 18~19쪽에서, 먼저 지방자치제를 실시하여 인민의 참정능력을 기른 다음에 立憲代議制를 실시해야 한다고 하였다.

256) 金成喜, 「政黨의 事業은 國民의 責任」『會報』 제1호, 28~29쪽.

으며 '인민의 자치정신'은 '국민의 독립실력'에 직결된다고 하고, 지방자치제는 국민으로 하여금 자기의 지방과 국가에 일체감을 갖게 하여, '君民一體와 상하일심'을 이루게 함으로써 국권의 확장과 국력의 부강을 가능케 한다고 주장하였다. 따라서 그는 먼저 지방자치제를 실시하여 인민의 참정사상과 참정능력을 기르고, 지방자치제에 바탕을 둔 '입헌대의제'를 실시하여 국가의 독립기초를 세워야 한다는 논리를 폈다.[258]

대한협회 회보편찬원 金成喜는, 입헌정체는 '국회대의사'를 통하여 인민이 입법에 책임을 가지는 '대의기관의 특질'이 있다고 하고, 인민은 이 대의기관을 통하여 스스로 '良法'을 만들어 생명·재산 등 스스로의 권리를 지키는 것이라고 하였다. 그리고 그는 구미열강이 '세계상 일등국민'이 된 것은 입헌정체를 채용하여, 국민을 국가의 主人으로 삼아 국가일을 맡게 한 때문이라 하고, 우리나라도 '헌법의 발포'와 '국회의 설립'을 추진하여 입헌정체에 기초한 '국민국가를 구조'해야 한다고 주장하였다.[259] 나아가 그는 국가의 멸망 원인은 정부가 내치와 외교를 독단하는 전제정체에 있다고 하고, "지금은 입헌·전제 양 정체의 新陳嬗代의 시대"이며, "20세기 신세계는 국민적 외교의 시대"이므로 입헌정체를 채용하여 국회를 개설하고, 지방자치제를 실시함으로써, 국민 대다수의 의사에 따른 '국민적 내치'와 '국민적 외교'의 실시를 강조하였다.[260]

대한협회 회보편찬원 원영의는, 장래 정치의 '至極한 정도'는 '헌정과 민주의 완비' 여부에 불과하며, 헌정의 시조인 영국의 입

257) 尹孝定, 「專制國民은 無愛國思想論」 『月報』 제5호, 19~21쪽.
258) 尹孝定, 「地方自治制論」 『月報』 제4호, 18~19쪽.
259) 金成喜, 「政黨의 事業은 國民의 責任」 『會報』 제1호, 28~31쪽.
260) 金成喜, 「國民的 內治 國民的 外交」 『會報』 제4호, 25~29쪽.

헌정체는 완전무결한 상태를 이루어 타국에 비하여 우월하다고 평가하였다.[261] 김성희는 영국을 헌정의 모국이라 하고, 민권보장과 인민참정의 허용, 민선의회와 지방자치제의 실시, 그리고 군주통치권의 유명무실화 등을 골자로 하는 입헌군주제의 완비가 국가존립의 관건이라는 논리를 폈다.[262]

이처럼 합법단체의 애국계몽파는 공화제가 국민국가에 가장 부합되는 이상적인 정치체제라고 인식했으나, 민선의회와 지방자치제에 기초한 입헌대의제 곧 영국형의 입헌군주제가 국민국가의 건설과 관련하여 실현되어야 할 현실적인 정치체제라고 간주하였다. 그들은 입헌군주제에 기초한 국민국가의 건설이 국민의 자유권리를 보장하고, 국가의 자유독립을 확립할 수 있는 가장 바람직한 방법이라고 믿었던 것이다.

요컨대, 애국계몽운동기에는 독립협회운동기에 비하여 훨씬 많은 정치이론가들이 출현하여, 자유민권론과 국민국가건설론, 공화정체론과 입헌대의제론, 그리고 지방자치제론 등을 논리적으로 체계화하고, 한 단계 발전시켜, 한국사회에 민주주의정치사상을 정립하게 되었다. 뿐만 아니라, 이러한 민주주의정치사상은 수많은 애국계몽단체와 그 지회, 신문・잡지와 강연회・토론회, 그리고 민중계몽과 학교교육을 통하여 당시 한국사회에 널리 전파 보급되었다.

맺음말

우리는 이제까지 개화기의 민주주의정치운동과 그 사상을 갑신

261) 元泳義, 「政治의 進化」『會報』 제7호, 26쪽.
262) 金成喜, 「國家意義」『月報』 제13호, 41쪽.

정변·갑오개혁기와 독립협회운동기, 그리고 애국계몽운동기의 3단계로 나누어 살펴보았다.

민주주의정치사상의 바탕이 되는 자유민권사상의 씨앗은 실학파의 사상에서도 부분적으로 발견되었지만, 그것이 당시의 정치·사회에 표출되지는 못하였다. 우리 역사상 자유민권사상은 갑신정변·갑오개혁기에 발아하여 한국의 정치·사회에 표출되었다고 이해된다. 개화기의 자유민권사상은 당시의 외압에 대응논리로 제기되었다. 갑신정변기에는 청국의 압력을, 갑오개혁기에는 일본의 압력을 받았으며, 독립협회운동기에는 러시아의 압력을, 애국계몽운동기에는 일본의 압력을 받았다. 개화기의 자유민권사상은 이러한 외압에 대응하여, 국가의 부강독립을 위한 민력양성론으로, 민력양성을 위한 민권보장론으로, 민권보장을 위한 국민참정론으로 제기되어, 자유민권·자주국권에 종속시키는 면이 있다. 한편, 개화파는 천부인권론·사회계약론에 의거하여 인간 본연의 권리로서, 국민의 기본적 권리로서 자유민권사상을 주장하여, 국가의 부강독립도 결국 국민의 자유권리를 보장하는데 있다는 논리로써 자주국권을 자유민권에 종속시키는 면도 있다. 이처럼 개화기의 자유민권사상은 자주국권사상과 유기적인 관련 속에서 결합되어, 민주주의를 내포한 근대 민주주의사상을 형성하게 되었다.

갑신정변파와 갑오개혁파는 국권의 확립과 민권의 보장을 위한 정치체제로서 '군민공치정체' 곧 입헌군주제를 선호하였다. 그들은 영국식의 입헌정체를 가장 이상적인 정치체제로 간주하였으나, 입헌정체의 요체인 민선의회의 설립을 구상하지는 못하였다. 그러나 그들은 민주주의정치의 기초가 되는 근대적인 정치개혁을 구상하고 추진하였다.

갑신정변파는 君權을 제한하여 국왕중심정치를 내각중심정치로 전환시킬 것을 구상하였으며, 縣會 곧 일종의 지방의회의 설립에 의한 지방자치제의 실시를 구상하였다. 갑오개혁파는 의정부와 궁내부를 엄격히 구분하고 의정부를 내각으로 개편하여, 국왕과 왕실의 권한을 축소시키고 내각중심정치를 실현하였다. 또한 갑오개혁파는 제1차 개혁시에, 군국기무처를 의정부에서 독립된 입법기구로서의 '의회'로 개편할 것을 의결하였으나 보류되었으며, 제2차 개혁시에는, 중추원을 내각의 別立機關으로 신설하여 법률·칙령안과 내각의 자문사항을 의정토록 하여 일종의 관선입법부적 성격을 부여했으나 실제로는 유명무실하였다. 그러나 '군국기무처의 의회화' 시도는 민선은 아니지만, 우리나라 최초의 의회설립의 시도였고, '중추원의 관선입법부화' 노력은 독립협회파에 의하여 중추원의 의회식 개편운동으로 계승되었다. 나아가 갑오개혁파는 鄕會를 里會·면회·군회의 3급으로 구분하고, 지방행정기관의 長인 尊位·執綱을 里民과 면민이 회의하여 '圈選'토록 하는 鄕會條規와 鄕約辦務規定을 발표하여, 일종의 지방자치제 실시안을 법제화하기도 하였다.

아관파천(1896.2) 이후 러시아의 내정간섭과 친로수구파의 집권하에서, 독립협회파는 자주국권과 자유민권의 확립방안으로 국민참정론을 제기하였고, 우리 역사상 처음으로 국민참정을 위한 의회설립운동 등 본격적으로 민주주의정치운동을 전개하였다.

독립협회파는 신문·잡지·강연회·토론회를 통하여 민중을 근대의식과 국권·민권사상으로 계몽하고, 제1차 만민공동회(1898.3)를 통하여 민중과 개화운동을 결합시켜 근대적 민중운동, 민중적 정치운동을 발생시켰다. 독립협회파는 민중집회를 배경으로 하여, 민주적인 방식으로 자주국권운동을 성공적으로 전개하였고, 민주주의의 기본 목표인 인권·민권보장을 위한 정치운동을 전개하였으며, 민주주의정치제도의 창설을 위한 의회설립운동을 전개하였다. 그들은 의회설립운동 과정에서 수구내각을 퇴진시키고 개혁내각을 성립케 하는데 성공하였으며, 황제의 언론·집회통제 조칙에 대항하여 언론자유투쟁을 승리로 이끌었다.

나아가 독립협회파는 우리 역사상 처음으로 관·민이 국정개혁안을 협의 결정하기 위한 '관민협상'을 벌이고 '관민공동회'를 개최하여, 국정개혁강령(헌의6조)을 채택하고 황제의 재가를 받는가 하면, 관선 25명 민선 25명의 의석을 규정한 근대의회의 성격을 지닌 중추원 관제 곧 의회설립법을 반포케 하는데 성공하였다. 의회식 중추원 관제의 반포는 황제와 정부가 민회와 민중의 요구를 받아들여, 제한적이나마 우리 역사상 처음으로 국민참정권을 공인한 획기적인 사건이었다. 그러나 수구세력의 반동으로 독립협회는 혁파되고, 개혁내각은 붕괴되었으며, 의회식 중추원의 발족도 무산되었다. 이후 만민공동회는 상설단체화하여 50여 일 동안, 독립협회의 복설, 개혁내각의 수립, 의회식 중추원의 개설 등을 주장하여 격렬하게 민주주의정치투쟁을 전개하였다.

독립협회파는 국민평등권·국민자유권·국민주권·국민참정권을 포괄하는 체계적인 자유민권론을 제기하였고, 그 자유민권사상은 국민을 위한, 국민에 의한, 국민의 국가 의식이 내재된 민주주의사상이었다. 또한 그들은 다수국민을 위한 정치원칙 아래, 공개정치·여론정치·정당정치·입헌정치·의회정치 등을 내용으로 하는 민주주의정치론을 펴고, 그 실천운동을 전개하여 한국사회에 민주주의정치사상을 형성케 하였다.

독립협회와 만민공동회 등 모든 民會가 강제로 해체된 뒤(1898. 12), 안으로는 보수반동체제가 강화되고 밖으로는 보호국체제가 강요된 애국계몽운동기에, 민주주의정치운동은 퇴조하게 되었다. 이

시기에 애국계몽파는 을사조약반대운동·고종퇴위반대운동·한일합방반대운동과 같은 자주국권을 위한 정치운동은 만민공동회운동을 방불케 하는 민중운동으로 전개하였으나, 민주주의정치제도의 확립을 위한 민중운동 또는 적극적인 정치운동을 전개하지 못하였다.

그러나 애국계몽파는 민주주의정치사상을 한 단계 진전시켰다. 독립협회파는 국민국가의식을 가지고 의회설립에 의한 국민국가건설운동을 전개하였지만, 직접적인 용어로 국민국가론을 펴거나 공개적으로 국민국가건설을 주장하지는 못하였다. 그런데 애국계몽파는 국민국가건설을 위한 적극적인 정치운동을 전개하지는 못하였지만, 직접적인 용어로 '국민국가' 이론을 펴고 공개적으로 '국민국가의 구조'를 주장하였다. 또한 독립협회파는 실제행동으로 의회설립에 의한 입헌군주제의 실현을 추진하였으나, 직접적인 용어로 그들이 선호하는 정치체제론을 펼치지는 않았다. 그런데, 애국계몽파는 공화제를 국민국가에 가장 부합되는 정치체제로 간주하고, 공화제의 진보성과 우월성을 공개적으로 주장하였으며, 비밀결사인 신민회는 공화제를 공식목표로 설정하여 개화기의 정체론을 한 단계 진전시켰다. 한편, 합법단체의 애국계몽파는 '입헌대의제'를 국민국가에 부합되는 현실적인 정치체제로 간주하고, 최악의 징체인 전제군주제의 대안으로 입헌대의제의 내용과 필요성을 논리적으로 체계화하여 민중에게 계몽하였다.

요컨대, 애국계몽기에는 독립협회운동기에 비하여 훨씬 많은 정치이론가들이 출현하여 자유민권론과 국민국가건설론, 공화정체론과 입헌대의제론, 그리고 지방자치제론 등을 체계화하고 한 단계 발전시켜, 한국사회에 민주주의정치사상을 정립케 하였다. 뿐만 아니라, 이러한 민주주의정치사상은 수많은 애국계몽단체와 그 支

會, 신문 · 잡지와 강연회 · 토론회에 의한 민중계몽을 통하여, 그리고 무수히 설립된 사립학교의 근대교육을 통하여, 한국사회에 널리 전파 보급되어 우리나라 민주주의정치에 기초를 마련하겠다고 하겠다.

제2장

한국근대에 있어 공화정체의 채용과정

머리말

해방 후 1948년 우리 나라에 민주공화제에 입각한 대한민국정부가 수립되었다. 흔히 한국의 민주주의는 해방 후 미국의 선물로 여기는 경향이 있다. 그러나 해방 후 민주공화제에 입각한 대한민국 정부의 수립에 선행하여, 1919년 3·1운동 이후 민주공화제에 입각한 대한민국임시정부가 수립된 바가 있었다. 한편 1919년의 대한민국임시정부가 민주공화제를 채용한 것은 당시 민주주의의 시대사조에 의해서만이 아니고, 1900년대 한말 애국계몽가들이 가진 근대적 정치사상 특히 민주공화제 선호의식과 맥을 같이하고 있다. 그리고 한말의 애국계몽가들의 근대적 정치사상과 민주공화제 선호의식은 그 이전의 개화지식인들이 가진 근대적 정치사상 곧 입헌정체론의 맥을 이은 것이다. 따라서 우리 나라에 근대적 政体論이 공개적으로 소개된 1880대부터 민주공화제에 입각한 대한민국임시정부가 수립된 1919년까지 우리 나라의 민주공화제 수용과정을 규명할 필요가 있다.

본 연구는 첫째로 1880년대의 『한성순보』, 「김옥균 상소문」, 「박영효 상소문」 등을 분석하여 갑신개화파의 정체론을 살피고, 1890년대의 유길준의 『서유견문』, 갑오년간의 「개혁법안」 등을 분석하여 갑오개혁파의 정체론을 고찰하고자 한다. 둘째로 대한제국 초기의 『독립신문』 『독립협회회보』 등을 분석하여 독립협회파의 정체론을 살피고자 한다. 셋째로 『대한자강회월보』, 『대한협회회보』 등을 분석하여 한말 애국계몽파의 정체론을 고찰하고자 한다. 넷째로 1919년 3·1운동 이후에 나타난 임시정부 요인들의 인맥과 민주공화제 채용 및 대한민국 임시헌장과 임시헌법 등을 검토하여, 한말의 민주공화제 선호론과 3·1운동 이후 여러 임시정부의 민주공화제 채용의 연관성을 밝히고자 한다. 편의상 갑신정변 전후기의 개화세력을 갑신개화파, 갑오개혁의 추진세력을 갑오개혁파, 독립협회운동의 추진세력을 독립협회파, 애국계몽운동의 추진세력을 애국계몽파라 지칭하기로 한다.

Ⅰ. 갑신정변·갑오개혁기의 입헌군주제선호론

1. 갑신개화·갑오개혁파의 정치체제개혁론

갑신정변의 주역 金玉均은 정변 직전의 上奏(1884.11)를 통하여, 조선이 열강의 전쟁터가 될 우려가 있다고 하면서, “안으로는 제도를 혁신하여 民力을 양성하고, 밖으로는 독립을 선언하고 문호를 개방하여 개화문명을 취하면, 몇 해 걸리지 않아 國力이 증강될 것이다"[1]고 하여, 정치제도의 개혁을 통한 민력의 양성, 문호개방을 통한 문명개화가 국력증강의 길임을 밝혔다. 그리고 그는 갑신정변 이후의 「丙寅上疏」(1866)를 통하여, 부국강병을 하는 급선무는 인민을 수탈하여 산업을 피폐케 하고 국력을 쇠약케 하는 '양반을 타파하는 것'[2]이라고 했다. 그는 인민보호와 민력양성, 산업개발과 부국강병, 국력증강과 자주독립을 달성하기 위해서는 정치제도의 개혁이 필요하다고 본 것이다.

또한 갑신정변의 주역 朴泳孝는 「戊子上疏」(1888)에서 "금일의 세계정세는 약육강식의 양상을 보이며, 만국공법과 세력균형의 공의가 있지만 나라에 자립자존의 힘이 없으면 국가를 부지할 수 없다"고 하여, 약육강식의 시대에 국가를 유지하는 길은 오직 '자립자존의 힘'에 있다고 했다. 그리고 그는, 유럽 열강에 의한 아시아의 식민지화는 인민을 노예시하는 정부의 잘못된 정치 때문이라 하고,[3] 국가부강을 위하여 군주권을 감소시키고, 백성에게 '응분의 자유'를 주어 보국의 책임을 맡게 해야 한다고 주장했다.[4] 그는 군권의 축소와 민권의 신장을 통하여 민력을 양성하고, 국가의 부강과 자립자존의 힘을 양성하기 위해서는 정치체제의 변혁이 필요하다고 본 것이다.

갑오개혁파는 일본의 후원으로 집권했고, 일본으로부터 경제

1) 金玉均, 1984, 「甲申上奏」, 姜在彦의 『한국근대사연구』, 한울, 101쪽.
2) 金玉均, 「丙寅上疏」, 강재언의 위의 책, 108쪽.
3) 朴泳孝, 「戊子上疏」 <一曰 宇內之形勢> 제1절, 제5절. 박영효의 「戊子上疏」는 田鳳德의 『韓國近代法思想史』 148～187쪽에 수록된 「朴泳孝上疏文」에 의거함.
4) 朴泳孝, 『戊子上疏』 <六曰 敎民才德文藝以治本> 제4절.

적・군사적・행정적인 지원을 받아 개혁을 추진하려 했다. 그런데 일본차관 관련 문건인 '起國債議'에 의하면, 그들의 일본에 대한 의존 논리는 일본으로부터 차관을 얻어 3개년 경제계획을 실시하여 경제적・군사적으로 자립역량을 갖추려는 '한시적 의존론'이었다.[5)]

갑오개혁의 주역 유길준은 일본의 강박으로 추진되는 갑오개혁에 대하여 '본국 인민'과 '세계 만국' 그리고 '후세 역사'에 부끄럽다는 이른바 '三恥論'을 피력했다. 그러나 개혁의 목표는 국가의 자주독립에 있음을 명백히 했다.[6)] 또한 그는 君民共治政體(=입헌군주제)는 "민선의원을 선출"하여 "인민의 권리를 보장"하게 되므로 인민이 진취적 기상과 독립정신을 가지고 정부와 협력하여 국가부강을 도모하게 된다고 하고, 인민의 진취적 기상에 의한 자주독립권의 유지를 강조했다.[7)] 그는 민권보장과 민력양성에 의한 국가의 부강독립은 위해서는 '군민공치'로의 정치체제의 변혁이 필요하다고 본 것이다.

이처럼 갑신개화파와 갑오개혁파는 국가의 부강독립을 위한 민력양성론, 민력양성을 위한 민권보장론, 민권보장을 위한 정치체제 개혁론을 제기했다.

한편 갑신개화파는『한성순보』제14호「美國誌略續稿」(1884)에서, 인간의 자유 추구와 생명 보존은 '하늘이 부여한 뺏을 수 없는 권리'이며, 이 권리를 보전하지 못하면 "나라는 나라가 아니고 정부는 정부가 아니다"고 하고, 천부인권론에 의거 인민의 자유와 생명을 지키기 위해 일으킨 미국독립혁명은 정당하다고 인식했다.[8)]

---

5) 柳永益, 1990,『甲午更張硏究』, 일조각, 209～221쪽.
6) 柳永益, 위의 책, 198～199쪽.
7) 兪吉濬,「政府의 種類」『西遊見聞』(경인문화사, 1969 영인), 148～149쪽.
8)『漢城旬報』14호 1894년 2월 11일「美國誌略續稿」.

갑신정변의 주역 박영효도 「무자상소」(1888)에서 미국독립선언서를 인용하여 “하늘이 인간을 태어냄에 누구나 동일한 것은 움직일 수 없는 권리이니, 그 권리는 사람이 스스로 생명을 보전하고 자유와 행복을 추구하는 것이다”라 하고, 미국이 영국의 가혹한 통치에서 독립하여 인민에게 자유를 주고, 남북전쟁을 통하여 노예를 해방시킨 사실을 높이 평가했다.[9)]

천부인권론에 의한 인권·민권보장론은 갑오개혁파에 의하여 더욱 구체화되었다. 유길준은 『서유견문』에서, “인간의 권리는 하늘로부터 받은 公道이니, 사람이 사람되는 이치는 천자로부터 필부에 이르러 조금도 차이가 없는 고로, 사람 위에 사람 없고 사람 밑에 사람 없으니, 천자도 사람이요 필부도 사람이다”는 요지로 천부의 인간평등권을 주장했다.[10)] 또한 그는 천부인권론에 근거하여, 인민의 자유와 권리를 身命의 자유와 권리, 재산의 자유와 권리, 영업의 자유와 권리, 집회의 자유와 권리, 종교의 자유와 권리, 언론의 자유, 명예의 권리 등으로 분류했다.[11)] 그리고 갑오개혁파는 일종의 헌법인 홍범 14조에 “민법과 형법을 제정하여 인민의 생명과 재산을 보호할 것”, “문벌에 구애받지 말고 인재등용의 길을 넓힐 것” 등을 규정하여, 인민의 자유와 평등권리를 천명했다.[12)]

나아가 갑신개화파는 『한성순보』 제11호 「민주주의와 각국의 장정 및 공의당에 대한 해석」에서, 서양 각국의 제도에서 가장 중요한 요점은 “나라를 다스리는 주권이 국민에 있고, 모든 권력이 국민에게서 나와 시행되는 것이다”라고 ‘국민주권론’을 소개했다. 그리고 모든 사람이 평등하다는 근거로 국민주권론에 공감을 표시

---

9) 朴泳孝, 「戊子上疏」 <八曰 使民得當分之自由以養元氣> 제1절.
10) 兪吉濬, 「人民의 權利」, 앞의 『西遊見聞』, 114쪽.
11) 兪吉濬, 위의 글, 116～118쪽.
12) 李光麟, 1981, 『韓國史講座』 V－근대편－, 일조각, 338쪽.

하고, "나라를 다스리는 법도 백성에게서 나와야 한다"고 하여 '국민의 입법권' 의식을 보였다. 이 신문은 이어서 서양 각국의 민선의회의 설립, 의회에 의한 장정(헌법)의 제정, 입법·사법·행정의 분권과 기능 등을 긍정적으로 설명하여, 민주적 입헌정치에 대한 호감을 드러냈다.[13] 갑오개혁파도 민선의원을 선출하여 인민의 권리를 보장할 수 있는 입헌군주제를 선호했다.[14]

이처럼 갑신개화파와 갑오개혁파는 천부인권론에 의거하여 인간 본연의 권리로서 인권·민권보장론을 제기했다. 그리고 인간평등에 기초한 국민주권론과 입헌정치를 긍정적으로 인식했다.

요컨대, 갑신개화파와 갑오개혁파는 한편으로는 민력양성에 의한 국가의 부강독립의 실현방안으로서, 다른 편으로는 천부인권론에 의한 인간본연의 권리보호의 차원에서 민권보장론을 주장했으며, 민권보장을 가능케 하는 입헌군주제 지향의 정치체제를 선호했던 것이다.

2. 갑신개화·갑오개혁파의 입헌군주제선호론

『한성순보』는 제10호 「구미입헌정체」에서, 구미에는 君民同治制(=입헌군주제)와 合衆共和制(=공화제)가 있는데 둘 다 입헌정체이며, 입헌정체는 입법권·행정권·사법권 등 3권이 분립되어 있다 하고, 입헌군주제와 공화제의 차이, 상·하원의 의회와 선거

13) 『漢城旬報』 제11호 1884년 2월 7일 「民主主義와 각국의 章程 및 公議堂에 대한 해석」.

14) 兪吉濬, 「政府의 種類」, 앞의 『西遊見聞』, 148~149쪽.

방법, 입헌국에 있어서 군주·의회·정부의 관계 등 민주주의 정치제도를 전반적으로 해설했다. 그리고 3권분립의 장점과 민선의회에 기초한 입헌정체의 장점을 강조했다.[15] 그리고『한성순보』는 제10호「在上不可不達民情論」에서, "태서(=서양) 각국은 君民이 일심하고 정사의 대소에 관계없이 모두 의회를 거쳐 妥酌하며, '의회'가 있어 안으로 가학 잔혹한 정치가 없고, 밖으로는 防衛保守의 옳음이 있다"고 했다. 또한 상하·군민을 일체화하는 관건은 '의회'에 있다고 하여 의회제도에 대한 선호의식을 보였다.[16] 이처럼『한성순보』는 '군민동치'와 '합중공화' 등 입헌정체를 소개하고, 현실적으로는 '군민동치'의 입헌정체 곧 입헌군주제가 바람직하다는 견해를 보였다.

박영호는「戊子上疏」에서, "국가는 제왕의 국가가 아니고 인민의 국가이며 제왕은 국가를 다스리는 직책이다"고 하여, '국민국가' 의식을 보이고, 정부의 취지와 목적은 '保民護國'에 있다고 하여 '국민을 위한 정부' 의식을 보였다.[17] 또한 그는, "종래 우리 나라에도 정부의 山林과 府縣의 座首가 각각 민망에 의하여 선발되어 民國의 일을 협의했던 '君民共治의 풍습'이 있었다"고 하고, 이 법을 더욱 정미하게 하면 '문명의 법'이 되게 할 수 있다고 했다. 우리의 전통적인 풍습과 연결시켜 '군민공치제'에 대한 선호의식을 나타낸 것이다. 나아가 그는 "대저 인민에게 자유권이 있고 군권이 정해져 있으면 民國이 永安하다. 그러나 인민에게 자유권이 없고 국권이 무한하면, 비록 잠시 강성할 날이 있을 지라도 오래지 않아 쇠망한다"고 하여, 군권의 제한과 민권의 신장이 '民國'의 흥

15)『漢城旬報』제10호 1884년 1월 30일「歐美立憲政體」.
16)『漢城旬報』제10호 1884년 1월 30일,「在上不可不達民情論」.
17) 朴泳孝,「戊子上疏」<前文> 제4절, 제5절.

망을 좌우한다고 주장했다.[18] 이처럼 박영효는 군권과 민권을 대립관계로 파악하고 양자가 조화를 이루는 군민공치제 곧 입헌군주제를 선호했으며, '국민국가' 의식과 '국민을 위한 정부' 의식을 가지고 국민이 정치에 참여하는 입헌군주제를 선호했다.

입헌군주제는 의회제도에 기초를 두고 있다. 그러나 갑신개화파가 의회제도에 기초한 입헌군주제를 현실적으로 실현코자 하지는 않았다. 3일 천하로 끝난 개화당 정권이 「갑신정강」에서, "대신과 참찬은 매일 합문 안의 議政所에서 회의하고 정령을 논의 결정하여 집행할 것"[19]이라 규정했고, 박영효는 상소에서, "국왕이 萬機를 親裁하지 말고 각 각료에게 정사를 위임할 것"[20]을 건의했듯이, 갑신개화파는 내각제도를 도입하여 군주전제정치를 '내각중심정치'로 전환시키려고 했던 것이다.

사실상 갑신개화파는 중앙의회보다 지방의회의 실시를 우선적으로 생각했다. 『한성순보』는 제 11호 「구미지방정치」에서, "구미제국은 각 주·군·촌에 주민이 선출한 의원의 회의소(=지방의회)를 두고, 인민이 직접 선거한 州長·군장·촌장(=민선지방수장)이 있으며, 지방행정에 관한 모든 의안은 회의소에서 다수결로 결정되고, 결정된 사항은 지방수장 및 그 관료들이 모든 책임을 지고 집행한다"[21]는 요지로 지방자치제를 해설했다. 박영효도 「무자상소」를 통하여, "縣會의 법을 세워 인민으로 하여금 인민의 일을 의논케 하여 公私 양쪽의 편리를 얻게 할 것"[22]이라 하여, 지방의회를 설치, 민의가 반영되는 지방자치제를 실시할 것을 희망했다.

---

18) 朴泳孝, 「戊子上疏」 <七曰 正政治使民國有定> 제4절.
19) 金玉均, 1977, 『甲申日錄』, <趙一文譯註>, 건국대학교 출판부, 149쪽.
20) 朴泳孝, 「戊子上疏」 <七曰 正政治使民國有定> 제4절.
21) 『漢城旬報』 제10호 1884년 2월 7일 「歐美地方政治」.
22) 朴泳孝, 「戊子上疏」 <七曰 正政治使民國有定> 제4절.

갑오개혁파의 입헌정체론은 유길준의 『서유견문』이 잘 보여주고 있다. 유길준은 "정부의 시초의 제도는 제왕으로 전하든지 대통령으로 전하든지 인민의 마음을 합하여 일체를 형성하고, 그 권세로서 사람의 도리를 지키는데 있는 고로, 그 사업과 직책은 인민을 위하여 그 태평한 福基를 도모함과 보전함에 지나지 않는다"[23]고 하여 '국민에 의한, 국민을 위한' 정부관을 보여주었다. 그는 당시 현존하는 정치체제를 '군주의 명령하는 정체'(전제군주제)와 '군민의 공치하는 정체'(=입헌군주제) 그리고 '국인의 공화하는 정체'(=공화제)로 구분하고, 전제군주제는 국정이 군주의 개인 의사에 좌우되어 악정으로 인민의 기상을 쇠잔케 하고 국력을 쇠약케 한다고 비판했다. 한편 그는 입헌군주제에 대해서는, 민선의원이 있어 인민의 권리를 보호하며, 인민이 진취적 기상과 독립의 정신으로 정부와 협력하여 국가를 부강과 문명화로 이끄는 '가장 훌륭한 정체'라고 했다. 특히 그는 입헌군주제 중에서 "英吉利(=영국) 正體가 가장 아름답고 지극하게 갖추어진 것이라 세계에서 제일이라 칭한다"고 하여, 영국식의 입헌군주제를 가장 이상적인 정치체제로 간주했다. 그리고 공화제에 대해서는, 세습하는 군주 대신에 대통령이 국가의 대권을 잡고 있을 뿐, 그 정령과 법률 등은 입헌군주제와 동일하다고 보았다.[24] 그러나 그는 "선한 백성 위에 악한 정부 없고 악한 백성 위에 선한 정부가 없다"고 하고, "인민을 교육하여 국정 참여하는 지식이 있은 연후에 이 정체를 의논함이 비로소 옳다"고 하여 '입헌군주제 시기상조론'을 제기했다.[25] 실제로 갑오개혁파의 정치개혁의 목표는 민선의회를 전제로 한 입헌군주

23) 兪吉濬, 「政府의 始初」 『西遊見聞』, 140～141쪽.
24) 兪吉濬, 「政府의 種類」 『西遊見聞』, 143～151쪽.
25) 兪吉濬, 앞의 「政府의 종류」, 151～152쪽.

제의 실현은 아니었다. 그러면 갑오개혁파는 실제로 어떠한 정치체제를 지향했던가?

첫째로 갑오개혁파는 갑신개화파가 구상하는데 그친 내각제도를 현실적으로 실시했다. 갑오개혁파는 근대적 내각제도를 도입하여 종래의 6조를 총리대신을 수반으로 하는 8아문으로, 다음에는 7부로 개편하여 근대적 정부기구의 면모를 갖추었다.[26] 한편 정부와 왕실의 사무를 명확히 구분하고, 왕실과 국왕의 권한을 크게 축소하여 내각중심의 입헌군주제적 정치를 실시했다.[27]

둘째로 갑오개혁파는 갑신개화파가 선망하는데 그친 의회적 입법기관의 설치를 모색했다. 갑오개혁파는 제1차 개혁기에 독자적으로 개혁법안을 심의 결정하는 기관으로 군국기무처를 설치했고, 나아가 군국기무처를 입법·자문기관인 '의회(=議事部)'로 개편하려는 '의회설립안'을 의결한 바 있다. 그러나 이 안은 시기상조라는 이유로 실시가 보류되었다.[28] 제2차 개혁기에는 중추원을 신설하여 50명의 임명직 의관을 두고, 법률·칙령안과 내각의 자문사항을 심의·의정하는 기능을 부여했다. 이처럼 중추원은 관선 입법부의 성격을 띠었으나 실제에는 유명무실한 기관에 불과했다.[29]

셋째로 갑오개혁파는 鄕會와 鄕約 규정을 제정하여 갑신개화파가 희망하는데 그친 지방자치제의 실시를 시도했다. 갑오개혁파는 향회를 里會·면회·군회로 구분하고, 종래 관에서 선정하선 里會의 장인 '尊位'는 里會 회원들이 선출하고, 면회의 장인 '執綱'은

26) 元裕漢, 1973, 「갑오개혁」『한국사』 17, 국사편찬위원회, 280~181·185쪽.
27) 柳永益, 앞의 『甲午更張硏究』 158·206쪽.
28) 柳永益, 앞의 『甲午更張硏究』 198쪽 ; 柳永益, 앞의 「甲午更張과 社會制度 改革」, 260쪽.
29) 元裕漢, 앞의 논문, 266~267·288쪽 ; 柳永益, 앞의 『甲午更張硏究』, 205~206쪽.

면회 회원들이 선출하도록 규정했다. 갑오개혁파에 의한 향회와 향약규정의 제정은 근대적 지방자치제 실시의 법제화를 의미하는 것으로 볼 수 있다.[30)]

한편 입헌정체는 정당정치를 근간으로 하는데 갑신개화파와 갑오개혁파의 정당에 대한 인식은 어떠했던가?

갑신정변의 주역 박영효는, 과거의 4색당파는 국체와 관계없어 '朋黨'이라 할 수밖에 없고, 당시에 2분화 된 개화・수구의 당파는 '就新自立'과 '守舊依賴'와 같이 국체와 크게 관계되어 '정당'이라 할 수 있다고 했다. 근대 정당은 국체와 관계되는 이념 정당이라고 인식했던 것이다.[31)] 갑오개혁의 주역 유길준은, 서양의 偏黨(=정당)은 국가 정령의 득실과 인민의 이해를 중심으로 공의와 여론으로 시비를 가리며, 사욕을 위한 쟁투나 권세의 전횡을 막을 수 있으므로 "실로 나라의 복이요 生民의 利"라 하여, 근대 정당의 존재를 긍정적으로 인식했다. 그리고 각 당은 주의・주장으로 서로 공박하고 국민의 선택에 의하여 권력을 장악하게 되며, 정권의 연장과 교체도 국민의 판단에 따라 결정되는 公黨이라고 인식했다.[32)] 곧 유길준은 근대적 이념정당 또는 국민정당의 관념을 보여주었다.

요컨대 갑신개화파와 갑오개혁파는 미약하나마 국민의, 국민을 위한, 국민에 의한 정부의식 곧 민주주의 정치의식을 가지고, 국가의 부강독립과 국민의 권리신장을 위한 정치체제로서 군민공치정체 곧 입헌군주제를 이상적인 정체로 생각했다. 특히 갑오개혁의 주역 유길준은 영국형의 입헌군주제 선호의식을 보였다. 그러나 현실적으로 갑오개혁파는 전제군주정치를 일단 내각중심정치로

---

30) 宋炳基・朴容玉・朴漢卨 편, 1970, 『韓末近代法令資料集』 1, 대한민국 국회도서관, 600～604쪽 ; 柳永益, 앞의 『甲午更張硏究』 208쪽.

31) 朴泳孝, 「戊子上疏」 <七曰 正政治使民國有定> 제2절.

32) 兪吉濬, 「偏黨하는 氣習」 『西遊見聞』, 279～282쪽.

바꾸기 위하여 근대적 내각제도를 도입했고, 입법과 행정을 분리하기 위하여 관선입법부의 설치를 모색했다. 또한 지방자치를 실현하기 위하여 里・면・군 단위로 지방의회의 설립을 시도했다. 한편 갑신개화파와 갑오개혁파는 입헌정체에 필수적인 근대적 정당의 존재와 그 활동의 필요성을 인식하고 있었다.

Ⅱ. 독립협회운동기의 입헌군주제선호론

1. 독립협회파의 민주주의정치론

독립협회의 창설자 徐載弼은 민중을 '자유주의 민주주의의 개혁사상'으로 계발하여 민주역량을 가진 국민의 힘으로 '자주독립의 완전한 국가'를 만들기 위한 '정치적 당파'의 필요에서 독립협회를 창립했다.[33] 독립협회파는 "나라가 자주독립 하는 것은 … 전국 인민의 힘으로 된다"[34]고 했으며, 나라가 "자주독립 하려면 먼저 백성의 권리부터 보호해야 한다"고 하고, 백성의 권리를 보호하기 위해서는 백성에게 국정참여권을 주어야 한다고 주장했다.[35]

한편 독립협회파는 조선 인민이 학문과 지식이 없고, 압제정치와 청의 간섭으로 발전을 보지 못했으며, 청・일본・러시아를 의지해 보았으나 개화의 효과가 없었던 이유는 "대한 인민이 주인이 되어 가지고 일을 아니 한 연고라"고 하여 '국민에 의한 자주적 개

---

33) 金道泰, 1972, 『徐載弼博士自敍傳』, 을유문화사, 230·235·241·247～248쪽.
34) 『독립신문』 1897년 7월 27일 「논설」.
35) 『독립신문』 1897년 3월 9일 「논설」.

화론'을 주장했다.[36] 그리고 개화와 진보의 척도는 민권의 유무에 있다고 하고, 민권보장이 국민의 힘에 의한 개화 진보의 길이라고 주장했다.[37]

이처럼 독립협회파는 국민의 힘에 의한 독립과 개화만이 진정한 독립과 개화라고 믿고, 자주독립과 개화진보를 위한 민권보장 등 자유민권론을 제기했다.

첫째로 독립협회파는 "만인은 전능하신 하나님 앞에 평등하게 태어났으며",[38] "하나님으로부터 받은 사람의 권리는 같은 것이다"[39]고 하여, 천부인권론에 의거 인간평등권을 주장하고 국가적 차원에서 '국민평등권'을 주장했다. 둘째로 독립협회는 "사람은 누구나 생명·재산·자유 등 하늘이 부여한 양보할 수 없는 권리를 가진다"[40]는 天賦不可讓의 인권론에 근거하여 '국민자유권'을 주장했다.[41] 셋째로 독립협회는 "나라는 백성으로써 근본을 삼고 님군은 백성으로써 권을 세워 일백 관원을 베풀었은 즉 …"[42] 인민은 나라의 '主人'이고, 관인은 인민의 '使喚'이라 하여,[43] '국민주권'을 주장했다. 넷째로 독립협회는, 주권자인 국민의 기본적 권리

---

36) 『독립신문』 1898년 3월 24일 「논설」 ; 1897년 8월 7일 「논설」에서는 "우둔하나 완고하나 조선사람들이라야 조선 일을 제일 같이 하게" 되는 것이라 하여 조선인에 의한 개화를 주장했다.

37) 『독립신문』 1897년 3월 9일 「논설」.

38) 『독립신문』 1897년 10월 16일 「논설」.

39) *The Independent*, December 5, 1896, "Editorial".

40) *The Independent*, May 19, 1898, "An Honest Confession" ; Channing Liem, *America's Finest Gift to Korea: The Life of Philip Jaison*, 1952, New York, The William Frederick Press, 51쪽.

41) 『독립신문』 1898년 10월 20일 잡보「청원서」 ; 1899년 1월 10일「언권자유」.

42) 『독립신문』 1898년 11월 21일 「관민공동회 6차 상소」.

43) 『독립신문』 1898년 11월 16일 「제손씨 편지」.

를 스스로 지키기 위하여, 그리고 국가의 이익을 증진하기 위하여 국민이 직접 정치에 참여해야 한다는 '국민참정권'을 주장했다.[44)]

독립협회파는 국가의 자주독립과 개화진보를 위하여, 그리고 천부인권론에 의한 국민의 기본권 보장을 위하여 국민주권과 국민참정이 가능한 민주주의정치론을 제기했다.

독립협회파는, 백성은 국가의 '주인'이고 "정부는 백성을 위하여 설립한 것"이라 하여, 국민을 위한 정치 원칙을 천명하고,[45)] "국중에 사람이 천만 명 있으면 적어도 팔백만 명에게는 유조한 일을 하여야, … 그 나라가 지탱하며 그 정책을 만든 정부가 부지하는 법이라"[46)]고 하여, '다수자를 위한 정치'를 제기했다. 그리고 그들은, "일정한 규칙을 행할 때에 백성에게 크게 드러내어 믿게 하여야 그 백성들이 그 정부를 믿는 법"[47)]이라고 하여, 공개주의에 의해 국민으로부터 신임 받는 정치, 국민에게 책임지는 정치론을 폈고, 재정의 공개, 재판의 공개 등 '공개정치'를 제기했다.[48)] 또한, 공론하는 인민들이 있어야 정부 일이 잘되고, 시비하는 공론이 많을 수록 개화가 잘되며,[49)] 공론이 없어지면 정부관인들이 국민을 압제하여 국가가 위태롭게 된다고 하여,[50)] 공론을 국정의 교정, 개화의 촉진, 민권의 보장을 위한 중요한 요소로 보아 '여론정치'를 제기

---

44) 『독립신문』 1898년 12월 17일 「나라 사랑하는 논」.
45) 『독립신문』 1897년 5월 20일 「배제학당 김홍경의 시무론」; 1896년 11월 21일 「논설」.
46) 『독립신문』 1898년 6월 9일 「논설」.
47) 『독립신문』 1897년 5월 20일 「배제학당 김홍경의 시무론」.
48) 『皇城新聞』 1898년 12월 28일 「논설」; 독립협회발행 전단 중 「獻議六條」; 1896년 6월 30일 「논설」.
49) 『독립신문』 1898년 2월 22일 「유지각한 사람의 말」; 1898년 11월 17일 「반대의 공력」.
50) 『독립신문』 1899년 1월 10일 「언권자유」; 1898년 9월 7일 「실효가 있을는지」.

했다. 나아가 독립협회파는, '반대'란 '진보'의 원리임을 내세워, 국민은 정부의 잘못을 과감히 반대해야 하며, "정치에도 반대당이 있어서 대소사를 살피고 시비해야 점점 정치가 발라간다"고 하여, '정당정치'의 필요성을 제기했다.[51] 그들은 정강과 정책을 국민에게 알리고 이를 공개적으로 추진하는 公黨,[52] 국민에게 신임을 묻는 정당, 주의・주장을 일관성 있게 추진하는 정당, 반대당에 정치적 보복을 하지 않고 정치적 도의를 지키며 정책대결을 하는 정당을 강조했다.[53] 뿐만 아니라 독립협회파는, "법률이란 것은 전국 인민의 목숨과 재산을 보호하는 일대 혈맥이라"[54] 하여 죄형법정주의와 조세법률주의를 주장했고, 국왕도 법률을 준수해야 한다는 '법에 의한 지배' 곧 법치주의를 강조했다.[55] 그리고 그들은 법률과 장정(=헌법)의 실천을 역설하고, 모든 "법과 슈은 다 洪範을 준행"해야 한다고 하여 '입헌정치'를 제기했다.[56]

이러한 독립협회의 다수자를 위한 정치, 공개정치와 여론정치, 정당정치와 입헌정치 등 민주정치론은 정체 면에서는 입헌군주제로 귀착하게 되었다.

---

51) 『독립신문』 1898년 11월 7일 「반대의 공력」.

52) 『독립신문』 1896년 8월 27일 「논설」.

53) 『독립신문』 1896년 9월 1일 「논설」 ; *The Independent*, August 25, 1896, "Editorial".

54) 『독립신문』 1898년 10월 20일 「청원서」.

55) 『독립신문』 1896년 9월 29일 「논설」 ; 1898년 8월 15일 「세받는 권리」.

56) 『독립신문』 1898년 7월 13일 「협회재소」 ; 『皇城新聞』, 광무 2년 11월 1일. 『황성신문』에 수록된 관민공동회의 헌의6조에는 "章程(=헌법)을 실천할 사"라고 했다.

2. 독립협회파의 입헌군주제선호론

독립협회파는, "동양적 전제정치는 정부가 국가의 권리를 독단하고 민권을 유린하여, 국가 유사시에 인민의 협력을 얻을 수 없어, 국가를 빈번히 쇠망케 한다"고 하여 전제군주제를 부정했다.[57] 그러나 그들은 "인민의 권리로 나라가 된다고 하지만 3천 년간 정부에 빼앗겼던 민권을 일시에 찾을 수는 없다"고 하고, "창졸간에 백성의 권리를 모두 주어 나라 일을 하라 할 것도 아니요, 관민이 합심하여 정부와 백성의 권리가 相半된 후에야 大韓이 만억년 부강할 줄로 아노라"[58]고 하여, 관·민의 권리가 조화를 이루는 관민공치·군민공치의 입헌군주제를 선호했다. 그리고 그들은 "이탈리아에서 전제정치를 폐하고 입헌정치를 행하여, 인민에게 自由之權을 주었기에 이탈리아를 통일했는지라"[59]고 하여 입헌군주제 옹호론을 폈다.

독립협회의 최고지도자 서재필과 윤치호는 미국의 민주주의 정치를 선호하는 인물들이었다. 윤치호는 일찍이 미국유학 시절에, 세계에는 여러 형태의 정치체제가 있는데, "어느 누구도 미국의 민주주의가 그 결함에도 불구하고, 결국 가장 좋은 정부형태임을 부인하지 않을 것이다"고 하여, 미국식 민주주의 정치체제 곧 민주공화제가 최선의 정체라고 생각했다.[60] 그러나 독립협회운동기에는 국민의 수준 등을 고려하여 군민공치의 입헌군주제를 추구했던 것

---

57) 『독립신문』 1898년 12월 15일 「민권론」.

58) 위와 같음.

59) 『독립신문』 1898년 12월 7일 「정치가론」.

60) 『尹致昊日記』 1893년 9월 24일조. "Yet no one will deny that the democracy of America is after all the best form of government in spite of its defects."

이다. 독립협회파가 입헌군주제를 추구한 사실은, "협회의 주장은 중추원을 부활하는 동시에 입헌정치를 하자는 것"[61]이었다는 윤치호의 회고담에서도 확인된다.

입헌군주제에는 두 가지 유형이 있다. 첫번째 유형은 의회주권주의·의원내각제·실질적 권력분립·형식적 군주통치 등 자유민주주의적인 영국형의 입헌군주제이다. 두번째 유형은 군주주권주의·帝室內閣制·형식적 권력분립·실질적 군주통치 등 전제주의적 성격이 강한 프러시아형 입헌군주제이다.[62] 독립협회는 어떤 유형의 입헌군주제를 추구했던가?

헌법에 대한 정치적 목적과 의도는 그 정치체제의 성격을 나타낸다. 일본의 경우 메이지(明治) 초기의 자유민권파는 헌법 제정의 정치적 목적을 인권보장과 군권제약에 두었으므로, 국민주권론에 의거하여 영국형의 철저한 입헌주의 헌법을 주장했다. 반면 메이지 정부는 헌법제정의 정치적 목적을 藩閥政權의 유지와 천황대권의 강화에 두었으므로, 군주주권론에 의거하여 프러시아형의 강력한 군권중심주의 헌법을 채용했다. 독립협회파가 실천을 강조한 홍범은 제정 절차와 내용면에서 입헌주의적 헌법으로는 대단히 미흡한 것이었지만, 그들이 홍범의 실천을 강조한 목적은 인권·민권을 보장하고 전제권력을 견제하려는데 있었다. 그러므로 그들의 헌법에 대한 정치적 의도는 일본의 경우와 비교하면 자유민권파의 국민주권적 입헌주의에 유사했다. 따라서 그들이 구상한 정치체제는 '절대주의 권력으로부터 인민의 자유'를 추구했던 영국형의 입헌군주제에 가까웠던 것으로 생각된다.

---

61) 尹致昊, 1931.10, 「獨立協會의 活動」『東光』 제26호, 36쪽.

62) 田中浩, 1971, 「立憲君主制」『社會科學大事典』, 東京: 社會科學大事典編輯委員會, 15쪽 ; 橋川文三·松本三之介 編, 1971, 『近代日本政治思想史』 I, 東京: 有斐閣, 216~223쪽의 松本昌三 所論.

입헌정치는 의회를 전제로 하며, 민선의회를 통한 국민의 정치 참여는 입헌정치의 핵심이다. 1898년 봄 독립협회가 의회설립의 필요성을 주장했을 때, 정부고문 리젠드어(Legendre)는 과거의 전제정치(the old absolutism)와 철저한 대의정치(thoroughly representative government)의 절충안으로서 정부대신을 견제할 수 있는 자문원(Consultation Board)의 설치를 제의했다.[63] 그러나 서재필 등 독립협회파는 개화 각국의 선례에 따라 국민의 의사가 반영되는 근대의회를 설립코자 했다. 그러나 그들은 정부의 반대와 국민의 수준을 고려하여 우선 상원식의 중추원을 개설하려고 했다.[64] 이제 독립협회파가 제안한 1898년 10월 24일의 중추원 개편안[65]과 그 개편 의도를 검토하여, 그들이 구상한 의회제도와 그 정치체제를 살펴보기로 한다.

첫째로 독립협회의 중추원 개편안 제1조는, 중추원의 심사 의정 사항으로 법률・칙령안과 인민의 건의를 채용하는 사항 등을 규정하여, 입법기관으로서의 성격을 나타냈다. 당시 *The Independent*는, "인민은 입법에 발언권을 가져야 한다"[66]고 했고, 독립협회의 중추원개편 운동에 대하여 "인민의 생명과 재산에 영향을 주는 입법에 어느 정도 민중의 소리를 참여케 하려는 것"[67]이라고 풀이했다. 독

63) 『독립신문』 1898년 4월 9일 「잡보」; 『尹致昊日記』 1898년 4월 14일조.

64) 『독립신문』 1898년 4월 30일 「논설」; 『承政院日記』, 光武 2년 (陽) 7월 9일조 「中樞院一等議官尹致昊等疏」; 유영렬, 1895, 『開化期의 尹致昊研究』, 한길사, 124~125쪽.

65) 『皇城新聞』, 1898년 10월 26일 잡보 「樞院改案」; 鄭喬, 1971, 『大韓季年史』 上, 국사편찬위원회, 272~273쪽.

66) *The Independent*, October 18, 1898, "A Forward Movement". 원문 "The people must have vioce in the legislation so that abuses may be prevented before they grow beyond the possibility of cure."

67) *The Independent*, October 27, 1898, "The Privy Council" & November 10, 1898, "Molayo's Accounts of Recent Events in Seoul".

립협회파는 법률이란 "정부와 백성이 난상 공의하여 결정한 의안을 상주하여 재가하신 후 천하에 반포하는 것"[68]이라 하여, '국민의 입법권' 의식을 보였다. 사실상 독립협회는 국민의 의사를 국정에 반영할 수 있는 '입법기관으로서의 의회식 중추원'을 구상했던 것이다.

둘째로 독립협회의 중추원 개편안 제2조는, 중추원 의관 50인 중 반수는 정부에서 임명하고 반수는 민회인 독립협회에서 선출하도록 규정하여 '국민의 선거권' 의식을 보여 주었다. 그런데 지역적 기초 위에서 국민의 대표성을 가지는 것이 의회제도의 요건임을 생각할 때, 독립협회가 구상한 의회식 중추원은 국민 대표성이 미흡했다. 그러나 당시 독립협회는 전국인민을 대표하는 단체로 자타가 인정했으므로,[69] 독립협회가 민선을 대행하는 중추원의 국민 대표성을 어느 정도 인정할 수 있을 것이다. 당시 *The Independent*는 독립협회가 구상한 중추원을 '일종의 준국민의회'(a kind of semi popular assembly)라 표현했고[70], 주한 미국공사 Allen은, 독립협회가

---

68) 『독립신문』 1899년 3월 3일 논설.

69) 『독립신문』 1898년 10월 12일, 10월 17일, 11월 19일자에 각각 "독립협회는 … 전국 인민을 대표하여", "대한 전국 2천만 인민을 대표하는 우리 독립협회 회원들", "독립협회 회원들은 종로 공동회 만민과 전국 2천만 동포 형제를 대표한 총대라"고 했듯이, 당시 독립협회 회원들은 독립협회가 국민의 대표단체라고 자부했다. 또한 독립협회와 정부간에 최종 합의되어 1898년 11월 4일에 공포된 의회식 중추원 관제 제3조와 제16조에서, 의관 반수를 인민협회에서 선거키로 하고 인민선거는 당분간 독립협회에서 행하도록 규정한 사실은 정부도 독립협회를 국민의 대표단체로 인정했음을 의미한다. 주한 미국공사 알렌도 "This Independence Club has grown till it now represents the mass of the Koran people."이라고 본국 정부에 보고한 바 있다(*Communications to the Secretary of State from U.S. Representative in Korea*, H.N. Allen, No, 152, October 13, 1898, "Change of Cabinet, Peaceful Revolution, Independence Club").

70) *The Independent*, October 27, 1898, "The Privy Council" ; November 10, 1898,

제시한 의회식 중추원관제를 정부가 수용하데 대하여, “그들은 보통선거에 의하여 입법기관의 설치로 이끌게 될 ‘일종의 국민의회’(a sort of popular assembly)를 획득하는데 실질적으로 성공했다”[71]고 본국정부에 보고했다. 사실상 독립협회는 ‘국민 대표기관으로서의 의회식 중추원’을 구상했던 것이다.

셋째로, 독립협회의 중추원 개편안 제8조는, 의정부가 중추원과의 합의 없이 단독으로 국무를 집행할 수 없도록 규정했고, 관민공동회 헌의6조에도 중대한 국사는 각부 대신과 중추원 의장의 합의하에 처결하도록 규정했다.[72] 이것은 입법권과 행정권의 동등권을 포함한 권력분립을 의미한다. 독립협회 회장 윤치호는 “독립협회가 내치·외교·재정·군사 등 모든 정치를 중추원의 의결에 의하여 행할 것을 주장했다”[73]고 회고했고, 『독립신문』은 중추원 개편 움직임과 관련하여, “중추원 지위는 정부 각 마을 중에서 제일 높은 마을로 작정한다더라”[74]고 보도한 바 있다. 사실상 독립협회는 정부 견제의 기능을 갖춘 국정 최고기관으로서의 의회식 중추원을 구상했던 것이다.

넷째로 독립협회의 중추원 개편안 제10조는 국무대신과 각부 협판이 중추원 의관을 겸임토록 하고, 제9조는 국부대신은 위원을 구성하여 정부 대표로서 중추원에 출석, 의안을 설명토록 규정했다. 그리고 *The Independent*는 관리들이 부패한 정부에 정치적 책임을 지

"Molayo's Account of Recent Events in Seoul".

71) *Communication to the Secretary of State from U.S. Representatives in Korea*, H.N. Allen, No. 154, October 2, 1898, "Recent Action Taken by the Independence Club of Korea".

72) 『皇城新聞』 1898년 11월 1일 別報 ; 『高宗實錄』 光武 2년 10월 30일조.

73) 尹致昊, 1931, 「獨立協會事件に就いて」 『韓末を語る』, 京城, 朝鮮研究所, 58쪽.

74) 『독립신문』 1898년 8월 1일 잡보 「중추원이 높다」.

는 체제는 비합리적이고, 서구적 국민의회에 책임을 지는 체제는 비현실적이라고 논급했다.[75] 그러므로 독립협회파는 정부각료들이 중추원 의관을 겸임하는 일종의 의원내각의 형식을 취하게 하고, 국무대신은 그 주임 사항에 대하여 독립협회가 주도하는 의회식 중추원에 책임을 지게 하려 했던 것이다. 이것은 내각이 정치상의 책임을 의회에 지는 영국의 의원내각제=책임내각제적 발상이라고 볼 수 있는 것이다.[76] 사실상 독립협회는 정부가 의회에 책임지는 '내각책임제의 요소가 가미된 의회식 중추원'을 구상했던 것이다.

요컨대 독립협회는 국민의사를 반영할 수 있는 입법기관으로서의 의회, 국민대표 기관으로서의 의회, 정부 견제의 기능을 가진 국정 최고기관으로서의 의회, 그리고 정부가 의회에 책임을 지는 내각책임제의 발상을 가진 의회제도를 구상했다고 생각된다. 이러한 의회제도는 입법과 행정을 실질적으로 의회와 내각에 각각 귀속케 하여, 사실상 군주의 통치를 형식화하는 의회제적 군주제 곧 영국형의 입헌군주제 지향을 의미하는 것이라 하겠다.

Ⅲ. 애국계몽운동기의 민주공화제선호론

1. 애국계몽파의 국민국가건설론

대한자강회・대한협회・신민회・서북학회 회원 등 애국계몽파는 일제의 보호국체제 하에서 국권회복을 위한 실력양성론을 제기했다.

---

75) *The Independent*, July 28, 1898, "The Utility of the Independence Club".
76) 愼鏞廈, 「獨立協會의 社會思想」『獨立協會硏究』, 214～215.

애국계몽파는 약육강식·적자생존의 국제사회에서 국민의 개명이 강국화의 길이라 믿고, 교육진흥에 의한 '知的 실력양성론'을 제기했다. 교육의 내용으로는 문명교육, 실업교육과 더불어 민주주의 교육이 포함되었다.[77] 또한 그들은 국민의 경제적 자립과 국가의 부강 실현이 국권회복의 기초라고 보고, 식산흥업에 의한 '경제적 실력양성론'을 제기했다. 식산흥업을 위하여 국민의 신체적 자유와 재산권의 보장이 강조되었다.[78] 그리고 그들은 교육과 식산을 통하여 실현된 '자강'을 '독립'으로 이어주는 연결고리로서 애국심·조국정신을 강조하는 '정신적 실력양성론'을 제기했다. 애국심의 강화에는 민권보장과 국민참정에 의한 국민과 국가와의 일체감 조성이 강조되었다.[79] 나아가 그들은 전제정치 하에서는 국민의 생명과 재산 등 민권이 유린되어 민력이 쇠해지고 국력도 약해진다고 하여, 입헌정치의 실현에 의한 '정치적 실력양성론'을 제기했다. 입헌정치의 주장은 민선의회의 설립에 의한 민주정치의 실현을 의미하는 것이었다.[80] 이처럼 애국계몽파는 국권회복을 위한 실력양성을 주장하고 실력양성의 방안으로 민권보장의 중요성과 입헌정치의 필요성을 주장했다.

또한 애국계몽파는 인간본연의 권리로서 자유민권을 인식하고

---

77) 『大韓自强會月報』(이하 『月報』라 약함) 제1호, 9~10쪽 「대한자강회 취지서」; 金成喜, 「교사의 개념」 『月報』 제8호, 2쪽.

78) 張志淵, 「식산흥업의 필요」 『月報』 제1호, 34~35쪽; 呂炳鉉, 「식산부 논설」 『月報』 제2호, 14~16쪽; 金成喜, 「식산부 논설」 『月報』 제6호, 38~40쪽.

79) 朴殷植, 「대한정신」 『月報』 제1호, 58쪽; 尹孝定, 「專制國民은 無愛國思想論」 『月報』 제5호, 19~22쪽; 尹孝定, 「國家的 精神을 不可不發揮」 『月報』 제8호, 8쪽.

80) 張志淵, 「國家貧弱之故」 『月報』 제6호, 11~12쪽; 尹孝定, 「地方自治制論」 『月報』 제4호, 18~19쪽; 金成喜, 「國民的 內治, 國民的 外交」 『大韓協會會報』(이하 『會報」라 약함) 제4호 25~26쪽.

근대적 국민국가관과 국민국가건설론을 제기했다.

애국계몽파는 자유란 “皇天이 인간에게 부여한 것”이며, 인간의 대소 강약은 다르나 “천부 자유권은 동일하다”고 하는 천부인권론에 의거 국민의 자유권·평등권·생존권을 주장했다.[81] 그리고 그들은 사회계약론적 국가관에 근거하여 국민을 국가의 통치권 곧 주권의 근원 또는 위임자로 보고, 통치자와 정부를 주권의 수임자로 보아, 국민주권과 국민참정권을 주장했다.[82] 나아가 그들은 “국가의 국가됨이 衆多 인민을 집합하여 이룬 것이므로 위로 君位와 아래로 관직은 모두 백성을 위해 설치한 것”[83]이며, “백성은 국가 전체의 주인이오, 정부는 民人 의사의 대표”이니 정부는 주인의 동의를 얻어 국사를 처리해야 한다[84]고 하여, 국가를 국민집단과 동일시하는 ‘국민=국가’로 인식했다.[85] 이처럼 애국계몽파는 국민을 위한, 국민에 의한, 국민의 국가 곧 근대 국민국가관을 제시했다.

한편, 애국계몽파는 입헌정체는 ‘평등권의 특질’과 ‘대의기관의 특질’이 있다고 하고, 입헌대의제를 통하여 국민의 자유 권리가 보장되고 국민이 국가의 책임자가 되는 국가를 ‘국민적 국가’라 규정했다.[86] 그리고 그들은 “정부는 결코 정부 당국자의 정부가 아니

---

81) 南宮湜, 「自由論」『月報』 제9호, 9쪽 ; 元泳義, 「自助論」『月報』 제13호, 11쪽 ; 薛泰熙, 「抛棄自由者爲世界之罪人」『月報』 제6호, 19～20쪽 ; 金成喜, 「工業說」『月報』 제10호, 28～29쪽.

82) 薛泰熙, 위와 같음 ; 尹孝定, 「政治家의 持心」『月報』 제12호, 11～12쪽 ; 金成喜, 「앞의 정당의 사업은 국민의 책임」, 28～21쪽.

83) 元泳義, 「政體概論」『會報』 제3호, 28쪽.

84) 金成喜, 「論外交上 經驗的 歷史」『會報』 제8호, 4쪽 ; 卞悳淵, 「國民과 國家의 關係」『會報』 제7호, 30쪽.

85) 朴聖欽, 「愛國論」『西友』 제1호, 27～29쪽 ; 『西友』 제2호, 17～23쪽 「愛國論一」 ; 『西友』 제7호, 26쪽 「安昌浩 演說」 ; 金翼瑢, 「今日 吾人의 國家에 對한 義務 及 權利」『西北學會月報』 제1호, 27～32쪽.

86) 金成喜, 「政黨의 事業은 國民의 責任」『會報』 제1호, 28～30쪽.

고, 곧 전국 국민의 정부"라던가,[87] 국민의 공동사상으로 구성된 정부를 '국민적 정부'라 하고, '국민정부'는 바로 문명국가의 '책임내각'을 의미하며, '국민국가'에 부합되는 정부형태라고 인식했다.[88] 그리고 애국계몽파는 근대의 정당은 과거의 붕당과 달리, 국리민복을 목표로 하고 공의를 중요시하는 公黨이며, 국회를 활동무대로 하는 '국민적 정당'이라 하고 했다. 그리고 '국민적 정당'은 정부로 하여금 헌법을 발포하고 국회를 소집케 하여, 책임내각 곧 국민정부를 수립케 하는 추진기구라고 인식했다.[89] 따라서 애국계몽파는, "오늘날 세계에 정당 없는 입헌국가 없고, 정당 있는 전제국가 없다"[90]고 전제하고, 한국도 국민정당의 결성, 헌법의 발포와 국회의 설립을 추진하여, 국민정부를 수립하고 '국민국가를 構造'해야 한다는 국민국가건설론을 제기했다.[91] 이처럼 애국계몽파는 과거 독립협회가 간접적으로 표방한 국민국가관과 국민국가건설론을 분명한 문자로 공개적으로 표방했다.

2. 애국계몽파의 입헌대의제실시론

애국계몽파는 국민국가건설을 위하여 어떠한 정치체제를 구상했던가? 그들은 전제정치에 대한 대안으로 입헌정체를 강조했다.

대한자강회 부회장 윤효정은 「전제국민은 無愛國思想論」이란

87) 大韓子, 「政府當局者의 猛省을 再警함」『會報』 제7호, 4쪽.
88) 金成喜, 「정당의 사업은 국민의 책임」『會報』 제1호, 30～32쪽.
89) 安國善, 「政黨論」『會報』 제3호, 24쪽 ; 金成喜, 「정당의 사업은 국민의 책임」『會報』 제2호, 21～24쪽 ; 金成喜, 「정당의 책임」『會報』 제3호, 22쪽.
90) 金成喜, 위의 「정당의 책임」과 같음.
91) 金成喜, 앞의 「정당의 사업은 국민의 책임」 28～30쪽.

논설에서, 전제정치에 대하여, 군주와 私黨에 의해 운용되어 군권이 무한하고 민권이 不在하므로 군민상하가 일체감을 가질 수 없다고 비판하고, 입헌정치는 국민 다수가 선택한 공당과 공회에 의해 운용되어 민권이 보장되므로 군민상하가 일체감을 가질 수 있다 하여 입헌정체의 채용을 주장했다.[92] 애국계몽파는 입헌정체의 근원이 자치정신에 있다고 하고, '인민의 자치정신'은 '국가의 독립실력'에 직결된다고 생각했다. 그리고 그들은 지방자치제는 국민으로 하여금 자기 지방과 국가에 일체감을 갖게 하여 "君民一體와 상하일심을 이루게 함으로써 국권의 확장과 국력의 부강을 가능케 한다"고 믿었다.

따라서 그들은 먼저 지방자치제를 실시하여 인민의 참정사상과 참정능력을 기르고, 이를 바탕으로 '입헌대의제'를 실시하여 국가 만년의 기초를 세워야 한다고 주장했다.[93] 이처럼 애국계몽파는 지방자치제에 기반을 둔 입헌대의제의 실시가 국민의 자치정신·자치능력에 의한 국가의 독립능력과 독립유지의 기초가 된다고 믿었던 것이다.[94] 한편 윤효정은 애국심의 강약이 국가의 강약에 직결된다고 하고,[95] 애국심을 발휘하게 하는 방법은 법제의 확립에 의한 민권의 신장과 자치제의 실시에 의한 국민참정권의 허용을 통하여, 국민이 국가와 일체감을 갖게 하는데 있다고 보았다.[96] 애

92) 尹孝定,「專制國民은 無愛國思想論」『月報』 제5호, 19～21쪽.
93) 尹孝定,「地方自治制論」『月報』 제4호, 18～9쪽.
94) 지방자치제 실시를 통한 민권의 신장과 국민참정권 및 자유권의 확대, 그리고 궁극적으로 이를 통한 국가독립의 기초 확립을 주장한 신문 논설로는『皇城新聞』1906년 11월 2일 논설「地方自治制度」와 1907년 12월 22일 논설「地方自治制」및『大韓每日申報』1906년 11월 14일 논설「地方自治說」등이 있다.
95) 尹孝定,「專制國民은 無愛國思想論」『月報』 제5호, 21쪽.
96) 尹孝定,「國家的 精神을 不可不發揮」『月報』 제8호, 7～8쪽.

국계몽파는 강건한 애국심을 통한 강건한 국가의 형성은 지방자치제와 입헌대의정체의 실시에 의한 국민참정권의 확립으로써 가능하다고 본 것이다.

대한협회 회보편찬원 김성희는 논설 「論國家」에서, 입헌정체는 평민의 사회 경제적 위치의 향상에 따른 평민의 참정사상에서 연유한 것으로서, '국회대의사'를 통하여 인민이 입법의 책임을 가지고 행정관으로 하여금 이를 시행케 하므로 '대의기관'의 특질이 있다고 했다. 그리고 입헌제도상의 군주제와 민주제는 국가원수의 선거제와 계속제에 차이가 있을 뿐, 그 정치적 작용은 동일한 것으로 생각했다. 한편 그는 구미열강의 국민이 '세계상 일등 국민'이 된 것은 "전제를 변하여 입헌을 하고 국민을 국가의 주인으로 삼아 국가의 일을 맡도록 한" 때문이라 하고, 우리나라도 '헌법의 발포'와 '국회의 설립'을 추진하여 '국민국가'를 수립해야 한다고 역설했다.[97)]

이처럼 애국계몽파는 헌법이 제정되고 국회가 설립되어 입헌정체가 확립되어야 국민국가가 형성된다고 보았던 것이다. 그러므로 김성희는, "지금의 세계는 입헌・전제 양 정체의 新陳嬗代의 시대라" 하고, 입헌정체를 채용하여 '국민 대다수의 정치'를 실현할 것을 주장하고, 국회의 개설과 지방자치의 실현에 의한 '국민적 내치'를 강조했다. 또한 그는 "지금 20세기 신세계는 국민적 외교의 시대라"하고, 외교문제를 먼저 국민에게 알리고 '국민의 동의'를 구한 연후에 국민적 기반 위에서 실시하는 '국민적 외교'를 강조했다.[98)] 이처럼 애국계몽파는 입헌대의정체를 채용하고 의회를 통한 내치와 외교 등 국정 전반에 국민이 참여하는 '국민 대다수의 정

97) 金成喜, 「政黨의 事業은 責任」『會報』 제1호, 28～31쪽.
98) 金成喜, 「國民的 內治 國民的 外交」『會報』 제4호, 25～29쪽.

치'와 '국민의 동의에 의한 정치'를 실현코자 했다.

대한협회 회보편찬원 元泳義가 「정치의 진화」란 논설에서, 장래 정치의 지극한 정도는 "헌정과 민주의 완비 여부"에 불과하다고 하고, 헌정의 시조인 영국의 입헌정체는 오늘날 완전무결한 상태를 이루어 타국에 비해 우월하다고 높이 평가했듯이,[99] 애국계몽가들은 대체로 영국헌정의 우월성을 인정했다. 김성희가 서양의 헌정사를 개관하는 가운데 영국을 헌정의 모국이라 하고, "문명국가의 헌법은 전제 범위를 벗어나 민권을 보장하고, 人民參政之權을 허용하여 전 사회를 유지하고, 민선의원을 설치하여 정무를 감독하고, 자치제를 실시하여 단체를 조직하고, 군주의 神聖之位를 존중하여 책임지는 바 없게 한다. 이러한 제도가 없으면 그 국가가 없을 것이 분명하니, 안으로 헌정기관이 완비되면 밖으로 국가주권이 스스로 무결해진다"[100]고 했다. 이처럼 애국계몽파는 민권보장과 국민참정권의 허용, 민선의회와 지방자치제의 실시, 그리고 군주통치권의 유명무실화 등을 골자로 하는 입헌대의제의 완비가 국가존립의 관건이라 하여, '영국형의 입헌대의제'가 당시 한국의 현실에서 추구할 수 있는 바람직한 정치체제라고 생각했다.

요컨대 대한자강회·대한협회 등 합법단체에 속한 애국계몽파가 국민국가·국민주권국가의 건설과 관련하여 현실적으로 구상한 정지체제는 민선의회와 지방자치에 기반을 둔 입헌대의제였다. 애국계몽파는 당시로서 입헌대의제에 기초한 국민국가의 건설이 국민의 자유권리를 보장하고 국가의 자강독립을 확보할 수 있는 합당한 방도라고 믿었던 것이다.

---

99) 元泳義, 「政治의 進化」 『會報』 제7호, 26쪽.
100) 金成喜, 「國家意義」 『月報』 제13호, 41쪽.

3. 애국계몽파의 민주공화제선호론

애국계몽파는 입헌대의제 곧 입헌군주제를 국민국가 건설에 부합되는 현실적인 정치체제로 인식했으나, 민주공화제가 국민국가 건설에 가장 이상적인 정치체제라고 생각했다.

대한자강회 평의원 설태희는 「법률상 人의 權義」란 논설에서, 정치체제를 공화정체·입헌정체·전제정체로 분류하고, 이 세 종류의 정치체제는 모두 利國便民에 근본 의도가 있으나, 가장 미진한 전제정체는 군주의 사의에 따라 운용되기 때문에 전제국을 '무법국'이라 매도하고, 공화정체가 가장 우수하고 진보된 정치체제라고 평가했다. 그의 '공화정체우월론'은 국가와 국민을 위한 '정치의 목적'을 바탕으로 하여 제기된 것이었다.[101] 대한협회 회보편찬원 원영의는 「정체개론」이란 논설에서, '전제군주정체'는 군주가 주권과 국민의 生死與奪權을 가지는 독재체제로서, 군주와 私黨에 운용되어 민권보장이 불가능하며, 군민 상하가 일체감을 가질 수 없는 최악의 정체라고 비판하고, '민주공화정체'는 주권이 국민에게 있고, 국민참정을 통하여 민권보장이 가능하며, 至公無私하여 상하가 화동하는 '最美의 정체'라고 평가했다. 이러한 '민주공화정체 最美論'은 설태희의 경우처럼 국민을 위한 '정치의 목적'에 바탕을 두고 제기된 것이었다.[102]

또한 원영의는 「정치의 진화」라는 논설에서, 헌정은 국가의 모든 법률의 근본인데, 입법·사법·행정의 3대권이 군주에 집중하여 '주권의 過盛한 압력'에 대해 인민이 반항하여 법률을 '議立共

---

101) 薛泰熙, 「法律上 人의 權義」 『月報』 제9호, 12～13쪽.
102) 元泳義, 「政體槪論」 『會報』 제3호, 27～28쪽.

守'한 것이 공화정치의 기원이라고 했다. 그리고 평민의 지능과 재력이 성장함에 따라 귀족의 경멸을 받지 않고 '천부의 자유'를 지키려는 데서 민주정치가 유래했다고 했다. 이것은 국민의 자유를 위한 '정치의 기원'에 비추어 민주공화정체의 진보성을 밝힌 것이다.[103] 이어서 그는 같은 논설에서, 정치의 진화를 神官政治·전제정치·입헌정치·공화정치·민주정치의 5단계로 구분하고, 신관정치는 어리석은 민중을 神意를 빌어 지배하는 단계, 전제정치는 강자가 압제적 위력을 자행하는 단계, 입헌정치는 民智의 계발로 헌법이 성립되어 무리한 압제를 벗어나는 단계, 공화정치는 군주·신하의 자유권리가 화동하는 단계, 민주정치는 평민이 귀족의 경멸을 받지 않고 일반권리를 지키는 단계라고 파악하여, 국민의 자유와 권리를 위한 '정치발전의 과정'에 비추어 민주공화정체가 가장 발전된 정체라고 평가했다.[104] 『서북학회월보』의 기고가 선우순 역시 「국가의 개요」라는 논설에서, "전 인민의 의지가 직접 또는 간접(代議的)으로 독립 고유의 最高權이 된 경우에 이를 즉 민주공화제라 한다"고 하여, 민주공화제를 민의가 반영되는 가장 발전된 형태의 정치체제라고 인식했다.[105]

이상에서 살펴 본 것처럼, 애국계몽파는 정치의 목적과 정치의 기원 및 정치의 발전과정에 비추어, 민주공화제가 국민의 자유와 권리를 보장하는 국민국가에 부합되는 가장 우월하고 진보된 最美의 정치체제라고 인식했다.

당시 애국계몽단체로서 비밀결사였던 신민회는 그 통용장정에서, "부패한 사상과 습관을 혁신하여 국민을 유신케 하며, 퇴폐한

103) 元泳義, 「政治의 進化」 『會報』 제7호, 25～26쪽.
104) 元泳義, 「政治의 進化」 『會報』 제10호, 28쪽 ; 『會報』 제11호, 22～23쪽.
105) 鮮于錞, 「國家論의 槪要」 『西北學會月報』 12호, 9～10쪽.

교육과 산업을 개량하여 사업을 유신케 하며, 유신한 국민이 통일 연합하여 유신한 자유문명국을 성립케 함을 목적으로 한다"[106]고 규정했다. 그리고 그 취지서에서는, 내외의 한인이 통일 연합하여 '독립 자유'로서 목적을 세우고, "신 정신을 喚醒하여 신 단체를 조직한 후 新國을 건설할 뿐이다"[107]고 하여 신민의 육성에 의한 신국(=자유문명국)을 건설한다는 '新民新國論'을 제시했다. 그리고 신민회는 신국(=자유문명국)의 정치체제로 '공화정체'를 구상했다.[108] 과거 독립협회의 회원들도 공화제를 잘 알고 있었으나 공화제에 대한 논의 자체도 함부로 할 수 없는 상황이었고,[109] 전제군주제를 입헌대의군주제로 전환시키고자 했다. 또 당시 합법적 애국계몽단체였던 대한자강회와 대한협회의 회원들도 공화제를 가장 진보적인 정치체제라고 인식했으나, 전술한 바와 같이 현실적으로는 입헌대의군주제의 실현을 목표로 세웠다. 그런데 신민회가 공화제의 실현을 공식 목표로 설정한 것은 비밀결사였기 때문에 가능했던 것이며, 당시 합법단체들이 가진 정치체제 구상을 한 단계 높인 것이었다. 어떻든 신민회가 구상한 新民新國은 공화정체에 기초한 자유문명국이었으며, 이것은 곧 근대 국민국가를 의미하는 것이었다.

요컨대 합법적 애국계몽단체의 구성원들이 현실적으로 추구한 정치체제는 입헌대의군주제였으나, 그들은 민주공화제가 국민국

---

106) 新民會, 1965, 「大韓新民會 通用章程」『韓國獨立運動史』 1, 國史編纂委員會, 1028쪽.

107) 新民會, 「大韓新民會趣旨書」, 앞의 책, 1027쪽.

108) 新民會, 「大韓新民會의 構成」, 앞의 책, 1024쪽 ; 國友尙謙, 「不逞事件ニ依テ觀タル朝鮮人」, 188~189쪽(姜在彦, 『朝鮮の開化思想』, 258쪽 소재)에는 당시의 기독교도들이 '共和國의 건설'에 뜻을 두고 있었다는 기록도 있다.

109) *The Independent*, November 1, 1898, "An Assembly of All Castes".

가에 가장 부합되는 최선의 정치체제라고 인식하였다. 나아가 비밀결사인 신민회는 민주공화제를 공식목표로 설정했으며, 그것은 우리나라 민족운동사에 제기된 정치체제론의 획기적인 진전을 의미하는 것이다. 그리고 애국계몽운동의 맥락 속에서 일어난 3·1운동 직후, 국내외에서 출현한 모든 임시정부가 민주공화제를 내세우고 있었던 점은 한말 애국계몽가들의 민주공화제에 대한 인식과 관련하여 깊이 음미해 볼 만한 일이다.

Ⅳ. 임시정부수립기의 민주공화제의 채용

1. 각 임시정부의 민주공화제 채용

3·1운동 이후 노령의 大韓國民議會政府, 상해의 대한민국임시정부, 서울의 漢城臨時政府 등 실체를 가진 3개의 임시정부와 조선민국임시정부 · 신한민국임시정부 · 대한민간정부 · 고려임시정부 · 임시대한공화정부 등 실체가 없는 5개의 임시정부를 포함하여 8개의 임시정부가 출현했다.

1917년 11월 러시아 제2차 혁명을 계기로 노령 연해주의 한인지도자들은 12월에 블라디보스톡에서 '全露한족회중앙총회'(회장 文昌範)를 조직하고, 한인사회에 자치독립사상을 고취했다. 그들은 1919년 2월 '전로한족회중앙총회'을 '대한국민의회'로 개칭하고, 이를 통하여 1919년 3월 27일에 '대한국민의회정부'을 수립했다. 이처럼 노령의 임시정부 추진자들은 일종의 의회적 성격을 띤 국민의회(National Assembly)를 먼저 설립하고, 여기에서 손병희를 대통령, 박영효를 부통령, 이승만을 국무총리로 하는 공화제에 입각한 내각을 조직했다. 곧 노령임시정부는 "先議會設立 後政府樹立"의 과정을 밟아 수립되었다. 이것은 의회주의에 기초한 민주공화제의 채택을 의미하는 것이다. 손병희를 대통령으로 선임한 것은 국내에서 일어난 거족적인 3·1운동의 13도 대표와 국민적 기반을 높이 평가한 때문일 것이다.[110]

3·1운동 이후 많은 민족운동자들이 국제도시 상해에 모였다. 그들은 '독립임시사무소'를 설치하고, 중앙기관의 수립을 위해 이동녕·이시영·조소앙·조성환·玄楯 등의 8인 위원회를 구성했다. 4월 10일에는 본국의 각 지역을 대표하는 29명의 인사들이 참가한 '임시의정원'(의장 이동녕)을 개설했다. 임시의정원은 국호를 '대한민국'이라 정하고 10개조의 임시헌장을 마련했으며, 4월 13일에는 국무총리 이승만을 행정수반으로 하는 '대한민국임시정부'를 수립했다.[111] 이처럼 상해임시정부 추진자들은 독립운동가들로서 의회에 해당하는 임시의정원을 먼저 개설하고 여기에서 임시정부를 수립했다. 곧 상해임정 추진자들도 노령에서와 마찬가지로 "先議會設立 後政府樹立"의 과정을 밟아 의회주의에 기초한 민주공화제를 채택했던 것이다. 이 때 선포된 '대한민국 임시헌장'은 제1조에 "대한민국은 민주공화제로 함"이라 했고, 제2조에 "대한민국은 임시정부가 임시의정원의 결의에 의하여 통치함"이라 했으며, 제3조에는 국민평등권, 제4조에는 국민자유권, 제5조에는 국민의 선거·

110) 신재홍, 1996, 「대한민국임시정부의 수립」『한국민족운동사사전』 1, 한국독립운동사연구소, 412~413쪽 ; 이연복, 1990, 「대한민국임시정부의 수립」『한민족독립운동사』, 국사편찬위원회, 8~10쪽. 이연복은 李東輝가 회장으로 있던 '勞兵會'가 '대한국민의회'로 개칭했다고 한다.

111) 李賢周, 2001, 「임시정부의 수립과 초기 활동」『한국사』 48, 국사편찬위원회.

피선거권 등을 규정하여, 상해임시정부가 정치적으로 의회주의에 바탕을 둔 민주공화제를 지향했음을 명백히 했다.[112)]

3·1운동 이후 국내에서 전개된 임시정부수립운동에 있어 '국민대회'는 민족구성원의 합의절차로 중요시되었으며, 정부의 형태는 민주공화정이어야 한다는 생각이 일반적이었다.[113)] 국민대회를 통하여 임시정부를 수립하려는 계획은 1919년 3월초부터 애국계몽계열의 李奎甲, 洪震 등에 의하여 비밀리에 추진되었고, 여기에 申肅 등 천도교계 인사들도 가담했다.[114)] 이들은 국민대회 취지서, 임시정부 약법, 임시정부 각원 등을 확정하고, 4월 2일에 인천 만국공원에서 임시정부 수립을 위한 국민대회 준비모임을 가졌다. 4월 23일에는 서울에서 13도 대표 25명의 명단이 실린 국민대회 명의로 이승만을 집정관 총재, 이동휘를 국무총리 총재로 하는 정부수립이 선포되고, '국민대회', '공화만세'의 旗를 흔들며 서울 요소에 살포된 전단을 통하여 '한성임시정부'의 실체가 드러났다.[115)] 한성임시정부는 3·1운동이 일어난 수도 서울에서 13도를 대표하는 국민대회 명의로 수립되어 국민대표성과 정체성이 가장 강한 정부였다. 한성임시정부는 그 약법 제1조에서 "국체는 민주제를 채택할 것"이라 하고, 제2조에서 "정체는 대의제를 채택할 것"이라 하여 의회제도에 입각한 민주공화제를 추구하고 있음을 밝혀주고 있다.[116)]

---

112) 국사편찬위원회, 1974, 『韓國獨立運動史』 자료 4－임정편 Ⅳ－, 258쪽 ; 신재홍, 앞의 「대한민국임시정부의 수립」, 426쪽.

113) 李賢周, 앞의 「임시정부의 수립과 초기 활동」 107～108쪽 ; 앞의 『韓國獨立運動史』, 257～258쪽.

114) 李賢周, 앞의 글, 108쪽.

115) 高珽烋, 1997, 「世稱 漢城政府의 組織主體와 宣布經緯에 대한 檢討」 『韓國史硏究』 97, 한국사연구회, 175쪽.

116) 이현희, 2001, 『대한민국임시정부사』, 혜안, 66쪽 ; 신재홍, 앞의 「대한

이에 앞서 1919년 4월 15일 평안북도 철산・선천・의주 일대에 '신한민국정부 선언문'과 '임시정부 선포문'이 배포됨으로써 이동휘를 집정관, 이승만을 국무총리로 하는 '신한민국정부'의 조직이 알려졌다. 그런데 신한민국정부 추진자들은 4월 23일 서울에서 한성정부를 선포한 국민대회 당일 신한민국정부의 '임시정부 선포문'을 함께 배포함으로써 국민대회를 통하여 신한민국정부를 다시 알린 셈이다.[117] 어떻든 신한민국정부 추진자들도 국민을 대표하는 국민대회에 근거한 공화정부의 수립을 시도한 것이다.

한편 평안북도 출신의 천도교인들이 임시정부 수립을 추진했다. 손병희를 正都領, 이승만을 부도령과 내각총무경으로 하는 '조선민국임시정부'는 1919년 4월 9일 일경에 압수 당한 소위 불온문서에 의해 알려졌다. 이들 평안북도 천도교인들도 조선민국임시정부 창립장정 제1조에서 "조선국민대회와 조선자주당은 연합회의의 명의로써 조선을 조선민국이라 칭하고 자에 임시정부를 조직함"이라 하여, 국민대회를 통한 임시정부의 조직을 시도했다. 그리고 그들은 창립장정 제10조에서 "도령은 30인 이상의 위원을 자선하여 民國約法을 결정함"이라 하여, 30명 규모의 입법위원을 구성하여 조선민국의 약법을 제정하려 했다. 나아가 제12조에서 "헌법제정위원회는 민국헌법을 제정하며, 또 국회조직법 및 위원선거법을 제정함"이라 했듯이, 헌법을 제정하고 국회를 구성하여 의회주의에 기초한 민주공화제를 실현코자 했다.[118] 기호지방에서도 1919

민국임시정부의 수립」, 423쪽 ; 이연복, 앞의 「대한민국임시정부의 수립」, 21쪽.

117) 李賢周, 1997, 「3·1운동 직후 '國民大會'와 임시정부 수립운동」『한국근현대사연구』 6, 한국근현대사연구회, 134쪽 ; 高珽烋, 앞의 「世稱漢城政府의 組織主體와 宣布經緯에 대한 檢討」, 197~199쪽.

118) 신재홍, 앞의 「대한민국임시정부의 수립」, 415~419쪽.

년 4월 1일 천도교인들이 손병희를 대통령, 오세창을 부통령, 이승만을 국무총리로 하는 임시정부를 수립하려 했다. 이들 천도교인들은 3·1운동의 성공을 계산하여 수권정부로서 '대한민간정부'를 구상했던 것이다. 대한민간정부는 의회를 별도로 두지 않고 정부 내에 '의정부'를 두고 있다.[119]

만주 길림지방에서도 총통 이동휘, 국무총리 이승만으로 하는 '고려임시정부'의 각료 명단이 1919년 4월 15일『吉林新共和報』를 통하여 알려졌다.[120] 간도지방에서 추진된 대통령 손병희, 부통령 박영효로 하는 '임시대한공화정부'의 각료 명단도 김영우의『대한독립혈전기』을 통하여 알려졌다.[121]

임시정부가 난립하게 되자, 정부의 실체를 가진 노령과 상해, 그리고 한성의 임시정부 추진자들은 3개 임시정부를 통일하기 위한 노력을 기울였다. 먼저 노령정부의 '대한국민의회'와 상해정부의 '임시의정원'이 통합하여 '의회'를 통일했다. 다음으로 1919년 9월에는 상해정부가 중심이 되어, 본국의 13도 대표와 국민대회를 통하여 수립된 한성정부의 법통을 계승하여, 양 정부를 통합한 '대한민국임시정부'를 만들게 되었다. 이로써 실체를 가진 3개 정부가 통합하여 임시대통령 이승만, 국무총리 이동휘로 하는 통합 임시정부가 조직되었다.[122] 통합 임시정부에서 발표한 대한민국 임시헌법은 제2조에서 "대한민국의 주권은 대한인민 전체에 在함"이라 하여 '주권재민'을 규정하고, 제4조에서 "대한민국의 인민은 일체 평등임"이라 하여 '국민평등권'을 규정했다. 제5조에서는 "대한민

119) 신재홍, 앞의 글, 414~415쪽.
120) 이연복, 앞의「대한민국임시정부의 수립」, 23~24쪽.
121) 앞의『韓國獨立運動史』자료 4－臨政篇 Ⅳ－, 335~336쪽.
122) 趙東杰, 1981,「大韓民國臨時政府의 조직」『韓國史論』10, 국사편찬위원회, 63~67쪽.

국의 입법권은 의정원이, 행정권은 국무원이, 사법권은 법원이 행사함"이라 하여 '3권 분립'을 명확히 규정했다. 그리고 제8조에서는 신앙의 자유, 재산과 영업의 자유, 언론·출판·집회·결사의 자유, 서신의 비밀과 거주이전의 자유 등 국민의 기본적 자유를 규정하고, 제9조에서는 선거권과 피선거권, 재판권과 소원권, 공무담임권 등 국민의 각종 권리를 규정했다.[123] 이처럼 대한민국 임시헌법은 의회주의에 입각한 민주공화제 헌법으로서 그 성격을 명백히 했다.[124]

2. 각 임시정부의 구성원 성분

3·1운동 이후 출현한 임시정부의 추진자 또는 그 구성원의 성분을 주로 그가 소속 단체를 통하여 살펴봄으로써 한말 애국계몽운동과 3·1운동 이후 임시정부와의 관련성을 살피고자 한다. 괄호 속에는 가장 대표적인 소속단체나 인적 사항 하나만을 표시하고자 한다.

노령의 '대한국민의회정부'의 구성원은 대통령 손병희(천도교), 부통령 박영효(갑신정변), 국무총리 이승만(독립협회), 탁지총장 尹顯振(일본유학), 군무총장 이동휘(신민회), 내무총장 안창호(신민회), 산업총장 南亨祐(신민회), 참모총장 유동열(신민회), 그리고 講和大使 김규식(대한자강회) 등이다.[125] 이상 구성원 9명 중' 대통령으로 추대된 손병희는 천도교 3대 교주로서 1904년에 갑진개혁을

123) 신재홍, 앞의 「대한민국임시정부의 수립」, 431쪽.

124) 신재홍, 앞의 글, 431쪽.

125) 李炫熙, 1990, 「大韓民國臨時政府의 樹立과 통합」『韓民族의 獨立運動史』, 한국민족운동사연구회, 504쪽.

통하여 개화운동을 추구했고, 1907년 이후로 다수의 천도교 간부들이 애국계몽운동에 참여한 점으로 미루어 보아, 손병희 등 한말의 천도교도들을 애국계몽계열로 분류해도 문제가 없을 것이다. 또한 애국계몽운동이 멀리는 갑신정변과 가까이는 독립협회의 맥을 이은 운동이므로 부통령에 추대된 갑신정변의 주역 박영효와 국무총리에 추대된 독립협회 회원 이승만도 범애국계몽계열로 볼 수 있을 것이다. 나머지 6명은 모두 애국계몽계열의 인사들이며, 특히 신민회 회원이 4명이다.

상해에서 '대한민국임시정부'를 발족시킨 임시의정원 의원 29명 중, 이회영, 이시영, 이동녕, 신채호, 조성환, 김동삼, 남형우, 선우혁 등 8명은 한말 신민회 회원이었고, 현순, 손정도, 신익희, 이광수, 최근우, 조소앙, 조완구, 신석우, 여운형, 여운홍 등은 애국계몽계열의 인물들이었다.[126] 상해임시정부의 구성원은, 국무총리 이승만(독립협회), 내무총장 안창호(신민회), 내무차장 신익희(일본유학), 외무총장 김규식(대한자강회), 외무차장 玄楯(목사), 재무총장 崔在亨(신민회), 재무차장 李春塾(일본유학), 교통총장 문창범(대한국민의회의장), 교통차장 선우혁(신민회), 군무총장 이동휘(신민회), 군무차장 조성환(신민회), 법무총장 이시영(신민회), 법무차장 南亨祐(신민회), 국무원비서 조소앙(일본유학) 등이다.[127] 이상 구성원 14명 중 반수에 달하는 7명이 한말 신민회의 주요 회원이었고, 나머지 인사들은 한말의 애국계몽단체 회원, 또는 애국계몽운동과 맥을 같이 하는 인물들이다.

서울에서 '한성임시정부'를 조직하고 국민대회를 개최한 지도부 인물들을 살펴보면, 기독교계 인사로는 이규갑(영명학교 교감), 장

126) 신재홍, 앞의 「대한민국임시정부의 수립」, 425쪽.
127) 李炫熙, 앞의 「大韓民國 臨時政府의 樹立과 統合」, 514쪽.

붕(독립협회), 박용희(전도사), 현석칠(목사), 이동욱(성경학원 교사), 洪震(대한협회), 권혁채(변호사), 민강(소의학교 설립) 등 8명으로 모두 애국계몽운동의 성향을 띤 인물들이다. 유교계 인사는 7명인데 이헌교(보성고보 수학) 이외는 모두 한문 수학자였다. 천도교계의 안상덕(문상학교 교장), 불교계의 이종욱(진명학교 수학), 기타 한남수(일본유학), 김사국(대한흥학회), 전협(일진회), 이민태(藥種商) 등도 거의 다 애국계몽운동의 성향을 띤 인물이었다. 위의 지도부 인사 21명 중 핵심인물은 애국계몽계열의 이규갑과 홍진(대한협회)이었다.[128] 한성정부의 구성원은 집정관 총재 이승만(독립협회), 국무총리 총재 이동휘(신민회), 내무부총장 이동녕(신민회), 외무부총장 박용만(독립협회), 재무부총장 이시영(신민회), 재무부차장 韓南洙(일본유학), 교통부총장 문창범(대한국민의회의장), 군무부총장 노백린(신민회), 법무부총장 신규식(대한협회), 학무부총장 김규식(대한자강회), 노동국총판 안창호(신민회), 참모부총장 유동열(신민회), 참모부차장 李世永(신흥학교교원) 등이다.[129] 이상 구성원 13명 중, 6명은 신민회 회원, 1명은 대한자강회 회원, 1명은 대한협회 회원, 2명은 독립협회 회원, 나머지 인사들도 모두 애국계몽계열과 맥을 같이하는 인물들이었다.

1919년 9월 11일에 발표된 통합 대한민국임시정부의 구성원은 임시대통령 이승만(독립협회), 국무총리 이동휘(신민회), 내무총장 이동녕(신민회), 내무차장 정인과(미국유학), 군무총장 노백린(신민회), 군무차장 김희선(신민회), 재무총장 이시영(신민회), 재무차장 윤현진(일본유학), 법무총장 신규식(대한협회), 법무차장 신익희(일

---

128) 高珽烋, 앞의 「世稱 漢城政府의 組織主體와 宣布經緯에 대한 檢討」, 179～182쪽 ; 이현희, 앞의 『대한민국임시정부사연구』, 55쪽.

129) 이현희, 앞의 『대한민국임시정부사연구』, 68～69쪽 ; 李賢周, 앞의 「3·1운동 직후 '國民大會'와 임시정부 수립운동」, 127쪽.

본유학), 교통총장 문창범(대한국민의회의장), 교통차장 김철(金澈, 신한청년당), 노동국총판 안창호(신민회) 등이다.[130] 구성원 13명 중, 신민회 회원 6명, 대한협회 회원 1명으로 애국계몽단체 회원이 과반수를 넘고, 나머지 인사들도 모두 애국계몽운동과 맥을 같이 하는 인물들이었다.

'신한민국정부'의 구성원은 11명인데, 신민회 회원 4명, 대한자강회 회원 1명, 독립협회 회원 3명, 기타 3명으로 거의 다 애국계몽단체의 회원 또는 애국계몽운동과 맥을 같이하는 인물들이었다.[131] '대한민간정부'의 구성원은 13명인데, 신민회 회원 4명을 포함하여 7명이 애국계몽단체 회원이었고, 나머지 인사들도 애국계몽운동과 맥을 같이 하는 인물들이었다.[132] '조선민국임시정부'의 구성원은 10명인데, 신민회·대한협회 등 애국계몽단체 회원이 3명, 독립협회 회원이 4명이고, 나머지 3명도 애국계몽운동과 맥을 같이하는 인물들이었다.[133] '고려임시정부'의 구성원 6명과 '임시대한공화정부'의 구성원 8명도 신민회 등 애국계몽단체 주도회원이 반수 이상이고, 나머지도 모두 애국계몽운동과 맥을 같이하는 인물들이었다.[134]

한말의 애국계몽운동과 관련성을 파악하기 위해 8개 임시정부의 구성원 명단에 오른 35명의 인물을 정리해보면 다음과 같다. 괄호 안에 소속단체 또는 간단한 인적사항을 표시하되, 독립협회는 '독립', 대한자강회는 '자강', 대한협회는 '대한', 신민회는 '신민',

---

130) 신재홍, 앞의 「대한민국임시정부의 수립」, 430~431쪽.

131) 李賢周, 앞의 글, 134쪽.

132) 李炫熙, 앞의 「大韓民國 臨時政府의 樹立과 統合」, 505~507쪽.

133) 李炫熙, 앞의 글, 508~509쪽.

134) 이연복, 앞의 「대한민국임시정부의 수립」, 23~24쪽 ; 앞의 『韓國獨立運動史』 자료 4-臨政篇 Ⅳ-, 335~336쪽.

서북학회는 '서북', 권업회는 '권업', 천도교는 '천도', 기독교는 '기독'으로 표시한다. 그리고 한말 애국계몽단체의 회원으로 확인되지 안더라도 애국계몽운동을 한 경우에는 '계몽'으로 표시하고, 애국계몽운동과 맥을 같이하는 경우에는 '범계몽'이라고 표시하기로 한다.

권동진(대한, 천도)	김규식(자강, 미국유학, 기독)
김윤식(갑오개혁, 독립, 범계몽)	김철(신한청년당, 범계몽)
김희선(신민)	남형우(신민)
노백린(독립, 자강, 신민)	문창범(러시아유학, 대한국민의회의장)
박영효(갑신정변, 범계몽)	박용만(독립, 기독, 범계몽)
민찬호(독립, 범계몽)	선우혁(신민)
손병희(천도, 계몽)	신규식(독립, 대한)
신익희(일본유학, 범계몽)	안창호(자강, 대한, 신민, 기독)
오세창(독립, 대한, 천도)	유동열(신민, 서북, 무관학교교관)
윤익선(독립, 천도, 계몽)	윤현진(일본유학, 의춘학원, 계몽)
이동녕(독립, 신민, 기독)	이동휘(독립, 대한, 신민, 기독)
이상(천도교, 범계몽)	이세영(신흥학교, 범계몽)
이승만(독립, 기독, 범계몽)	이시영(신민, 기독)
이춘숙(일본유학, 범계몽)	이희경(미국유학, 계몽)
정인과(미국유학, 목사, 범계몽)	조성환(신민, 무관학교)
조소앙(일본유학, 범계몽)	최린(천도, 일본유학, 범계몽)
최재형(신민, 권업)	한남수(일본유학, 범계몽)
현순(목사, 범계몽)	

이상 35명 중, 신민회 주도회원 11명을 포함하여 대한자강회・대한협회 등 한말 애국계몽단체의 주도 회원이 15명, 애국계몽운동의 맥을 이루는 갑신정변・갑오개혁・독립협회운동의 주도자 6명, 그리고 나머지 14명은 교육과 종교를 통하여 실제로 애국계몽운동을 했거나 외국유학을 통하여 애국계몽운동과 맥을 같이하는 인사들이다. 이렇게 볼 때 한말 애국계몽운동과 3・1운동 이후 임시정부수

립은 사상적으로나 인적으로 깊은 관계가 있음을 알 수 있다.

3·1운동 이후 국내외에서 나타난 여러 임시정부 관련자들의 성분과 각 임시정부의 정치지향을 통하여 다음과 같은 사실을 확인할 수가 있다.

첫째로, 여러 임시정부의 추진자와 구성원 등 관련자들 중 다수가 공화제를 선호했던 한말 신민회 회원들 또는 입헌대의제를 추구했던 대한자강회와 대합협회의 회원들이었다. 그리고 나머지 관련자들은 거의 다 애국계몽계열과 호흡을 같이하는 인물들이었다. 그러므로 3·1운동 이후 나타난 여러 임시정부는 애국계몽운동과 인적인 맥락을 가지고 있다고 하겠다.

둘째로, 각 임시정부는 그 형태는 다소 다르나 모두 민주공화제를 채택하였다. 합방 10년만에 출현한 8개의 임시정부(삐라정부 포함)가 모두 민주공화제를 채택한 것은, 당시 민주주의를 지향하는 세계 사조가 반영된 것이며, 한편 한말 애국계몽계열의 민주주의 정치사상의 맥락을 이은 것이라고 할 수 있겠다. 뿐만 아니라 3·1운동에서 나타난 민족구성원의 거대한 역량을 고려하여 민주공화제를 채택하게 된 것이라고 하겠다.

셋째로, 노령의 대한국민의회 정부와 상해의 대한민국 임시정부는 '先議會構成 後政府樹立'의 과정을 밟았고, 서울에서 13도 대표 명의의 국민대회를 통하여 구성된 한성임시정부는 그 約法에서 국회의 소집과 헌법의 반포를 기약하고 있어, 당시 실체를 가진 3개의 임시정부는 모두 확고한 의회민주주의 정치의식을 보여주었다. 사실상 당시 나타난 거의 모든 임시정부가 의회주의에 기초한 민주공화제를 추구했던 것이다.

넷째로, 여러 임시정부는 행정과 입법의 분립, 나아가 행정과 입법, 사법의 삼권분립을 제시하고 있다. 통일 임시정부 곧 대한민국

임시정부의 헌법은 주권재민과 삼권분립, 그리고 국민의 자유와 기본권의 보장을 규정하여, 근대국가에 손색이 없는 근대 민주주의정치의식을 보여주었다.

맺음말

우리는 이제까지 우리 나라 근대적 정체론의 변화과정을 갑신정변・갑오개혁기, 독립협회운동기, 애국계몽운동기, 임시정부수립기로 구분하여 살펴보았다.

1880년대에 들어 개화인사들에 의하여 세계 각국의 근대적 정치체제가 본격적으로 소개되었다. 1880년대 중반의 갑신개화파와 1890년대 중반의 갑오개혁파는 민력양성에 의한 국가부강의 실현과 천부인권에 의한 인간 본연의 권리보장을 위한 정치체제로서 입헌군주제에 호감을 보였다. 1890년대 후반의 독립협회파는 자주국권의 수호와 자유민권의 신장을 위한 정치체제로서 역시 입헌군주제를 선호했다. 1900년대 후반 애국계몽파는 입헌대의제[135]의 실현을 주장하면서, 국민국가에 가장 이상적인 최고의 정치체제는 민주공화제라고 논했고, 비밀결사인 신민회는 민주공화제를 정치적 목표로 설정했다. 이러한 토대 위에서 1910년대 말 임정수립 추진자들은 모두 민주공화제를 채용했던 것이다. 그러므로 1919년

135) 입헌대의제는 입헌제도와 대의제도의 합성어이므로 입헌군주제를 의미할 수도 있고, 민주공화제를 의미할 수도 있다. 한말 애국계몽파가 사용한 입헌대의제의 용어는 입헌군주제를 의미한다. 그러나 문제는 그들이 '입헌군주제'라는 용어를 사용하지 않고 굳이 '입헌대의제'라는 용어를 사용한 것은 그들이 강조하고자 하는 바가 '군주의 존재'에 있지 않다는 것을 암시하고 있는 것이 아닌가 생각된다.

임시정부수립기에 출현한 8개의 임시정부 모두가 민주공화제를 채용한 것은 우연이 아니었다. 그것은 3·1운동을 통하여 나타난 민중의 역량과 당시의 시대사조의 영향과 관련이 있지만, 1880년대 이후 개화자강계열의 근대적 정치체제를 수용하려는 꾸준한 노력의 연장선상에서 이루어진 것이었음을 확인할 수 있겠다.

문호개방 이후 개화자강세력은 입헌정치의 실현을 위하여 다각적인 노력을 기울였다. 입헌제도에 있어 의회는 필수 불가결의 요소이다. 갑신개화파는 의회가 있으면 민권의 보장과 국권의 수호가 가능하다고 하여 의회제도를 찬미했으나 의회설립을 구상하지는 못했다. 다만 내각제도를 도입하여 군주전제정치를 내각중심정치로 전환시키고자 했고, 우선적으로 지방의회의 실시에 관심을 보였다. 갑오개혁파는 갑신개화파가 구상하는데 그친 내각제도를 현실적으로 실시했고, 군・면・리를 중심으로 지방자치체의 실시를 시도했다. 특히 갑오개혁파는 갑신개화파가 선망하는데 그친 의회적 입법기관의 설치를 모색했다. 1차 개혁시에는 군국기무처를 일종의 관선의회로 만들고자 의회설립안을 의결한 바 있으나 시기상조라 하여 보류되었다. 제2차 개혁시에는 중추원을 신설하여 50명의 임명제 의관을 두는 관선입법부로 만들었으나 유명무실했다. 독립협회파는 의회설립운동을 전개하여 관선의관 25명, 민선의관 25명, 도합 50명의 의관으로 구성되는 의회식 중추원 관제를 법제화하는 데까지 진전시켰다. 그러나 보수세력의 반동으로 의회식 중추원의 실현은 무산되고 말았다. 한말 보호국체제 하에서 애국계몽파는 의회의 중요성을 강조했으나, 불가능한 중앙의회보다는 지방자치제를 통한 국민의 자치능력 배양에 노력했다. 이러한 맥을 이어 1919년 임정수립 추진자들은 의회제도에 기초한 민주공화제를 수립하고자 했던 것이다.

한편, 1919년 임정수립 추진자들은 대부분 개화자강 계열과 호흡을 같이하고 있었다. 그러므로 그들이 선정한 8개 임시정부의 구성원 곧 각원 35명 중 애국계몽단체의 주도회원이 15명이고, 나머지 20명 중 애국계몽운동의 맥을 이루는 갑신정변·갑오개혁·독립협회운동의 주도회원이 6명이며, 나머지 14명은 실제로 애국계몽운동을 했거나 외국유학을 통하여 애국계몽운동과 맥을 같이하는 인사들이었다. 그리고 한말의 애국계몽파는 신문과 잡지를 통하여 입헌대의제의 필요성을 주장하면서, 민주공화제가 가장 이상적인 최선의 정치체제임을 공개적으로 주장했다. 따라서 1919년 여러 임시정부의 추진자들과 구성원들은 갑신개화파·갑오개혁파·독립협회파·애국계몽파 등 개화자강세력과 인맥적으로 연결되어 있었고, 정치적으로는 민주공화제의 성향을 가진 인물들이었다고 할 수 있겠다.

보 론

윤치호의 민주정치의식에 관한 연구

머리말

한국의 근대사는 열강 특히 일본의 침략과 우리 민족의 저항으로 점철되어 왔다. 따라서 해방이후 상당기간 동안 한국근대사연구는 국가의 자주문제 규명에 역점이 두어졌다. 그러나 한국근대사는 대외적으로 국가의 자주만을 추구한 역사가 아니고 대내적으로는 사회의 민주화와 근대화를 추구해 온 역사였다.

1880년대에 들어 개화인사들은 서양의 근대적 정치체제를 소개했고, 1880년대 중반의 갑신정변 주도자들과 1890년대 중반의 갑오개혁 추진자들은 민력양성에 의한 국가부강의 실현과 천부인권에 의한 인간 본연의 권리보장을 위한 정치체제로서 입헌군주제에 호감을 보였다. 1890년대 후반의 독립협회 인사들은 자주국권의 수호와 자유민권의 신장을 위한 정치의식을 가지고 역시 입헌군주제를 선호했으나 소장층은 공화제에도 관심을 보였다. 1900년대 후반 애국계몽인사들은 표면적으로는 입헌대의제의 실현을 주장하면서, 국민국가에 가장 이상적인 최고의 정치체제는 민주공화제라고 논했고, 비밀결사인 신민회는 민주공화제를 정치적 목표로 삼았다. 이러한 토대 위에서 1910년 말 3·1운동 이후 임정수립 추진자들은 민주공화제를 채용했던 것이다.1)

본고는 우리나라 개화인사들의 민주정치의식을 알아보기 위하여 당대 최고의 근대지식인이었던 윤치호의 사례를 살펴보고자 한다. 이제까지 윤치호에 대해서는 다양한 연구가 이루어져 왔으나 그의 민주정치의식을 일목요연하게 고찰한 연구는 아직 나오지 않았다. 따라서 본고는 윤치호의 민주정치의식을 밝혀보고자 한다. 먼저 윤치호가 언제부터 어느 정도 민주정치사상을 인지하고 있는가를 알아보고자 한다. 다음으로 윤치호가 어떠한 과정을 거쳐 민주정치사상을 수용하여 민주정치의식을 가지게 되는가를 살펴보고자 한다. 나아가 윤치호가 민중의 지도자로서 어떻게 민주정치운동을 전개했는가를 밝혀보고자 한다.

우리나라 개화기에 있어 민주정치사상의 전래와 수용 그리고 민주정치운동의 전개는 윤치호와 불가분리의 관계에 있다. 그러므로 윤치호의 민주정치의식을 살피는 것은 우리나라 개화기의 민주정치사상과 운동을 밝히는 작업이 될 것이다.

본고는 윤치호의 일본유학기·갑신정변기·중국유학기를 그의 민주정치사상의 인지기간으로 설정하고, 미국유학기를 그의 민주정치의식의 형성기간으로 설정하며, 독립협회운동기를 그의 민주정치운동의 추진기간으로 설정하여 그의 민주정치의식을 고찰하

---

1) 유영렬, 2003,「한국에 있어서 근대적 政体論의 변화과정」『국사관논총』, 국사편찬위원회, 27쪽.

고자 한다. 이러한 연구를 통하여 우리는 개화기의 윤치호가 추구했던 민주사회구상의 일면을 밝힐 수 있으며, 개화파가 추구한 민주사회구상의 일면을 발견할 수 있을 것이다.

본고는 국사편찬위원회에서 간행한 『윤치호일기』를 주된 자료로 하고, 자료 명칭은 한문일기(1883년 1월 1일～1887년 11월 24일)는 한문으로, 국문일기(1887년 11월 25일～1889년 12월 7일)는 국문으로, 영문일기(1889년 12월 7일～1906년 7월 3일)는 영문으로 표기하기로 한다. 연구시기는 개화기에 한정하고자 한다.

Ⅰ. 민주정치사상의 인지

윤치호(1865～1945)의 부친 윤웅렬은 1880년 7월 예조참의 김홍집이 수신사로 일본에 파견되었을 때 별군관으로서 김홍집을 수행하여 일본에 갔으며, 귀국 후 1881년에는 별기군 창설에 주역을 담당하였다.[2] 이처럼 개화 성향을 띤 윤웅렬의 각별한 관심 속에서 윤치호는 근대교육에 접하게 되었다.

1881년 윤치호는 17세 때 신사유람단의 朝士 어윤중의 수행원으로 도일하여 유길준・유정수・김양한과 더불어 최초의 일본유학생이 되었다.[3] 그는 2년 동안 일본에 제류하면서 일본의 문명개화론자 마카무라 마사나오(中村正直)가 설립한 중등교육과정의 同人社에서 수학하였다. 윤치호가,

---

2) 道園相公記念事業推進會, 1977, 『開化期의 金總理』, 88쪽.
3) 李光麟, 1979, 「兪吉濬의 思想硏究」 『韓國開化思想硏究』, 일조각, 49～50쪽 ; 金永羲, 『佐翁尹致昊先生略傳』, 27쪽 ; 朴泳孝, 1958, 「使和紀略」 『修信使記錄』, 國史編纂委員會, 212쪽.

> 나는 同人社에 입학하야 일본말을 배우기 시작햇오. … 우선 일본말부터 배와야 신문명을 가장 갓가운 일본에서 수일할 수 잇으리라는 선견이라 할는지 생각을 가지엇든 것이오"[4]

라고 했듯이, 그는 신문명을 가까운 일본에서 수입할 수 있으리라는 생각에서 무엇보다도 일본어 공부에 힘썼다고 한다. 그리고 그는 "일본말만 배우지 말고 영어를 배와야 일본을 경유치 안코 泰西(=서양)문명을 직수입할 수 있다"는 김옥균의 권유에 따라 영어 공부에 전념하게 되었다.[5]

일본유학시기에 윤치호가 어떠한 정치의식을 가지고 있었는지는 확실히 알 수 없다. 그러나 당시 그가 접한 환경과 인물들을 통하여 어느 정도 유추할 수 있을 것이다.

윤치호가 재학하던 당시 同人社의 교과과정은 정확히 파악할 수는 없지만, 대체로 한문・수학・영어・지리・역사・물리・경제・수신 등의 과목을 교육했던 것으로 보인다.[6] 윤치호는 同人社에서 정규과정을 밟지는 않았지만, 대단히 학구적인 사람이었으므로 언어가 어느 정도 통하면서 관심 있는 과목을 청강하여 근대사상의 일면을 이해했을 것으로 생각된다.

윤치호의 유학 당시 일본에는 프랑스류의 자유주의를 표방하는 급진적인 自由黨과 독일류의 국가주의를 표방하는 어용적인 立憲帝政黨, 그리고 영국류의 입헌군주제를 표방하는 점진적인 立憲改進黨 등 근대적인 정당이 출현하였다. 이들 정당들은 토론회와 언

---

4) 尹致昊, 「風雨二十年－韓末政客의 回顧談」『東亞日報』, 1930년 1월 11일.

5) 金永羲, 앞의 『佐翁尹致昊先生略傳』, 30쪽 ; 尹致昊, 「風雨二十年－韓末政客의 回顧談」『東亞日報』 1930년 1월 11일.

6) 佐佐木滿子, 1968, 「私塾・官公私立學校」『日本の英學100年』, 明治, 東京 硏究社, 420~441쪽.

론을 통하여 활발한 정치활동이 전개하고 있었다. 이노우에 가오루(井上馨)는 막후에서 입헌제정당을 조종하였고, 후쿠자와 유키치(福澤諭吉)는 입헌개진당의 정신적 지주였다.7)

윤치호는 일본의 외무경이며 명치정부의 실력자로서 전제황권의 강화를 추진하던 이노우에 가오루(井上馨)과 자주 접촉하여 친밀한 관계를 유지하였으며, 당시 일본 최고의 문명개화론자이고 자유민권론자이며 민중계몽운동가였던 후쿠자와 유키치(福澤諭吉)・나카무라 마사나오(中村正直)와 자주 접촉하여 많은 영향을 받았다.8)

한편 윤치호는 주일 미국공사 빙함(J.A. Bingham)과 주일 영국공사 파크스(Harry S. Parkes), 동경대학의 챔버린(Basil H. Chamberlain) 교수와 모스(Edward S. Morse) 교수 등과도 자주 접촉하였다. 원래 관리지망생이었던 윤치호는 이들 서양인들과의 빈번한 접촉을 통하여 서양문명과 세계대세의 파악에 도움을 받았을 뿐만 아니라, 서양의 정치현상 곧 민주주의 정치에 대한 정보를 자연스럽게 얻을 수 있었을 것이다.9)

당시 윤치호가 입헌개진당의 기관지이며 자유민권사상을 고취하고 있었던『郵便報知新聞』을 구독했다는 사실을10) 통하여 그가

7) 閔斗基, 1977,『日本의 歷史』, 知識産業社, 231～237쪽 ; 江村榮一, 1980,「自由民權運動とその思想」『岩波講座 日本歷史』15 －近代 2－, 東京 岩波書店, 26～35쪽 참조.

8) 尹致昊,「壬午日記」참조. "T. H. Yun's Letter to Dr. Young J. Allen," December 20, 1891에 보면, 윤치호는 福澤諭吉과 Neesima를 明治日本의 위대한 인물로 존경하고 있었음을 알 수 있다.

9) Millet 여사, Polder 書記官, 建築家 Sarda에 대해서는 유영렬, 1985,『開化期의 尹致昊 硏究』, 한길사, 22～27쪽. Satow 書記官에 대해서는「Satow 卿의 韓國關係日誌」『史學硏究』제31호 참조. Chamberlain 교수, Parks 영국공사, Bingham 미국공사에 대해서는 윤치호의「壬午日記」참조.

10) 尹致昊,「壬午日記」, 1882년 1월 6일조 ; 彭澤周, 1976,『中國の近代化

자유민권사상에 어느 정도 인식을 가졌음을 확인할 수 있을 것이다. 그리고 그가 존경했던 후쿠자와 유키치(福澤諭吉)과 나카무라 마사나오(中村正直)는 『서양사정』, 『학문의 권장』, 『문명론의 개략』(이상 福澤 저술), 『西國立志傳』, 『自由之理』(이상 中村 저술) 등 서양문명과 자유주의에 관한 많은 저술을 통하여 일본사회에 큰 영향을 끼치고 있었으므로, 윤치호도 이런 저술을 통하여 근대지식과 자유민권사상을 상당히 이해하게 되었을 것이다.

윤치호는 1883년 5월 이노우에 가오루(井上馨)와 후쿠자와 유키치(福澤諭吉)의 권고를 받아 초대 주한미국공사 루시어스 푸트(Lucius H. Foote)의 통역관으로 귀국하였다. 윤치호는 미국공사관에 기거하면서 푸트 공사 부처와 공사관 서기관 등과 한가족처럼 생활하면서 영어공부에 몰두하여 6개월 뒤에는 상당한 정도의 통역을 해낼 수 있었다.[11)]

윤치호는 서양의 외교관과 한가족처럼 생활하면서 영어뿐만 아니라, 서양의 국제관계와 서양의 민주정치, 서양의 생활방식에 대한 지식을 더욱 넓히게 되었다. 당시 윤치호는 푸트 공사와 정치문제도 의논하는 사이였다. 윤치호는 이미 푸트 공사 부임 초에,

> 정부에는 두 정파가 있으니 하나는 … 사대당으로 그들의 배후의 穆麟德은 청을 위하여 엇더한 案이든지 提言하는 것입니다. … 그들은 공사도 그들의 파가 되시게 하려 합니다. 그러나 고종은 사대당을 꺼리시고 공사가 오심을 대단히 喜欣하여 하십니다. 이러한 사정이 나타나심을 주목하시며 개화파에 공사는 最善한 顧問을 주시기 바랍니다."[12)]

と明治維新』, 京都, 同朋舍, 40·163·165쪽.

11) 1883년 10월 18일 이후의 『尹致昊日記』를 보면 그의 통역수준을 짐작할 수 있다. 『尹致昊日記』, 1884년 1월 8일조에 있는 洪英植의 尹致昊 영어실력 평가 참조.

라고 하여, 조선정부에는 두 정파가 있는데, 사대당의 배후에 있는 穆麟德은 청국을 위해 무슨 일이든지 하며, 고종도 이를 꺼려한다 하고, 개화파에 적극 지원해줄 것을 요청하기도 했다. 푸트 공사도 조선에 대한 청국의 부당한 간섭과 조선의 외교권을 좌우하는 목인덕의 방자한 행동 그리고 사리사욕에 힘쓰는 사대수구당에 실망하여 적극적으로 개화당을 지원하였다.13)

당시 조선사회도 개화의 물결이 들어와 새로운 변화가 일어났다. 특히 개화파에 의하여『한성순보』가 간행되어 민주정치사상이 조선사회에 널리 소개되고 있었다.

『한성순보』는 제10호「美國誌略續稿」에서, 인간의 자유추구와 생명보존은 "하늘이 부여한 뺏을 수 없는 권리"라 하고, 이 권리를 보전하지 못하면 "나라는 나라가 아니고 정부는 정부가 아니다"고 하여, 천부인권론에 의한 미국독립혁명의 정당성을 인정하였다.14)

『한성순보』는 제11호「민주주의와 각국의 장정(=헌법) 및 공의당(=의회)에 대한 해석」에서는, 서양 각국의 제도 중 가장 중요한 요점은 "나라를 다스리는 주권이 국민에게 있고, 모든 권력은 국민에게서 나와 시행되는 것이다"라고 '국민주권론'을 소개하고, 서양 각국의 민선의회의 설립, 의회에 의한 헌법의 제정, 삼권의 분립과 기능 등을 긍정적으로 설명하여 민주적 입헌정치에 호감을 드러냈다.15)

그리고『한성순보』는 제10호「구미입헌정체」에서, 구미에는 君

---

12) 金永羲, 앞의『佐翁尹致昊先生略傳』, 34쪽.

13)『尹致昊日記』1883년 10월 21일, 11월 4일, 1884년 1월 10일, 3월 17일, 5월 2일·4일·24일, 6월 9일조.

14)『漢城旬報』제14호, 1894년 2월 11일,「美國誌略續稿」.

15)『漢城旬報』제11호, 1884년 2월 7일,「民主主義와 각국의 章程 및 公議堂에 대한 해석」.

民同治制(=입헌군주제)와 합중공화제가 있는데 둘 다 입헌정체이며, 입헌정체는 입법권 · 사법권 · 행정권 등 3권이 분립되어 있다고 하고, 입헌군주제와 공화제의 차이, 상 · 하원의 의회와 선거방법, 입헌국에서 군주 · 의회 · 정부의 관계 등 민주주의 정치제도를 전반적으로 해설하고, 3권분립의 장점과 민선의회에 기초한 입헌정체의 장점을 강조하였다.[16]

일본에서 자유민권운동을 체험하고 귀국한 뒤 개화당의 일원으로서 활동했던 윤치호가 위의 논설에 공감할 가능성이 크다고 생각된다.

당시 윤치호는 "우리나라에서 제일가는 일은 마땅히 정부조직을 고치는 것"이라 하고, 외국의 예에 따라 정부 각부의 업무한계를 분명히 하여 서로 他部의 일에 간여치 못하도록 정부조직을 개편하는 것이 내정개혁의 선결문제라고 파악하였다.[17] 그리고 그는 문벌과 정실을 떠나 능력본위의 인재등용을 단행해야 헛된 관직추구열을 없애고 민심을 수렴할 수 있다고 주장하였다.[18] 즉 그는 행정권의 분립과 인사행정의 쇄신을 통하여 통치구조를 바꾸려는 근대적 개혁을 추구했던 것이다. 그러나 그는 집권수구당의 부패 · 무능을 들어 國王親裁의 강화를 주장하기도 했다.[19]

일본유학기에 자유민권론자인 후쿠자와 유키치(福澤諭吉) · 나카무라 마사나오(中村正直)를 존경했고, 귀국 후 민주국가 미국의 푸트 공사를 존경했던 윤치호가 당시의 여러 정황으로 보아 자유민권의식을 가질 개연성은 충분히 있으나 확실한 자료는 발견되지 않는다. 오히려 윤치호가 갑신정변 실패 요인으로서 정변 주도자

16)『漢城旬報』 제10호, 1884년 1월 30일,「歐美立憲政體」.
17)『尹致昊日記』 1884년 11월 2일조.
18)『尹致昊日記』 1883년 11월 2일, 1884년 1월 18일조.
19)『尹致昊日記』 1883년 11월 2일 · 4일, 1884년 1월 8일조.

들이 "위로는 군부모를 거역하고 그 원한을 샀으며, 아래로는 민심을 거슬러 인심이 불복한다"[20]고 하여 국왕을 '군부모'라고 여기는 것을 보면 갑신정변기까지 그는 확실한 민주정치의식을 가진 것으로 보기 어려울 것이다.

윤치호는 갑신정변 실패 후 1885년 1월에 중국 상해로 망명하여 미국 감리교 선교사 알렌(Young J. Allen)이 설립한 中西書院(Anglo-Chinese College)에 입학하였다.[21] 윤치호는 중서서원에서 영어 · 중국어 · 역사 · 지리 · 경제와 성경 등 인문사회과학 과목과 수학 · 물리 · 화학 · 생물 등 자연과학 과목을 고루 수강하였다. 특히 그는 영어 · 중국어 · 역사 · 성경에 열중하였다.[22] 윤치호의 체계적인 근대교육은 상해유학에서 시작된 것이다.

한편 그는 『영국사』, 『프랑스사』, 『미국사』, 『문명제국약사』, 『부국책』 등 역사와 문명개화 관계의 서적을 탐독하여 세계역사의 흐름과 서양 선진문명에 대한 이해의 폭을 넓혀갔다. 여기에는 물론 서양의 민주정치사상도 포함되어 있는 것이다. 그러나 상해유학 시절의 윤치호가 민주정치사상을 수용했다고 보기는 어렵다.

상해유학 시절의 윤치호는 고종과 가친의 사진을 자기 방 벽 위에 걸어놓고 정초에는 생부모와 '君父母' 그리고 조선인민을 위해 축복을 빌곤 하였다.[23] 그리고 그는 고종이 우유부단한 면이 있으나 善政의 의욕이 있다[24]고 보았다. 따라서 조선의 정치가 위태롭

---

20) 『尹致昊日記』 1884년 12월 6일조.

21) 金永羲, 1934, 『佐翁尹致昊先生略傳』, 基督教監理教總理院, 49~50쪽 ; 尹致昊, 「回顧二十年」 『朝鮮南監理教會三十年紀念報』, 74쪽 ; 『尹致昊日記』, 1885년 1월 19일 · 22일 · 26일 · 27일 · 28일조.

22) 유영렬, 1985, 『開化期의 尹致昊 研究』, 한길사, 58쪽.

23) 『尹致昊日記』 1886년 2월 4일, 2월 21일조, 1887년 1월 24일조.

24) 『尹致昊日記』 1884년 1월 18일조. "上雖知其善 又欲行之而躊躇多疑 貪得姑安 惑於小奸 乏於能斷 事罕得果 謀多无實."

게 된 원인은 '萬機親察'에 있는 것이 아니고, "군부모의 愛民恩情"을 받들지 못한 신하들의 이기적인 권세욕에 있다고 판단하였다.[25] 즉 그는 '君父'라는 가부장적 군주, 국왕의 '萬機親察'이라는 전제적 군권 그리고 "군부모의 愛民恩情"이라는 군주의 시혜적인 愛民을 긍정적으로 보는 전통적인 존왕의식을 보여주고 있으며 전제군주체제에 대한 비판은 전혀 찾아볼 수 없다.

그러므로 일본유학과 국내체류 그리고 상해유학 시기까지의 윤치호는 서양의 근대적 민주정치에 대하여 충분히 알고 있다고 인정되지만, 개화・개혁에 있어 전제군주체제 내에서의 주장과 활동에 머물렀고, 개혁방법도 국왕중심의 정치개혁에 역점을 두어, 아직 민주정치사상을 수용하지 않은 것으로 판단된다.

Ⅱ. 민주정치의식의 형성

윤치호는 1888년 9월 중국 상해를 출발하여 11월에 미국에 도착하였다. 이때 그의 나이 24세였다. 윤치호는 밴더빌트(Vandervilt) 대학에서 3년 동안 신학・영어・교회사・연설학・로마사・설교사 등을 수강했으며, 그 후 에모리(Emory) 대학에서는 2년 동안 역사・헌법사・정치경제학・자연지리학・물리・화학・대수학・기하학 등을 수강하였다.[26]

윤치호는 5년 동안 미국사회를 체험했다. 민주정치와 관계되는 그의 체험 중 몇 가지 사례를 들면 다음과 같다.

첫째로 윤치호는 미국에 도착하여 밴더빌트 대학에 가는 도중

---

25) 『尹致昊日記』 1885년 6월 20일조.
26) 유영렬, 앞의 『開化期의 尹致昊 硏究』, 69～73쪽.

1888년 하니발(Hanival)에서 미국 대통령의 선거 광경을 목격했고, 에모리 대학에 다닐 때 1892년 옥스퍼드에서 또다시 미국 대통령의 선거 광경을 목격하였다. 그는 미국 대통령 민선과정에서 미국인들의 높은 정치의식과 자유로운 정치토론 그리고 국민의 여론과 다수결에 의하여 통치자가 선출되는 민주주의의 정수를 엿볼 수 있었다.[27)]

둘째로 윤치호는 조지아 州議會와 미국 연방 상·하원을 견학하여, 국민의 대표들이 제정한 법률에 의하여 국가가 통치되고, 국민의 의사가 국가의 정치에 반영되는 합의에 의한 정치 곧 의회민주정치의 요체를 직접 볼 수 있었다.[28)]

셋째로 윤치호는 흑인 강도에 대한 재판을 방청하고, 재판을 위한 방대한 인원 구성과 피의자의 충분한 변호 그리고 증거에 의한 판결과 공개재판 등 인권보장의 장치가 잘 갖추어진 미국의 사법제도에 큰 감명을 받았다.[29)]

뿐만 아니라 윤치호는 대학에서의 민주주의와 관련된 강의와 많은 서적을 통하여 미국 민주주의의 역사와 그 본질을 파악할 수 있었다. 또한 여러 학회와 토론회에 참석하고, 스스로 토론회의 회장으로서 회무를 처리하는 과정에서 미국식 민주주의의 운영 방식을 터득하였던 것이다.

윤치호는 미국이 "종교의 빛, 知的 자유, 정치적 자유"가 있는 나라이고, "너무 자유가 많아 고통" 받는다고 표현될 정도로 자유의 나라라고 인식했다.[30)] 그리고 윤치호는 미국이 "인민의 인민에

---

27) 『윤치호일기』 1888년 11월 3일, 1892년 9월 19일, 11월 8일조 ; 朴正信, 1977, 「尹致昊研究」 『白山學報』 23, 363～364쪽.
28) 『윤치호일기』 1889년 1월 31일조 ; "Tchi Ho Yun's Diar (이하 T. H. Yun's Diary라 略함)" August 14, 1893 : 朴正信, 앞의 「尹致昊研究」, 364쪽.
29) "T. H. Yun's Diary" April 1, 1893 ; 朴正信, 앞의 「尹致昊研究」, 364쪽.

의한 인민을 위한 정부"가 서 있는 민주주의국가 곧 자유와 민주주의가 향유되는 사회라고 높이 평가하였다.[31)]

그러나 윤치호는 미국 민주주의의 부정적인 측면을 신랄히 비판하였다. 즉 그는 미국유학 시기에 서부에서의 청국인에 대한 박해, 남부에서의 흑인에 대한 차별대우 그리고 전국적으로 인디언에 대한 처우에 강한 비판을 가하였다.[32)] 뿐만 아니라 그 자신도 호텔 숙박을 거절당하여 정거장에서 밤을 세운 일도 있고, 때로는 청국인으로 오인 받아서, 때로는 조선 국적 때문에 미국인들로부터 경멸과 모욕을 당하기도 하였다.[33)]

윤치호는 미국사회의 국가적 인종적 편견과 차별에 커다란 충격을 받고 강한 열등감을 가지게 되었다. 그러므로 그는

> 그들의 웅변가·설교자·시인 그리고 정치가들은 인간의 평등과 자유와 우애에 대하여 많이 말한다. 그러나 실제에 있어 미국인들은 그들의 평등주의 등이 오직 피상적이라는 사실을 보여주었다. 즉 이 '자유의 땅'에서 인간의 불가양의 권리를 누리고자 하면 백인이지 않으면 안 된다[34)]

라고 비판하였다. 즉 윤치호는 미국의 민주주의란 인간의 자유와 평등의 불가양의 권리를 백인에게 국한시킨, 백인을 위한 백인의 민주주의에 불과하다고 생각했던 것이다. 따라서 그는 미국인들이

---

30) "T. H. Yun's Diary" November 5, 1892 & May 20, 1893.

31) "T. H. Yun's Diary" July 27, 1892.

32) "T. H. Yun's Diary" February 14, 1890. "The persecution of the Chinese in the West, the treatment of the Negro in the South, and the dealing with the Indian by the whole nation are fair commentaries on the bragged about 'American doctrine' of the 'inalienable right of man'."

33) 『윤치호일기』 1888년 11월 2일조 ; "T. H. Yun's Diary" June 24, 1891 & September 13, 1893.

34) "T. H. Yun's Diary" February 14, 1890.

주장하는 "고상한 주의와 그들의 비열한 편견투성이의 행동 사이의 불일치"를 신랄히 비판하였다.[35]

그럼에도 불구하고, 윤치호는

> '세계에는 영국의 입헌군주제로부터 조선의 지독한 독재정치'에 이르는 여러 가지 형태의 정치체제가 있는데, 어느 누구도 미국의 민주주의가 그 결함에도 불구하고, 결국 가장 좋은 정부형태임을 부인치는 않을 것이다.[36]

라고 하여, 미국식 민주주의 곧 공화정부 형태가 그 당시에 있어 가장 좋은 정치체제라고 인식했던 것이다.

그러므로 윤치호는 미국이 최선의 민주주의제도를 갖추어 민주주의정치를 훌륭하게 시행하는 나라라고 인식하고 민주주의정치를 선망하게 되었다. 또한 그의 미국 민주정치에 대한 체험과 호감은 그의 마음속에 민주주의를 수용하여 민주정치의식을 형성하게 되었다.

윤치호는 인간에게는 자유와 평등의 천부불가양의 권리가 있으며 국가는 이러한 인간의 기본적 권리를 보장하기 위하여 설립된 것으로 인식하였다.[37] 그러므로 그는 국민을 압제하고 수탈하는

---

35) "T. H. Yun's Diary" February 14, 1890.

36) "T. H. Yun's Diary" September 24, 1893. "Yet no one will deny that the democracy of America is after all the best form of government in spite of its defects." 유길준은 『西遊見聞』, 제5편, 「政府의 種類」에서 "各國中에 英吉利 政體가 最佳하고 極備한 者라 世界의 第一이라 稱하나니"라 하여 英國의 입헌군주제를 최선의 정체로 인식했다. 박영효도 1888년의 국정개혁에 관한 상소에서 자유민권과 군주전제권의 조화에 의한 '君民同治'의 입헌군주제를 구상했음을 보여주고 있다(姜在彦, 1973, 『近代朝鮮の變革思想』, 日本評論社, 124쪽.)

37) "T. H. Yun's Diary" February 14, 1890 ; "An Honest Confession," The Independent, Vol. 3, No. 57, May 19, 1898.

포악한 정부를 가진 국가는 존재 의미가 없다고 보았으며,[38] 아시아 여러 나라의 포악한 정치는 국민을 잔약하게 만들어 필경 서양의 침략을 스스로 초래했다고 비판하였다.[39]

한편 윤치호는, "민주정치는 국민에게 자유와 지성을 주어 모든 것을 이루게 한다"고 하여, 민주정치제도가 인권과 민권의 보장을 위한 최선의 장치라고 간주하였다.[40] 그리고 그는 민주정치가 인권과 민권 보장을 통하여 국민을 진작시켜 문명사회로 발전시키는 문명화의 추진력이 되며, 또한 인권과 민권 보장을 통하여 民力의 양성과 국력의 양성을 이루게 하는 국가부강의 원동력이 된다고 생각하였다.[41]

그러므로 윤치호는 국민을 억압하고 수탈하여 국력을 쇠약하게 하는 압제정치를 비판하고, 인권과 민권이 존중되고 문명과 부강을 향유하게 하는 민주정치를 조선이 추구해야할 목표로 생각하였던 것이다.[42] 사실상 윤치호에게 있어 문명사회란 민주사회를 의미하고, 진정한 국가독립이란 개별 국가로서의 국가체제의 유지를 의미하는 것이 아니고 자유와 민주정치를 실시하는 국가로서의 독립을 의미하는 것이었다.[43] 이처럼 미국유학 시기에 윤치호는 철저한 민주주의 신봉자, 민주정치 추구자가 되었던 것이다.

윤치호의 민주정치 선호의식은 유교적 압제체제를 다음과 같이

---

38) "T. H. Yun's Diary" December 28, 1889.

39) "T. H. Yun's Diary" May 25, 1889.

40) "T. H. Yun's Diary" April 1, 1893, Auguet 14 & September 24. 윤치호는 1893년 8월 14일에 미국의 상원과 하원을 방문한 소감을 "Make a people free and intelligent and all greatness follows"라고 피력했다.

41) "T. H. Yun's Diary" March 7, 1890 & June 20, 1885.

42) 『윤치호일기』 1889년 5월 25일조 ; "T. H. Yun's Diary" December 28, 1889, March 8, 1891 & October 17, 1893.

43) "T. H. Yun's Diary" April 8, 1893 & July 27, 1894 ; 朴正信, 앞의 「尹致昊研究」, 368쪽.

통렬하게 비판하였다.

> 유교는 국가에 대하여 국왕을 압제자로, 가족에 대하여 아버지를 압제자로, 며느리에 대하여 시어머니를 압제자로, 아내에 대하여 남편을 압제자로, 노예에 대하여 주인을 압제자로 만들어 가정과 국가에서 모든 자유정신과 기쁨을 말살시켰다. 따라서 유교는 압제적 階序體系라 할 만하다.[44]

즉 윤치호는 우리나라를 지배해온 유교를 사회전반에 걸친 총체적인 압제체제라고 단정하였다. 이러한 압제체제는 자유와 평등의 원리와 양립할 수 없는 것이며, 정치적으로는 전제정치를 의미한다. 윤치호는 "그 도덕에 신이 존재하지 않고, 그 정치체제에 민중의 소리(vox populi)를 외면하는 유교는 어느 민족이나 자만스럽게 하고 노예근성에 빠지게 할 것"[45]이라 하고, 전제정치하의 억압과 수탈은 인간을 노예화하는 정치적 지옥이라고 비판하였다.[46] 미국 유학기의 윤치호는 '천부인권론'과 '국민주권론' 등 근대시민사상에 근거하여 국가를 국민과 동질적으로 파악하는 국민국가관을 가지게 되고, 그의 전제군주에 대한 충성심도 국민국가에 대한 충성심으로 전환되었다.[47] 이와 같은 새로운 국가관과 충성관의 수용은 그의 개화독립론에도 변화를 가져왔다.

당시 윤치호가 생각한 국가의 독립능력이란 타국과 구별되는 개별국가로서의 독립을 유지할 수 있는 능력뿐만 아니라, 보다 본질적으로는 "영국인이나 미국인에 의해 향유되는 자유와 민주정치"

---

44) "T. H. Yun's Diary" May 27, 1904.

45) "T. H. Yun's Diary" September 27, 1894. "Confucianism whose morality has no God and whose political system admits no vox populi is gross enough to make any race conceited, selfish and slavish."

46) "T. H. Yun's Diary" October 7, 1893.

47) "T. H. Yun's Diary" April 8, 1893, October 7, 1893 & September 18, 1894.

를 시행할 수 있는 능력을 의미하는 것이었다.[48] 그러므로 그가 생각한 국가의 독립이란 대외적으로는 타국의 간섭을 받지 않는 자주와 평등의 주권국가로서의 독립과 동시에, 대내적으로는 각개 국민의 자유와 민권이 보장되는 민주국가로서의 독립을 의미하는 것이었다.

이와 같은 윤치호의 '국민국가로서의 국가독립론'은 국가의 존립의미를 국민의 자유와 민주에 둔 성숙한 독립논리였으나, 다음과 같이 '전제국가로서의 독립무용론'을 강조하게 되었다.

> 나에게 조선의 독립문제는 관심이 없다. 현재와 같은 정부라면 독립은 국가에 구원을 가져오지 못할 것이다. 한편 더 좋은 정부 즉 인민의 복지에 애국적이고 공감이 가는 이익을 가져다 줄 정부를 가진다면 종속도 진정한 불행은 아니다. 더욱이 건실하고 번영한 국가는 어느 때인가는 독립을 회복할 것이다. 그런데 빈약하고 무지하며 잔인할 정도로 이기적인 정부에 의하여 가난하고 무지하며 연약하게 된 인민, 그러한 인민에게 독립이 뭐 나을 것이 있겠는가?[49]

윤치호의 '전제국가로서의 독립무용론'은 그의 강렬한 민주정치의식과 민권보장의식의 표현이었다. 그러나 윤치호의 민권보장의식에 바탕을 둔 '전제국가로서의 독립무용론'은 결국 그의 독립의지를 약화시켜 불가항력적인 상황이라 판단되면 외세의 지배를 용인하는 의식을 가지게 한 것으로 보인다.

5년간의 미국유학을 마치고 귀국에 앞서 상해에 체류중이던 윤치호는 조선정부가 500년간 국가의 향상을 위하여 아무 것도 한 일이 없다고 하고,[50] 다음과 같이 조선의 독재정치를 비판하였다.

48) "T. H. Yun's Diary" July 27, 1894.
49) "T. H. Yun's Diary" December 28, 1889.
50) "T. H. Yun's Diary" October 8, 1894.

결국 부패한 그리고 부패하고 있는 소수독재정치로부터 조선인민을 구하는 유일한 방법은 현 정부와 낡은 왕조를 완전히 철폐하는 것이다. 철저히 썩은 정부를 미봉하는 것은 소용이 없는 일이다.[51)]

이처럼 윤치호는 부패한 독재정부로부터 인민을 구해야 한다는 민권보장의식에서 조선정부와 조선왕조의 전면적인 철폐를 제기한 것이다. 이것은 그의 강한 민주정치의식의 표현이라 하겠다.

윤치호는 1894년 2월 상해 YMCA의 조선문제에 관한 연설에서도 "평화적 또는 폭력적 내부혁명만이 조선의 유일한 구제책이다"[52)] 라고 주장하고, 같은 해 5월 東學黨이 삼남지방에 만연되고 있다는 소식에 접하자, "악으로 물들고 피에 얼룩진 정부를 때려부수는 어떠한 일도 환영하고 또 환영하다"[53)]고 하였다. 즉 그는 압제와 수탈이 극에 달한 조선의 현실을 최악의 상태로 인식하고, 조선의 혁명적인 현상변화를 열망했던 것이다. 온건한 성품의 윤치호가 이처럼 혁명적인 현상변화를 열망한 것은 그의 강한 민권보장의식과 민주정치의식의 소산이라고 할 수 있다.

51) "T. H. Yun's Diary" September 12, 1894 참조. "After all, the only way to deliver the Corean people from a corrupt and corrupting oligarchy may be the entire abolition of the present government and of the old dynasty."

52) "T. H. Yun's Diary" February 21, 1894.

53) "T. H. Yun's Diary" May 30, 1894. "If a Japanese paper is to be trusted, 東學黨 in the three southern provinces of Corea seems to kick up a lively racket. Welcome, three times welcome, is anything and everything(except p-t-l) that may smash up the evil saturated and bloodful government of the unhappy peninsula."

Ⅲ. 민주정치운동의 추진

윤치호는 1895년 2월 31세 때 망명유학 10년 만에 귀국하였다. 당시 청일전쟁이 진행되는 중에 조선정부는 갑오개혁을 추진하고 있었다. 제2차 개혁시에는 김홍집·김윤식 등의 구당(Old party)과 박영효·서광범 등의 신당(New party)의 연립내각이 내부적으로 대립상태를 보였다. 윤치호는 신·구 양당의 조정 역할을 맡아달라는 김홍집 총리대신의 요청과 이노우에(井上 馨) 일본공사의 권고를 받아들여 2월에는 정부의 참의가 되었고, 박영효가 실권을 장악하고 있던 6월에는 학부협판(교육부 차관)에 임명되었다. 박영효가 망명한 뒤 김홍집 제3차 내각이 구성되었을 때에 윤치호는 외부협판(외무부 차관)에 임명되었다.[54]

윤치호는 청일전쟁(1894~1895)이 압제적인 조선을 개혁하고 청국의 간섭으로부터 독립하는 좋은 기회가 될 수 있다고 보았다. 그는 청일전쟁에서 청국이 승리하면 청국은 조선에서 실질적인 지배권을 확립하게 되고 일본으로부터 琉球列島를 할양 받을 것이며, 일본이 승리하면 일본은 조선의 보호권을 획득하고 청으로부터 대만을 할양 받을 것으로 생각하였다.[55] 그는 청일전쟁이 조선에 대한 양국의 지배권쟁탈전이라고 인식했으므로 일본의 조선에 대한 내정개혁의 요구가 순수하게 조선을 위한 것이 아닌 것을 알고 있었다.[56] 그러나 그는 일본이 조선의 독립과 개혁을 公言했기 때문에 일본이 승리하는 경우, "조선정부에 지혜와 애국심이 있으면 조

---

54) 유영렬, 앞의 『開化期의 尹致昊 硏究』, 98·100쪽.

55) "T. H. Yun's Diary" July 24, 1894 & January 12, 1895.

56) "T. H. Yun's Diary" June 20, 1894.

선을 개혁"할 수 있는 "좋은 기회"가 될 것으로 믿었던 것이다.[57]

청일전쟁은 윤치호가 원하는 대로 일본의 승리로 결말이 났다. 그는 청일전쟁의 결과 첫째, 인민을 수탈하던 압제정부가 붕괴되고 개화정부가 수립되었고, 둘째, 조선을 억압하던 청으로부터 조선이 해방되었으며, 셋째, 왕실세력의 축소, 불필요한 관직의 폐지, 신분제도의 개선, 교육의 중요성 인식 등 정치·사회적으로 큰 변화가 일어났다고 생각하였다.[58] 그는 무엇보다도 압제받는 인민의 보호를 위하는 민권보장차원에서 일본의 청일전쟁 승리를 긍정적으로 평가했던 것이다.

윤치호는 일본측이 제시한 갑오개혁안은 조선이 추구해야할 개혁이라 하여 찬성하였고, 스스로도 개혁안을 구상하기도 하였다. 그가 구상한 개혁안은 ① 왕실비용의 절감과 환관·궁녀의 폐지, ② 새 정부를 뒷받침할 소수정예군의 편성, ③ 신문의 즉각적인 간행, ④ 중앙관직의 축소와 각부의 효율적 관리, ⑤ 우편제도의 즉각적인 설치, ⑥ 세입제도의 즉각적인 개정, ⑦ 각부에 일본인 전문가 고용, ⑧ 광산과 기타 산업의 전매철폐와 정부간섭의 배제, ⑨ 일본식 교육제도의 신속한 도입과 선교사의 전도·교육활동 장려 등이다.[59] 이상은 왕실의 권한을 축소하고 정부의 권한을 강화하며, 각 분야에 근대시설을 도입하려는 근대적 국정개혁을 제시한 것이다.

제2차 갑오개혁부터 관직에 참여한 윤치호는 俄館播遷(1896) 이후 1897년부터 서재필과 함께 독립협회운동을 지도하며 근대적 정치개혁 곧 민주정치운동을 주도하였다. 고종이 러시아 공사관으로

57) "T. H. Yun's Diary" June 23, 1894.

58) "T. H. Yun's Letter to Dr. Warren A. Candler," September 20, 1894 & June 28, 1895.

59) "T. H. Yun's Diary" September 28, 1894.

옮겨간 아관파천을 계기로 갑오개혁정권이 붕괴되고 친러수구정권이 들어섰으며, 일본을 대신하여 러시아가 대한제국에 내정간섭을 자행하고 있었다. 이에 한국 최초의 근대적 정치단체인 독립협회가 출현하여 자주국권운동과 동시에 본격적인 자유민권운동 곧 민주주의 정치운동을 전개하였다.

윤치호가 독립협회의 모임에 처음 참석한 것은 1897년 7월이었다. 그는 일기에서,

> 협회는 광대극이다. 그것은 서로 용납될 수 없는 요소들의 집합체이다. 이완용과 그의 일파들이 당분간 상호이익을 위해 얽혀 있다. 다음엔 대원군파, 러시아파, 일본파, 근왕파와 다른 파들이 있다. 각 정파는 여기저기 무리를 지어 나 같은 국외자는 발붙일 곳이 없다.[60]

라고 하여, 당시의 독립협회는 각종 정파가 뒤섞여 同床異夢하는 쓸모 없는 집단이라고 생각하였다. 그러므로 그는 당시 독립협회의 고문이자 실질적인 지도자였던 서재필과 협의하여, 관인들이 한담하는 사교클럽과 같은 독립협회를 민중을 계도하는 계몽단체로 전환시키기로 합의하였다. 그리하여 독립협회 회칙이 제정되고 1897년 8월 15일에는 독립협회 토론회가 조직되어, 8월 29일에는 「조선의 급선무는 인민의 교육으로 작정함」이라는 제목으로 제1차 토론회가 개최되었다.[61]

1898년 2월 7일 윤치호는 서재필에게 독립협회 명의로 중요한 정치문제 등을 고종에게 상소할 것을 제의하였고, 2월 21일에는 독립협회 회원 135명이 독립관에 모여 윤치호의 제의에 따라, "박으

---

60) "T. H. Yun's Diary," July 25, 1897.

61) "T. H. Yun's Diary," August 58·15·29, 1897 ; 『독립신문』, 1897년 8월 31일 잡보.

로는 외국의 수중에 있는 재정권과 군사권 및 인사권을 되찾고, 안으로는 법률장정을 준행하여 국권을 자주하라."는 내용의 구국선언을 상소형식으로 행하였다. 이는 대외적으로 자주국권의 수호와 대내적으로 자유민권의 보장을 목표로 하는 국권・민권운동의 선언으로서 독립협회의 정치단체로의 출발을 선언한 것이기도 하였다.[62] 2월 27일에는 윤치호가 독립협회 부회장에 선출되었고, 이날 독립협회 회원들은 러시아의 절영도 조차요구에 반대하는 공개서한을 外部(=외무부)에 발송하기로 결의하였다. 이 사실에 대하여 윤치호는 "민주주의의 물결이 한국의 정치에 작용하기 시작했다"고 평가하였다.[63]

이어서 3월 10일에 서재필과 윤치호가 주도한 독립협회는 종로네거리에서 1만여 명의 민중을 동원하여 역사적인 萬民共同會를 개최하고, "러시아의 군사교관과 재정고문을 즉시 돌려보내고, 대한의 자주권리를 지키자."는 내용의 결의안을 채택하여 정부에 강력하게 건의하였다. 이 만민공동회는 개화운동과 민중과의 최초의 결합을 의미하며, 우리나라에 있어 근대적 민중운동의 효시가 되었다. 독립협회와 민중의 계속적인 압력에 의하여 정부는 러시아와 교섭하여 군사교관과 재정고문을 철수하도록 하였고, 이는 우리나라 근대적 민중운동, 민주적 정치운동의 최초의 승리라 할 수 있다.[64]

1898년 3월 21일 독립협회의 회장 이완용이 전라북도 관찰사로 전직하자 윤치호는 회장대리로서 독립협회의 실질적인 대표가 되

62) 『독립신문』 1898년 2월 22일.
63) "T. H. Yun's Diary" February 27, 1898.
64) "T. H. Yun's Diary," March 18, 1898. "이제 한국이 다시 한번 독립이 된 것은 확실한 사실이다. 모든 것은 한국의 의사와 행동에 달려있다. 국왕과 정부가 이 기회를 이용할 것인지?"

었으며, 1898년 5월 14일 서재필이 미국으로 추방되자 윤치호는 독립신문의 주필이자 독립협회의 최고 지도자가 되어 자주국권운동과 자유민권운동을 총지휘하였다.[65] 윤치호 지도 하의 독립협회는 러시아의 군사기지 설치를 위한 목포・진남포 일대의 매도 요구와 프랑스의 광산채굴권 요구를 좌절시켰다. 이러한 자주국권운동과 더불어 1898년 8월 28일에는 윤치호를 회장, 이상재를 부회장으로 하는 민권파체제를 갖추고, 9월부터 본격적으로 국민참정운동 및 정치개혁운동을 전개하였다.

9월 중순에 일어난 김홍륙의 황제독살미수사건을 계기로 하여 독립협회는 만민공동회를 지속적으로 개최하고, 관련된 대신들에 대한 책임추궁을 시작으로 10월 12일에는 수구내각을 퇴진시키고, 박정양의 개혁내각을 성립시키는 데 성공하였다. 서울주재 외교관들은 한국의 민중운동에 의한 전면적인 내각개편으로 개혁내각이 수립된 사실에 대하여 경탄을 표시했고, 미국공사는 이를 '평화적 혁명'이라고 높이 평가하였다.

> 하나의 평화적 혁명이 일어났습니다. 대중의 요구에 의하여 거의 전면적인 내각개편이 이루어졌습니다. 그러한 내각 개편은 1894년 일본이 한국을 실질적으로 장악하고 있던 때 있었습니다.[66]

윤치호는 개혁내각이 수립된 이후 독립협회의 운동방향은 의회설립에 의한 국민참정의 실현이라고 밝혔다.[67] 그러므로 윤치호는 10월 15일 南宮檍・洪正厚 등 독립협회 대표 5명을 정부에 파견하여 朴定陽・閔泳煥 등 정부대신들과 회동하여 의회설립과 내정개

---

65) "T. H. Yun's Diary" March 13, 16, 21, 1898.
66) The Independent, October 13, 1898, "Local Items".
67) The Independent, October 18, 1898, "A Forward Movement".

혁문제를 협의하도록 하였다. 이것이 이른바 官民協商이다. 나아가 10월 29일 윤치호의 주제연설로 시작된 官民共同會에서는 의회식 중추원의 설치를 내포하는 헌의6조, 즉 국정개혁강령을 채택하여 참가대신들의 서명을 거쳐 황제의 재가를 얻어내었다.[68] 그리고 11월 3일에는 관선의관 25명, 민선의관 25명을 규정한 근대의회의 성격을 띤 중추원 관제, 즉 일종의 의회설립법이 공포되었다.[69] 이는 한국 역사상 처음으로 제한적이나마 국민참정권을 공인한 획기적인 사건이며, 윤치호 지도하의 독립협회가 추진한 의회설립운동의 거대한 승리를 의미하는 것이었다.

그러나 11월 4일 밤, 독립협회가 왕정을 폐지하고 공화정을 수립하려 한다는 수구세력의 모함으로 독립협회가 혁파되고, 지도자급 17인은 체포되었으며 박정양의 개혁내각이 붕괴됨과 동시에 의회식 중추원의 발족도 무산되고 말았다.[70] 당시 윤치호를 중심으로 한 독립협회가 추구한 정치형태는 공화제는 아니었고, 국왕과 의회가 공존하는 입헌군주제였다.[71] 독립협회가 혁파된 뒤 만민공동회는 일종의 상설 단체처럼 되어 체포 직전에 피신한 독립협회 회장 윤치호와 만민공동회 회장 고영근의 지도 아래 끈질기게 반정부 민주화투쟁을 전개하였다. 만민공동회는 11월 5일부터 50여일 동안 지속적으로 민중집회를 열고 독립협회의 복설, 의회식 중추원의 개설 등을 주장하며 격렬하게 민주주의 정치투쟁을 벌였다.[72]

결국 정부의 무력탄압에 의하여 독립협회와 만민공동회 등의 민

---

68) 『독립신문』 1898년 11월 1일.

69) The Independent, November 10, 1898, "molayo's Account of Recent Event in Seoul".

70) "T. H. Yun's Diary," November 3, 1898.

71) 유영렬, 앞의 「한국에 있어서 근대적 政體論의 변화과정」, 10~13쪽.

72) "T. H. Yun's Diary," November 5, 1898. 독립협회를 분쇄하는데 고종과 수구파, 일본과 러시아가 결탁되어 있음을 시사하고 있다.

회활동 및 민주정치운동은 실패로 끝나고 말았다. 그러나 윤치호 지도하의 독립협회는 일정한 한계에도 불구하고 진정한 의미에서 우리나라 민주정치운동에 새로운 이정표를 세웠다고 하겠다. 그러므로 당시 독립협회의 회장으로서 정력적으로 독립협회의 민주정치운동을 지도한 윤치호는 독립협회의 창립자인 서재필과 함께 우리나라 민주화운동의 선구자였다고 할 수 있다.

윤치호는 독립협회와 만민공동회 등의 민회운동을 지속적인 민족운동의 한 맥락으로 파악하였고, 개화·개혁운동, 민중적 개화운동, 민권에 바탕을 둔 근대적 민중운동, 국민국가관에 입각한 진정한 자주운동, 국민참정에 의한 민주적 개혁운동이라 평가하였다.[73] 이를 보면 개화기 윤치호의 민주정치의식은 오늘날에도 추구해가야 할 민주주의의 기본적인 가치와 흡사한 것임을 알 수 있다. 우리는 윤치호가 자유민권운동의 일선에서 활동하면서 그의 민주정치의식을 현실에 반영하고자 노력하였고, 그가 독립협회를 이끈 지도방향과 일련의 민회활동에서 윤치호가 이루고자 했던 민주사회의 모습을 엿볼 수 있다.

맺음말

지금까지 우리는 윤치호가 민주정치사상을 인지하는 과정, 민주정치의식을 가지는 과정, 그리고 민주정치운동을 전개하는 과정을 살펴보았다. 그 주요 내용을 요약하면 다음과 같다.

첫째로 윤치호는 신사유람단의 조사인 어윤중의 수행원으로 일

73) 유영렬, 앞의『開化期의 尹致昊 研究』, 141～143쪽.

본에 건너가 최초의 동경유학생이 되어 민주주의정치사상과 접하게 되었다. 당시 일본은 근대정당이 출현하고 자유민권운동이 전개되고 있었으며, 윤치호는 저명한 문명개화론자이며 자유민권론자인 후쿠자와 유키치(福澤諭吉)와 나카무라 마사나오(中村正直) 등의 직접적인 영향을 받았고, 주일 미국공사와 영국공사 그리고 동경대학 외국인 교수 등 서양지식인들과 자주 접촉하여 자유민권사상과 민주정치사상을 알게 되었다.

둘째로 윤치호는 일본유학 도중 주한 미국공사 푸트의 통역으로 귀국하여 미국공사관에 기거하며 서양의 민주적 사고방식과 생활방식 등을 경험하고, 『한성순보』 등이 서양의 민주정치제도 등을 소개하는 분위기에서 민주정치사상에 대한 이해의 폭을 넓히게 되었다.

셋째로 윤치호는 갑신정변 실패 후 중국 상해로 망명하여 미국 선교사가 경영하는 중서서원(Anglo-Chinese College)에 입학하여 근대학문을 습득하는 가운데 민주정치사상을 좀더 깊이 이해할 수 있었을 것이다. 뿐만 아니라 윤치호는 상해 유학 중에 독실한 기독교 신자가 되었으므로 기독교를 통하여 민주주의의 핵심인 평등의식을 가질 수 있었을 것으로 생각한다.

넷째로 윤치호는 중국유학 후 미국에 유학하여 여러 분야의 근대학문과 함께 정치학을 공부하여 민주정치사상을 체계적으로 이해하게 되었으며, 미국의 민주주의사회를 체험함으로써 민주정치사상을 수용하여 민주정치의식을 가지게 되었다. 그는 흑인과 중국인, 인디언의 차별대우를 들어 미국의 민주주의를 백인을 위한 민주주의라고 비판했지만, 미국의 공화제가 당시에 현존하는 최선의 정치체제라 인정하고, 조선의 전제정치를 파괴하고 민주정치를 실현하기 위하여 혁명적 방법이 필요하다고까지 생각했다.

다섯째로 윤치호는 갑오개혁 당시에 귀국하여 학부협판과 외부협판을 역임하면서 근대적 정치개혁을 추구했고, 그 후 독립협회의 최고 지도자가 되어 입헌군주제 지향의 민주정치운동을 전개했다. 그는 관인들의 사교클럽과 같은 독립협회를 민중적 단체로 개편하여, 독립협회와 만민공동회를 통하여 민권보장운동을 전개했고, 언론자유투쟁과 의회설립운동 등 민주주의적 정치개혁운동을 강력히 추진했다. 그리하여 일종의 국회설립법인 의회식 중추원 관제를 마련하여 우리 역사상 최초로 제한적이나마 국민참정권을 공인케 함으로써 민주정치운동의 이정표를 마련했다.

부 록

高・純宗時代(1864~1910)
음양대조표

高宗 元年(1864) 甲子(閏) / 元治 元年

月次 / 日次	正月小	二月小	三月大	四月小	五月大	六月小	七月大	八月大	九月大(小)	十月小(大)	十一月大	十二月小
一	[2]八	八	六	六	四	四	二	[9]一	[10]一	三一 三十	二九	二九
二	九	九	七	七	五	五	三	二	二	一 三一	三〇	三〇
三	十	十	八	八	六	六	四	三	三	二 一	[11]一	三一
四	十一	十一	九	九	七	七	五	四	四	三 二	二	[12]一
五	十二	十二	十	十	八	八	六	五	五	四 三	三	二
六	十三	十三	十一	十一	九	九	七	六	六	五 四	四	三
七	十四	十四	十二	十二	十	十	八	七	七	六 五	五	四
八	十五	十五	十三	十三	十一	十一	九	八	八	七 六	六	五
九	十六	十六	十四	十四	十二	十二	十	九	九	八 七	七	六
十	十七	十七	十五	十五	十三	十三	十一	十	十	九 八	八	七
十一	十八	十八	十六	十六	十四	十四	十二	十一	十一	十 九	九	八
十二	十九	十九	十七	十七	十五	十五	十三	十二	十二	十一 十	十	九
十三	二〇	二〇	十八	十八	十六	十六	十四	十三	十三	十二 十一	十一	十
十四	二一	二一	十九	十九	十七	十七	十五	十四	十四	十三 十二	十二	十一
十五	二二	二二	二〇	二〇	十八	十八	十六	十五	十五	十四 十三	十三	十二
十六	二三	二三	二一	二一	十九	十九	十七	十六	十六	十五 十四	十四	十三
十七	二四	二四	二二	二二	二〇	二〇	十八	十七	十七	十六 十五	十五	十四
十八	二五	二五	二三	二三	二一	二一	十九	十八	十八	十七 十六	十六	十五
十九	二六	二六	二四	二四	二二	二二	二〇	十九	十九	十八 十七	十七	十六
二〇	二七	二七	二五	二五	二三	二三	二一	二〇	二〇	十九 十八	十八	十七
二一	二八	二八	二六	二六	二四	二四	二二	二一	二一	二〇 十九	十九	十八
二二	二九	二九	二七	二七	二五	二五	二三	二二	二二	二一 二〇	二〇	十九
二三	[3]一	三〇	二八	二八	二六	二六	二四	二三	二三	二二 二一	二一	二〇
二四	二	三一	二九	二九	二七	二七	二五	二四	二四	二三 二二	二二	二一
二五	三	[4]一	三〇	三〇	二八	二八	二六	二五	二五	二四 二三	二三	二二
二六	四	二	[5]一	三一	二九	二九	二七	二六	二六	二五 二四	二四	二三
二七	五	三	二	[6]一	三〇	三〇	二八	二七	二七	二六 二五	二五	二四
二八	六	四	三	二	[7]一	三一	二九	二八	二八	二七 二六	二六	二五
二九	七	五	四	三	二	[8]一	三〇	二九	二九	二八 二七	二七	二六
三〇			五		三		三一	三〇	三〇 無	二八	二八	

高宗 二年(1865) 乙丑 / 慶應 元年

月次 / 日次	正月大	二月小	三月小	四月大	五月小	閏五月大	六月小	七月大	八月大	九月小	十月大	十一月大	十二月小
一	[1]二七	二六	二七	二五	二五	二三	二三	二一	二〇	二〇	十八	十八	十七
二	二八	二七	二八	二六	二六	二四	二四	二二	二一	二一	十九	十九	十八
三	二九	二八	二九	二七	二七	二五	二五	二三	二二	二二	二〇	二〇	十九
四	三〇	[3]一	三〇	二八	二八	二六	二六	二四	二三	二三	二一	二一	二〇
五	三一	二	三一	二九	二九	二七	二七	二五	二四	二四	二二	二二	二一
六	[2]一	三	[4]一	三〇	三〇	二八	二八	二六	二五	二五	二三	二三	二二
七	二	四	二	[5]一	三一	二九	二九	二七	二六	二六	二四	二四	二三
八	三	五	三	二	[6]一	三〇	三〇	二八	二七	二七	二五	二五	二四
九	四	六	四	三	二	[7]一	三一	二九	二八	二八	二六	二六	二五
十	五	七	五	四	三	二	[8]一	三〇	二九	二九	二七	二七	二六
十一	六	八	六	五	四	三	二	三一	三〇	三〇	二八	二八	二七
十二	七	九	七	六	五	四	三	[9]一	[10]一	三一	二九	二九	二八
十三	八	十	八	七	六	五	四	二	二	[11]一	三〇	三〇	二九
十四	九	十一	九	八	七	六	五	三	三	二	[12]一	三一	三〇
十五	十	十二	十	九	八	七	六	四	四	三	二	[1]一	三一
十六	十一	十三	十一	十	九	八	七	五	五	四	三	二	[2]一
十七	十二	十四	十二	十一	十	九	八	六	六	五	四	三	二
十八	十三	十五	十三	十二	十一	十	九	七	七	六	五	四	三
十九	十四	十六	十四	十三	十二	十一	十	八	八	七	六	五	四
二〇	十五	十七	十五	十四	十三	十二	十一	九	九	八	七	六	五
二一	十六	十八	十六	十五	十四	十三	十二	十	十	九	八	七	六
二二	十七	十九	十七	十六	十五	十四	十三	十一	十一	十	九	八	七
二三	十八	二〇	十八	十七	十六	十五	十四	十二	十二	十一	十	九	八
二四	十九	二一	十九	十八	十七	十六	十五	十三	十三	十二	十一	十	九
二五	二〇	二二	二〇	十九	十八	十七	十六	十四	十四	十三	十二	十一	十
二六	二一	二三	二一	二〇	十九	十八	十七	十五	十五	十四	十三	十二	十一
二七	二二	二四	二二	二一	二〇	十九	十八	十六	十六	十五	十四	十三	十二
二八	二三	二五	二三	二二	二一	二〇	十九	十七	十七	十六	十五	十四	十三
二九	二四	二六	二四	二三	二二	二一	二〇	十八	十八	十七	十六	十五	十四
三〇	二五			二四		二二		十九	十九		十七	十六	

高宗 三年(1866) 丙寅 / 慶應 二年

日次 \ 月次	正月大	二月小	三月大(小)	四月小(大)	五月小	六月小	七月大	八月大	九月小	十月大	十一月大	十二月大
一	[2]十五	十七	十五	十五 十四	十三	十二	十	九	九	七	七	六
二	十六	十八	十六	十六 十五	十四	十三	十一	十	十	八	八	七
三	十七	十九	十七	十七 十六	十五	十四	十二	十一	十一	九	九	八
四	十八	二○	十八	十八 十七	十六	十五	十三	十二	十二	十	十	九
五	十九	二一	十九	十九 十八	十七	十六	十四	十三	十三	十一	十一	十
六	二○	二二	二○	二○ 十九	十八	十七	十五	十四	十四	十二	十二	十一
七	二一	二三	二一	二一 二○	十九	十八	十六	十五	十五	十三	十三	十二
八	二二	二四	二二	二二 二一	二○	十九	十七	十六	十六	十四	十四	十三
九	二三	二五	二三	二三 二二	二一	二○	十八	十七	十七	十五	十五	十四
十	二四	二六	二四	二四 二三	二二	二一	十九	十八	十八	十六	十六	十五
十一	二五	二七	二五	二五 二四	二三	二二	二○	十九	十九	十七	十七	十六
十二	二六	二八	二六	二六 二五	二四	二三	二一	二○	二○	十八	十八	十七
十三	二七	二九	二七	二七 二六	二五	二四	二二	二一	二一	十九	十九	十八
十四	二八	三○	二八	二八 二七	二六	二五	二三	二二	二二	二○	二○	十九
十五	[3]一	三一	二九	二九 二八	二七	二六	二四	二三	二三	二一	二一	二○
十六	二	[4]一	三○	三○ 二九	二八	二七	二五	二四	二四	二二	二二	二一
十七	三	二	[5]一	三一 三十	二九	二八	二六	二五	二五	二三	二三	二二
十八	四	三	二	[6]一 三一	三○	二九	二七	二六	二六	二四	二四	二三
十九	五	四	三	二 一	[7]一	三○	二八	二七	二七	二五	二五	二四
二○	六	五	四	三 二	二	三一	二九	二八	二八	二六	二六	二五
二一	七	六	五	四 三	三	[8]一	三○	二九	二九	二七	二七	二六
二二	八	七	六	五 四	四	二	二	三○	三○	二八	二八	二七
二三	九	八	七	六 五	五	三	[9]一	[10]一	三一	二九	二九	二八
二四	十	九	八	七 六	六	四	二	二	[11]一	三○	三○	二九
二五	十一	十	九	八 七	七	五	三	三	二	[12]一	三一	三○
二六	十二	十一	十	九 八	八	六	四	四	三	二	[1]一	三一
二七	十三	十二	十一	十 九	九	七	五	五	四	三	二	[2]一
二八	十四	十三	十二	十一 十	十	八	六	六	五	四	三	二
二九	十五	十四	十三	十二 十一	十一	九	七	七	六	五	四	三
三○	十六		十四無	十二			八	八		六	五	四

高宗 四年(1867) 丁卯 / 慶應 三年

月次 / 日次	正月小	二月大	三月小	四月大(小)	五月小(大)	六月小	七月小	八月大	九月小	十月大	十一月大	十二月大
一	2五	六	五	四	三 二	二	三一	二九	二八	二七	二六	二六
二	六	七	六	五	四 三	三	8一	三〇	二九	二八	二七	二七
三	七	八	七	六	五 四	四	二	三一	三〇	二九	二八	二八
四	八	九	八	七	六 五	五	三	9一	10一	三〇	二九	二九
五	九	十	九	八	七 六	六	四	二	二	三一	三〇	三〇
六	十	十一	十	九	八 七	七	五	三	三	11一	12一	三一
七	十一	十二	十一	十	九 八	八	六	四	四	二	二	1一
八	十二	十三	十二	十一	十 九	九	七	五	五	三	三	二
九	十三	十四	十三	十二	十一 十	十	八	六	六	四	四	三
十	十四	十五	十四	十三	十二 十一	十一	九	七	七	五	五	四
十一	十五	十六	十五	十四	十三 十二	十二	十	八	八	六	六	五
十二	十六	十七	十六	十五	十四 十三	十三	十一	九	九	七	七	六
十三	十七	十八	十七	十六	十五 十四	十四	十二	十	十	八	八	七
十四	十八	十九	十八	十七	十六 十五	十五	十三	十一	十一	九	九	八
十五	十九	二〇	十九	十八	十七 十六	十六	十四	十二	十二	十	十	九
十六	二〇	二一	二〇	十九	十八 十七	十七	十五	十三	十三	十一	十一	十
十七	二一	二二	二一	二〇	十九 十八	十八	十六	十四	十四	十二	十二	十一
十八	二二	二三	二二	二一	二〇 十九	十九	十七	十五	十五	十三	十三	十二
十九	二三	二四	二三	二二	二一 二〇	二〇	十八	十六	十六	十四	十四	十三
二〇	二四	二五	二四	二三	二二 二一	二一	十九	十七	十七	十五	十五	十四
二一	二五	二六	二五	二四	二三 二二	二二	二〇	十八	十八	十六	十六	十五
二二	二六	二七	二六	二五	二四 二三	二三	二一	十九	十九	十七	十七	十六
二三	二七	二八	二七	二六	二五 二四	二四	二二	二〇	二〇	十八	十八	十七
二四	二八	二九	二八	二七	二六 二五	二五	二三	二一	二一	十九	十九	十八
二五	3一	三〇	二九	二八	二七 二六	二六	二四	二二	二二	二〇	二〇	十九
二六	二	三一	三〇	二九	二八 二七	二七	二五	二三	二三	二一	二一	二〇
二七	三	4一	5一	三〇	二九 二八	二八	二六	二四	二四	二二	二二	二一
二八	四	二	二	三一	三〇 二九	二九	二七	二五	二五	二三	二三	二二
二九	五	三	三	6一	7一 三〇	三〇	二八	二六	二六	二四	二四	二三
三〇		四		二 無	一			二七		二五	二五	二四

高宗 五年(1868) 戊辰(閏) / 明治 元年

月次 日次	正月小	二月大	三月大	四月小	閏四月小	五月大	六月小	七月小	八月大	九月小	十月大	十一月大	十二月小
一	[1]二五	二三	二四	二三	二二	二○	二○	十八	十六	十六	十四	十四	十三
二	二六	二四	二五	二四	二三	二一	二一	十九	十七	十七	十五	十五	十四
三	二七	二五	二六	二五	二四	二二	二二	二○	十八	十八	十六	十六	十五
四	二八	二六	二七	二六	二五	二三	二三	二一	十九	十九	十七	十七	十六
五	二九	二七	二八	二七	二六	二四	二四	二二	二○	二○	十八	十八	十七
六	三○	二八	二九	二八	二七	二五	二五	二三	二一	二一	十九	十九	十八
七	三一	二九	三○	二九	二八	二六	二六	二四	二二	二二	二○	二○	十九
八	[2]一	[3]一	三一	三○	二九	二七	二七	二五	二三	二三	二一	二一	二○
九	二	二	[4]一	[5]一	三○	二八	二八	二六	二四	二四	二二	二二	二一
十	三	三	二	二	三一	二九	二九	二七	二五	二五	二三	二三	二二
十一	四	四	三	三	[6]一	三○	三○	二八	二六	二六	二四	二四	二三
十二	五	五	四	四	二	[7]一	三一	二九	二七	二七	二五	二五	二四
十三	六	六	五	五	三	二	[8]一	三○	二八	二八	二六	二六	二五
十四	七	七	六	六	四	三	二	三一	二九	二九	二七	二七	二六
十五	八	八	七	七	五	四	三	[9]一	三○	三○	二八	二八	二七
十六	九	九	八	八	六	五	四	二	[10]一	三一	二九	二九	二八
十七	十	十	九	九	七	六	五	三	二	[11]一	三○	三○	二九
十八	十一	十一	十	十	八	七	六	四	三	二	[12]一	三一	三○
十九	十二	十二	十一	十一	九	八	七	五	四	三	二	[1]一	三一
二○	十三	十三	十二	十二	十	九	八	六	五	四	三	二	[2]一
二一	十四	十四	十三	十三	十一	十	九	七	六	五	四	三	二
二二	十五	十五	十四	十四	十二	十一	十	八	七	六	五	四	三
二三	十六	十六	十五	十五	十三	十二	十一	九	八	七	六	五	四
二四	十七	十七	十六	十六	十四	十三	十二	十	九	八	七	六	五
二五	十八	十八	十七	十七	十五	十四	十三	十一	十	九	八	七	六
二六	十九	十九	十八	十八	十六	十五	十四	十二	十一	十	九	八	七
二七	二○	二○	十九	十九	十七	十六	十五	十三	十二	十一	十	九	八
二八	二一	二一	二○	二○	十八	十七	十六	十四	十三	十二	十一	十	九
二九	二二	二二	二一	二一	十九	十八	十七	十五	十四	十三	十二	十一	十
三○		二三	二二			十九			十五		十三	十二	

高宗 六年(1869) 乙巳 / 明治 二年

月次 / 日次	正月大	二月大	三月大	四月小	五月小	六月大	七月小	八月小	九月大	十月小	十一月大	十二月大(小)
一	[9]十一	十三	十二	十二	十	九	八	六	五	四	三	二
二	十二	十四	十三	十三	十一	十	九	七	六	五	四	三
三	十三	十五	十四	十四	十二	十一	十	八	七	六	五	四
四	十四	十六	十五	十五	十三	十二	十一	九	八	七	六	五
五	十五	十七	十六	十六	十四	十三	十二	十	九	八	七	六
六	十六	十八	十七	十七	十五	十四	十三	十一	十	九	八	七
七	十七	十九	十八	十八	十六	十五	十四	十二	十一	十	九	八
八	十八	二〇	十九	十九	十七	十六	十五	十三	十二	十一	十	九
九	十九	二一	二〇	二〇	十八	十七	十六	十四	十三	十二	十一	十
十	二〇	二二	二一	二一	十九	十八	十七	十五	十四	十三	十二	十一
十一	二一	二三	二二	二二	二〇	十九	十八	十六	十五	十四	十三	十二
十二	二二	二四	二三	二三	二一	二〇	十九	十七	十六	十五	十四	十三
十三	二三	二五	二四	二四	二二	二一	二〇	十八	十七	十六	十五	十四
十四	二四	二六	二五	二五	二三	二二	二一	十九	十八	十七	十六	十五
十五	二五	二七	二六	二六	二四	二三	二二	二〇	十九	十八	十七	十六
十六	二六	二八	二七	二七	二五	二四	二三	二一	二〇	十九	十八	十七
十七	二七	二九	二八	二八	二六	二五	二四	二二	二一	二〇	十九	十八
十八	二八	三〇	二九	二九	二七	二六	二五	二三	二二	二一	二〇	十九
十九	[3]一	三一	三〇	三〇	二八	二七	二六	二四	二三	二二	二一	二〇
二〇	二	[4]一	[5]一	三一	二九	二八	二七	二五	二四	二三	二二	二一
二一	三	二	二	[6]一	三〇	二九	二八	二六	二五	二四	二三	二二
二二	四	三	三	二	[7]一	三〇	二九	二七	二六	二五	二四	二三
二三	五	四	四	三	二	三一	三〇	二八	二七	二六	二五	二四
二四	六	五	五	四	三	[8]一	三一	二九	二八	二七	二六	二五
二五	七	六	六	五	四	二	[9]一	三〇	二九	二八	二七	二六
二六	八	七	七	六	五	三	二	[10]一	三〇	二九	二八	二七
二七	九	八	八	七	六	四	三	二	三一	三〇	二九	二八
二八	十	九	九	八	七	五	四	三	[11]一	[12]一	三〇	二九
二九	十一	十	十	九	八	六	五	四	二	二	三一	三〇
三〇	十二	十一	十一			七			三		[1]一	三一無

高宗 七年(1870) 庚午 / 明治 三年

月次 日次	正月小(大)	二月大	三月大	四月小	五月大	六月小	七月大	八月小	九月小(大)	十月大(小)	閏十月小	十一月大	十二月小
一	[2]一 三一	二	[4]一	[5]一	三〇	二九	二八	二七	二五	二五 二四	二三	二二	二一
二	二 一	三	二	二	三一	三〇	二九	二八	二六	二六 二五	二四	二三	二二
三	三 二	四	三	三	[6]一	[7]一	三〇	二九	二七	二七 二六	二五	二四	二三
四	四 三	五	四	四	二	二	三一	三〇	二八	二八 二七	二六	二五	二四
五	五 四	六	五	五	三	三	[8]一	三一	二九	二九 二八	二七	二六	二五
六	六 五	七	六	六	四	四	二	[9]一	三〇	三〇 二九	二八	二七	二六
七	七 六	八	七	七	五	五	三	二	[10]一	三一 三十	二九	二八	二七
八	八 七	九	八	八	六	六	四	三	二	[11]一 三一	三〇	二九	二八
九	九 八	十	九	九	七	七	五	四	三	二 一	[2]一	三〇	二九
十	十 九	十一	十	十	八	八	六	五	四	三 二	二	三一	三〇
十一	十一 十	十二	十一	十一	九	九	七	六	五	四 三	三	[1]一	三一
十二	十二 十一	十三	十二	十二	十	十	八	七	六	五 四	四	二	[2]一
十三	十三 十二	十四	十三	十三	十一	十一	九	八	七	六 五	五	三	二
十四	十四 十三	十五	十四	十四	十二	十二	十	九	八	七 六	六	四	三
十五	十五 十四	十六	十五	十五	十三	十三	十一	十	九	八 七	七	五	四
十六	十六 十五	十七	十六	十六	十四	十四	十二	十一	十	九 八	八	六	五
十七	十七 十六	十八	十七	十七	十五	十五	十三	十二	十一	十 九	九	七	六
十八	十八 十七	十九	十八	十八	十六	十六	十四	十三	十二	十一 十	十	八	七
十九	十九 十八	二〇	十九	十九	十七	十七	十五	十四	十三	十二 十一	十一	九	八
二〇	二〇 十九	二一	二〇	二〇	十八	十八	十六	十五	十四	十三 十二	十二	十	九
二一	二一 二〇	二二	二一	二一	十九	十九	十七	十六	十五	十四 十三	十三	十一	十
二二	二二 二一	二三	二二	二二	二〇	二〇	十八	十七	十六	十五 十四	十四	十二	十一
二三	二三 二二	二四	二三	二三	二一	二一	十九	十八	十七	十六 十五	十五	十三	十二
二四	二四 二三	二五	二四	二四	二二	二二	二〇	十九	十八	十七 十六	十六	十四	十三
二五	二五 二四	二六	二五	二五	二三	二三	二一	二〇	十九	十八 十七	十七	十五	十四
二六	二六 二五	二七	二六	二六	二四	二四	二二	二一	二〇	十九 十八	十八	十六	十五
二七	二七 二六	二八	二七	二七	二五	二五	二三	二二	二一	二〇 十九	十九	十七	十六
二八	二八 二七	二九	二八	二八	二六	二六	二四	二三	二二	二一 二〇	二〇	十八	十七
二九	[3]一 二八	三〇	二九	二九	二七	二七	二五	二四	二三	二二 二一	二一	十九	十八
三〇	一	三一	三〇		二八	二八	二六		二四 無	二二		二〇	

高宗 八年(1871) 辛未 / 明治 四年

日次 \ 月次	正月大	二月大	三月小	四月大	五月大	六月小	七月大	八月小	九月大	十月小	十一月小	十二月大
一	[2]十九	二一	二〇	十九	十八	十八	十六	十五	十四	十三	十二	十
二	二〇	二二	二一	二〇	十九	十九	十七	十六	十五	十四	十三	十一
三	二一	二三	二二	二一	二〇	二〇	十八	十七	十六	十五	十四	十二
四	二二	二四	二三	二二	二一	二一	十九	十八	十七	十六	十五	十三
五	二三	二五	二四	二三	二二	二二	二〇	十九	十八	十七	十六	十四
六	二四	二六	二五	二四	二三	二三	二一	二〇	十九	十八	十七	十五
七	二五	二七	二六	二五	二四	二四	二二	二一	二〇	十九	十八	十六
八	二六	二八	二七	二六	二五	二五	二三	二二	二一	二〇	十九	十七
九	二七	二九	二八	二七	二六	二六	二四	二三	二二	二一	二〇	十八
十	二八	三〇	二九	二八	二七	二七	二五	二四	二三	二二	二一	十九
十一	[3]一	三一	三〇	二九	二八	二八	二六	二五	二四	二三	二二	二〇
十二	二	[4]一	[5]一	三〇	二九	二九	二七	二六	二五	二四	二三	二一
十三	三	二	二	三一	三〇	三〇	二八	二七	二六	二五	二四	二二
十四	四	三	三	[6]一	[7]一	三一	二九	二八	二七	二六	二五	二三
十五	五	四	四	二	二	[8]一	三〇	二九	二八	二七	二六	二四
十六	六	五	五	三	三	二	三一	三〇	二九	二八	二七	二五
十七	七	六	六	四	四	三	[9]一	[10]一	三〇	二九	二八	二六
十八	八	七	七	五	五	四	二	二	三一	三〇	二九	二七
十九	九	八	八	六	六	五	三	三	[11]一	[12]一	三〇	二八
二〇	十	九	九	七	七	六	四	四	二	二	三一	二九
二一	十一	十	十	八	八	七	五	五	三	三	[1]一	三〇
二二	十二	十一	十一	九	九	八	六	六	四	四	二	三一
二三	十三	十二	十二	十	十	九	七	七	五	五	三	[2]一
二四	十四	十三	十三	十一	十一	十	八	八	六	六	四	二
二五	十五	十四	十四	十二	十二	十一	九	九	七	七	五	三
二六	十六	十五	十五	十三	十三	十二	十	十	八	八	六	四
二七	十七	十六	十六	十四	十四	十三	十一	十一	九	九	七	五
二八	十八	十七	十七	十五	十五	十四	十二	十二	十	十	八	六
二九	十九	十八	十八	十六	十六	十五	十三	十三	十一	十一	九	七
三〇	二〇	十九		十七	十七		十四		十二			八

高宗 九年(1872) 壬申(閏) / 明治 五年

月次 / 日次	正月小	二月大	三月小	四月大	五月大	六月小	七月大	八月大(小)	九月小(大)	十月大	十一月小	十二月大
一	[2]九	九	八	七	六	六	四	三	三 二	[11]一	[12]一	三〇
二	十	十	九	八	七	七	五	四	四 三	二	二	三一
三	十一	十一	十	九	八	八	六	五	五 四	三	三	[1]一
四	十二	十二	十一	十	九	九	七	六	六 五	四	四	二
五	十三	十三	十二	十一	十	十	八	七	七 六	五	五	三
六	十四	十四	十三	十二	十一	十一	九	八	八 七	六	六	四
七	十五	十五	十四	十三	十二	十二	十	九	九 八	七	七	五
八	十六	十六	十五	十四	十三	十三	十一	十	十 九	八	八	六
九	十七	十七	十六	十五	十四	十四	十二	十一	十一 十	九	九	七
十	十八	十八	十七	十六	十五	十五	十三	十二	十二 十一	十	十	八
十一	十九	十九	十八	十七	十六	十六	十四	十三	十三 十二	十一	十一	九
十二	二〇	二〇	十九	十八	十七	十七	十五	十四	十四 十三	十二	十二	十
十三	二一	二一	二〇	十九	十八	十八	十六	十五	十五 十四	十三	十三	十一
十四	二二	二二	二一	二〇	十九	十九	十七	十六	十六 十五	十四	十四	十二
十五	二三	二三	二二	二一	二〇	二〇	十八	十七	十七 十六	十五	十五	十三
十六	二四	二四	二三	二二	二一	二一	十九	十八	十八 十七	十六	十六	十四
十七	二五	二五	二四	二三	二二	二二	二〇	十九	十九 十八	十七	十七	十五
十八	二六	二六	二五	二四	二三	二三	二一	二〇	二〇 十九	十八	十八	十六
十九	二七	二七	二六	二五	二四	二四	二二	二一	二一 二〇	十九	十九	十七
二〇	二八	二八	二七	二六	二五	二五	二三	二二	二二 二一	二〇	二〇	十八
二一	二九	二九	二八	二七	二六	二六	二四	二三	二三 二二	二一	二一	十九
二二	[3]一	三〇	二九	二八	二七	二七	二五	二四	二四 二三	二二	二二	二〇
二三	二	三一	三〇	二九	二八	二八	二六	二五	二五 二四	二三	二三	二一
二四	三	[4]一	[5]一	三〇	二九	二九	二七	二六	二六 二五	二四	二四	二二
二五	四	二	二	三一	三〇	三〇	二八	二七	二七 二六	二五	二五	二三
二六	五	三	三	[6]一	[7]一	三一	二九	二八	二八 二七	二六	二六	二四
二七	六	四	四	二	二	[8]一	三〇	二九	二九 二八	二七	二七	二五
二八	七	五	五	三	三	二	三一	三〇	三〇 二九	二八	二八	二六
二九	八	六	六	四	四	三	[9]一	[10]一	三一 三十	二九	二九	二七
三〇		七		五	五		二	二 無	三一	三〇		二八

高宗 十年(1873) 癸酉 / 明治 六年

月次 \ 日次	正月小	二月小	三月大	四月小	五月大	六月小	閏六月大	七月大	八月小	九月大	十月大	十一月小	十二月大
一	[1]二九	二七	二八	二七	二六	二五	二四	二三	二二	二一	二〇	二〇	十八
二	三〇	二八	二九	二八	二七	二六	二五	二四	二三	二二	二一	二一	十九
三	三一	[3]一	三〇	二九	二八	二七	二六	二五	二四	二三	二二	二二	二〇
四	[2]一	二	三一	三〇	二九	二八	二七	二六	二五	二四	二三	二三	二一
五	二	三	[4]一	[5]一	三〇	二九	二八	二七	二六	二五	二四	二四	二二
六	三	四	二	二	三一	三〇	二九	二八	二七	二六	二五	二五	二三
七	四	五	三	三	[6]一	[7]一	三〇	二九	二八	二七	二六	二六	二四
八	五	六	四	四	二	二	三一	三〇	二九	二八	二七	二七	二五
九	六	七	五	五	三	三	[8]一	三一	三〇	二九	二八	二八	二六
十	七	八	六	六	四	四	二	[9]一	[10]一	三〇	二九	二九	二七
十一	八	九	七	七	五	五	三	二	二	三一	三〇	三〇	二八
十二	九	十	八	八	六	六	四	三	三	[11]一	[12]一	三一	二九
十三	十	十一	九	九	七	七	五	四	四	二	二	[1]一	三〇
十四	十一	十二	十	十	八	八	六	五	五	三	三	二	三一
十五	十二	十三	十一	十一	九	九	七	六	六	四	四	三	[2]一
十六	十三	十四	十二	十二	十	十	八	七	七	五	五	四	二
十七	十四	十五	十三	十三	十一	十一	九	八	八	六	六	五	三
十八	十五	十六	十四	十四	十二	十二	十	九	九	七	七	六	四
十九	十六	十七	十五	十五	十三	十三	十一	十	十	八	八	七	五
二〇	十七	十八	十六	十六	十四	十四	十二	十一	十一	九	九	八	六
二一	十八	十九	十七	十七	十五	十五	十三	十二	十二	十	十	九	七
二二	十九	二〇	十八	十八	十六	十六	十四	十三	十三	十一	十一	十	八
二三	二〇	二一	十九	十九	十七	十七	十五	十四	十四	十二	十二	十一	九
二四	二一	二二	二〇	二〇	十八	十八	十六	十五	十五	十三	十三	十二	十
二五	二二	二三	二一	二一	十九	十九	十七	十六	十六	十四	十四	十三	十一
二六	二三	二四	二二	二二	二〇	二〇	十八	十七	十七	十五	十五	十四	十二
二七	二四	二五	二三	二三	二一	二一	十九	十八	十八	十六	十六	十五	十三
二八	二五	二六	二四	二四	二二	二二	二〇	十九	十九	十七	十七	十六	十四
二九	二六	二七	二五	二五	二三	二三	二一	二〇	二〇	十八	十八	十七	十五
三〇			二六		二四		二二	二一		十九	十九		十六

高宗 十一年(1874) 甲戌 / 明治 七年

月次／日次	正月小	二月小	三月大	四月小	五月大	六月小	七月大	八月小	九月大	十月大	十一月大	十二月小
一	[2]十七	十八	十六	十六	十四	十四	十二	十一	十	九	九	八
二	十八	十九	十七	十七	十五	十五	十三	十二	十一	十	十	九
三	十九	二○	十八	十八	十六	十六	十四	十三	十二	十一	十一	十
四	二○	二一	十九	十九	十七	十七	十五	十四	十三	十二	十二	十一
五	二一	二二	二○	二○	十八	十八	十六	十五	十四	十三	十三	十二
六	二二	二三	二一	二一	十九	十九	十七	十六	十五	十四	十四	十三
七	二三	二四	二二	二二	二○	二○	十八	十七	十六	十五	十五	十四
八	二四	二五	二三	二三	二一	二一	十九	十八	十七	十六	十六	十五
九	二五	二六	二四	二四	二二	二二	二○	十九	十八	十七	十七	十六
十	二六	二七	二五	二五	二三	二三	二一	二○	十九	十八	十八	十七
十一	二七	二八	二六	二六	二四	二四	二二	二一	二○	十九	十九	十八
十二	二八	二九	二七	二七	二五	二五	二三	二二	二一	二○	二○	十九
十三	[3]一	三○	二八	二八	二六	二六	二四	二三	二二	二一	二一	二○
十四	二	三一	二九	二九	二七	二七	二五	二四	二三	二二	二二	二一
十五	三	[4]一	三○	三○	二八	二八	二六	二五	二四	二三	二三	二二
十六	四	二	[5]一	三一	二九	二九	二七	二六	二五	二四	二四	二三
十七	五	三	二	[6]一	三○	三○	二八	二七	二六	二五	二五	二四
十八	六	四	三	二	[7]一	三一	二九	二八	二七	二六	二六	二五
十九	七	五	四	三	二	[8]一	三○	二九	二八	二七	二七	二六
二○	八	六	五	四	三	二	三一	三○	二九	二八	二八	二七
二一	九	七	六	五	四	三	[9]一	[10]一	三○	二九	二九	二八
二二	十	八	七	六	五	四	二	二	三一	三○	三○	二九
二三	十一	九	八	七	六	五	三	三	[11]一	[12]一	三一	三○
二四	十二	十	九	八	七	六	四	四	二	二	[1]一	三一
二五	十三	十一	十	九	八	七	五	五	三	三	二	[2]一
二六	十四	十二	十一	十	九	八	六	六	四	四	三	二
二七	十五	十三	十二	十一	十	九	七	七	五	五	四	三
二八	十六	十四	十三	十二	十一	十	八	八	六	六	五	四
二九	十七	十五	十四	十三	十二	十一	九	九	七	七	六	五
三○			十五		十三		十		八	八	七	

高宗 十二年(1875) 乙亥 / 明治 八年

月次 日次	正月大	二月小	三月小	四月大	五月小	六月小	七月大	八月小	九月大	十月大	十一月大	十二月小
一	[2]六	八	六	五	四	三	[8]一	三一	二九	二九	二八	二八
二	七	九	七	六	五	四	二	[9]一	三〇	三〇	二九	二九
三	八	十	八	七	六	五	三	二	[10]一	三一	三〇	三〇
四	九	十一	九	八	七	六	四	三	二	[11]一	[12]一	三一
五	十	十二	十	九	八	七	五	四	三	二	二	[1]一
六	十一	十三	十一	十	九	八	六	五	四	三	三	二
七	十二	十四	十二	十一	十	九	七	六	五	四	四	三
八	十三	十五	十三	十二	十一	十	八	七	六	五	五	四
九	十四	十六	十四	十三	十二	十一	九	八	七	六	六	五
十	十五	十七	十五	十四	十三	十二	十	九	八	七	七	六
十一	十六	十八	十六	十五	十四	十三	十一	十	九	八	八	七
十二	十七	十九	十七	十六	十五	十四	十二	十一	十	九	九	八
十三	十八	二〇	十八	十七	十六	十五	十三	十二	十一	十	十	九
十四	十九	二一	十九	十八	十七	十六	十四	十三	十二	十一	十一	十
十五	二〇	二二	二〇	十九	十八	十七	十五	十四	十三	十二	十二	十一
十六	二一	二三	二一	二〇	十九	十八	十六	十五	十四	十三	十三	十二
十七	二二	二四	二二	二一	二〇	十九	十七	十六	十五	十四	十四	十三
十八	二三	二五	二三	二二	二一	二〇	十八	十七	十六	十五	十五	十四
十九	二四	二六	二四	二三	二二	二一	十九	十八	十七	十六	十六	十五
二〇	二五	二七	二五	二四	二三	二二	二〇	十九	十八	十七	十七	十六
二一	二六	二八	二六	二五	二四	二三	二一	二〇	十九	十八	十八	十七
二二	二七	二九	二七	二六	二五	二四	二二	二一	二〇	十九	十九	十八
二三	二八	三〇	二八	二七	二六	二五	二三	二二	二一	二〇	二〇	十九
二四	[3]一	三一	二九	二八	二七	二六	二四	二三	二二	二一	二一	二〇
二五	二	[4]一	三〇	二九	二八	二七	二五	二四	二三	二二	二二	二一
二六	三	二	[5]一	三〇	二九	二八	二六	二五	二四	二三	二三	二二
二七	四	三	二	三一	三〇	二九	二七	二六	二五	二四	二四	二三
二八	五	四	三	[6]一	[7]一	三〇	二八	二七	二六	二五	二五	二四
二九	六	五	四	二	二	三一	二九	二八	二七	二六	二六	二五
三〇	七			三			三〇		二八	二七	二七	

高宗 十三年(1876) 丙子(閏) / 明治 九年

月次 / 日次	正月大	二月大	三月小	四月大(小)	五月小(大)	閏五月小	六月小	七月大	八月小	九月大	十月大	十一月小	十二月大
一	[1]二六	二五	二六	二四	二四	二二	二一	十九	十八	十七	十六	十六	十四
二	二七	二六	二七	二五	二五	二三	二二	二〇	十九	十八	十七	十七	十五
三	二八	二七	二八	二六	二六	二四	二三	二一	二〇	十九	十八	十八	十六
四	二九	二八	二九	二七	二七	二五	二四	二二	二一	二〇	十九	十九	十七
五	三〇	二九	三〇	二八	二八	二六	二五	二三	二二	二一	二〇	二〇	十八
六	三一	[3]一	三一	二九	二九	二七	二六	二四	二三	二二	二一	二一	十九
七	[2]一	二	[4]一	三〇	三〇	二八	二七	二五	二四	二三	二二	二二	二〇
八	二	三	二	[5]一	三一	二九	二八	二六	二五	二四	二三	二三	二一
九	三	四	三	二	[6]一	三〇	二九	二七	二六	二五	二四	二四	二二
十	四	五	四	三	二	[7]一	三〇	二八	二七	二六	二五	二五	二三
十一	五	六	五	四	三	二	三一	二九	二八	二七	二六	二六	二四
十二	六	七	六	五	四	三	[8]一	三〇	二九	二八	二七	二七	二五
十三	七	八	七	六	五	四	二	三一	三〇	二九	二八	二八	二六
十四	八	九	八	七	六	五	三	[9]一	[10]一	三〇	二九	二九	二七
十五	九	十	九	八	七	六	四	二	二	三一	三〇	三〇	二八
十六	十	十一	十	九	八	七	五	三	三	[11]一	[12]一	三一	二九
十七	十一	十二	十一	十	九	八	六	四	四	二	二	[1]一	三〇
十八	十二	十三	十二	十一	十	九	七	五	五	三	三	二	三一
十九	十三	十四	十三	十二	十一	十	八	六	六	四	四	三	[2]一
二〇	十四	十五	十四	十三	十二	十一	九	七	七	五	五	四	二
二一	十五	十六	十五	十四	十三	十二	十	八	八	六	六	五	三
二二	十六	十七	十六	十五	十四	十三	十一	九	九	七	七	六	四
二三	十七	十八	十七	十六	十五	十四	十二	十	十	八	八	七	五
二四	十八	十九	十八	十七	十六	十五	十三	十一	十一	九	九	八	六
二五	十九	二〇	十九	十八	十七	十六	十四	十二	十二	十	十	九	七
二六	二〇	二一	二〇	十九	十八	十七	十五	十三	十三	十一	十一	十	八
二七	二一	二二	二一	二〇	十九	十八	十六	十四	十四	十二	十二	十一	九
二八	二二	二三	二二	二一	二〇	十九	十七	十五	十五	十三	十三	十二	十
二九	二三	二四	二三	二二	二一	二〇	十八	十六	十六	十四	十四	十三	十一
三〇	二四	二五		二三無				十七		十五	十五		十二

高宗 十四年(1877) 丁丑 / 明治 十年

日次＼月次	正月大	二月大	三月小	四月小	五月大	六月小	七月小	八月大	九月小	十月大	十一月小	十二月大
一	[2]十三	十五	十四	十三	十一	十一	九	七	七	五	五	三
二	十四	十六	十五	十四	十二	十二	十	八	八	六	六	四
三	十五	十七	十六	十五	十三	十三	十一	九	九	七	七	五
四	十六	十八	十七	十六	十四	十四	十二	十	十	八	八	六
五	十七	十九	十八	十七	十五	十五	十三	十一	十一	九	九	七
六	十八	二〇	十九	十八	十六	十六	十四	十二	十二	十	十	八
七	十九	二一	二〇	十九	十七	十七	十五	十三	十三	十一	十一	九
八	二〇	二二	二一	二〇	十八	十八	十六	十四	十四	十二	十二	十
九	二一	二三	二二	二一	十九	十九	十七	十五	十五	十三	十三	十一
十	二二	二四	二三	二二	二〇	二〇	十八	十六	十六	十四	十四	十二
十一	二三	二五	二四	二三	二一	二一	十九	十七	十七	十五	十五	十三
十二	二四	二六	二五	二四	二二	二二	二〇	十八	十八	十六	十六	十四
十三	二五	二七	二六	二五	二三	二三	二一	十九	十九	十七	十七	十五
十四	二六	二八	二七	二六	二四	二四	二二	二〇	二〇	十八	十八	十六
十五	二七	二九	二八	二七	二五	二五	二三	二一	二一	十九	十九	十七
十六	二八	三〇	二九	二八	二六	二六	二四	二二	二二	二〇	二〇	十八
十七	[3]一	三一	三〇	二九	二七	二七	二五	二三	二三	二一	二一	十九
十八	二	[4]一	[5]一	三〇	二八	二八	二六	二四	二四	二二	二二	二〇
十九	三	二	二	三一	二九	二九	二七	二五	二五	二三	二三	二一
二〇	四	三	三	[6]一	三〇	三〇	二八	二六	二六	二四	二四	二二
二一	五	四	四	二	[7]一	三一	二九	二七	二七	二五	二五	二三
二二	六	五	五	三	二	[8]一	三〇	二八	二八	二六	二六	二四
二三	七	六	六	四	三	二	三一	二九	二九	二七	二七	二五
二四	八	七	七	五	四	三	[9]一	三〇	三〇	二八	二八	二六
二五	九	八	八	六	五	四	二	[10]一	三一	二九	二九	二七
二六	十	九	九	七	六	五	三	二	[11]一	三〇	三〇	二八
二七	十一	十	十	八	七	六	四	三	二	[12]一	三一	二九
二八	十二	十一	十一	九	八	七	五	四	三	二	[1]一	三〇
二九	十三	十二	十二	十	九	八	六	五	四	三	二	三一
三〇	十四	十三			十			六		四		[2]一

高宗 十五年(1878) 戊寅 / 明治 十一年

月次 / 日次	正月大	二月大	三月小	四月大	五月小	六月大	七月小	八月小	九月大	十月小	十一月大	十二月小
一	[2]一	四	三	二	[6]一	三〇	三〇	二八	二六	二六	二四	二四
二	三	五	四	三	二	[7]一	三一	二九	二七	二七	二五	二五
三	四	六	五	四	三	二	[8]一	三〇	二八	二八	二六	二六
四	五	七	六	五	四	三	二	三一	二九	二九	二七	二七
五	六	八	七	六	五	四	三	[9]一	三〇	三〇	二八	二八
六	七	九	八	七	六	五	四	二	[10]一	三一	二九	二九
七	八	十	九	八	七	六	五	三	二	[11]一	三〇	三〇
八	九	十一	十	九	八	七	六	四	三	二	[12]一	三一
九	十	十二	十一	十	九	八	七	五	四	三	二	[1]一
十	十一	十三	十二	十一	十	九	八	六	五	四	三	二
十一	十二	十四	十三	十二	十一	十	九	七	六	五	四	三
十二	十三	十五	十四	十三	十二	十一	十	八	七	六	五	四
十三	十四	十六	十五	十四	十三	十二	十一	九	八	七	六	五
十四	十五	十七	十六	十五	十四	十三	十二	十	九	八	七	六
十五	十六	十八	十七	十六	十五	十四	十三	十一	十	九	八	七
十六	十七	十九	十八	十七	十六	十五	十四	十二	十一	十	九	八
十七	十八	二〇	十九	十八	十七	十六	十五	十三	十二	十一	十	九
十八	十九	二一	二〇	十九	十八	十七	十六	十四	十三	十二	十一	十
十九	二〇	二二	二一	二〇	十九	十八	十七	十五	十四	十三	十二	十一
二〇	二一	二三	二二	二一	二〇	十九	十八	十六	十五	十四	十三	十二
二一	二二	二四	二三	二二	二一	二〇	十九	十七	十六	十五	十四	十三
二二	二三	二五	二四	二三	二二	二一	二〇	十八	十七	十六	十五	十四
二三	二四	二六	二五	二四	二三	二二	二一	十九	十八	十七	十六	十五
二四	二五	二七	二六	二五	二四	二三	二二	二〇	十九	十八	十七	十六
二五	二六	二八	二七	二六	二五	二四	二三	二一	二〇	十九	十八	十七
二六	二七	二九	二八	二七	二六	二五	二四	二二	二一	二〇	十九	十八
二七	二八	三〇	二九	二八	二七	二六	二五	二三	二二	二一	二〇	十九
二八	[3]一	三一	三〇	二九	二八	二七	二六	二四	二三	二二	二一	二〇
二九	二	[4]一	[5]一	三〇	二九	二八	二七	二五	二四	二三	二二	二一
三〇	三	二		三一		二九			二五		二三	

高宗 十六年(1879) 乙卯 / 明治 十二年

月次 / 日次	正月大	二月大	三月小	閏三月大	四月大	五月小	六月大	七月小	八月小(大)	九月大(小)	十月小	十一月大	十二月小
一	[1]二二	二一	二三	二一	二一	二〇	十九	十八	十六	十六 十五	十四	十三	十二
二	二三	二二	二四	二二	二二	二一	二〇	十九	十七	十七 十六	十五	十四	十三
三	二四	二三	二五	二三	二三	二二	二一	二〇	十八	十八 十七	十六	十五	十四
四	二五	二四	二六	二四	二四	二三	二二	二一	十九	十九 十八	十七	十六	十五
五	二六	二五	二七	二五	二五	二四	二三	二二	二〇	二〇 十九	十八	十七	十六
六	二七	二六	二八	二六	二六	二五	二四	二三	二一	二一 二〇	十九	十八	十七
七	二八	二七	二九	二七	二七	二六	二五	二四	二二	二二 二一	二〇	十九	十八
八	二九	二八	三〇	二八	二八	二七	二六	二五	二三	二三 二二	二一	二〇	十九
九	三〇	[3]一	三一	二九	二九	二八	二七	二六	二四	二四 二三	二二	二一	二〇
十	三一	二	[4]一	三〇	三〇	二九	二八	二七	二五	二五 二四	二三	二二	二一
十一	[2]一	三	二	[5]一	三一	三〇	二九	二八	二六	二六 二五	二四	二三	二二
十二	二	四	三	二	[6]一	[7]一	三〇	二九	二七	二七 二六	二五	二四	二三
十三	三	五	四	三	二	二	三一	三〇	二八	二八 二七	二六	二五	二四
十四	四	六	五	四	三	三	[8]一	三一	二九	二九 二八	二七	二六	二五
十五	五	七	六	五	四	四	二	[9]一	三〇	三〇 二九	二八	二七	二六
十六	六	八	七	六	五	五	三	二	[10]一	三一 三十	二九	二八	二七
十七	七	九	八	七	六	六	四	三	二	[11]一 三一	三〇	二九	二八
十八	八	十	九	八	七	七	五	四	三	二 一	[12]一	三〇	二九
十九	九	十一	十	九	八	八	六	五	四	三 二	二	三一	三〇
二〇	十	十二	十一	十	九	九	七	六	五	四 三	三	[1]一	三一
二一	十一	十三	十二	十一	十	十	八	七	六	五 四	四	二	[2]一
二二	十二	十四	十三	十二	十一	十一	九	八	七	六 五	五	三	二
二三	十三	十五	十四	十三	十二	十二	十	九	八	七 六	六	四	三
二四	十四	十六	十五	十四	十三	十三	十一	十	九	八 七	七	五	四
二五	十五	十七	十六	十五	十四	十四	十二	十一	十	九 八	八	六	五
二六	十六	十八	十七	十六	十五	十五	十三	十二	十一	十 九	九	七	六
二七	十七	十九	十八	十七	十六	十六	十四	十三	十二	十一 十	十	八	七
二八	十八	二〇	十九	十八	十七	十七	十五	十四	十三	十二 十一	十一	九	八
二九	十九	二一	二〇	十九	十八	十八	十六	十五	十四	十三 十二	十二	十	九
三〇	二〇	二二		二〇	十九		十七		十五無	十三		十一	

高宗 十七年(1880) 庚辰(閏) / 明治 十三年

月次 / 日次	正月大	二月大(小)	三月小(大)	四月大	五月小	六月大	七月大	八月小	九月大	十月小	十一月小	十二月大
一	[2]十	十一	十 九	九	八	七	六	五	四	三	二	三一
二	十一	十二	十一 十	十	九	八	七	六	五	四	三	[1]一
三	十二	十三	十二 十一	十一	十	九	八	七	六	五	四	二
四	十三	十四	十三 十二	十二	十一	十	九	八	七	六	五	三
五	十四	十五	十四 十三	十三	十二	十一	十	九	八	七	六	四
六	十五	十六	十五 十四	十四	十三	十二	十一	十	九	八	七	五
七	十六	十七	十六 十五	十五	十四	十三	十二	十一	十	九	八	六
八	十七	十八	十七 十六	十六	十五	十四	十三	十二	十一	十	九	七
九	十八	十九	十八 十七	十七	十六	十五	十四	十三	十二	十一	十	八
十	十九	二〇	十九 十八	十八	十七	十六	十五	十四	十三	十二	十一	九
十一	二〇	二一	二〇 十九	十九	十八	十七	十六	十五	十四	十三	十二	十
十二	二一	二二	二一 二〇	二〇	十九	十八	十七	十六	十五	十四	十三	十一
十三	二二	二三	二二 二一	二一	二〇	十九	十八	十七	十六	十五	十四	十二
十四	二三	二四	二三 二二	二二	二一	二〇	十九	十八	十七	十六	十五	十三
十五	二四	二五	二四 二三	二三	二二	二一	二〇	十九	十八	十七	十六	十四
十六	二五	二六	二五 二四	二四	二三	二二	二一	二〇	十九	十八	十七	十五
十七	二六	二七	二六 二五	二五	二四	二三	二二	二一	二〇	十九	十八	十六
十八	二七	二八	二七 二六	二六	二五	二四	二三	二二	二一	二〇	十九	十七
十九	二八	二九	二八 二七	二七	二六	二五	二四	二三	二二	二一	二〇	十八
二〇	二九	三〇	二九 二八	二八	二七	二六	二五	二四	二三	二二	二一	十九
二一	[3]一	三一	三〇 二九	二九	二八	二七	二六	二五	二四	二三	二二	二〇
二二	二	[4]一	[5]一 三十	三〇	二九	二八	二七	二六	二五	二四	二三	二一
二三	三	二	二 一	三一	三〇	二九	二八	二七	二六	二五	二四	二二
二四	四	三	三 二	[6]一	[7]一	三〇	二九	二八	二七	二六	二五	二三
二五	五	四	四 三	二	二	三一	三〇	二九	二八	二七	二六	二四
二六	六	五	五 四	三	三	[8]一	三一	三〇	二九	二八	二七	二五
二七	七	六	六 五	四	四	二	[9]一	[10]一	三〇	二九	二八	二六
二八	八	七	七 六	五	五	三	二	二	三一	三〇	二九	二七
二九	九	八	八 七	六	六	四	三	三	[11]一	[12]一	三〇	二八
三〇	十	九無	八	七		五	四		二			二九

高宗 十八年(1881) 辛巳 / 明治 十四年

月次 / 日次	正月小	二月大	三月小	四月大	五月小	六月大	七月大	閏七月小	八月大	九月大	十月小	十一月大	十二月小
一	[1]三〇	二八	三〇	二八	二八	二六	二六	二五	二三	二三	二二	二一	二〇
二	三一	[3]一	三一	二九	二九	二七	二七	二六	二四	二四	二三	二二	二一
三	[2]一	二	[34]一	三〇	三〇	二八	二八	二七	二五	二五	二四	二三	二二
四	二	三	二	[5]一	三一	二九	二九	二八	二六	二六	二五	二四	二三
五	三	四	三	二	[6]一	三〇	三〇	二九	二七	二七	二六	二五	二四
六	四	五	四	三	二	[7]一	三一	三〇	二八	二八	二七	二六	二五
七	五	六	五	四	三	二	[8]一	三一	二九	二九	二八	二七	二六
八	六	七	六	五	四	三	二	[9]一	三〇	三〇	二九	二八	二七
九	七	八	七	六	五	四	三	二	[10]一	三一	三〇	二九	二八
十	八	九	八	七	六	五	四	三	二	[11]一	[12]一	三〇	二九
十一	九	十	九	八	七	六	五	四	三	二	二	三一	三〇
十二	十	十一	十	九	八	七	六	五	四	三	三	[1]一	三一
十三	十一	十二	十一	十	九	八	七	六	五	四	四	二	[2]一
十四	十二	十三	十二	十一	十	九	八	七	六	五	五	三	二
十五	十三	十四	十三	十二	十一	十	九	八	七	六	六	四	三
十六	十四	十五	十四	十三	十二	十一	十	九	八	七	七	五	四
十七	十五	十六	十五	十四	十三	十二	十一	十	九	八	八	六	五
十八	十六	十七	十六	十五	十四	十三	十二	十一	十	九	九	七	六
十九	十七	十八	十七	十六	十五	十四	十三	十二	十一	十	十	八	七
二〇	十八	十九	十八	十七	十六	十五	十四	十三	十二	十一	十一	九	八
二一	十九	二〇	十九	十八	十七	十六	十五	十四	十三	十二	十二	十	九
二二	二〇	二一	二〇	十九	十八	十七	十六	十五	十四	十三	十三	十一	十
二三	二一	二二	二一	二〇	十九	十八	十七	十六	十五	十四	十四	十二	十一
二四	二二	二三	二二	二一	二〇	十九	十八	十七	十六	十五	十五	十三	十二
二五	二三	二四	二三	二二	二一	二〇	十九	十八	十七	十六	十六	十四	十三
二六	二四	二五	二四	二三	二二	二一	二〇	十九	十八	十七	十七	十五	十四
二七	二五	二六	二五	二四	二三	二二	二一	二〇	十九	十八	十八	十六	十五
二八	二六	二七	二六	二五	二四	二三	二二	二一	二〇	十九	十九	十七	十六
二九	二七	二八	二七	二六	二五	二四	二三	二二	二一	二〇	二〇	十八	十七
三〇		二九		二七		二五	二四		二二	二一		十九	

高宗 十九年(1882) 壬午 / 明治 十五年

月次 / 日次	正月小	二月大	三月小	四月大	五月小	六月大	七月小	八月大	九月大	十月大(小)	十一月小(大)	十二月大
一	2十八	十九	十八	十七	十六	十五	十四	十二	十二	十一	十一 十	九
二	十九	二〇	十九	十八	十七	十六	十五	十三	十三	十二	十二 十一	十
三	二〇	二一	二〇	十九	十八	十七	十六	十四	十四	十三	十三 十二	十一
四	二一	二二	二一	二〇	十九	十八	十七	十五	十五	十四	十四 十三	十二
五	二二	二三	二二	二一	二〇	十九	十八	十六	十六	十五	十五 十四	十三
六	二三	二四	二三	二二	二一	二〇	十九	十七	十七	十六	十六 十五	十四
七	二四	二五	二四	二三	二二	二一	二〇	十八	十八	十七	十七 十六	十五
八	二五	二六	二五	二四	二三	二二	二一	十九	十九	十八	十八 十七	十六
九	二六	二七	二六	二五	二四	二三	二二	二〇	二〇	十九	十九 十八	十七
十	二七	二八	二七	二六	二五	二四	二三	二一	二一	二〇	二〇 十九	十八
十一	二八	二九	二八	二七	二六	二五	二四	二二	二二	二一	二一 二〇	十九
十二	3一	三〇	二九	二八	二七	二六	二五	二三	二三	二二	二二 二一	二〇
十三	二	三一	三〇	二九	二八	二七	二六	二四	二四	二三	二三 二二	二一
十四	三	4一	5一	三〇	二九	二八	二七	二五	二五	二四	二四 二三	二二
十五	四	二	二	三一	三〇	二九	二八	二六	二六	二五	二五 二四	二三
十六	五	三	三	6一	7一	三〇	二九	二七	二七	二六	二六 二五	二四
十七	六	四	四	二	二	三一	三〇	二八	二八	二七	二七 二六	二五
十八	七	五	五	三	三	8一	三一	二九	二九	二八	二八 二七	二六
十九	八	六	六	四	四	二	9一	三〇	三〇	二九	二九 二八	二七
二〇	九	七	七	五	五	三	二	10一	三一	三〇	三〇 二九	二八
二一	十	八	八	六	六	四	三	二	11一	12一	三一 三十	二九
二二	十一	九	九	七	七	五	四	三	二	二	1一 三一	三〇
二三	十二	十	十	八	八	六	五	四	三	三	二 一	三一
二四	十三	十一	十一	九	九	七	六	五	四	四	三 二	2一
二五	十四	十二	十二	十	十	八	七	六	五	五	四 三	二
二六	十五	十三	十三	十一	十一	九	八	七	六	六	五 四	三
二七	十六	十四	十四	十二	十二	十	九	八	七	七	六 五	四
二八	十七	十五	十五	十三	十三	十一	十	九	八	八	七 六	五
二九	十八	十六	十六	十四	十四	十二	十一	十	九	九	八 七	六
三〇		十七		十五		十三		十一	十	十無	八	七

高宗 二十年(1883) 癸未 / 明治 十六年

月次 / 日次	正月小	二月小	三月大	四月小	五月小(大)	六月小(大)	七月小	八月大	九月大	十月大	十一月小	十二月大
一	[2]八	九	七	七	五	五 四	三	[9]一	[10]一	三一	三〇	二九
二	九	十	八	八	六	六 五	四	二	二	[11]一	[12]一	三〇
三	十	十一	九	九	七	七 六	五	三	三	二	二	三一
四	十一	十二	十	十	八	八 七	六	四	四	三	三	[1]一
五	十二	十三	十一	十一	九	九 八	七	五	五	四	四	二
六	十三	十四	十二	十二	十	十 九	八	六	六	五	五	三
七	十四	十五	十三	十三	十一	十一 十	九	七	七	六	六	四
八	十五	十六	十四	十四	十二	十二 十一	十	八	八	七	七	五
九	十六	十七	十五	十五	十三	十三 十二	十一	九	九	八	八	六
十	十七	十八	十六	十六	十四	十四 十三	十二	十	十	九	九	七
十一	十八	十九	十七	十七	十五	十五 十四	十三	十一	十一	十	十	八
十二	十九	二〇	十八	十八	十六	十六 十五	十四	十二	十二	十一	十一	九
十三	二〇	二一	十九	十九	十七	十七 十六	十五	十三	十三	十二	十二	十
十四	二一	二二	二〇	二〇	十八	十八 十七	十六	十四	十四	十三	十三	十一
十五	二二	二三	二一	二一	十九	十九 十八	十七	十五	十五	十四	十四	十二
十六	二三	二四	二二	二二	二〇	二〇 十九	十八	十六	十六	十五	十五	十三
十七	二四	二五	二三	二三	二一	二一 二〇	十九	十七	十七	十六	十六	十四
十八	二五	二六	二四	二四	二二	二二 二一	二〇	十八	十八	十七	十七	十五
十九	二六	二七	二五	二五	二三	二三 二二	二一	十九	十九	十八	十八	十六
二〇	二七	二八	二六	二六	二四	二四 二三	二二	二〇	二〇	十九	十九	十七
二一	二八	二九	二七	二七	二五	二五 二四	二三	二一	二一	二〇	二〇	十八
二二	[3]一	三〇	二八	二八	二六	二六 二五	二四	二二	二二	二一	二一	十九
二三	二	三一	二九	二九	二七	二七 二六	二五	二三	二三	二二	二二	二〇
二四	三	[4]一	三〇	三〇	二八	二八 二七	二六	二四	二四	二三	二三	二一
二五	四	二	[5]一	三一	二九	二九 二八	二七	二五	二五	二四	二四	二二
二六	五	三	二	[6]一	三〇	三〇 二九	二八	二六	二六	二五	二五	二三
二七	六	四	三	二	[7]一	三一 三十	二九	二七	二七	二六	二六	二四
二八	七	五	四	三	二	[8]一 三一	三〇	二八	二八	二七	二七	二五
二九	八	六	五	四	三	二 一	三一	二九	二九	二八	二八	二六
三〇			六		四 無	二		三〇	三〇	二九		二七

高宗 二十一年(1884) 甲申(閏) / 明治 十七年

月次 / 日次	正月大	二月小	三月大(小)	四月小(大)	五月小	閏五月小	六月大	七月小	八月大	九月大	十月小	十一月大	十二月大
一	[1]二八	二七	二七	二六 二五	二五	二三	二二	二一	十九	十九	十八	十七	十六
二	二九	二八	二八	二七 二六	二六	二四	二三	二二	二○	二○	十九	十八	十七
三	三○	二九	二九	二八 二七	二七	二五	二四	二三	二一	二一	二○	十九	十八
四	三一	[3]一	三○	二九 二八	二八	二六	二五	二四	二二	二二	二一	二○	十九
五	[2]一	二	三一	三○ 二九	二九	二七	二六	二五	二三	二三	二二	二一	二○
六	二	三	[4]一	[5]一 三○	三○	二八	二七	二六	二四	二四	二三	二二	二一
七	三	四	二	二 一	三一	二九	二八	二七	二五	二五	二四	二三	二二
八	四	五	三	三 二	[6]一	三○	二九	二八	二六	二六	二五	二四	二三
九	五	六	四	四 三	二	[7]一	三○	二九	二七	二七	二六	二五	二四
十	六	七	五	五 四	三	二	三一	三○	二八	二八	二七	二六	二五
十一	七	八	六	六 五	四	三	[8]一	三一	二九	二九	二八	二七	二六
十二	八	九	七	七 六	五	四	二	[9]一	三○	三○	二九	二八	二七
十三	九	十	八	八 七	六	五	三	二	[10]一	三一	三○	二九	二八
十四	十	十一	九	九 八	七	六	四	三	二	[11]一	[12]一	三○	二九
十五	十一	十二	十	十 九	八	七	五	四	三	二	二	三一	三○
十六	十二	十三	十一	十一 十	九	八	六	五	四	三	三	[1]一	三一
十七	十三	十四	十二	十二 十一	十	九	七	六	五	四	四	二	[2]一
十八	十四	十五	十三	十三 十二	十一	十	八	七	六	五	五	三	二
十九	十五	十六	十四	十四 十三	十二	十一	九	八	七	六	六	四	三
二○	十六	十七	十五	十五 十四	十三	十二	十	九	八	七	七	五	四
二一	十七	十八	十六	十六 十五	十四	十三	十一	十	九	八	八	六	五
二二	十八	十九	十七	十七 十六	十五	十四	十二	十一	十	九	九	七	六
二三	十九	二○	十八	十八 十七	十六	十五	十三	十二	十一	十	十	八	七
二四	二○	二一	十九	十九 十八	十七	十六	十四	十三	十二	十一	十一	九	八
二五	二一	二二	二○	二○ 十九	十八	十七	十五	十四	十三	十二	十二	十	九
二六	二二	二三	二一	二一 二○	十九	十八	十六	十五	十四	十三	十三	十一	十
二七	二三	二四	二二	二二 二一	二○	十九	十七	十六	十五	十四	十四	十二	十一
二八	二四	二五	二三	二三 二二	二一	二○	十八	十七	十六	十五	十五	十三	十二
二九	二五	二六	二四	二四 二三	二二	二一	十九	十八	十七	十六	十六	十四	十三
三○	二六		二五無	二四			二○		十八	十七		十五	十四

高宗 二十二年(1885) 乙酉 / 明治 十八年

月次 / 日次	正月大	二月小	三月大(小)	四月小(大)	五月小	六月小	七月大	八月小	九月大	十月小	十一月大	十二月大
一	[2]十五	十七	十五	十五 十四	十三	十二	十	九	八	七	六	五
二	十六	十八	十六	十六 十五	十四	十三	十一	十	九	八	七	六
三	十七	十九	十七	十七 十六	十五	十四	十二	十一	十	九	八	七
四	十八	二○	十八	十八 十七	十六	十五	十三	十二	十一	十	九	八
五	十九	二一	十九	十九 十八	十七	十六	十四	十三	十二	十一	十	九
六	二○	二二	二○	二○ 十九	十八	十七	十五	十四	十三	十二	十一	十
七	二一	二三	二一	二一 二○	十九	十八	十六	十五	十四	十三	十二	十一
八	二二	二四	二二	二二 二一	二○	十九	十七	十六	十五	十四	十三	十二
九	二三	二五	二三	二三 二二	二一	二○	十八	十七	十六	十五	十四	十三
十	二四	二六	二四	二四 二三	二二	二一	十九	十八	十七	十六	十五	十四
十一	二五	二七	二五	二五 二四	二三	二二	二○	十九	十八	十七	十六	十五
十二	二六	二八	二六	二六 二五	二四	二三	二一	二○	十九	十八	十七	十六
十三	二七	二九	二七	二七 二六	二五	二四	二二	二一	二○	十九	十八	十七
十四	二八	三○	二八	二八 二七	二六	二五	二三	二二	二一	二○	十九	十八
十五	[3]一	三一	二九	二九 二八	二七	二六	二四	二三	二二	二一	二○	十九
十六	二	[4]一	三○	三○ 二九	二八	二七	二五	二四	二三	二二	二一	二○
十七	三	二	[5]一	三一 三十	二九	二八	二六	二五	二四	二三	二二	二一
十八	四	三	二	[6]一 三一	三○	二九	二七	二六	二五	二四	二三	二二
十九	五	四	三	二 一	[7]一	三○	二八	二七	二六	二五	二四	二三
二○	六	五	四	三 二	二	三一	二九	二八	二七	二六	二五	二四
二一	七	六	五	四 三	三	[8]一	三○	二九	二八	二七	二六	二五
二二	八	七	六	五 四	四	二	三一	三○	二九	二八	二七	二六
二三	九	八	七	六 五	五	三	[9]一	[10]一	三○	二九	二八	二七
二四	十	九	八	七 六	六	四	二	二	三一	三○	二九	二八
二五	十一	十	九	八 七	七	五	三	三	[11]一	[12]一	三○	二九
二六	十二	十一	十	九 八	八	六	四	四	二	二	三一	三○
二七	十三	十二	十一	十 九	九	七	五	五	三	三	[1]一	三一
二八	十四	十三	十二	十一 十	十	八	六	六	四	四	二	[2]一
二九	十五	十四	十三	十二 十一	十一	九	七	七	五	五	三	二
三○	十六		十四無	十二			八		六		四	三

高宗 二十三年(1886) 丙戌 / 明治 十九年

月次 / 日次	正月大	二月小	三月大	四月小	五月大	六月小	七月小	八月大	九月小	十月大	十一月小	十二月大
一	[2]四	六	四	四	二	二	三一	二九	二八	二七	二六	二五
二	五	七	五	五	三	三	[8]一	三〇	二九	二八	二七	二六
三	六	八	六	六	四	四	二	三一	三〇	二九	二八	二七
四	七	九	七	七	五	五	三	[9]一	[10]一	三〇	二九	二八
五	八	十	八	八	六	六	四	二	二	三一	三〇	二九
六	九	十一	九	九	七	七	五	三	三	[11]一	[12]一	三〇
七	十	十二	十	十	八	八	六	四	四	二	二	三一
八	十一	十三	十一	十一	九	九	七	五	五	三	三	[1]一
九	十二	十四	十二	十二	十	十	八	六	六	四	四	二
十	十三	十五	十三	十三	十一	十一	九	七	七	五	五	三
十一	十四	十六	十四	十四	十二	十二	十	八	八	六	六	四
十二	十五	十七	十五	十五	十三	十三	十一	九	九	七	七	五
十三	十六	十八	十六	十六	十四	十四	十二	十	十	八	八	六
十四	十七	十九	十七	十七	十五	十五	十三	十一	十一	九	九	七
十五	十八	二〇	十八	十八	十六	十六	十四	十二	十二	十	十	八
十六	十九	二一	十九	十九	十七	十七	十五	十三	十三	十一	十一	九
十七	二〇	二二	二〇	二〇	十八	十八	十六	十四	十四	十二	十二	十
十八	二一	二三	二一	二一	十九	十九	十七	十五	十五	十三	十三	十一
十九	二二	二四	二二	二二	二〇	二〇	十八	十六	十六	十四	十四	十二
二〇	二三	二五	二三	二三	二一	二一	十九	十七	十七	十五	十五	十三
二一	二四	二六	二四	二四	二二	二二	二〇	十八	十八	十六	十六	十四
二二	二五	二七	二五	二五	二三	二三	二一	十九	十九	十七	十七	十五
二三	二六	二八	二六	二六	二四	二四	二二	二〇	二〇	十八	十八	十六
二四	二七	二九	二七	二七	二五	二五	二三	二一	二一	十九	十九	十七
二五	二八	三〇	二八	二八	二六	二六	二四	二二	二二	二〇	二〇	十八
二六	[3]一	三一	二九	二九	二七	二七	二五	二三	二三	二一	二一	十九
二七	二	[4]一	三〇	三〇	二八	二八	二六	二四	二四	二二	二二	二〇
二八	三	二	[5]一	三一	二九	二九	二七	二五	二五	二三	二三	二一
二九	四	三	二	[6]一	三〇	三〇	二八	二六	二六	二四	二四	二二
三〇	五		三		[7]一			二七		二五		二三

高宗 二十四年(1887) 丁亥 / 明治 二十年

月次 / 日次	正月大	二月大	三月小	四月大	閏四月小	五月大	六月小	七月小	八月大	九月小	十月大	十一月小	十二月大
一	[1]二四	二三	二五	二三	二三	二一	二一	十九	十七	十七	十五	十五	十三
二	二五	二四	二六	二四	二四	二二	二二	二〇	十八	十八	十六	十六	十四
三	二六	二五	二七	二五	二五	二三	二三	二一	十九	十九	十七	十七	十五
四	二七	二六	二八	二六	二六	二四	二四	二二	二〇	二〇	十八	十八	十六
五	二八	二七	二九	二七	二七	二五	二五	二三	二一	二一	十九	十九	十七
六	二九	二八	三〇	二八	二八	二六	二六	二四	二二	二二	二〇	二〇	十八
七	三〇	[3]一	三一	二九	二九	二七	二七	二五	二三	二三	二一	二一	十九
八	三一	二	[4]一	三〇	三〇	二八	二八	二六	二四	二四	二二	二二	二〇
九	[2]一	三	二	[5]一	三一	二九	二九	二七	二五	二五	二三	二三	二一
十	二	四	三	二	[6]一	三〇	三〇	二八	二六	二六	二四	二四	二二
十一	三	五	四	三	二	[7]一	三一	二九	二七	二七	二五	二五	二三
十二	四	六	五	四	三	二	[8]一	三〇	二八	二八	二六	二六	二四
十三	五	七	六	五	四	三	二	三一	二九	二九	二七	二七	二五
十四	六	八	七	六	五	四	三	[9]一	三〇	三〇	二八	二八	二六
十五	七	九	八	七	六	五	四	二	[10]一	三一	二九	二九	二七
十六	八	十	九	八	七	六	五	三	二	[11]一	三〇	三〇	二八
十七	九	十一	十	九	八	七	六	四	三	二	[12]一	三一	二九
十八	十	十二	十一	十	九	八	七	五	四	三	二	[1]一	三〇
十九	十一	十三	十二	十一	十	九	八	六	五	四	三	二	三一
二〇	十二	十四	十三	十二	十一	十	九	七	六	五	四	三	[2]一
二一	十三	十五	十四	十三	十二	十一	十	八	七	六	五	四	二
二二	十四	十六	十五	十四	十三	十二	十一	九	八	七	六	五	三
二三	十五	十七	十六	十五	十四	十三	十二	十	九	八	七	六	四
二四	十六	十八	十七	十六	十五	十四	十三	十一	十	九	八	七	五
二五	十七	十九	十八	十七	十六	十五	十四	十二	十一	十	九	八	六
二六	十八	二〇	十九	十八	十七	十六	十五	十三	十二	十一	十	九	七
二七	十九	二一	二〇	十九	十八	十七	十六	十四	十三	十二	十一	十	八
二八	二〇	二二	二一	二〇	十九	十八	十七	十五	十四	十三	十二	十一	九
二九	二一	二三	二二	二一	二〇	十九	十八	十六	十五	十四	十三	十二	十
三〇	二二	二四		二二		二〇			十六		十四		十一

高宗 二十五年(1888) 戊子(閏) / 明治 二十一年

月次 / 日次	正月大	二月小	三月大	四月大	五月小	六月大	七月小	八月小	九月大	十月小	十一月大	十二月小
一	[2]十二	十三	十一	十一	十	九	八	六	五	四	三	二
二	十三	十四	十二	十二	十一	十	九	七	六	五	四	三
三	十四	十五	十三	十三	十二	十一	十	八	七	六	五	四
四	十五	十六	十四	十四	十三	十二	十一	九	八	七	六	五
五	十六	十七	十五	十五	十四	十三	十二	十	九	八	七	六
六	十七	十八	十六	十六	十五	十四	十三	十一	十	九	八	七
七	十八	十九	十七	十七	十六	十五	十四	十二	十一	十	九	八
八	十九	二〇	十八	十八	十七	十六	十五	十三	十二	十一	十	九
九	二〇	二一	十九	十九	十八	十七	十六	十四	十三	十二	十一	十
十	二一	二二	二〇	二〇	十九	十八	十七	十五	十四	十三	十二	十一
十一	二二	二三	二一	二一	二〇	十九	十八	十六	十五	十四	十三	十二
十二	二三	二四	二二	二二	二一	二〇	十九	十七	十六	十五	十四	十三
十三	二四	二五	二三	二三	二二	二一	二〇	十八	十七	十六	十五	十四
十四	二五	二六	二四	二四	二三	二二	二一	十九	十八	十七	十六	十五
十五	二六	二七	二五	二五	二四	二三	二二	二〇	十九	十八	十七	十六
十六	二七	二八	二六	二六	二五	二四	二三	二一	二〇	十九	十八	十七
十七	二八	二九	二七	二七	二六	二五	二四	二二	二一	二〇	十九	十八
十八	二九	三〇	二八	二八	二七	二六	二五	二三	二二	二一	二〇	十九
十九	[3]一	三一	二九	二九	二八	二七	二六	二四	二三	二二	二一	二〇
二〇	二	[4]一	三〇	三〇	二九	二八	二七	二五	二四	二三	二二	二一
二一	三	二	[5]一	三一	三〇	二九	二八	二六	二五	二四	二三	二二
二二	四	三	二	[6]一	[7]一	三〇	二九	二七	二六	二五	二四	二三
二三	五	四	三	二	二	三一	三〇	二八	二七	二六	二五	二四
二四	六	五	四	三	三	[8]一	三一	二九	二八	二七	二六	二五
二五	七	六	五	四	四	二	[9]一	三〇	二九	二八	二七	二六
二六	八	七	六	五	五	三	二	[10]一	三〇	二九	二八	二七
二七	九	八	七	六	六	四	三	二	三一	三〇	二九	二八
二八	十	九	八	七	七	五	四	三	[11]一	[12]一	三〇	二九
二九	十一	十	九	八	八	六	五	四	二	二	三一	三〇
三〇	十二		十	九		七			三		[1]一	

高宗 二十六年(1889) 乙丑 / 明治 二十二年

月次 日次	正月大	二月小	三月大	四月大	五月小	六月大	七月小	八月大	九月小	十月大	十一月小	十二月大	閏十二月(正月)小
一	[1]三一	二	三一	三〇	三〇	二八	二八	二六	二五	二四	二三	二二	二一
二	[2]一	三	[4]一	[5]一	三一	二九	二九	二七	二六	二五	二四	二三	二二
三	二	四	二	二	[6]一	三〇	三〇	二八	二七	二六	二五	二四	二三
四	三	五	三	三	二	[7]一	三一	二九	二八	二七	二六	二五	二四
五	四	六	四	四	三	二	[8]一	三〇	二九	二八	二七	二六	二五
六	五	七	五	五	四	三	二	三一	三〇	二九	二八	二七	二六
七	六	八	六	六	五	四	三	[9]一	[10]一	三〇	二九	二八	二七
八	七	九	七	七	六	五	四	二	二	三一	三〇	二九	二八
九	八	十	八	八	七	六	五	三	三	[11]一	[12]一	三〇	二九
十	九	十一	九	九	八	七	六	四	四	二	二	三一	三〇
十一	十	十二	十	十	九	八	七	五	五	三	三	[1]一	三一
十二	十一	十三	十一	十一	十	九	八	六	六	四	四	二	[2]一
十三	十二	十四	十二	十二	十一	十	九	七	七	五	五	三	二
十四	十三	十五	十三	十三	十二	十一	十	八	八	六	六	四	三
十五	十四	十六	十四	十四	十三	十二	十一	九	九	七	七	五	四
十六	十五	十七	十五	十五	十四	十三	十二	十	十	八	八	六	五
十七	十六	十八	十六	十六	十五	十四	十三	十一	十一	九	九	七	六
十八	十七	十九	十七	十七	十六	十五	十四	十二	十二	十	十	八	七
十九	十八	二〇	十八	十八	十七	十六	十五	十三	十三	十一	十一	九	八
二〇	十九	二一	十九	十九	十八	十七	十六	十四	十四	十二	十二	十	九
二一	二〇	二二	二〇	二〇	十九	十八	十七	十五	十五	十三	十三	十一	十
二二	二一	二三	二一	二一	二〇	十九	十八	十六	十六	十四	十四	十二	十一
二三	二二	二四	二二	二二	二一	二〇	十九	十七	十七	十五	十五	十三	十二
二四	二三	二五	二三	二三	二二	二一	二〇	十八	十八	十六	十六	十四	十三
二五	二四	二六	二四	二四	二三	二二	二一	十九	十九	十七	十七	十五	十四
二六	二五	二七	二五	二五	二四	二三	二二	二〇	二〇	十八	十八	十六	十五
二七	二六	二八	二六	二六	二五	二四	二三	二一	二一	十九	十九	十七	十六
二八	二七	二九	二七	二七	二六	二五	二四	二二	二二	二〇	二〇	十八	十七
二九	二八	三〇	二八	二八	二七	二六	二五	二三	二三	二一	二一	十九	十八
三〇	[3]一		二九	二九		二七		二四		二二		二〇	

高宗 二十七年(1890) 庚寅 / 明治 二十三年

日次＼月次	正月大 (二月)	二月小 (閏二月)	三月大	四月小	五月大	六月大	七月小	八月大	九月小	十月大	十一月大(小)	十二月小(大)
一	[2]十九	二一	十九	十九	十七	十七	十六	十四	十四	十二	十二	十一 十
二	二〇	二二	二〇	二〇	十八	十八	十七	十五	十五	十三	十三	十二 十一
三	二一	二三	二一	二一	十九	十九	十八	十六	十六	十四	十四	十三 十二
四	二二	二四	二二	二二	二〇	二〇	十九	十七	十七	十五	十五	十四 十三
五	二三	二五	二三	二三	二一	二一	二〇	十八	十八	十六	十六	十五 十四
六	二四	二六	二四	二四	二二	二二	二一	十九	十九	十七	十七	十六 十五
七	二五	二七	二五	二五	二三	二三	二二	二〇	二〇	十八	十八	十七 十六
八	二六	二八	二六	二六	二四	二四	二三	二一	二一	十九	十九	十八 十七
九	二七	二九	二七	二七	二五	二五	二四	二二	二二	二〇	二〇	十九 十八
十	二八	三〇	二八	二八	二六	二六	二五	二三	二三	二一	二一	二〇 十九
十一	[3]一	三一	二九	二九	二七	二七	二六	二四	二四	二二	二二	二一 二〇
十二	二	[4]一	三〇	三〇	二八	二八	二七	二五	二五	二三	二三	二二 二一
十三	三	二	[5]	三一	二九	二九	二八	二六	二六	二四	二四	二三 二二
十四	四	三	二	[6]一	三〇	三〇	二九	二七	二七	二五	二五	二四 二三
十五	五	四	三	二	[7]一	三一	三〇	二八	二八	二六	二六	二五 二四
十六	六	五	四	三	二	[8]一	三一	二九	二九	二七	二七	二六 二五
十七	七	六	五	四	三	二	[9]一	三〇	三〇	二八	二八	二七 二六
十八	八	七	六	五	四	三	二	[10]一	三一	二九	二九	二八 二七
十九	九	八	七	六	五	四	三	二	[11]一	三〇	三〇	二九 二八
二〇	十	九	八	七	六	五	四	三	二	[12]一	三一	三〇 二九
二一	十一	十	九	八	七	六	五	四	三	二	[1]一	三一 三十
二二	十二	十一	十	九	八	七	六	五	四	三	二	[2]一 三一
二三	十三	十二	十一	十	九	八	七	六	五	四	三	二 一
二四	十四	十三	十二	十一	十	九	八	七	六	五	四	三 二
二五	十五	十四	十三	十二	十一	十	九	八	七	六	五	四 三
二六	十六	十五	十四	十三	十二	十一	十	九	八	七	六	五 四
二七	十七	十六	十五	十四	十三	十二	十一	十	九	八	七	六 五
二八	十八	十七	十六	十五	十四	十三	十二	十一	十	九	八	七 六
二九	十九	十八	十七	十六	十五	十四	十三	十二	十一	十	九	八 七
三〇	二〇		十八		十六	十五		十三		十一	十 無	八

高宗 二十八年(1891) 辛卯 / 明治 二十四年

日次＼月次	正月小	二月大	三月小	四月大	五月小	六月大	七月小	八月大	九月大	十月小	十一月大	十二月大
一	2九	十	九	八	七	六	五	三	三	二	12一	三一
二	十	十一	十	九	八	七	六	四	四	三	二	1一
三	十一	十二	十一	十	九	八	七	五	五	四	三	二
四	十二	十三	十二	十一	十	九	八	六	六	五	四	三
五	十三	十四	十三	十二	十一	十	九	七	七	六	五	四
六	十四	十五	十四	十三	十二	十一	十	八	八	七	六	五
七	十五	十六	十五	十四	十三	十二	十一	九	九	八	七	六
八	十六	十七	十六	十五	十四	十三	十二	十	十	九	八	七
九	十七	十八	十七	十六	十五	十四	十三	十一	十一	十	九	八
十	十八	十九	十八	十七	十六	十五	十四	十二	十二	十一	十	九
十一	十九	二〇	十九	十八	十七	十六	十五	十三	十三	十二	十一	十
十二	二〇	二一	二〇	十九	十八	十七	十六	十四	十四	十三	十二	十一
十三	二一	二二	二一	二〇	十九	十八	十七	十五	十五	十四	十三	十二
十四	二二	二三	二二	二一	二〇	十九	十八	十六	十六	十五	十四	十三
十五	二三	二四	二三	二二	二一	二〇	十九	十七	十七	十六	十五	十四
十六	二四	二五	二四	二三	二二	二一	二〇	十八	十八	十七	十六	十五
十七	二五	二六	二五	二四	二三	二二	二一	十九	十九	十八	十七	十六
十八	二六	二七	二六	二五	二四	二三	二二	二〇	二〇	十九	十八	十七
十九	二七	二八	二七	二六	二五	二四	二三	二一	二一	二〇	十九	十八
二〇	二八	二九	二八	二七	二六	二五	二四	二二	二二	二一	二〇	十九
二一	3一	三〇	二九	二八	二七	二六	二五	二三	二三	二二	二一	二〇
二二	二	三一	三〇	二九	二八	二七	二六	二四	二四	二三	二二	二一
二三	三	4一	5一	三〇	二九	二八	二七	二五	二五	二四	二三	二二
二四	四	二	二	三一	三〇	二九	二八	二六	二六	二五	二四	二三
二五	五	三	三	6一	7一	三〇	二九	二七	二七	二六	二五	二四
二六	六	四	四	二	二	三一	三〇	二八	二八	二七	二六	二五
二七	七	五	五	三	三	8一	三一	二九	二九	二八	二七	二六
二八	八	六	六	四	四	二	9一	三〇	三〇	二九	二八	二七
二九	九	七	七	五	五	三	二	10一	三一	三〇	二九	二八
三〇		八		六		四		二	11一		三〇	二九

高宗 二十八年(1892) 壬辰(閏) / 明治 二十五年

月次 / 日次	正月小	二月小	三月大	四月小	五月小	六月大	閏六月小	七月大	八月大	九月小	十月大	十一月大	十二月大
一	[1]三○	二八	二八	二七	二六	二四	二四	二二	二一	二一	十九	十九	十八
二	三一	二九	二九	二八	二七	二五	二五	二三	二二	二二	二○	二○	十九
三	[2]一	[3]一	三○	二九	二八	二六	二六	二四	二三	二三	二一	二一	二○
四	二	二	三一	三○	二九	二七	二七	二五	二四	二四	二二	二二	二一
五	三	三	[4]一	[5]一	三○	二八	二八	二六	二五	二五	二三	二三	二二
六	四	四	二	二	三一	二九	二九	二七	二六	二六	二四	二四	二三
七	五	五	三	三	[6]一	三○	三○	二八	二七	二七	二五	二五	二四
八	六	六	四	四	二	[7]一	三一	二九	二八	二八	二六	二六	二五
九	七	七	五	五	三	二	[8]一	三○	二九	二九	二七	二七	二六
十	八	八	六	六	四	三	二	三一	三○	三○	二八	二八	二七
十一	九	九	七	七	五	四	三	[9]一	[10]一	三一	二九	二九	二八
十二	十	十	八	八	六	五	四	二	二	[11]一	三○	三○	二九
十三	十一	十一	九	九	七	六	五	三	三	二	[12]一	三一	三○
十四	十二	十二	十	十	八	七	六	四	四	三	二	[1]一	三一
十五	十三	十三	十一	十一	九	八	七	五	五	四	三	二	[2]一
十六	十四	十四	十二	十二	十	九	八	六	六	五	四	三	二
十七	十五	十五	十三	十三	十一	十	九	七	七	六	五	四	三
十八	十六	十六	十四	十四	十二	十一	十	八	八	七	六	五	四
十九	十七	十七	十五	十五	十三	十二	十一	九	九	八	七	六	五
二○	十八	十八	十六	十六	十四	十三	十二	十	十	九	八	七	六
二一	十九	十九	十七	十七	十五	十四	十三	十一	十一	十	九	八	七
二二	二○	二○	十八	十八	十六	十五	十四	十二	十二	十一	十	九	八
二三	二一	二一	十九	十九	十七	十六	十五	十三	十三	十二	十一	十	九
二四	二二	二二	二○	二○	十八	十七	十六	十四	十四	十三	十二	十一	十
二五	二三	二三	二一	二一	十九	十八	十七	十五	十五	十四	十三	十二	十一
二六	二四	二四	二二	二二	二○	十九	十八	十六	十六	十五	十四	十三	十二
二七	二五	二五	二三	二三	二一	二○	十九	十七	十七	十六	十五	十四	十三
二八	二六	二六	二四	二四	二二	二一	二○	十八	十八	十七	十六	十五	十四
二九	二七	二七	二五	二五	二三	二二	二一	十九	十九	十八	十七	十六	十五
三○			二六			二三		二○	二○		十八	十七	十六

高宗三十年(1893) 癸巳 / 明治 二十六年

日次＼月次	正月小	二月小	三月大	四月小	五月小	六月大	七月小	八月大	九月小	十月大	十一月大	十二月大
一	[2]十七	十八	十六	十六	十四	十三	十二	十	十	八	八	七
二	十八	十九	十七	十七	十五	十四	十三	十一	十一	九	九	八
三	十九	二〇	十八	十八	十六	十五	十四	十二	十二	十	十	九
四	二〇	二一	十九	十九	十七	十六	十五	十三	十三	十一	十一	十
五	二一	二二	二〇	二〇	十八	十七	十六	十四	十四	十二	十二	十一
六	二二	二三	二一	二一	十九	十八	十七	十五	十五	十三	十三	十二
七	二三	二四	二二	二二	二〇	十九	十八	十六	十六	十四	十四	十三
八	二四	二五	二三	二三	二一	二〇	十九	十七	十七	十五	十五	十四
九	二五	二六	二四	二四	二二	二一	二〇	十八	十八	十六	十六	十五
十	二六	二七	二五	二五	二三	二二	二一	十九	十九	十七	十七	十六
十一	二七	二八	二六	二六	二四	二三	二二	二〇	二〇	十八	十八	十七
十二	二八	二九	二七	二七	二五	二四	二三	二一	二一	十九	十九	十八
十三	[3]一	三〇	二八	二八	二六	二五	二四	二二	二二	二〇	二〇	十九
十四	二	三一	二九	二九	二七	二六	二五	二三	二三	二一	二一	二〇
十五	三	[4]一	三〇	三〇	二八	二七	二六	二四	二四	二二	二二	二一
十六	四	二	[5]一	三一	二九	二八	二七	二五	二五	二三	二三	二二
十七	五	三	二	[6]一	三〇	二九	二八	二六	二六	二四	二四	二三
十八	六	四	三	二	[7]一	三〇	二九	二七	二七	二五	二五	二四
十九	七	五	四	三	二	三一	三〇	二八	二八	二六	二六	二五
二〇	八	六	五	四	三	[8]一	三一	二九	二九	二七	二七	二六
二一	九	七	六	五	四	二	[9]一	三〇	三〇	二八	二八	二七
二二	十	八	七	六	五	三	二	[10]一	三一	二九	二九	二八
二三	十一	九	八	七	六	四	三	二	[11]一	三〇	三〇	二九
二四	十二	十	九	八	七	五	四	三	二	[12]一	三一	三〇
二五	十三	十一	十	九	八	六	五	四	三	二	[1]一	三一
二六	十四	十二	十一	十	九	七	六	五	四	三	二	[2]一
二七	十五	十三	十二	十一	十	八	七	六	五	四	三	二
二八	十六	十四	十三	十二	十一	九	八	七	六	五	四	三
二九	十七	十五	十四	十三	十二	十	九	八	七	六	五	四
三〇			十五			十一		九		七	六	五

高宗 三十一年(1894) 甲午 / 明治 二十七年

月次 / 日次	正月小	二月大	三月小	四月大	五月小	六月小	七月大	八月小	九月大	十月小	十一月大	十二月大
一	[2]六	七	六	五	四	三	[8]一	三一	二九	二九	二七	二七
二	七	八	七	六	五	四	二	[9]一	三〇	三〇	二八	二八
三	八	九	八	七	六	五	三	二	[10]一	三一	二九	二九
四	九	十	九	八	七	六	四	三	二	[11]一	三〇	三〇
五	十	十一	十	九	八	七	五	四	三	二	[12]一	三一
六	十一	十二	十一	十	九	八	六	五	四	三	二	[1]一
七	十二	十三	十二	十一	十	九	七	六	五	四	三	二
八	十三	十四	十三	十二	十一	十	八	七	六	五	四	三
九	十四	十五	十四	十三	十二	十一	九	八	七	六	五	四
十	十五	十六	十五	十四	十三	十二	十	九	八	七	六	五
十一	十六	十七	十六	十五	十四	十三	十一	十	九	八	七	六
十二	十七	十八	十七	十六	十五	十四	十二	十一	十	九	八	七
十三	十八	十九	十八	十七	十六	十五	十三	十二	十一	十	九	八
十四	十九	二〇	十九	十八	十七	十六	十四	十三	十二	十一	十	九
十五	二〇	二一	二〇	十九	十八	十七	十五	十四	十三	十二	十一	十
十六	二一	二二	二一	二〇	十九	十八	十六	十五	十四	十三	十二	十一
十七	二二	二三	二二	二一	二〇	十九	十七	十六	十五	十四	十三	十二
十八	二三	二四	二三	二二	二一	二〇	十八	十七	十六	十五	十四	十三
十九	二四	二五	二四	二三	二二	二一	十九	十八	十七	十六	十五	十四
二〇	二五	二六	二五	二四	二三	二二	二〇	十九	十八	十七	十六	十五
二一	二六	二七	二六	二五	二四	二三	二一	二〇	十九	十八	十七	十六
二二	二七	二八	二七	二六	二五	二四	二二	二一	二〇	十九	十八	十七
二三	二八	二九	二八	二七	二六	二五	二三	二二	二一	二〇	十九	十八
二四	[3]一	三〇	二九	二八	二七	二六	二四	二三	二二	二一	二〇	十九
二五	二	三一	三〇	二九	二八	二七	二五	二四	二三	二二	二一	二〇
二六	三	[4]一	[5]一	三〇	二九	二八	二六	二五	二四	二三	二二	二一
二七	四	二	二	三一	三〇	二九	二七	二六	二五	二四	二三	二二
二八	五	三	三	[6]一	[7]一	三〇	二八	二七	二六	二五	二四	二三
二九	六	四	四	二	二	三一	二九	二八	二七	二六	二五	二四
三〇		五		三			三〇		二八		二六	二五

高宗 三十二年(1895) 乙未 / 明治 二十八年

月次 / 日次	正月大	二月小	三月大	四月小	五月大	閏五月小	六月小	七月大	八月小	九月大	十月小	十一月大	十二月大(小)
一	[1]二六	二五	二六	二五	二四	二三	二二	二〇	十九	十八	十七	十六	十五
二	二七	二六	二七	二六	二五	二四	二三	二一	二〇	十九	十八	十七	十六
三	二八	二七	二八	二七	二六	二五	二四	二二	二一	二〇	十九	十八	十七
四	二九	二八	二九	二八	二七	二六	二五	二三	二二	二一	二〇	十九	十八
五	三〇	[23]一	三〇	二九	二八	二七	二六	二四	二三	二二	二一	二〇	十九
六	三一	二	三一	三〇	二九	二八	二七	二五	二四	二三	二二	二一	二〇
七	[2]一	三	[24]一	[25]一	三〇	二九	二八	二六	二五	二四	二三	二二	二一
八	二	四	二	二	三一	三〇	二九	二七	二六	二五	二四	二三	二二
九	三	五	三	三	[26]一	[27]一	三〇	二八	二七	二六	二五	二四	二三
十	四	六	四	四	二	二	三一	二九	二八	二七	二六	二五	二四
十一	五	七	五	五	三	三	[28]一	三〇	二九	二八	二七	二六	二五
十二	六	八	六	六	四	四	二	三一	三〇	二九	二八	二七	二六
十三	七	九	七	七	五	五	三	[29]一	[10]一	三〇	二九	二八	二七
十四	八	十	八	八	六	六	四	二	二	三一	三〇	二九	二八
十五	九	十一	九	九	七	七	五	三	三	[11]一	[12]一	三〇	二九
十六	十	十二	十	十	八	八	六	四	四	二	二	三一	三〇
十七	十一	十三	十一	十一	九	九	七	五	五	三	三	[1]一	三一
十八	十二	十四	十二	十二	十	十	八	六	六	四	四	二	[2]一
十九	十三	十五	十三	十三	十一	十一	九	七	七	五	五	三	二
二〇	十四	十六	十四	十四	十二	十二	十	八	八	六	六	四	三
二一	十五	十七	十五	十五	十三	十三	十一	九	九	七	七	五	四
二二	十六	十八	十六	十六	十四	十四	十二	十	十	八	八	六	五
二三	十七	十九	十七	十七	十五	十五	十三	十一	十一	九	九	七	六
二四	十八	二〇	十八	十八	十六	十六	十四	十二	十二	十	十	八	七
二五	十九	二一	十九	十九	十七	十七	十五	十三	十三	十一	十一	九	八
二六	二〇	二二	二〇	二〇	十八	十八	十六	十四	十四	十二	十二	十	九
二七	二一	二三	二一	二一	十九	十九	十七	十五	十五	十三	十三	十一	十
二八	二二	二四	二二	二二	二〇	二〇	十八	十六	十六	十四	十四	十二	十一
二九	二三	二五	二三	二三	二一	二一	十九	十七	十七	十五	十五	十三	十二
三〇	二四		二四		二二			十八		十六		十四	十三無

建陽 元年(1896) 丙申(閏) / 明治 二十九年

月次 / 日次	正月小(大)	二月大	三月大	四月小	五月大	六月小	七月小	八月大	九月小	十月大	十一月小	十二月大
一	2十四 十三	十四	十三	十三	十一	十一	九	七	七	五	五	三
二	十五 十四	十五	十四	十四	十二	十二	十	八	八	六	六	四
三	十六 十五	十六	十五	十五	十三	十三	十一	九	九	七	七	五
四	十七 十六	十七	十六	十六	十四	十四	十二	十	十	八	八	六
五	十八 十七	十八	十七	十七	十五	十五	十三	十一	十一	九	九	七
六	十九 十八	十九	十八	十八	十六	十六	十四	十二	十二	十	十	八
七	二○ 十九	二○	十九	十九	十七	十七	十五	十三	十三	十一	十一	九
八	二一 二○	二一	二○	二○	十八	十八	十六	十四	十四	十二	十二	十
九	二二 二一	二二	二一	二一	十九	十九	十七	十五	十五	十三	十三	十一
十	二三 二二	二三	二二	二二	二○	二○	十八	十六	十六	十四	十四	十二
十一	二四 二三	二四	二三	二三	二一	二一	十九	十七	十七	十五	十五	十三
十二	二五 二四	二五	二四	二四	二二	二二	二○	十八	十八	十六	十六	十四
十三	二六 二五	二六	二五	二五	二三	二三	二一	十九	十九	十七	十七	十五
十四	二七 二六	二七	二六	二六	二四	二四	二二	二○	二○	十八	十八	十六
十五	二八 二七	二八	二七	二七	二五	二五	二三	二一	二一	十九	十九	十七
十六	二九 二八	二九	二八	二八	二六	二六	二四	二二	二二	二○	二○	十八
十七	3一 二九	三○	二九	二九	二七	二七	二五	二三	二三	二一	二一	十九
十八	二 一	三一	三○	三○	二八	二八	二六	二四	二四	二二	二二	二○
十九	三 二	4一	5一	三一	二九	二九	二七	二五	二五	二三	二三	二一
二○	四 三	二	二	6一	三○	三○	二八	二六	二六	二四	二四	二二
二一	五 四	三	三	二	7一	三一	二九	二七	二七	二五	二五	二三
二二	六 五	四	四	三	二	8一	三○	二八	二八	二六	二六	二四
二三	七 六	五	五	四	三	二	三一	二九	二九	二七	二七	二五
二四	八 七	六	六	五	四	三	9一	三○	三○	二八	二八	二六
二五	九 八	七	七	六	五	四	二	10一	三一	二九	二九	二七
二六	十 九	八	八	七	六	五	三	二	11一	三○	三○	二八
二七	十一 十	九	九	八	七	六	四	三	二	12一	三一	二九
二八	十二 十一	十	十	九	八	七	五	四	三	二	1一	三○
二九	十三 十二	十一	十一	十	九	八	六	五	四	三	二	三一
三○	十三	十二	十二		十			六		四		2一

光武 元年(1897) 丁酉 / 明治 三十年

月次 / 日次	正月小	二月大	三月大	四月小	五月大	六月大(小)	七月小(大)	八月小	九月大	十月小	十一月大	十二月小
一	[2]二	三	二	二	三一	三〇	三〇 二九	二八	二六	二六	二四	二四
二	三	四	三	三	[6]一	[7]一	三一 三十	二九	二七	二七	二五	二五
三	四	五	四	四	二	二	[8]一 三一	三〇	二八	二八	二六	二六
四	五	六	五	五	三	三	二 一	三一	二九	二九	二七	二七
五	六	七	六	六	四	四	三 二	[9]一	三〇	三〇	二八	二八
六	七	八	七	七	五	五	四 三	二	[10]一	三一	二九	二九
七	八	九	八	八	六	六	五 四	三	二	[11]一	三〇	三〇
八	九	十	九	九	七	七	六 五	四	三	二	[12]一	三一
九	十	十一	十	十	八	八	七 六	五	四	三	二	[1]一
十	十一	十二	十一	十一	九	九	八 七	六	五	四	三	二
十一	十二	十三	十二	十二	十	十	九 八	七	六	五	四	三
十二	十三	十四	十三	十三	十一	十一	十 九	八	七	六	五	四
十三	十四	十五	十四	十四	十二	十二	十一 十	九	八	七	六	五
十四	十五	十六	十五	十五	十三	十三	十二 十一	十	九	八	七	六
十五	十六	十七	十六	十六	十四	十四	十三 十二	十一	十	九	八	七
十六	十七	十八	十七	十七	十五	十五	十四 十三	十二	十一	十	九	八
十七	十八	十九	十八	十八	十六	十六	十五 十四	十三	十二	十一	十	九
十八	十九	二〇	十九	十九	十七	十七	十六 十五	十四	十三	十二	十一	十
十九	二〇	二一	二〇	二〇	十八	十八	十七 十六	十五	十四	十三	十二	十一
二〇	二一	二二	二一	二一	十九	十九	十八 十七	十六	十五	十四	十三	十二
二一	二二	二三	二二	二二	二〇	二〇	十九 十八	十七	十六	十五	十四	十三
二二	二三	二四	二三	二三	二一	二一	二〇 十九	十八	十七	十六	十五	十四
二三	二四	二五	二四	二四	二二	二二	二一 二〇	十九	十八	十七	十六	十五
二四	二五	二六	二五	二五	二三	二三	二二 二一	二〇	十九	十八	十七	十六
二五	二六	二七	二六	二六	二四	二四	二三 二二	二一	二〇	十九	十八	十七
二六	二七	二八	二七	二七	二五	二五	二四 二三	二二	二一	二〇	十九	十八
二七	二八	二九	二八	二八	二六	二六	二五 二四	二三	二二	二一	二〇	十九
二八	[3]一	三〇	二九	二九	二七	二七	二六 二五	二四	二三	二二	二一	二〇
二九	二	三一	三〇	三〇	二八	二八	二七 二六	二五	二四	二三	二二	二一
三〇		[4]一	[5]一		二九	二九	二七		二五		二三	

光武 二年(1898) 戊戌 / 明治 三十一年

月次 / 日次	正月大	二月小	三月大	閏三月小	四月大	五月大	六月小	七月大	八月小	九月大	十月小	十一月大	十二月小
一	[1]二二	二一	二二	二一	二〇	十九	十九	十七	十六	十五	十四	十三	十二
二	二三	二二	二三	二二	二一	二〇	二〇	十八	十七	十六	十五	十四	十三
三	二四	二三	二四	二三	二二	二一	二一	十九	十八	十七	十六	十五	十四
四	二五	二四	二五	二四	二三	二二	二二	二〇	十九	十八	十七	十六	十五
五	二六	二五	二六	二五	二四	二三	二三	二一	二〇	十九	十八	十七	十六
六	二七	二六	二七	二六	二五	二四	二四	二二	二一	二〇	十九	十八	十七
七	二八	二七	二八	二七	二六	二五	二五	二三	二二	二一	二〇	十九	十八
八	二九	二八	二九	二八	二七	二六	二六	二四	二三	二二	二一	二〇	十九
九	三〇	[3]一	三〇	二九	二八	二七	二七	二五	二四	二三	二二	二一	二〇
十	三一	二	三一	三〇	二九	二八	二八	二六	二五	二四	二三	二二	二一
十一	[2]一	三	[4]一	[5]一	三〇	二九	二九	二七	二六	二五	二四	二三	二二
十二	二	四	二	二	三一	三〇	三〇	二八	二七	二六	二五	二四	二三
十三	三	五	三	三	[6]一	[7]一	三一	二九	二八	二七	二六	二五	二四
十四	四	六	四	四	二	二	[8]一	三〇	二九	二八	二七	二六	二五
十五	五	七	五	五	三	三	二	三一	三〇	二九	二八	二七	二六
十六	六	八	六	六	四	四	三	[9]一	[10]一	三〇	二九	二八	二七
十七	七	九	七	七	五	五	四	二	二	三一	三〇	二九	二八
十八	八	十	八	八	六	六	五	三	三	[11]一	[12]一	三〇	二九
十九	九	十一	九	九	七	七	六	四	四	二	二	三一	三〇
二〇	十	十二	十	十	八	八	七	五	五	三	三	[1]一	三一
二一	十一	十三	十一	十一	九	九	八	六	六	四	四	二	[2]一
二二	十二	十四	十二	十二	十	十	九	七	七	五	五	三	二
二三	十三	十五	十三	十三	十一	十一	十	八	八	六	六	四	三
二四	十四	十六	十四	十四	十二	十二	十一	九	九	七	七	五	四
二五	十五	十七	十五	十五	十三	十三	十二	十	十	八	八	六	五
二六	十六	十八	十六	十六	十四	十四	十三	十一	十一	九	九	七	六
二七	十七	十九	十七	十七	十五	十五	十四	十二	十二	十	十	八	七
二八	十八	二〇	十八	十八	十六	十六	十五	十三	十三	十一	十一	九	八
二九	十九	二一	十九	十九	十七	十七	十六	十四	十四	十二	十二	十	九
三〇	二〇		二〇		十八	十八		十五		十三		十一	

光武 三年(1899) 己亥 / 明治 三十二年

月次 / 日次	正月大	二月小	三月大	四月小	五月大	六月小	七月大	八月大	九月小	十月大	十一月小	十二月大
一	[2]十	十二	十	十	八	八	六	五	五	三	三	[1]一
二	十一	十三	十一	十一	九	九	七	六	六	四	四	二
三	十二	十四	十二	十二	十	十	八	七	七	五	五	三
四	十三	十五	十三	十三	十一	十一	九	八	八	六	六	四
五	十四	十六	十四	十四	十二	十二	十	九	九	七	七	五
六	十五	十七	十五	十五	十三	十三	十一	十	十	八	八	六
七	十六	十八	十六	十六	十四	十四	十二	十一	十一	九	九	七
八	十七	十九	十七	十七	十五	十五	十三	十二	十二	十	十	八
九	十八	二〇	十八	十八	十六	十六	十四	十三	十三	十一	十一	九
十	十九	二一	十九	十九	十七	十七	十五	十四	十四	十二	十二	十
十一	二〇	二二	二〇	二〇	十八	十八	十六	十五	十五	十三	十三	十一
十二	二一	二三	二一	二一	十九	十九	十七	十六	十六	十四	十四	十二
十三	二二	二四	二二	二二	二〇	二〇	十八	十七	十七	十五	十五	十三
十四	二三	二五	二三	二三	二一	二一	十九	十八	十八	十六	十六	十四
十五	二四	二六	二四	二四	二二	二二	二〇	十九	十九	十七	十七	十五
十六	二五	二七	二五	二五	二三	二三	二一	二〇	二〇	十八	十八	十六
十七	二六	二八	二六	二六	二四	二四	二二	二一	二一	十九	十九	十七
十八	二七	二九	二七	二七	二五	二五	二三	二二	二二	二〇	二〇	十八
十九	二八	三〇	二八	二八	二六	二六	二四	二三	二三	二一	二一	十九
二〇	[3]一	三一	二九	二九	二七	二七	二五	二四	二四	二二	二二	二〇
二一	二	[4]一	三〇	三〇	二八	二八	二六	二五	二五	二三	二三	二一
二二	三	二	[5]一	三一	二九	二九	二七	二六	二六	二四	二四	二二
二三	四	三	二	[6]一	三〇	三〇	二八	二七	二七	二五	二五	二三
二四	五	四	三	二	[7]一	三一	二九	二八	二八	二六	二六	二四
二五	六	五	四	三	二	[8]一	三〇	二九	二九	二七	二七	二五
二六	七	六	五	四	三	二	三一	三〇	三〇	二八	二八	二六
二七	八	七	六	五	四	三	[9]一	[10]一	三一	二九	二九	二七
二八	九	八	七	六	五	四	二	二	[11]一	三〇	三〇	二八
二九	十	九	八	七	六	五	三	三	二	[12]一	三一	二九
三〇	十一		九		七		四	四		二		三〇

光武 四年(1900) 庚子 / 明治 三十三年

月次 日次	正月小	二月大	三月小	四月小	五月大	六月小	七月大	八月大	閏八月小	九月大	十月大	十一月小	十二月大
一	[1]三一	[3]一	三一	二九	二八	二七	二六	二五	二四	二三	二二	二二	二〇
二	[2]一	二	[4]一	三〇	二九	二八	二七	二六	二五	二四	二三	二三	二一
三	二	三	二	[5]一	三〇	二九	二八	二七	二六	二五	二四	二四	二二
四	三	四	三	二	三一	三〇	二九	二八	二七	二六	二五	二五	二三
五	四	五	四	三	[6]一	[7]一	三〇	二九	二八	二七	二六	二六	二四
六	五	六	五	四	二	二	三一	三〇	二九	二八	二七	二七	二五
七	六	七	六	五	三	三	[8]一	三一	三〇	二九	二八	二八	二六
八	七	八	七	六	四	四	二	[9]一	[10]一	三〇	二九	二九	二七
九	八	九	八	七	五	五	三	二	二	三一	三〇	三〇	二八
十	九	十	九	八	六	六	四	三	三	[11]一	[12]一	三一	二九
十一	十	十一	十	九	七	七	五	四	四	二	二	[1]一	三〇
十二	十一	十二	十一	十	八	八	六	五	五	三	三	二	三一
十三	十二	十三	十二	十一	九	九	七	六	六	四	四	三	[2]一
十四	十三	十四	十三	十二	十	十	八	七	七	五	五	四	二
十五	十四	十五	十四	十三	十一	十一	九	八	八	六	六	五	三
十六	十五	十六	十五	十四	十二	十二	十	九	九	七	七	六	四
十七	十六	十七	十六	十五	十三	十三	十一	十	十	八	八	七	五
十八	十七	十八	十七	十六	十四	十四	十二	十一	十一	九	九	八	六
十九	十八	十九	十八	十七	十五	十五	十三	十二	十二	十	十	九	七
二〇	十九	二〇	十九	十八	十六	十六	十四	十三	十三	十一	十一	十	八
二一	二〇	二一	二〇	十九	十七	十七	十五	十四	十四	十二	十二	十一	九
二二	二一	二二	二一	二〇	十八	十八	十六	十五	十五	十三	十三	十二	十
二三	二二	二三	二二	二一	十九	十九	十七	十六	十六	十四	十四	十三	十一
二四	二三	二四	二三	二二	二〇	二〇	十八	十七	十七	十五	十五	十四	十二
二五	二四	二五	二四	二三	二一	二一	十九	十八	十八	十六	十六	十五	十三
二六	二五	二六	二五	二四	二二	二二	二〇	十九	十九	十七	十七	十六	十四
二七	二六	二七	二六	二五	二三	二三	二一	二〇	二〇	十八	十八	十七	十五
二八	二七	二八	二七	二六	二四	二四	二二	二一	二一	十九	十九	十八	十六
二九	二八	二九	二八	二七	二五	二五	二三	二二	二二	二〇	二〇	十九	十七
三〇		三〇			二六		二四	二三		二一	二一		十八

光武 五年(1901) 辛丑 / 明治 三十四年

日次＼月次	正月小	二月大	三月小	四月小	五月大	六月小	七月大	八月小	九月大	十月大	十一月大	十二月小
一	[2]十九	二〇	十九	十八	十六	十六	十四	十三	十二	十一	十一	十
二	二〇	二一	二〇	十九	十七	十七	十五	十四	十三	十二	十二	十一
三	二一	二二	二一	二〇	十八	十八	十六	十五	十四	十三	十三	十二
四	二二	二三	二二	二一	十九	十九	十七	十六	十五	十四	十四	十三
五	二三	二四	二三	二二	二〇	二〇	十八	十七	十六	十五	十五	十四
六	二四	二五	二四	二三	二一	二一	十九	十八	十七	十六	十六	十五
七	二五	二六	二五	二四	二二	二二	二〇	十九	十八	十七	十七	十六
八	二六	二七	二六	二五	二三	二三	二一	二〇	十九	十八	十八	十七
九	二七	二八	二七	二六	二四	二四	二二	二一	二〇	十九	十九	十八
十	二八	二九	二八	二七	二五	二五	二三	二二	二一	二〇	二〇	十九
十一	[3]一	三〇	二九	二八	二六	二六	二四	二三	二二	二一	二一	二〇
十二	二	三一	三〇	二九	二七	二七	二五	二四	二三	二二	二二	二一
十三	三	[4]一	[5]一	三〇	二八	二八	二六	二五	二四	二三	二三	二二
十四	四	二	二	三一	二九	二九	二七	二六	二五	二四	二四	二三
十五	五	三	三	[6]一	三〇	三〇	二八	二七	二六	二五	二五	二四
十六	六	四	四	二	[7]一	三一	二九	二八	二七	二六	二六	二五
十七	七	五	五	三	二	[8]一	三〇	二九	二八	二七	二七	二六
十八	八	六	六	四	三	二	三一	三〇	二九	二八	二八	二七
十九	九	七	七	五	四	三	[9]一	[10]一	三〇	二九	二九	二八
二〇	十	八	八	六	五	四	二	二	三一	三〇	三〇	二九
二一	十一	九	九	七	六	五	三	三	[11]一	[12]一	三一	三〇
二二	十二	十	十	八	七	六	四	四	二	二	[1]一	三一
二三	十三	十一	十一	九	八	七	五	五	三	三	二	[2]一
二四	十四	十二	十二	十	九	八	六	六	四	四	三	二
二五	十五	十三	十三	十一	十	九	七	七	五	五	四	三
二六	十六	十四	十四	十二	十一	十	八	八	六	六	五	四
二七	十七	十五	十五	十三	十二	十一	九	九	七	七	六	五
二八	十八	十六	十六	十四	十三	十二	十	十	八	八	七	六
二九	十九	十七	十七	十五	十四	十三	十一	十一	九	九	八	七
三〇		十八			十五		十二		十	十	九	

光武 六年(1902) 壬寅 / 明治 三十五年

日次＼月次	正月大	二月小	三月大	四月小	五月小	六月大	七月小	八月大	九月小	十月大	十一月大	十二月大
一	[2]八	十	八	八	六	五	四	二	二	三一	三〇	三〇
二	九	十一	九	九	七	六	五	三	三	[11]一	[12]一	三一
三	十	十二	十	十	八	七	六	四	四	二	二	[1]一
四	十一	十三	十一	十一	九	八	七	五	五	三	三	二
五	十二	十四	十二	十二	十	九	八	六	六	四	四	三
六	十三	十五	十三	十三	十一	十	九	七	七	五	五	四
七	十四	十六	十四	十四	十二	十一	十	八	八	六	六	五
八	十五	十七	十五	十五	十三	十二	十一	九	九	七	七	六
九	十六	十八	十六	十六	十四	十三	十二	十	十	八	八	七
十	十七	十九	十七	十七	十五	十四	十三	十一	十一	九	九	八
十一	十八	二〇	十八	十八	十六	十五	十四	十二	十二	十	十	九
十二	十九	二一	十九	十九	十七	十六	十五	十三	十三	十一	十一	十
十三	二〇	二二	二〇	二〇	十八	十七	十六	十四	十四	十二	十二	十一
十四	二一	二三	二一	二一	十九	十八	十七	十五	十五	十三	十三	十二
十五	二二	二四	二二	二二	二〇	十九	十八	十六	十六	十四	十四	十三
十六	二三	二五	二三	二三	二一	二〇	十九	十七	十七	十五	十五	十四
十七	二四	二六	二四	二四	二二	二一	二〇	十八	十八	十六	十六	十五
十八	二五	二七	二五	二五	二三	二二	二一	十九	十九	十七	十七	十六
十九	二六	二八	二六	二六	二四	二三	二二	二〇	二〇	十八	十八	十七
二〇	二七	二九	二七	二七	二五	二四	二三	二一	二一	十九	十九	十八
二一	二八	三〇	二八	二八	二六	二五	二四	二二	二二	二〇	二〇	十九
二二	[3]一	三一	二九	二九	二七	二六	二五	二三	二三	二一	二一	二〇
二三	二	[4]一	三〇	三〇	二八	二七	二六	二四	二四	二二	二二	二一
二四	三	二	[5]一	三一	二九	二八	二七	二五	二五	二三	二三	二二
二五	四	三	二	[6]一	三〇	二九	二八	二六	二六	二四	二四	二三
二六	五	四	三	二	[7]一	三〇	二九	二七	二七	二五	二五	二四
二七	六	五	四	三	二	三一	三〇	二八	二八	二六	二六	二五
二八	七	六	五	四	三	[8]一	三一	二九	二九	二七	二七	二六
二九	八	七	六	五	四	二	[9]一	三〇	三〇	二八	二八	二七
三〇	九		七			三		[10]一		二九	二九	二八

光武 七年(1903) 癸卯 / 明治 三十六年

月次 / 日次	正月小	二月大	三月小	四月大	五月小	閏五月小	六月大	七月小	八月大(小)	九月小(大)	十月大	十一月大(小)	十二月小(大)
一	[1]二九	二七	二九	二七	二七	二五	二四	二三	二一	二一 二〇	十九	十九	十八 十七
二	三〇	二八	三〇	二八	二八	二六	二五	二四	二二	二二 二一	二〇	二〇	十九 十八
三	三一	[3]一	三一	二九	二九	二七	二六	二五	二三	二三 二二	二一	二一	二〇 十九
四	[2]一	二	[4]一	三〇	三〇	二八	二七	二六	二四	二四 二三	二二	二二	二一 二〇
五	二	三	二	[5]一	三一	二九	二八	二七	二五	二五 二四	二三	二三	二二 二一
六	三	四	三	二	[6]一	三〇	二九	二八	二六	二六 二五	二四	二四	二三 二二
七	四	五	四	三	二	[7]一	三〇	二九	二七	二七 二六	二五	二五	二四 二三
八	五	六	五	四	三	二	三一	三〇	二八	二八 二七	二六	二六	二五 二四
九	六	七	六	五	四	三	[8]一	三一	二九	二九 二八	二七	二七	二六 二五
十	七	八	七	六	五	四	二	[9]一	三〇	三〇 二九	二八	二八	二七 二六
十一	八	九	八	七	六	五	三	二	[10]一	三一 三十	二九	二九	二八 二七
十二	九	十	九	八	七	六	四	三	二	[11]一 三一	三〇	三〇	二九 二八
十三	十	十一	十	九	八	七	五	四	三	二 一	[12]一	三一	三〇 二九
十四	十一	十二	十一	十	九	八	六	五	四	三 二	二	[1]一	三一 三十
十五	十二	十三	十二	十一	十	九	七	六	五	四 三	三	二	[2]一 三一
十六	十三	十四	十三	十二	十一	十	八	七	六	五 四	四	三	二 一
十七	十四	十五	十四	十三	十二	十一	九	八	七	六 五	五	四	三 二
十八	十五	十六	十五	十四	十三	十二	十	九	八	七 六	六	五	四 三
十九	十六	十七	十六	十五	十四	十三	十一	十	九	八 七	七	六	五 四
二〇	十七	十八	十七	十六	十五	十四	十二	十一	十	九 八	八	七	六 五
二一	十八	十九	十八	十七	十六	十五	十三	十二	十一	十 九	九	八	七 六
二二	十九	二〇	十九	十八	十七	十六	十四	十三	十二	十一 十	十	九	八 七
二三	二〇	二一	二〇	十九	十八	十七	十五	十四	十三	十二 十一	十一	十	九 八
二四	二一	二二	二一	二〇	十九	十八	十六	十五	十四	十三 十二	十二	十一	十 九
二五	二二	二三	二二	二一	二〇	十九	十七	十六	十五	十四 十三	十三	十二	十一 十
二六	二三	二四	二三	二二	二一	二〇	十八	十七	十六	十五 十四	十四	十三	十二 十一
二七	二四	二五	二四	二三	二二	二一	十九	十八	十七	十六 十五	十五	十四	十三 十二
二八	二五	二六	二五	二四	二三	二二	二〇	十九	十八	十七 十六	十六	十五	十四 十三
二九	二六	二七	二六	二五	二四	二三	二一	二〇	十九	十八 十七	十七	十六	十五 十四
三〇		二八		二六			二二		二〇 無	十八	十八	十七 無	十五

光武 八年(1904) 甲辰(閏) / 明治 三十七年

月次 / 日次	正月大	二月大	三月小	四月大	五月小	六月小	七月大	八月小	九月大(小)	十月小(大)	十一月大	十二月小
一	[2]十六	十七	十六	十五	十四	十三	十一	十	九	八 七	七	六
二	十七	十八	十七	十六	十五	十四	十二	十一	十	九 八	八	七
三	十八	十九	十八	十七	十六	十五	十三	十二	十一	十 九	九	八
四	十九	二〇	十九	十八	十七	十六	十四	十三	十二	十一 十	十	九
五	二〇	二一	二〇	十九	十八	十七	十五	十四	十三	十二 十一	十一	十
六	二一	二二	二一	二〇	十九	十八	十六	十五	十四	十三 十二	十二	十一
七	二二	二三	二二	二一	二〇	十九	十七	十六	十五	十四 十三	十三	十二
八	二三	二四	二三	二二	二一	二〇	十八	十七	十六	十五 十四	十四	十三
九	二四	二五	二四	二三	二二	二一	十九	十八	十七	十六 十五	十五	十四
十	二五	二六	二五	二四	二三	二二	二〇	十九	十八	十七 十六	十六	十五
十一	二六	二七	二六	二五	二四	二三	二一	二〇	十九	十八 十七	十七	十六
十二	二七	二八	二七	二六	二五	二四	二二	二一	二〇	十九 十八	十八	十七
十三	二八	二九	二八	二七	二六	二五	二三	二二	二一	二〇 十九	十九	十八
十四	二九	三〇	二九	二八	二七	二六	二四	二三	二二	二一 二〇	二〇	十九
十五	[3]一	三一	三〇	二九	二八	二七	二五	二四	二三	二二 二一	二一	二〇
十六	二	[4]一	[5]一	三〇	二九	二八	二六	二五	二四	二三 二二	二二	二一
十七	三	二	二	三一	三〇	二九	二七	二六	二五	二四 二三	二三	二二
十八	四	三	三	[6]一	[7]一	三〇	二八	二七	二六	二五 二四	二四	二三
十九	五	四	四	二	二	三一	二九	二八	二七	二六 二五	二五	二四
二〇	六	五	五	三	三	[8]一	三〇	二九	二八	二七 二六	二六	二五
二一	七	六	六	四	四	二	三一	三〇	二九	二八 二七	二七	二六
二二	八	七	七	五	五	三	[9]一	[10]一	三〇	二九 二八	二八	二七
二三	九	八	八	六	六	四	二	二	三一	三〇 二九	二九	二八
二四	十	九	九	七	七	五	三	三	[11]一	[12]一 三〇	三〇	二九
二五	十一	十	十	八	八	六	四	四	二	二 一	三一	三〇
二六	十二	十一	十一	九	九	七	五	五	三	三 二	[1]一	三一
二七	十三	十二	十二	十	十	八	六	六	四	四 三	二	[2]一
二八	十四	十三	十三	十一	十一	九	七	七	五	五 四	三	二
二九	十五	十四	十四	十二	十二	十	八	八	六	六 五	四	三
三〇	十六	十五		十三			九		七無	六	五	

光武 九年(1905) 乙巳 / 明治 三十八年

月次 / 日次	正月大	二月大	三月大(小)	四月小(大)	五月大	六月小	七月小	八月大	九月小	十月大	十一月小	十二月大
一	[2]四	六	五	五 四	三	三	[8]一	三〇	二九	二八	二七	二六
二	五	七	六	六 五	四	四	二	三一	三〇	二九	二八	二七
三	六	八	七	七 六	五	五	三	[9]一	[10]一	三〇	二九	二八
四	七	九	八	八 七	六	六	四	二	二	三一	三〇	二九
五	八	十	九	九 八	七	七	五	三	三	[11]一	[12]一	三〇
六	九	十一	十	十 九	八	八	六	四	四	二	二	三一
七	十	十二	十一	十一 十	九	九	七	五	五	三	三	[1]一
八	十一	十三	十二	十二 十一	十	十	八	六	六	四	四	二
九	十二	十四	十三	十三 十二	十一	十一	九	七	七	五	五	三
十	十三	十五	十四	十四 十三	十二	十二	十	八	八	六	六	四
十一	十四	十六	十五	十五 十四	十三	十三	十一	九	九	七	七	五
十二	十五	十七	十六	十六 十五	十四	十四	十二	十	十	八	八	六
十三	十六	十八	十七	十七 十六	十五	十五	十三	十一	十一	九	九	七
十四	十七	十九	十八	十八 十七	十六	十六	十四	十二	十二	十	十	八
十五	十八	二〇	十九	十九 十八	十七	十七	十五	十三	十三	十一	十一	九
十六	十九	二一	二〇	二〇 十九	十八	十八	十六	十四	十四	十二	十二	十
十七	二〇	二二	二一	二一 二〇	十九	十九	十七	十五	十五	十三	十三	十一
十八	二一	二三	二二	二二 二一	二〇	二〇	十八	十六	十六	十四	十四	十二
十九	二二	二四	二三	二三 二二	二一	二一	十九	十七	十七	十五	十五	十三
二〇	二三	二五	二四	二四 二三	二二	二二	二〇	十八	十八	十六	十六	十四
二一	二四	二六	二五	二五 二四	二三	二三	二一	十九	十九	十七	十七	十五
二二	二五	二七	二六	二六 二五	二四	二四	二二	二〇	二〇	十八	十八	十六
二三	二六	二八	二七	二七 二六	二五	二五	二三	二一	二一	十九	十九	十七
二四	二七	二九	二八	二八 二七	二六	二六	二四	二二	二二	二〇	二〇	十八
二五	二八	三〇	二九	二九 二八	二七	二七	二五	二三	二三	二一	二一	十九
二六	[3]一	三一	三〇	三〇 二九	二八	二八	二六	二四	二四	二二	二二	二〇
二七	二	[4]一	[5]一	三一 三十	二九	二九	二七	二五	二五	二三	二三	二一
二八	三	二	二	[6]一 三一	三〇	三〇	二八	二六	二六	二四	二四	二二
二九	四	三	三	二 一	[7]一	三一	二九	二七	二七	二五	二五	二三
三〇	五	四	四無	二	二			二八		二六		二四

光武 十年(1906) 丙午 / 明治 三十九年

月次 / 日次	正月小	二月大	三月大	四月小	閏四月大	五月小	六月大	七月小	八月大	九月小	十月大	十一月小	十二月大
一	[1]二五	二三	二五	二四	二三	二二	二一	二〇	十八	十八	十六	十六	十四
二	二六	二四	二六	二五	二四	二三	二二	二一	十九	十九	十七	十七	十五
三	二七	二五	二七	二六	二五	二四	二三	二二	二〇	二〇	十八	十八	十六
四	二八	二六	二八	二七	二六	二五	二四	二三	二一	二一	十九	十九	十七
五	二九	二七	二九	二八	二七	二六	二五	二四	二二	二二	二〇	二〇	十八
六	三〇	二八	三〇	二九	二八	二七	二六	二五	二三	二三	二一	二一	十九
七	三一	[3]一	三一	三〇	二九	二八	二七	二六	二四	二四	二二	二二	二〇
八	[2]一	二	[4]一	[5]一	三〇	二九	二八	二七	二五	二五	二三	二三	二一
九	二	三	二	二	三一	三〇	二九	二八	二六	二六	二四	二四	二二
十	三	四	三	三	[6]一	[7]一	三〇	二九	二七	二七	二五	二五	二三
十一	四	五	四	四	二	二	三一	三〇	二八	二八	二六	二六	二四
十二	五	六	五	五	三	三	[8]一	三一	二九	二九	二七	二七	二五
十三	六	七	六	六	四	四	二	[9]一	三〇	三〇	二八	二八	二六
十四	七	八	七	七	五	五	三	二	[10]一	三一	二九	二九	二七
十五	八	九	八	八	六	六	四	三	二	[11]一	三〇	三〇	二八
十六	九	十	九	九	七	七	五	四	三	二	[12]一	三一	二九
十七	十	十一	十	十	八	八	六	五	四	三	二	[1]一	三〇
十八	十一	十二	十一	十一	九	九	七	六	五	四	三	二	三一
十九	十二	十三	十二	十二	十	十	八	七	六	五	四	三	[2]一
二〇	十三	十四	十三	十三	十一	十一	九	八	七	六	五	四	二
二一	十四	十五	十四	十四	十二	十二	十	九	八	七	六	五	三
二二	十五	十六	十五	十五	十三	十三	十一	十	九	八	七	六	四
二三	十六	十七	十六	十六	十四	十四	十二	十一	十	九	八	七	五
二四	十七	十八	十七	十七	十五	十五	十三	十二	十一	十	九	八	六
二五	十八	十九	十八	十八	十六	十六	十四	十三	十二	十一	十	九	七
二六	十九	二〇	十九	十九	十七	十七	十五	十四	十三	十二	十一	十	八
二七	二〇	二一	二〇	二〇	十八	十八	十六	十五	十四	十三	十二	十一	九
二八	二一	二二	二一	二一	十九	十九	十七	十六	十五	十四	十三	十二	十
二九	二二	二三	二二	二二	二〇	二〇	十八	十七	十六	十五	十四	十三	十一
三〇		二四	二三		二一		十九		十七		十五		十二

隆熙 元年(1907) 丁未 / 明治 四十年

日次＼月次	正月小	二月大	三月小	四月大	五月大(小)	六月小(大)	七月大	八月小	九月大	十月小	十一月大	十二月小
一	[2]十三	十四	十三	十二	十一	十一	九	八	七	六	五	四
二	十四	十五	十四	十三	十二	十二	十	九	八	七	六	五
三	十五	十六	十五	十四	十三	十三	十一	十	九	八	七	六
四	十六	十七	十六	十五	十四	十四	十二	十一	十	九	八	七
五	十七	十八	十七	十六	十五	十五	十三	十二	十一	十	九	八
六	十八	十九	十八	十七	十六	十六	十四	十三	十二	十一	十	九
七	十九	二〇	十九	十八	十七	十七	十五	十四	十三	十二	十一	十
八	二〇	二一	二〇	十九	十八	十八	十六	十五	十四	十三	十二	十一
九	二一	二二	二一	二〇	十九	十九	十七	十六	十五	十四	十三	十二
十	二二	二三	二二	二一	二〇	二〇	十八	十七	十六	十五	十四	十三
十一	二三	二四	二三	二二	二一	二一	十九	十八	十七	十六	十五	十四
十二	二四	二五	二四	二三	二二	二二	二〇	十九	十八	十七	十六	十五
十三	二五	二六	二五	二四	二三	二三	二一	二〇	十九	十八	十七	十六
十四	二六	二七	二六	二五	二四	二四	二二	二一	二〇	十九	十八	十七
十五	二七	二八	二七	二六	二五	二五	二三	二二	二一	二〇	十九	十八
十六	二八	二九	二八	二七	二六	二六	二四	二三	二二	二一	二〇	十九
十七	[3]一	三〇	二九	二八	二七	二七	二五	二四	二三	二二	二一	二〇
十八	二	三一	三〇	二九	二八	二八	二六	二五	二四	二三	二二	二一
十九	三	[4]一	[5]一	三〇	二九	二九	二七	二六	二五	二四	二三	二二
二〇	四	二	二	三一	三〇	三〇	二八	二七	二六	二五	二四	二三
二一	五	三	三	[6]一	[7]一	三一	二九	二八	二七	二六	二五	二四
二二	六	四	四	二	二	[8]一	三〇	二九	二八	二七	二六	二五
二三	七	五	五	三	三	二	三一	三〇	二九	二八	二七	二六
二四	八	六	六	四	四	三	[9]一	[10]一	三〇	二九	二八	二七
二五	九	七	七	五	五	四	二	二	三一	三〇	二九	二八
二六	十	八	八	六	六	五	三	三	[11]一	[12]一	三〇	二九
二七	十一	九	九	七	七	六	四	四	二	二	三一	三〇
二八	十二	十	十	八	八	七	五	五	三	三	[1]一	三一
二九	十三	十一	十一	九	九	八	六	六	四	四	二	[2]一
三〇		十二		十	十無		七		五		三	

隆熙 二年(1908) 戊申(閏) / 明治 四十一年

月次 日次	正月大	二月小	三月大(小)	四月小(大)		五月大	六月小	七月大	八月小	九月大	十月大	十一月小	十二月大
一	2二	三	4一	5一	三○	三○	二九	二八	二七	二五	二五	二四	二三
二	三	四	二	二	一	三一	三○	二九	二八	二六	二六	二五	二四
三	四	五	三	三	二	6一	7一	三○	二九	二七	二七	二六	二五
四	五	六	四	四	三	二	二	三一	三○	二八	二八	二七	二六
五	六	七	五	五	四	三	三	8一	三一	二九	二九	二八	二七
六	七	八	六	六	五	四	四	二	9一	三○	三○	二九	二八
七	八	九	七	七	六	五	五	三	二	10一	三一	三○	二九
八	九	十	八	八	七	六	六	四	三	二	11一	12一	三○
九	十	十一	九	九	八	七	七	五	四	三	二	二	三一
十	十一	十二	十	十	九	八	八	六	五	四	三	三	1一
十一	十二	十三	十一	十一	十	九	九	七	六	五	四	四	二
十二	十三	十四	十二	十二	十一	十	十	八	七	六	五	五	三
十三	十四	十五	十三	十三	十二	十一	十一	九	八	七	六	六	四
十四	十五	十六	十四	十四	十三	十二	十二	十	九	八	七	七	五
十五	十六	十七	十五	十五	十四	十三	十三	十一	十	九	八	八	六
十六	十七	十八	十六	十六	十五	十四	十四	十二	十一	十	九	九	七
十七	十八	十九	十七	十七	十六	十五	十五	十三	十二	十一	十	十	八
十八	十九	二○	十八	十八	十七	十六	十六	十四	十三	十二	十一	十一	九
十九	二○	二一	十九	十九	十八	十七	十七	十五	十四	十三	十二	十二	十
二○	二一	二二	二○	二○	十九	十八	十八	十六	十五	十四	十三	十三	十一
二一	二二	二三	二一	二一	二○	十九	十九	十七	十六	十五	十四	十四	十二
二二	二三	二四	二二	二二	二一	二○	二○	十八	十七	十六	十五	十五	十三
二三	二四	二五	二三	二三	二二	二一	二一	十九	十八	十七	十六	十六	十四
二四	二五	二六	二四	二四	二三	二二	二二	二○	十九	十八	十七	十七	十五
二五	二六	二七	二五	二五	二四	二三	二三	二一	二○	十九	十八	十八	十六
二六	二七	二八	二六	二六	二五	二四	二四	二二	二一	二○	十九	十九	十七
二七	二八	二九	二七	二七	二六	二五	二五	二三	二二	二一	二○	二○	十八
二八	二九	三○	二八	二八	二七	二六	二六	二四	二三	二二	二一	二一	十九
二九	3一	三一	二九	二九	二八	二七	二七	二五	二四	二三	二二	二二	二○
三○	二		三○無		二九	二八		二六		二四	二三		二一

隆熙 三年(1909) 己酉 / 明治 四十二年

月次 / 日次	正月小	二月大	閏二月小	三月小	四月大	五月小	六月大	七月大(小)	八月小(大)	九月大	十月大	十一月小	十二月大
一	[1]二二	二〇	二二	二〇	十九	十八	十七	十六	十五 十四	十四	十三	十三	十一
二	二三	二一	二三	二一	二〇	十九	十八	十七	十六 十五	十五	十四	十四	十二
三	二四	二二	二四	二二	二一	二〇	十九	十八	十七 十六	十六	十五	十五	十三
四	二五	二三	二五	二三	二二	二一	二〇	十九	十八 十七	十七	十六	十六	十四
五	二六	二四	二六	二四	二三	二二	二一	二〇	十九 十八	十八	十七	十七	十五
六	二七	二五	二七	二五	二四	二三	二二	二一	二〇 十九	十九	十八	十八	十六
七	二八	二六	二八	二六	二五	二四	二三	二二	二一 二〇	二〇	十九	十九	十七
八	二九	二七	二九	二七	二六	二五	二四	二三	二二 二一	二一	二〇	二〇	十八
九	三〇	二八	三〇	二八	二七	二六	二五	二四	二三 二二	二二	二一	二一	十九
十	三一	[3]一	三一	二九	二八	二七	二六	二五	二四 二三	二三	二二	二二	二〇
十一	[2]一	二	[4]一	三〇	二九	二八	二七	二六	二五 二四	二四	二三	二三	二一
十二	二	三	二	[25]一	三〇	二九	二八	二七	二六 二五	二五	二四	二四	二二
十三	三	四	三	二	三一	三〇	二九	二八	二七 二六	二六	二五	二五	二三
十四	四	五	四	三	[6]一	[7]一	三〇	二九	二八 二七	二七	二六	二六	二四
十五	五	六	五	四	二	二	三一	三〇	二九 二八	二八	二七	二七	二五
十六	六	七	六	五	三	三	[8]一	三一	三〇 二九	二九	二八	二八	二六
十七	七	八	七	六	四	四	二	[9]一	[10]一 三一	三〇	二九	二九	二七
十八	八	九	八	七	五	五	三	二	二 一	三一	三〇	三〇	二八
十九	九	十	九	八	六	六	四	三	三 二	[11]一	[12]一	三一	二九
二〇	十	十一	十	九	七	七	五	四	四 三	二	二	[1]一	三〇
二一	十一	十二	十一	十	八	八	六	五	五 四	三	三	二	三一
二二	十二	十三	十二	十一	九	九	七	六	六 五	四	四	三	[2]一
二三	十三	十四	十三	十二	十	十	八	七	七 六	五	五	四	二
二四	十四	十五	十四	十三	十一	十一	九	八	八 七	六	六	五	三
二五	十五	十六	十五	十四	十二	十二	十	九	九 八	七	七	六	四
二六	十六	十七	十六	十五	十三	十三	十一	十	十 九	八	八	七	五
二七	十七	十八	十七	十六	十四	十四	十二	十一	十一 十	九	九	八	六
二八	十八	十九	十八	十七	十五	十五	十三	十二	十二 十一	十	十	九	七
二九	十九	二〇	十九	十八	十六	十六	十四	十三	十三 十二	十一	十一	十	八
三〇		二一			十七		十五	十四無	十三	十二	十二		九

隆熙 四年(1910) 庚戌 / 明治 四十三年

月次 / 日次	正月小	二月大	三月小	四月小	五月大	六月小	七月大	八月小	九月大	十月大	十一月大	十二月小
一	[2]十	十一	十	九	七	七	五	四	三	二	二	[1]一
二	十一	十二	十一	十	八	八	六	五	四	三	三	二
三	十二	十三	十二	十一	九	九	七	六	五	四	四	三
四	十三	十四	十三	十二	十	十	八	七	六	五	五	四
五	十四	十五	十四	十三	十一	十一	九	八	七	六	六	五
六	十五	十六	十五	十四	十二	十二	十	九	八	七	七	六
七	十六	十七	十六	十五	十三	十三	十一	十	九	八	八	七
八	十七	十八	十七	十六	十四	十四	十二	十一	十	九	九	八
九	十八	十九	十八	十七	十五	十五	十三	十二	十一	十	十	九
十	十九	二〇	十九	十八	十六	十六	十四	十三	十二	十一	十一	十
十一	二〇	二一	二〇	十九	十七	十七	十五	十四	十三	十二	十二	十一
十二	二一	二二	二一	二〇	十八	十八	十六	十五	十四	十三	十三	十二
十三	二二	二三	二二	二一	十九	十九	十七	十六	十五	十四	十四	十三
十四	二三	二四	二三	二二	二〇	二〇	十八	十七	十六	十五	十五	十四
十五	二四	二五	二四	二三	二一	二一	十九	十八	十七	十六	十六	十五
十六	二五	二六	二五	二四	二二	二二	二〇	十九	十八	十七	十七	十六
十七	二六	二七	二六	二五	二三	二三	二一	二〇	十九	十八	十八	十七
十八	二七	二八	二七	二六	二四	二四	二二	二一	二〇	十九	十九	十八
十九	二八	二九	二八	二七	二五	二五	二三	二二	二一	二〇	二〇	十九
二〇	[3]一	三〇	二九	二八	二六	二六	二四	二三	二二	二一	二一	二〇
二一	二	三一	三〇	二九	二七	二七	二五	二四	二三	二二	二二	二一
二二	三	[4]一	[5]一	三〇	二八	二八	二六	二五	二四	二三	二三	二二
二三	四	二	二	三一	二九	二九	二七	二六	二五	二四	二四	二三
二四	五	三	三	[6]一	三〇	三〇	二八	二七	二六	二五	二五	二四
二五	六	四	四	二	[7]一	三一	二九	二八	二七	二六	二六	二五
二六	七	五	五	三	二	[8]一	三〇	二九	二八	二七	二七	二六
二七	八	六	六	四	三	二	三一	三〇	二九	二八	二八	二七
二八	九	七	七	五	四	三	[9]一	[10]一	三〇	二九	二九	二八
二九	十	八	八	六	五	四	二	二	三一	三〇	三〇	二九
三〇		九			六		三		[11]一	[12]一	三一	

찾아보기

ㄱ

ㄴ

ㄷ

ㅅ

ㅇ

ㅊ

ㅌ

ㅍ

ㅎ

유 영 렬(柳永烈)

전주고등학교, 숭실대학교 사학과 졸업,
고려대학교 대학원 문학석사 · 문학박사
국사편찬위원회 교육연구관
한일공동연구 근대사분과 연구위원
한국기독교학교연맹 한일교과서공동연구위원
일본 명치학원대학 객원 연구교수
숭실대학교 인문과학연구소장, 박물관장
숭실대학교 교무처장, 인문대학장
한국민족운동사학회 회장
현재 숭실대학교 대학원장, 사학과 교수
국사편찬위원회 위원
독립기념관 전시자문위원
국가보훈처 독립유공자공적심사위원
사단법인 6·3동지회 부회장

▫ 저서류

『자료대한민국사』 3~7, 탐구당, 1971~1974 <편찬>
『윤치호일기』(영문) 2~6, 국사편찬위원회, 1974~1976 <편찬>
『윤치호서한집』(영문), 국사편찬위원회, 1980 <편찬>
『개화기의 윤치호연구』, 한길사, 1985 <저서>
『고등학교 국사』 하, 교육부, 1990, 1996 <공저>
『대한제국기의 민족운동』, 일조각, 1997 <저서>
『민족과 기독교와 숭실대학』, 숭대출판부, 1998 <저서>
『기독교 민족운동가 조만식』, 숭대출판부, 1998 <저서>
『한일관계의 미래지향적 인식』, 국학자료원, 2000 <저서>
『日韓の歴史教科書を読み直す』, 日本キリスト教學校同盟, 2000 <공저>
『近代交流史と相互認識』 Ⅰ, 慶應大出版部, 2001 <공저>
『고등학교 한국근현대사』, 두산, 2003 <공저>
『19세기말 서양선교사와 한국사회』, 경인문화사, 2004 <공저>
『삼국역사분쟁』, 한기총21세기크리스챤연구원, 2005 <저서>
『민족 · 민주화운동과 숭실대학』, 숭대출판부, 2005 <저서>
『한일관계의 새로운 이해』, 경인문화사, 2006 <저서>
이 외에 논문 70여 편 있음.

한국근대사의 탐구

정가 : 26,000원

2006년 2월 10일 초판 인쇄
2006년 2월 20일 초판 발행

저 자 : 유 영 렬
회 장 : 한 상 하
발 행 인 : 한 정 희
빌 행 서 : 경인문화사
편 집 : 신 학 태
서울특별시 마포구 마포동 324 - 3
전화 : 718 - 4831 ~ 2, 팩스 : 703 - 9711
E-mail : kyunginp@chollian.net
등록번호 : 제10 - 18호(1973. 11. 8)

ISBN : 89-499-0380-6 94910